U0633594

本项目由深圳市宣传文化事业发展专项基金资助

深圳学派建设丛书（第九辑）

道理与功夫——人文教育学论纲

Reasoning and Chinese Scholarship
——An Outline of Humanistic Education

张祥云 等著

中国社会科学出版社

图书在版编目（CIP）数据

道理与功夫：人文教育学论纲／张祥云等著．—北京：中国社会科学出版社，2022.5

（深圳学派建设丛书．第九辑）

ISBN 978 - 7 - 5203 - 9965 - 4

Ⅰ.①道… Ⅱ.①张… Ⅲ.①人文科学—教育学—研究 Ⅳ.①G40

中国版本图书馆 CIP 数据核字（2022）第 050640 号

出 版 人	赵剑英
责任编辑	李凯凯
责任校对	胡新芳
责任印制	王 超

出 版	中国社会科学出版社
社 址	北京鼓楼西大街甲 158 号
邮 编	100720
网 址	http://www.csspw.cn
发 行 部	010 - 84083685
门 市 部	010 - 84029450
经 销	新华书店及其他书店

印 刷	北京君升印刷有限公司
装 订	廊坊市广阳区广增装订厂
版 次	2022 年 5 月第 1 版
印 次	2022 年 5 月第 1 次印刷

开 本	710 × 1000 1/16
印 张	27.5
字 数	409 千字
定 价	148.00 元

凡购买中国社会科学出版社图书，如有质量问题请与本社营销中心联系调换
电话:010 - 84083683
版权所有　侵权必究

《深圳学派建设丛书》
编 委 会

顾　　问：王京生　李小甘　王　强

主　　任：张　玲　张　华

执行主任：陈金海　吴定海

主　　编：吴定海

总序　学派的魅力

王京生

学派的星空

在世界学术思想史上，曾经出现过浩如繁星的学派，它们的光芒都不同程度地照亮人类思想的天空，像米利都学派、弗莱堡学派、法兰克福学派等，其人格精神、道德风范一直为后世所景仰，其学识与思想一直成为后人引以为据的经典。就中国学术史而言，不断崛起的学派连绵而成群山之势，并标志着不同时代的思想所能达到的高度。自晚明至晚清，是中国学术尤为昌盛的时代，而正是在这个时代，学派的存在也尤为活跃，像陆王学派、吴学、皖学、扬州学派等。但是，学派辈出的时期还应该首推古希腊和中国的春秋战国时期，古希腊出现的主要学派就有米利都学派、毕达哥拉斯学派、埃利亚学派、犬儒学派；而儒家学派、黄老学派、法家学派、墨家学派、稷下学派等，则是中国春秋战国时代学派鼎盛的表现，百家之中几乎每家就是一个学派。

综观世界学术思想史，学派一般都具有如下的特征：

其一，有核心的代表人物，以及围绕着这些核心人物所形成的特定时空的学术思想群体。德国 19 世纪著名的历史学家兰克既是影响深远的兰克学派的创立者，也是该学派的精神领袖，他在柏林大学长期任教期间培养了大量的杰出学者，形成了声势浩大的学术势力，兰克本人也一度被尊为欧洲史学界的泰斗。

其二，拥有近似的学术精神与信仰，在此基础上形成某种特定的学术风气。清代的吴学、皖学、扬学等乾嘉诸派学术，以考据为治学方法，继承古文经学的训诂方法而加以条理发明，用于古籍整理和语言文字研究，以客观求证、科学求真为旨归，这一学术风气也因此成为清代朴学最为基本的精神特征。

其三，由学术精神衍生出相应的学术方法，给人们提供了观照世界的新的视野和新的认知可能。产生于20世纪60年代、代表着一种新型文化研究范式的英国伯明翰学派，对当代文化、边缘文化、青年亚文化的关注，尤其是对影视、广告、报刊等大众文化的有力分析，对意识形态、阶级、种族、性别等关键词的深入阐释，无不为我们认识瞬息万变的世界提供了丰富的分析手段与观照角度。

其四，由上述三点所产生的经典理论文献，体现其核心主张的著作是一个学派所必需的构成因素。作为精神分析学派的创始人，弗洛伊德所写的《梦的解析》等，不仅成为精神分析理论的经典著作，而且影响广泛并波及人文社科研究的众多领域。

其五，学派一般都有一定的依托空间，或是某个地域，或是像大学这样的研究机构，甚至是有着自身学术传统的家族。

学派的历史呈现出交替嬗变的特征，形成了自身发展规律：

其一，学派出现往往暗合了一定时代的历史语境及其"要求"，其学术思想主张因而也具有非常明显的时代特征。一旦历史条件发生变化，学派的内部分化甚至衰落将不可避免，尽管其思想遗产的影响还会存在相当长的时间。

其二，学派出现与不同学术群体的争论、抗衡及其所形成的思想张力紧密相关，它们之间的"势力"此消彼长，共同勾勒出人类思想史波澜壮阔的画面。某一学派在某一历史时段"得势"，完全可能在另一历史时段"失势"。各领风骚若干年，既是学派本身的宿命，也是人类思想史发展的"大幸"：只有新的学派不断涌现，人类思想才会不断获得更为丰富、多元的发展。

其三，某一学派的形成，其思想主张都不是空穴来风，而有其内在理路。例如，宋明时期陆王心学的出现是对程朱理学的反动，但其思想来源却正是后者；清代乾嘉学派主张朴学，是为了反对陆王心学的空疏无物，但二者之间也建立了内在关联。古希腊思想作为欧洲思想发展的源头，使后来西方思想史的演进，几乎都可看作是对它的解释与演绎，"西方哲学史都是对柏拉图思想的演绎"的极端说法，却也说出了部分的真实。

其四，强调内在理路，并不意味着对学派出现的外部条件重要性的否定；恰恰相反，外部条件有时对于学派的出现是至关重要的。政治的开明、社会经济的发展、科学技术的进步、交通的发达、移民的汇聚等，都是促成学派产生的重要因素。名震一时的扬州学派，就直接得益于富甲一方的扬州经济与悠久而发达的文化传统。综观中国学派出现最多的明清时期，无论是程朱理学、陆王心学，还是清代的吴学、皖学、扬州学派、浙东学派，无一例外都是地处江南（尤其是江浙地区）经济、文化、交通异常发达之地，这构成了学术流派得以出现的外部环境。

学派有大小之分，一些大学派又分为许多派别。学派影响越大分支也就越多，使得派中有派，形成一个学派内部、学派之间相互切磋与抗衡的学术群落，这可以说是纷纭繁复的学派现象的一个基本特点。尽管学派有大小之分，但在人类文明进程中发挥的作用却各不相同，有积极作用，也有消极作用。如，法国百科全书派破除中世纪以来的宗教迷信和教会黑暗势力的统治，成为启蒙主义的前沿阵地与坚强堡垒；罗马俱乐部提出的"增长的极限""零增长"等理论，对后来的可持续发展、协调发展、绿色发展等理论与实践，以及联合国通过的一些决议，都产生了积极影响；而德国人文地理学家弗里德里希·拉采尔所创立的人类地理学理论，宣称国家为了生存必须不断扩充地域、争夺生存空间，后来为法西斯主义所利用，起了相当大的消极作用。

学派的出现与繁荣，预示着一个国家进入思想活跃的文化大发展时期。被司马迁盛赞为"盛处士之游，壮学者之居"的稷下学宫，之所以能成为著名的稷下学派之诞生地、战国时期百家争鸣的主要场所与最负盛名的文化中心，重要原因就是众多学术流派都活跃在稷门之下，各自的理论背景和学术主张尽管各有不同，却相映成趣，从而造就了稷下学派思想多元化的格局。这种"百氏争鸣、九流并列、各尊所闻、各行所知"的包容、宽松、自由的学术气氛，不仅推动了社会文化的进步，而且也引发了后世学者争论不休的话题，中国古代思想在这里得到了极大发展，迎来了中国思想文化史上的黄金时代。而从秦朝的"焚书坑儒"到汉代的"独尊儒术",百家争鸣局面便不复存在,思想禁锢必然导致学派衰落,国家文化发展也必将受到极大的制约与影响。

深圳的追求

在中国打破思想的禁锢和改革开放40多年,面对百年未有之大变局的历史背景下,随着中国经济的高速发展以及在国际上的和平崛起,中华民族伟大复兴的中国梦正在实现。文化是立国之根本,伟大的复兴需要伟大的文化。树立高度的文化自觉,促进文化大发展大繁荣,加快建设文化强国,中华文化的伟大复兴梦想正在逐步实现。可以预期的是,中国的学术文化走向进一步繁荣的过程中,将逐步构建起中国特色哲学社会科学学科体系、学术体系和话语体系,在世界舞台上展现"学术中的中国"。

从20世纪70年代末真理标准问题的大讨论,到人生观、文化观的大讨论,再到90年代以来的人文精神大讨论,以及近年来各种思潮的争论,凡此种种新思想、新文化,已然展现出这个时代在百家争鸣中的思想解放历程。在与日俱新的文化转型中,探索与矫正的交替进行和反复推进,使学风日盛、文化昌明,在很多学科领域都出现了彼此论争和公开对话,促成着各有特色的学术阵营的形成与发展。

一个文化强国的崛起离不开学术文化建设,一座高品位文化城市的打造同样也离不开学术文化发展。学术文化是一座城市最内在的精神生活,是城市智慧的积淀,是城市理性发展的向导,是文化创造力的基础和源泉。学术是不是昌明和发达,决定了城市的定位、影响力和辐射力,甚至决定了城市的发展走向和后劲。城市因文化而有内涵,文化因学术而有品位,学术文化已成为现代城市智慧、思想和精神高度的标志和"灯塔"。

凡工商发达之处,必文化兴盛之地。深圳作为我国改革开放的"窗口"和"排头兵",是一个商业极为发达、市场化程度很高的城市,移民社会特征突出、创新包容氛围浓厚、民主平等思想活跃、信息交流的"桥头堡"地位明显,形成了开放多元、兼容并蓄、创新创意、现代时尚的城市文化特征，具备形成学派的社会条件。在创造工业化、城市化、现代化发展奇迹的同时，深圳也创造了文化跨越式发展的奇迹。文化的发展既引领着深圳的改革开放和现代化进程，激励着特区建设者艰苦创业，也丰富了广大市民的生活，提升了城市品位。

如果说之前的城市文化还处于自发性的积累期，那么进入新世纪以来，深圳文化发展则日益进入文化自觉的新阶段：创新文化发展理念，实施"文化立市"战略，推动"文化强市"建设，提升文化软实力，争当全国文化改革发展"领头羊"。自 2003 年以来，深圳文化发展亮点纷呈、硕果累累：荣获联合国教科文组织"设计之都""全球全民阅读典范城市"称号，被国际知识界评为"杰出的发展中的知识城市"，连续多次荣获"全国文明城市"称号，屡次被评为"全国文化体制改革先进地区"，"深圳十大观念""新时代深圳精神"影响全国，《走向复兴》《我们的信念》《中国之梦》《永远的小平》《迎风飘扬的旗》《命运》等精品走向全国，深圳读书月、市民文化大讲堂、关爱行动、创意十二月、文化惠民等品牌引导市民追求真善美，图书馆之城、钢琴之城、设计之都等"两城一都"高品位文化城市正成为现实。

城市的最终意义在于文化。在特区发展中，"文化"的地位正发生着巨大而悄然的变化。这种变化不仅在于大批文化设施的兴建、各类文化活动的开展与文化消费市场的繁荣，还在于整个城市文化地理和文化态度的改变，城市发展思路由"经济深圳"向"文化深圳"转变。这一切都源于文化自觉意识的逐渐苏醒与复活。文化自觉意味着文化上的成熟，未来深圳的发展，将因文化自觉意识的强化而获得新的发展路径与可能。

与国内外一些城市比起来，历史文化底蕴不够深厚、文化生态不够完善等仍是深圳文化发展中的弱点，特别是学术文化的滞后。近年来，深圳在学术文化上的反思与追求，从另一个层面构成了文化自觉的逻辑起点与外在表征。显然，文化自觉是学术反思的扩展与深化，从学术反思到文化自觉，再到文化自信、自强，无疑是文化主体意识不断深化乃至确立的过程。大到一个国家和小到一座城市的文化发展皆是如此。

从世界范围看，伦敦、巴黎、纽约等先进城市不仅云集大师级的学术人才，而且有活跃的学术机构、富有影响的学术成果和浓烈的学术氛围，正是学术文化的繁盛才使它们成为世界性文化中心。可以说，学术文化发达与否，是国际化城市不可或缺的指标，并将最终决定一个城市在全球化浪潮中的文化地位。城市发展必须在学术文化层面有所积累和突破，否则就缺少根基，缺少理念层面的影响，缺少自我反省的能力，就不会有强大的辐射力，即使有一定的辐射力，其影响也只是停留于表面。强大而繁荣的学术文化，将最终确立一种文化类型的主导地位和城市的文化声誉。

深圳正在抢抓粤港澳大湾区和先行示范区"双区"驱动，经济特区和先行示范区"双区"叠加的历史机遇，努力塑造社会主义文化繁荣兴盛的现代城市文明。近年来，深圳在实施"文化立市"战略、建设"文化强市"过程中鲜明提出：大力倡导和建设创新型、智慧型、包容型城市主流文化，并将其作为城市精神的主轴以及未来文化发展的明确导向和基本定位。其中，智慧型城市文化就是以追求知识和理性为旨归，人文气息浓郁，学术文化繁荣，智慧产出能力较强，学习型、知识型城市建设成效卓著。深圳要大力弘扬粤港澳大湾区人文精神，建设区域文化中心城市和彰显国家文化软实力的现代文明之城，建成有国际影响力的智慧之城，学术文化建设是其最坚硬的内核。

经过40多年的积累，深圳学术文化建设初具气象，一批重要学科确立，大批学术成果问世，众多学科带头人涌现。在中国特色社会主义理论、先行示范区和经济特区研究、粤港澳大湾区、文化发展、城市化等研究领域产生了一定影响；学术文化氛围已然形成，在国内较早创办以城市命名的"深圳学术年会"，举办了"世界知识城市峰会"等一系列理论研讨会。尤其是《深圳十大观念》等著作的出版，更是对城市人文精神的高度总结和提升，彰显和深化了深圳学术文化和理论创新的价值意义。这些创新成果为坚定文化自信贡献了学术力量。

而"深圳学派"的鲜明提出，更是寄托了深圳学人的学术理想和学术追求。1996 年最早提出"深圳学派"的构想；2010 年《深圳市委市政府关于全面提升文化软实力的意见》将"推动'深圳学派'建设"载入官方文件；2012 年《关于深入实施文化立市战略建设文化强市的决定》明确提出"积极打造'深圳学派'"；2013年出台实施《"深圳学派"建设推进方案》。一个开风气之先、引领思想潮流的"深圳学派"正在酝酿、构建之中，学术文化的春天正向这座城市走来。

"深圳学派"概念的提出，是中华文化伟大复兴和深圳高质量发展的重要组成部分。树起这面旗帜，目的是激励深圳学人为自己的学术梦想而努力，昭示这座城市尊重学人、尊重学术创作的成果、尊重所有的文化创意。这是深圳 40 多年发展文化自觉和文化自信的表现，更是深圳文化流动的结果。因为只有各种文化充分流动碰撞，形成争鸣局面，才能形成丰富的思想土壤，为"深圳学派"形成创造条件。

深圳学派的宗旨

构建"深圳学派"，表明深圳不甘于成为一般性城市，也不甘于仅在世俗文化层面上做点影响，而是要面向未来中华文明复兴的伟大理想，提升对中国文化转型的理论阐释能力。"深圳学派"从名称上看，是地域性的，体现城市个性和地缘特征；从内涵上看，是问题性的，反映深圳在前沿探索中遇到的主要问题；从来源上看，"深圳学派"没有明确的师承关系，易形成兼容并蓄、开放择优的学术风格。因而，"深圳学派"建设的宗旨是"全球视野，民族立场，时代精神，深圳表达"。它浓缩了深圳学术文化建设的时空定位，反映了对学界自身经纬坐标的全面审视和深入理解，体现了城市学术文化建设的总体要求和基本特色。

一是"全球视野"：反映了文化流动、文化选择的内在要求，体现了深圳学术文化的开放、流动、包容特色。它强调要树立世界眼光，尊重学术文化发展内在规律，贯彻学术文化转型、流动与选择辩证统一的内在要求，坚持"走出去"与"请进来"相结合，推动深圳与国内外先进学术文化不断交流、碰撞、融合，保持旺盛活力，构建开放、包容、创新的深圳学术文化。

　　文化的生命力在于流动，任何兴旺发达的城市和地区一定是流动文化最活跃、最激烈碰撞的地区，而没有流动文化或流动文化很少光顾的地区，一定是落后的地区。文化的流动不断催生着文化的分解和融合，推动着文化新旧形式的转换。在文化探索过程中，唯一需要坚持的就是敞开眼界、兼容并蓄、海纳百川，尊重不同文化的存在和发展，推动多元文化的融合发展。中国近现代史的经验反复证明，闭关锁国的文化是窒息的文化，对外开放的文化才是充满生机活力的文化。学术文化也是如此，只有体现"全球视野"，才能融入全球思想和话语体系。因此，"深圳学派"的研究对象不是局限于一国、一城、一地，而是在全球化背景下，密切关注国际学术前沿问题，并把中国尤其是深圳的改革发展置于人类社会变革和文化变迁的大背景下加以研究，具有宽广的国际视野和鲜明的民族特色，体现开放性甚至是国际化特色，融合跨学科的交叉和开放，提高深圳改革创新思想的国际影响力，向世界传播中国思想。

　　二是"民族立场"：反映了深圳学术文化的代表性，体现了深圳在国家战略中的重要地位。它强调要从国家和民族未来发展的战略出发，树立深圳维护国家和民族文化主权的高度责任感、使命感、紧迫感。加快发展和繁荣学术文化，融通马克思主义、中华优秀传统文化和国外学术文化资源，尽快使深圳在学术文化领域跻身全球先进城市行列，早日占领学术文化制高点。推动国家民族文化昌盛，助力中华民族早日实现伟大复兴。

　　任何一个大国的崛起，不仅伴随经济的强盛，而且伴随文化的昌盛。文化昌盛的一个核心就是学术思想的精彩绽放。学术的制高点，是民族尊严的标杆，是国家文化主权的脊梁骨；只有占领学术制高点，才能有效抵抗文化霸权。当前，中国的和平崛起已成为世界的最热门话题之一，中国已经成为世界第二大经济体，发展速度为世界刮目相看。但我们必须清醒地看到，在学术上，我们还远未进入世界前列，特别是还没有实现与第二大经济体相称的世界文化强国的地位。这样的学术境地不禁使我们扪心自问，如果思想学术得不到世界仰慕，中华民族何以实现伟大复兴？在这个意义上，深圳和全国其他地方一样，学术都是短板，理论研究不能很好地解读实践、总结经验。而深圳作为"全国改革开放的一面旗帜"，肩负着为国家、为民族文化发展探路的光荣使命，尤感责任重大。深圳这块沃土孕育了许多前沿、新生事物，为学术研究提供了丰富的现实素材，但是学派的学术立场不能仅限于一隅，而应站在全国、全民族的高度，探索新理论解读这些新实践、新经验，为繁荣中国学术、发展中国理论贡献深圳篇章。

三是"时代精神"：反映了深圳学术文化的基本品格，体现了深圳学术发展的主要优势。它强调要发扬深圳一贯的"敢为天下先"的精神，突出创新性，强化学术攻关意识，按照解放思想、实事求是、求真务实、开拓创新的总要求，着眼人类发展重大前沿问题，聚焦新时代新发展阶段的重大理论和实践问题，特别是重大战略问题、复杂问题、疑难问题，着力创造学术文化新成果，以新思想、新观点、新理论、新方法、新体系引领时代学术文化思潮，打造具有深圳风格的理论学派。

党的十八大提出了完整的社会主义核心价值观，这是当今中国时代精神的最权威、最凝练表达，是中华民族走向复兴的兴国之魂，是中国梦的核心和鲜明底色，也应该成为"深圳学派"进行研究和探索的价值准则和奋斗方向。其所熔铸的中华民族生生不息的家国情怀，无数仁人志士为之奋斗的伟大目标和每个中国人对幸福生活的向往，是"深圳学派"的思想之源和动力之源。

创新，是时代精神的集中表现，也是深圳这座先锋城市的第一标志。深圳的文化创新包含了观念创新，利用移民城市的优势，激发思想的力量，产生了一批引领时代发展的深圳观念；手段创新，通过技术手段创新文化发展模式，形成了"文化＋科技""文化＋金融""文化＋旅游""文化＋创意"等新型文化业态；内容创新，以"内容为王"提升文化产品和服务的价值，诞生了华强文化科技、腾讯、华侨城等一大批具有强大生命力的文化企业，形成了文博会、读书月等一大批文化品牌；制度创新，充分发挥市场的作用，不断创新体制机制，激发全社会的文化创造活力，从根本上提升城市文化的竞争力。"深圳学派"建设也应体现出强烈的时代精神，在学术课题、学术群体、学术资源、学术机制、学术环境方面进发出崇尚创新、提倡包容、敢于担当的活力。"深圳学派"需要阐述和回答的是中国改革发展的现实问题，要为改革开放的伟大实践立论、立言，对时代发展作出富有特色的理论阐述。它以弘扬和表达时代精神为己任，以理论创新、知识创新、方法创新为基本追求，有着明确的文化理念和价值追求，不局限于某一学科领域的考据和论证，而要充分发挥深圳创新文化的客观优势，多视角、多维度、全方位地研究改革发展中的现实问题。

四是"深圳表达"：反映了深圳学术文化的个性和原创性，体现了深圳使命的文化担当。它强调关注现实需要和问题，立足深圳实际，着眼思想解放、提倡学术争鸣，注重学术个性、鼓励学术原创，在坚持马克思主义的指导下，敢于并善于用深圳视角研究重大前沿问题，用深圳话语表达原创性学术思想，用深圳体系发表个性化学术理论，构建具有深圳风格和气派的话语体系，形成具有创造性、开放性和发展活力的理论。

称为"学派"就必然有自己的个性、原创性，成一家之言，勇于创新、大胆超越，切忌人云亦云、没有反响。一般来说，学派的诞生都伴随着论争，在论争中学派的观点才能凸显出来，才能划出自己的阵营和边际，形成独此一家、与众不同的影响。"深圳学派"依托的是改革开放前沿，有着得天独厚的文化环境和文化氛围，因此不是一般地标新立异，也不会跟在别人后面，重复别人的研究课题和学术话语，而是要以改革创新实践中的现实问题研究作为理论创新的立足点，作出特色鲜明的理论表述，发出与众不同的声音，充分展现深圳学者的理论勇气和思想活力。当然，"深圳学派"要把深圳的物质文明、精神文明和制度文明作为重要的研究对象，但不等于言必深圳，只囿于深圳的格局。思想无禁区、学术无边界，"深圳学派"应以开放心态面对所有学人，严谨执着，放胆争鸣，穷通真理。

狭义的"深圳学派"属于学术派别，当然要以学术研究为重要内容；而广义的"深圳学派"可看成"文化派别"，体现深圳作为改革开放前沿阵地的地域文化特色，因此除了学术研究，还包含文学、美术、音乐、设计创意等各种流派。从这个意义上说，"深圳学派"尊重所有的学术创作成果，尊重所有的文化创意，不仅是哲学社会科学，还包括自然科学、文学艺术等，应涵盖多种学科，形成丰富的学派学科体系，用学术续写更多"春天的故事"。

"寄言燕雀莫相唳，自有云霄万里高。"学术文化是文化的核心，决定着文化的质量、厚度和发言权。我们坚信，在建设文化强国、实现文化复兴的进程中，植根于中华文明深厚沃土、立足于特区改革开放伟大实践、融汇于时代潮流的"深圳学派"，一定能早日结出硕果，绽放出盎然生机！

写于 2016 年 3 月
改于 2021 年 6 月

自　序

　　本书之所谓"人文教育学",包含两个层面的研究:一个层面是指"人文的教育"研究,另一个层面是指"人文地教育"研究。换句话说,就是既研究人文知识、人文学科的教育问题,也研究教育本身的人文性问题。本书的"人文教育"一词,既包含"人文的教育",也包含"人文地教育"。理论地说,这是两个不一样的问题,按照常理,应该分而治之。在深入研究之后,却越发领悟到它们实质上是一个"同根"的问题。教育的人文性与人文的教育性问题,在哲学的境界里,是个"存在创造本质"的问题,其根本之道在超越主客二分,回归主客融合;"超越对象化,回归本体性"。

　　与"人文教育"相对应的一个词是"科学教育","科学教育"也包含着"科学的教育"和"科学地教育"两个层面的问题。无论科学教育还是人文教育都蕴含在"教育"范畴之中。搞教育不仅要讲科学,还要讲人文;不仅要遵循"科学真理",还要践行"人文道理";不要彼此替代,而要相互会通。但教育的本质是人文的,否则教育就可能成为完全可以由人工智能替代的工作。探索教育的人文性,重视人文教育,是新科技时代彰显人之为人的本质需求——人既不能沦落为一般动物,也不能替换为智能机器。科技教育的重要性,凸显出人文教育的紧迫性。

　　"科学真理"侧重于主客二分的对象化认识论,"人文道理"侧重于主客融合的本体性功夫论。为了更自觉深刻体现和坚守教育的人文性,我们期待教育学发展出另一种可称之为"人文道理"的范式,使之与"科学真理"的范式构成阴阳互动的整体境界。

　　基于此,我们的探索着力于这样一个基本思路:立足教育的人文性和人文的教育性，着眼人文教育的基本目的，自觉于华夏优秀人文传统智慧，积极汲取西方思想精华，形成人文教育理论范畴和方法论体系。力图超越构成论，回归生成论；超越认识论，回归功夫论；超越脑力培育，回归心力养成。

本书的基本结构是按照"原理论—功夫论—现实问题分析—学科反思"的思路展开。

在原理性研究中，本书以"人文道理"作为立论基础，通过与"科学真理"的比较和关系分析，深入探索教育的"人文道理"含义和意义，以夯实教育的人文原理。所谓"人文道理"，以"事"为关注点，是"非对象化"之知，是"有我"之知，追求具体贯通性、实践性和多元合理性；体认范式表现为主体"投身其中"而由"心"主导的本体性功夫论，人文道理有着比科学真理深重得多的"主体性"本源。人文道理的方法论特性是"本体功夫"，而非"外在工具"。这就意味着人文教育不能止于隔岸观火、坐而论道，而必须及时"起而行之"，边学，边教，边思，边做，"to be is to do"，不断做成自己。所以，"知行合一"便是人文教育的根本原则。"知行合一"是持续流转的过程，要自觉践行，核心在"诚"。"诚者，成也"，"成者，诚也"；"不诚无物"，"至诚如神"。"诚"不仅是做人做事的态度，也是成人成事的方法。"知行合一"的实现要依靠"诚"的本体功夫，不诚，则知行各一，后果不堪设想。要牢牢夯实"诚"这第一块"多米诺骨牌"。"诚"的品性，源于整个人的"心力"养成。人文教育是"求其放心"的教育，"放心"才能养出浩然"心力"，"心"出"智慧"，"心"出"境界"，自带光芒，内心敞亮。"心力"是成长的，不是锻造的。人文教育是"归心""养心"的教育，要在"事上磨"，"心上炼"才能成长出内在力量。人文教育要断离价格思维（Price Thinking）左右，遵从价值思维（Value Thinking）主导——理解生命节奏，着眼内在成长，着力长远未来；要静待花开，不拔苗助长。人文教育旨在"养心"，此"心"是现实世界里那些过着肉身生活、社会生活的世人安顿精神的状态。精神的安顿是鲜活的生命学问，是在道理与功夫之间的互动与互惠，鲜活的生命在精神的滋养和拓展中"道成肉身"。在人文教育中，唯有把人文知识活化为人自身的精气神，这样的教育才是促进人内在成长的教育。从事人文教育的人务必要超越对象化之知的知识论障碍，而指向本体性之智的领悟。精神的特性规定了人文教育的特点：精神获得的不同替代，精神财富的不可转让，精神成长的不可停歇，精神教化的隐喻话语，精神内在务必体验，精神呈现往往"得意忘形""得意忘言"，这就构成了人文教育的本体特点。通过这样一个精神形成逻辑的探索过程，构成了本书"人文道理—知行合———诚—心力—成长—精神"六位一体、相互贯通、彼此交融的理论结构。为人文教育的"功夫"论展开做了思想和逻辑的准备。

　　立足人文教育原理论，探讨如何具体进行人文教育教学，所形成的具有方法论意义的见解是，人文教育的"方法"具有内在"功夫"性质。心和精神，不是"实体"，而是"虚空"，化为生命"状态"。看不见，摸不着；可领略，可感悟；虽不客观，却是真实。心和精神，一定要落在具体鲜活的肉身生命里，才能实现其意义，呈现其价值。心的、精神的世界是个由文字、符号、话语、声音培植的"无形"世界，需要想象，富有理想，保持希望。在人文世界里，隐喻是人生存的基本方式。没有隐喻，人类无法创造宗教、哲学、美术和音乐，人将失去人文世界。"君子之教，喻也"，现代人却正在失去隐喻的能力。唯科学主义的知识霸权肆虐，迫使人们生活在由钢筋水泥般的概念木乃伊所构造的知识都市里，代表着鲜活精神世界的隐喻语言正在荒芜和干枯——语言的祛魅，导致精神式微。人文的世界是个本体的世界，唯有身心投入其中去体验，才能在"我的世界"复活"人文道理"所示意的世界。精神的"活着"，必是"体验"的"活着"。人文教育应该既是"体验的"，又是"体验地"，既要"教人去体验"，又要"体验去教人"。生命的不可替代性意味着孤独性，超越孤独的基本方式就是通过精神的对话使个体走进他人、融入社会。生命的存在还天然具有差异性、片面性、未完成性，唯有通过对话实现自我的社会性。在社会性中实现对差异的同理心和共情力，在社会性中实现对自我片面的谦卑确认和自我超越。他人不是地狱，自我是一种恩惠，是他人对自我的馈赠。对话不仅是个人走进社会的途径，也是社会整合个体的不二法门。对话是个体的生存方式，对话是个体的生活态度，对话是文明社会的制度，对话是健康群体的文化。对话是人文教育不可或缺的方法。人文教育是追求个体自我内在成长的教育，是促进个体心灵扩大格局、提升境界的自我实践，其教育目的不在外而在内。人文教育务必超越外在知识论目的，以实现内在成长的价值论为引领。因此，在人文教育中，要超越"知识中心"，走向"问题中心"。因为知识只有通过问题才能进入个体的精神世界，知识只有通过问题才能转化为能力和智慧，知识只有通过问题才能促使个体继承和创新。人文教育就是要通过个体内在切身的心灵、精神性问题为切入点，化知识逻辑为问题逻辑，在人生的问题原野中，领悟观念的力量，拓展人生的智慧，养成强大的自我。在人工智能、大数据、互联网、5G时代，教育实践，关键依然在教师。未来教育将更加强调教师的人文能力，教育将更加凸显爱和智慧的力量。没有反省就不懂爱，没有反思就不出智慧。中国传统之"反省"跟西方文化的"反思"有所侧重。中国传统之"反省"出于人文追求，基于主客相融，侧重知与行合一；西方文化之"反思"（reflection）则出于科学探索，基于主客对立，侧重思与事合一。今日人文教育，尤其需要将反省与反思结合起来，在"反省"的时候，将"反思"摄入其内；在"反思"的时候，把"反省"融入其中。为了融合反省与反思，我们试图用"实践反思"一词涵摄之。通过以上的探索，我们基本形成了"隐喻—体验—对话—问题—反思（反省）"的人文教育"功夫"论体系。

在对原理论和功夫论探索的基础上，本书直接回应人文教育中具有时代意义的重要现实问题；关于"人文经典教育"的问题，我们指出，人文经典教育的基本内涵是"惟精惟一"，基本特性是"返本开新""转识成智""知行合一"。人文经典教育要复兴中国传统的基本方式——"我注六经，六经注我"的人文机制。关于"创新教育"的人文问题，我们强调，创新及其教育之本在文化，本立道生。而文化会表现出历史走向未来发展中的"路径依赖"特性。因此在进行创新教育过程中，要意识到中西文化由于其各不相同的文化基因、历史进路，势必表现出各自不同的创新特点与机制。西方文化以"个人"和"自由"为文化生成起点，以"理性"为主导，逐步形成以追求"科学真理"为主要偏好的"自由—理性—真理"人文结构；中国传统以"心性文化"为主体，基于"关系主义"而生发成以追求"人文道理"为主要偏好的"仁—诚—道"人文结构。当今时代，我们要立足优秀传统，自觉开放，转化融合，"会通以超胜"。梳理观念碎片，促进逻辑自洽；培养君子文化，力求情理合一；尊重人文科技差异，促使分立而贯通；最终形成观念、行为、制度各方面具有内在协调性的创新教育大系统。关于"新科技教育"的人文问题，我们认为，科技的潘多拉魔盒已经打开，科技越发展，教育的人文使命越迫切。人类的命运日益取决于教育的精神方向走向何处。智能时代教育的人文性不仅是社会发展的灯塔，更是社会存在的基座。"为机器立心"是教育的时代使命，"为生民立道"是教育的社会责任。关于学校组织的人文问题，我们提出了"大学意志"范畴。学校是人文道场，大学是文化殿堂。人文由价值引领，文化要理想普照。大学是人为之事，大学是"存在创造本质"，大学理想须意志的坚守而为行动导航。大学是一种要人去"不断做事"（doing）的存在。不"做"（Do），大学就不"是"（Be），当大学不再"做事"了，大学就只能成为历史传说和文化遗产；而"任意"或"随意"做事，大学就可能由大学之"是"而变成大学之"非"。没有大学意志的大学精神只能是口号，没有大学意志的大学理想只能是幻想。大学意志是相对于大学理想这一"脑力"性质的大学精神而言的一种"心力"性质的大学精神。沿着"大学理想"的逻辑，可以拓展一条"理学"意义的高等教育学发展范式；沿着"大学意志"的逻辑，或许可以拓展出一条"心学"意义的高等教育学发展路径。

　　本书在"余论"部分立足师生关系分析视野，对教育学科进行了人文反思。师生关系为教育本质之所系，无师生关系便无所谓的教育。教育学中的师生关系是"教"教育学的人、"学"教育学的人、"研究"教育学的人所共同面临的专业问题。教育学师生关系出现的诸多问题，根源之一在于教育学科师生无视乃至放弃教育学的人文特性。不自觉体现教育学的人文性，教育学将不再是"人学"，而是"智能机器之学"。教育学的师生理应以自觉的"专业精神"，把师生关系当成教育理论与实践相结合的"知行合一"场域。教育学师生要突破现实困境，首先就得从师生关系入手进行"实践性反思"和"反思性实践"，师生自觉互动中，使教育学成为"知己"之学、"成己"之学、"心际"之学、"成人"之学。师生关系是教育的"问题之源"，是教育的"人文道场"，也是教育理论与实践结合的"方法之维"。

教育的人文性与人文的教育性，无论从个体精神还是从人类文明发展的历史来看，都被赋予了"西西弗斯"的命运。西西弗斯是希腊神话中一位接受众神惩罚的神。他凭借自己的狡猾机智玩弄众神，最后获得的惩罚便是：他必须不停地把一块巨石推上山顶，然而就在快要到达山顶之际，巨石会不可阻挡地从他手中滑落，滚回山下。西西弗斯必须从头开始，就这样无休止地循环下去。只有意识到这样一个无可违抗的命运，我们人类的代际、社会和个体才能在精神提升的不休之路上，自强不息，止于至善。

目　　录

上篇　人文教育"原理"论

中篇　人文教育"功夫"论

下篇　人文教育时代主题

余论　教育学的人文反思

导　论

超越对象化　回归本体性

　　人文教育旨在培养人文精神，现实的人文教育却存在诸多与之相悖的情况。仅就教师和学生两者而言，许多从事教育、教学和研究工作的人文教师，遵从着所谓"客观""中立""价值无涉"的"科学三原则"而开展其工作，形成其成果。这种"对象化"的研究法则促使他们习惯于"站在人生边上"进行纯理性的学术分析，在这种"客观科学理性"的"规训"下，潜意识地促成了他们对待"生活世界"的冷漠姿态和思维偏好。他们裹挟着这种姿态和偏好涉入教育过程，并顺理成章、有意无意地习惯于以这种姿态和偏好去对待学生，处理教学内容，开展教学活动。具体而言，许多人文教师把人文知识仅仅当成客观的学术对象去对待，把人文问题仅仅当成客观的学术问题去处理，纠结于概念解析和逻辑论证。以至于教小说和诗歌者往往只会搞理论，做评论，自己写不了小说，作不好诗词，甚至日常生活语言都显粗俗，欠缺人文情怀和魅力；教历史者往往只会叙述材料，播送结论，却难以引导学生以史为镜，欠缺历史智慧；教哲学者往往只会生吞活剥，囫囵吞枣，提供一堆概念木乃伊，却茫然于激发学生思考，启迪学生智慧，欠缺"爱智"追求。文、史、哲等普遍成为教师职业化的"学科工作"对象而已，与其精神世界缺乏自觉联通。在教学过程中，人文教师往往对师生关系的"主体间性"特征视而不见，常常满足于"经师"角色，将学生对象化。自认为能把内容表达清晰，能逻辑有序、分析有力就心安理得了，——把学生预设为一部精密的思维机器。再者，人文教师还常常将教学内容对象化，习惯地把人文理论和学说当成人文问题的"对象化结论"，并"对象化地"对待和处理着这些

"对象化知识"。人文学科普遍被教成了抽象无感的口耳之学、记诵之学和辩论之学。从学生这方面看，文、史、哲等诸多学科知识体系普遍难以与学生遭遇到的生命、生活和社会问题建立内在联系，还俨然是一套外在的抽象符号系统，——学生只得死记硬背、鹦鹉学舌，应付考试。学生学习的普遍状况是上课记笔记，课后下载课件；不上课者则复印笔记，转载课件；考前背笔记，考完就忘记。人文知识如果不能与个人生活、直接经验、社会现实问题发生切实关联，被生吞活剥的人文概念、原理、法则就难以像种子播撒到脑海心田而着床、生发和成长。它就会像人吃错东西拉肚子，食物滑过消化系统，什么营养也不会留下便"溜走了"，还会伤了肠胃。作为人文教育"硬核"所在的文、史、哲之教育尚且如此，更何况其他相关学科之教育呢？这些司空见惯的现象如何解释和解决，必须对此进行深入的探讨。

我们认为，在思想—精神维度上，人文教育问题解决的根本之道，必须超越对象化，回归本体性。

一　超越对象化

面对人文教育的诸多问题，我们不仅要从现实中的外部因素——政治的、市场的影响去找原因，还须从思想层面找内在原因。从"思想内容"去考察，很多学者认为是社会本位论的教育哲学导致，① 这大体没有错。但如果从更深层次的"思想方式"的集体无意识去考察，社会本位论似乎还不是最深层的。教育之"失身"，首先是人文教育"丢心"，教育之不为"人"，首先是人文教育不"入心"。从人文教育视野看，更深层次的原因就在于，"思想方式"上把人与世界的关系仅仅看成主客二分的对象化和外在性关系，②

---

① 鲁洁：《教育的原点：育人》，《华东师范大学学报》（教育科学版）2008 年第12 期。

② 在人与世界的关系中的世界里，包含人和社会，绝不能把世界仅仅理解为一个死寂的物质世界。

用这种对象化思考范式去探索和处理问题——包括人与自身、人与人、人与社会、人与自然的文化和精神关系的问题。这就会导致人文教育哲学和方法论的"外在化"和"对象化"倾向。著名哲学家张世英先生在其《哲学导论》中深刻清晰地论述，对于我们思考人文教育的这个深层次问题极富启发。在现代性哲学思想里，关于人与世界的关系，一种主导性的观点是：

> 把世界万物看成与人处于彼此外在的关系之中，并且以我为主（体），以他人他物为客体，主体凭着认识事物（客体）的本质、规律性以征服客体，使客体为我所用，从而达到主体与客体的统一。西方哲学把这种关系叫做"主客关系"，又叫"主客二分"，用一个公式来表达，就是"主体—客体"结构。其特征是：（1）外在性。人与世界万物的关系是外在的。（2）人类中心论。人为主，世界万物为客，世界万物只不过处于被认识和被征服的对象的地位，这个特征也可以称为对象性。（3）认识桥梁型。意即通过认识而在彼此外在的主体与客体之间搭起一座桥梁，以建立主客的对立统一，所以有的西方哲学家把主客关系叫做"主客桥梁型"。半个世纪以来，大家讲哲学原理，一般都是按照主客关系来讲人与世界的关系。①

由于一味地强调按照主客关系的对象化和外在性思维模式来对待人生与社会，也就无形之中形成了思想方式的集体无意识。这种集体无意识在人文与社会领域不断"漫漶"，"主体—客体"式的弊端就愈演愈烈。人们越来越把主体与客体看成彼此外在之实体，问题探索和解决之路也就越来越崇拜那个超乎主体感性的独立永恒的概念王国——通过概念系统去揭示和把握客体的本质和规律，客体就能为我所驱使。于是，人文学科就变成概念系统，人文教育变成概念解析，这种"形而上学"方式像魔咒一般把人文教育不断引向脱离现实境遇、脱离切己人生的苍白乏味的抽象境地。随着人们越

---

① 张世英：《哲学导论》，北京大学出版社2002年版，第3页。

来越把主客二分的对象化、外在性思维范式抬高到唯一的至尊地位，人们理所当然地浸淫其中而不可自拔，以至于变成一种所谓"时代精神"。把什么都当成外在对象——无论物质还是心灵，无论事物还是事情，都企图一并"科学地"解释和解决。这种强劲的对象化思考方式用对待物质的方式来对待人，用对待外在世界的方式来对待内在世界，把人文之"事"当成科学之"物"，最终把人当成了"非人"的"他者"之物。这正是教育尤其是人文教育异化的思维、思想、精神之根源。要让人文教育回归"人"，关乎"心"，就必须从"对象化"洞穴的思想殖民中超拔出来。我们必须寻求另一种思考方式，另一种对待态度才有出路。这条出路就是，把人与世界万物（包括他人）的关系看成血肉相连的"非对象化关系"。"人与世界万物是灵与肉的关系，无世界万物，人这个灵魂就成为魂不附体的幽灵；无人，则世界万物成了无灵魂的躯壳。"①张世英先生称这种"融合关系"为"自我—世界"结构，以区别"主体—客体"的"对象化结构"，他把这种关系结构的特征也归结为三点。

（1）内在性。人与世界万物的关系是内在的。人是一个寓于世界万物之中，融于世界万物之中的有"灵明"的聚焦点，世界因人的"灵明"而成为有意义的世界，用中国哲学的语言来说，这就叫做"人与天地万物一体"或"天人合一"。（2）非对象性。人是万物的灵魂，这是人高于物的卓越之处，但承认人有卓越的地位，不等于认定人是主体，物是被认识、被征服的客体或对象，不等于是西方的人类中心论。在"人与天地万物为一体"的关系中，人与物的关系不是对象性的关系，而是共处和互动的关系。（3）人与天地万物相通相融。"生活世界"是个整体，此世界是人与万物相通相融的现实生活的整体，不同于主客关系中通过认识桥梁以建立起来的统一体或整体，那是把客体作为对象来把握的整体，用哈贝马斯的话来说，后者叫做"认识或理论的对象化把握的整体"，前者

① 张世英：《哲学导论》，北京大学出版社2002年版，第3页。

叫做"具体生活的非对象性的整体"。①

　　显然，这种内在性的、非对象性的、相通相融的"自我—世界"结构，要比"主体—客体"的对象化结构更符合生命的真实状态，更符合人文世界的真实状态。因为生命就意味着关系，意味着必须与别的生命和周遭环境进行能量和信息转换才能存在和绵延并产生意义。总是孤立孤独的生命不仅不能存在和繁衍而且没有意义。作为高级生命形态的人，特别需要处理其情感、思想、精神和灵魂等属于人才有的问题。人的本质藏在那颗"心"里，人与世界的关系实质是人心与世界的关系，人与自身的关系实质是身与心的关系，人与人的关系实质是心与心的关系，心才产生对意义和价值的追问和追求。意义世界才是人之为人的独特世界。解决物质世界的知识和技术无法拿来解决人之人心和"心际"问题，所以科技解决不了人的全部问题，科技不能替代人文，科技教育不能取代人文教育。中国传统文化注重对人、人心、人与人、人与天之关系的探索和实践，绵延数千年而不绝，凝聚了丰富博大的思想智慧和实践智慧，在当今科技昌盛人文式微的时代，这个宝藏里的智慧需要今人去发掘、选择和汲取，这是中国人应对未来的精神"种子"，更是中国意义的人文教育理论和方法之不可或缺的思想资源。张世英先生融通中西智慧，认为人与世界的关系存在三个阶段。

　　第一个阶段是不包括"主体—客体"在内的"天人合一"，即是说，这种天人合一的观点缺乏（不是说完全没有）主客二分和与之相联系的认识论，这种原始的天人合一观称为"前主客关系的天人合一"或"前主体性的天人合一"。第二阶段是"主体—客体"。这是西方近代哲学的主导原则，中国自鸦片战争以后，19世纪末到20世纪初一批先进思想家们所介绍和宣传的，就是这种思维方式。第三阶段是经过了"主体—客体"式思想的洗礼，包含"主体—客体"在内而又超越（扬弃）了

---

①　张世英：《哲学导论》，北京大学出版社2002年版，第4—5页。

"主体—客体"式的"天人合一",称之为"后主客关系的天人合一"或"后主体性的天人合一"。①

我们的人文教育理论和方法应该以"后主客关系的天人合一"观为基础,自觉超越西方现代性哲学惯性,从华夏人文思想传统中汲取"前主客关系的天人合一"观的宝贵资源。承继中国人文智慧,又着眼时代迫切课题,返本而开新,生成当代人文教育思想之"言"。全球化时代的中华人文教育,既要兼收并蓄向外开放,又要"认祖归宗"向内开放;既要培养融通世界的"人",又要承继华夏"龙的传人"的人文血脉。"后主客关系的天人合一"的哲学观,为实现这样的人文教育理想提供了思想指引和智慧启迪。所谓"对象化"的思想范式,实质上就是唯科学主义对人文及其人文教育的思想殖民。站在唯科学主义立场,人文或者被科技扭曲,迷失自我;人文或者脱逃于科技,与之分立;这都不是人类的福音。站在"后主客关系的天人合一"哲学观立场,人文与科技不再并列,人文教育与科技教育不再是同层次的问题。人文主导科技,人文为科技立心;科技回归人文,人文蕴含科技;科技是骨肉血,人文是精气神,人文而科技成就现代人。现代教育的理想形态是蕴含科技教育的人文教育,因此,从根本上说,现代教育就是人文教育,因为人文教育才能站在价值的制高点上。与其说人文教育要超越对象化,还不如说整个教育要超越对象化。超越对象化不是否定对象化,而是驾驭对象化。超越对象化,是现代教育的明智选择,人文教育必须首先身体力行。

二　回归本体性

在中国传统经验和智慧中,教育就是"智及仁守""人文化成";教育就是以人为本、修身养性、练"脑"养"心"的生命学

---

① 张世英:《哲学导论》,北京大学出版社 2002 年版,第 5 页。

问；教育就是人文教育。人文教育回归本体性，实际上就是回归生命性，回归人性，回到身心，回到切己生活。本体性即是人性、身心。接下来，我们试图从中西思想的比较中，深入体会具有中国味道的"本体性"之内涵及其人文教育的理论意义。

从"现代性"思想境域看，"西学"中的本体概念（Noumenon）是指"现象界"背后的宇宙本根和终极实体，人可以通过理性的认识和推理获得其对本体的确定，并逐步推演出认识体系。换句话说，这个本体概念是对宇宙终极"存在者"之不变本质的界说，因此，它终归是个外在于主体的、自在自为的、对象化的客观"实体"。这个外在客观"实体"构成了西方现代性哲学孜孜以求的根本对象，由此形成的"主客二分"的"对象化思维"统摄其思想方式并得到扩张性延展。"中学"里的本体范畴则异于"西学"，它虽有"宇宙论"含义，却在"天人合一"的境界里侧重"心性论"的觉悟。也就是说，"中学"的本体范畴不是纯粹的对象化客体，而是具有人的内在心性特点，它是"大而无外，小而无内"的非对象化"存在"，它不是脱离主体的外在"存在者"，不纯粹指向外在物质的终极实体。此本体，非实体，乃具有丰富的主体性。简而言之，"西学"的本体概念更多源于其宇宙论——从主体外在的客观实体一门入径，"中学"的本体范畴则更多源于心性论——从主体内在心性一门入径。如果从思想道路上说，"西学"的本体论思想路线是"宇宙即吾心"——由科学而人文，以客观科学为基准；"中学"的本体论思想路线则为"吾心即宇宙"——由人文而科学，以人文主体为依归。强调外在客观实体，本体论就逻辑地以对象化的、主客二分的、二元对立的"认识论"为追随；看重内在心性虚空，本体论就自然地以非对象化的、天人合一的、民胞物与的主体性"功夫论"为效验。客观实体的本体性，是已然的既定的存在，是不变的客观性，是等在那里由着我们去猜的固定规律，我们可以通过对象化方法认识和把握它，不管我们是否猜到，它都静静地在那里运行着。心性（精神）"虚空"的本体性，却不是已然的既定的存在，文化的"先在性"和"普遍性"只能通过主体后天的学习和"修证"才能得到呈现和实现。孔子就说过，"知及之，仁不能守之，虽得之，必失之"（《论语·卫灵公》），"中学"之本体，不是单纯的认识论—知识论问题，必须同时是一个功夫论问题。主体只有在认识和修行两方面下功夫，文化的先在性和普遍性才能呈现为现实性。通过对本体含义的粗略文化比较，我们可以领略到中国传统以"人文"为重心的独特思想品性，我们所说的人文教育要回归本体性，主要是指中国文化意义的本体性。

从人文的维度看，回归"中学"传统，对所谓本体的追寻就必然超越对象化的认识论路径，而生发出功夫论的路线和阶次。与认识论门径大为不同，功夫既是证验本体的必然路途，又是生成本体的必然方式。换句话说，功夫即本体，本体即功夫。孔子著《春秋》时所坚持的"我欲载之空言，不如见之于行事之深切著明也"①，正是以具体的"行事"来深切著明他对社会人生的普遍性蕴含，这里下的就是本体性功夫。熊十力曾经与冯友兰有段对话，很有意思。熊十力问冯友兰："你怎么把王阳明的'良知'讲成假设，怎么可以当做一个假设来讲呢？"冯友兰就反问："那你说该怎么讲呢？"熊先生说："良知不是假设，是呈现。"② 这个对话经典地展现了"对象化"思想方式和"本体性"思想方式的不同特性。冯先生受西式学问影响，注重脑力的知识论证明，强调知识论上是否站得住脚，而熊先生则坚持还原中国学问传统，注重心力的功夫论体悟，强调个体自身对道理的切己验证和精神生成。比较中西思想传统，此本体非彼本体。西式之本体论与认识论相对应，中式之本体论则与功夫论相对应。所以古代大儒才说，"有功夫才有本体"，"有真功夫才有真本体"（清代李二曲）。"中学"强调"知行合一"的自证实修（自宋明以后），而不沉迷于逻辑的、对象化的、大脑认识层面"坐而论道"式的系统化论说。近代马一浮先生就说过，"但说取一尺，不如行取一寸"，"日用间随处自己勘验，方

---

① （汉）司马迁：《史记·太史公自序》，载《二十五史》第 1 卷，中国文史出版社 2002 年版，第 332 页。

② 韦政通：《我治中国思想史的经验》，《华中师范大学学报》2007 年第 4 期。

是功夫"。①

　　中国传统在人文教育，十分强调本体与功夫的双向互动关系："如果执着于功夫，却忽略其明心性的旨归，则功夫亦是枉然；如果孜孜以求本体，却缺乏功夫的实修实证，那就流于空疏。所以，既要修此本体之功夫，又要证此功夫之本体。"② 用马一浮先生的话说，"全性起修，即本体即功夫；全修在性，即功夫即本体"③。不离本体的功夫包括不同形式，其展开亦呈现阶段性和层次性，本体在主体性的不断努力中，意义得以彰显和充实，以获得认识的觉悟和境界的提升。从本体说功夫，本体"范导"着功夫的取向和路线。本体在功夫展开前，还是观念性存在、可能性存在，只有在主体自身无可替代的切己深入的"实修实证"中，本体才由可能性、潜在性转变为现实性、显在性，生成出具体而丰富的鲜活内容。所以古人说"心无本体，功夫所至，即是本体"④。中国古代人文大师既是论道者，也是践道者，成己、成人、成物（事业）交相辉映。在传统人文教育的方法论中，存在不同入径和侧重，有的主本体，有的主功夫。举例说，周敦颐主静，即是本体，程伊川主敬，即是功夫，虽入径不同，最后都得成就整个精神家园。如同一个花园，总有很多门径，入门不同，路线各异，但去的是同一个花园，只要坚持探求，着紧用力，最后各不同入径、路线的人都是要聚会碰面的，最终大家都能领略到同一个花园的风景。功夫与认识不同，认识以脑为主导，功夫以心为主导；认识重纯思，功夫重践行；认识强调抽象普遍性，功夫强调具体（切己）贯通性；科学世界里问题的解决，认识论主导，功夫论辅之，人文世界里问题的解惑，功夫论主导，认识论辅之。我们提出人文教育要回归本体性，就是此意。

　　近代以来，我国学界引进和发展了"西式"的哲学学科，哲学

---

　　① 《马一浮集》第 1 册，浙江古籍出版社、浙江教育出版社 1996 年版，第 555、558 页。

　　② 许宁：《马一浮的本体功夫论》，《西安电子科技大学学报》2004 年第 14 卷第 3 期。

　　③ 《马一浮集》第 1 册，浙江古籍出版社、浙江教育出版社 1996 年版，第 121 页。

　　④ （明）黄宗羲：《黄梨洲先生原序，明儒学案》上，中华书局 1985 年版。

的学科式存在主导了学校人文教育的方向。学院派（无论中西哲学）的哲学家们热衷于"西式"的本体论、认识论探究，而很少讲切己具体的实践功夫，所以人文教育大多满足于或者驻足于知识论层面，致使"对象认知"难以回归"存在认知"（即"本体认知"）。知识论层面的人文教育变成了"练脑"的教育，而不是"哺心"的教育。"脑力"的逻辑证明不可能替代"心力"的"实修"呈现，完全靠脑力劳动难以为心营造出踏实的安顿处。不"关心"的脑力无论多么勤劳，因不能"转识成智"，都将落得个心脑分裂，身心异处。心灵必以一定的方式存在，这种存在当然不是知识论的，而是存在论的。蒙培元先生就深刻地指出，心灵存在的方式不是概念而是境界。概念是抽象普遍的学理，境界是切己贯通的情理。知识论的概念必须变成存在论的境界才获得生命的意义，冯友兰所谓"概念即境界"，绝不能仅理解为不同层次产生不同意蕴的概念，而应该引入人文的理解，人文领域的所谓抽象的科学概念务必转化成切己的人文境界才算完成和完整。境界是一种生命存在的状态和方式，最高级别就是本体（主体）的浑然贯通或通透。境界是思想与践行的统一，是存在和价值的统一，是情感与理性的统一，是身与心的统一。只"纯思"而不"力行"就达不到生命的智慧境界。心灵不是实体，而是活动，以其活动显示其存在，这种存在就是境界。行动即存在，存在即境界；反之亦然，境界即存在，存在即成就。所以蒙培元先生说，中国思想不是"本质先于存在"，也不是"存在先于本质"，而是"本质即存在"，① 本质与存在不可分。中华传统的本体论是生成论，而非构成论。"理性不是纯粹的形式，而是有经验内容的，是具体理性，不是抽象理性。它需要'辨名析理'式的分析，但没有在这条分析的路上一直走下去，因而，终于没有产生出西方式的理性哲学，而是沿着直觉的方法，通向了艺术化、诗性化的哲学（其中有情感因素）。其根本原因就在于，中国哲学始终关心的是生命问题，而生命问题是很难用概念分析、逻辑分析所能解决的。但这并不是说，其中没有理性的成

---

① 蒙培元：《中国哲学的方法论问题》，《哲学动态》2003 年第 10 期。

分。"① 可见，由从生命问题磨炼而来的这个本体，如果不讲本体的践行功夫，不把脑力问题转换为心力问题，不把认识问题转化为境界问题，教育的本体目的就会落空。不追求存在论意义的境界，心就变成游荡的魂。人文的本体性特征必然要求人文教育之旨归不止步于抽象理论的理解而要追求心灵境界的达成。

三　突破学科藩篱

在我国学界，对人文教育进行教育学视野的研究，一直处于边缘地位。一方面，从事文、史、哲等人文学科研究、教学和实践的人士，关注的重点是他们所属学科的学术发展和专业实践问题，尽管他们从事着文、史、哲等学科的教学工作，但大抵是凭借自己的经验去应对，极少人能把如何进行教育教学的问题当成自己的分内专业去研究探索。即便是那些把教育问题当成自己探索主业的人文学科和艺术界的人们，也被普遍认为是些专业造诣不高，专业前途无望——是些在专业上"搞不下去"的人群，这个人群，在他们所属学科里，地位不高。所以，这些学者，难以形成或凝聚"人文学科之教育学研究"的稳定而强大的学术共同体，这个领域自然长期处于边缘而冷清的状态。持续不断的理论化、系统化研究难以形成。搞人文学术和艺术的人不重视人文教育研究，不把教育当成自己理所当然的专业，是现代大学管理和评价"重学术""轻教育"的倾向导致的，是教育走向异化的基本情形。

另一方面，在教育学界，那些把教育问题当成自己"安身立命"的"专业性学术"领域的人，适应于现代学术学科化的分工制度，他们致力于建立自身的学科独立王国，以"教育学科专家"的身份定位而赢得现代学术生态中的一席之地。教育学术共同体一旦形成和发展，则往往容易囿于自身学术共同体内部的讨论和交流，跨学科的学术交流受到有形无形的学科藩篱的阻隔。即便选择做学

---

① 蒙培元：《中国哲学的方法论问题》，《哲学动态》2003 年第 10 期。

科教育学研究的教育学者，往往都难以通畅而及时地进行双重学科的交叉性对话，两面不得力，左右不重视，在教育学界的地位往往也不高。这种边缘地位变成了尴尬局面，优秀学者难以甘心长期驻足。因此，教育学界把人文教育作为自己研究重点的学者不多，人文教育的研究，在教育学界处于散兵游勇的状态，难以形成"显学"的气象。人文学科之教育学视野的研究，就这样长期处于"双重疲软"的处境，边缘化、冷门化。

人文教育的研究，只能是跨学科的研究。在现有学术背景下，跨学科研究的制度性障碍远没有破除。比如，在文、史、哲等学科的学术共同体里，那些进行人文教育研究的学者，其"教育学术"总是"强不过"其所属学科的"专业学术"，他们的研究不被重视，而他们又必须依附在他们的专业学术圈去发展，否则难以存活。受到学术划圈的传统限制，传统人文学科领域的教育问题研究者也难以与教育学界进行公共学术平台意义的通畅交流与对话，他们的研究问题和研究成果难以及时引起教育学界的关注。这样的研究，处在既被本学科学术圈漠视又与教育学界关系疏远的状态中进行。人文教育研究难以形成制度保障意义的跨学科研究气象，还可能与学术界长期流行的根深蒂固的学术歧视不无关联。人们对钱钟书先生在《围城》中的表述记忆犹新，小说里借助其角色幽默地表达了这样的学术歧视，"学文学的看不起学哲学的，学哲学的看不起学社会学的，学社会学的，看不起学教育学的，学教育学的没有谁能看不起，只好看不起自己的老师"。教育问题本来是很重要的学术问题，是存在深奥道理的大学问，是需要大智大勇者深入细致综合研究的。由于眼前学术地位不高，那些做人文教育研究的学者，甚至不愿意承认自己是教育研究者，不愿意隶属于教育学界，从而在心理上与教育学界存在隔膜，这是个值得关注的问题。其实，从根本上说，缺乏教育视野和教育关怀的文、史、哲等的研究和探索，本身就存在格局不大、境界不高的缺憾，其学术或学问总难免存在缺乏教育视野所带来的思想遗憾。关于这一点，李泽厚在20世纪70年代末就意识到了。他认为，进入21世纪，所有人文社会科学都将汇聚于教育学科，教育学将成为主体性的学科，教育学将凝聚众多学科的知识和智慧走向生活世界，走向社会实践。所有人文社会科学，只有进入实践领域，才能证明自己的正确和意义，而教育是社会实践中最基本的实践。

再看教育学界，似乎也积极遵从现代学术建制，逐步营造出了自己的教育学术专门话语体系以及与之相对应的现代学术存在体系。教育学作为具有自己专门学科疆域的学科，正独立而强大地存在着，教育学学者们安心于教育学界的"学术行话"中生存发展。其跨学科研究的视野和胸襟主要是作为个人的学术修养而存在，绝非成为现代学术制度的内在机制而存在。在这样的情形下，教育学界亦缺乏主动与文、史、哲等学科的教育问题研究者进行互动和分享的动力。这就势必导致一个后果，教育学术界的学者，受到制度的催化，容易不自觉地疏离或脱离文学、史学、哲学、艺术等学问的亲身学习、研究和实践——因为那不是其学科范围，不是其学术的本职工作。这样一来，教育学界的学者们，其人文素养受到影响。而人文素养却又是做教育研究的基本素养，教育研究必须首先有着基本的人文情怀和人文能力。这恰恰是教育学者容易把教育学科完全当成"社会科学"学科遵从所谓"现代学术规范"研究教育问题的心理缘由。总之，由于跨学科的学习、对话和合作研究受到限制，我国的教育理论研究至今都没有出现真正意义的"人文教育学"，对人文教育的"原理论"和"方法论"研究都还没有受到学术界重视，尚无系统成果。我们正面临特别需要回归或复兴人文教育的时代，人文教育的伟大而持续的实践，呼唤系统理论的引导。聚集各方学术力量，深入系统探索之，不仅是人文教育实践本身的急迫需要，还将对整个教育的理论范式和实践方式，产生积极意义。

四　复兴学科人文性

科学性和人文性都是教育的特性，科学性体现教育的"定式"，人文性体现教育的"变式"，正所谓"教育有法，却无定法"。强调人文教育要超越对象化，回归本体性，不是否定教育的科学性，而是要明白教育的科学性限度在于替代不了教育的人文性。因为人不是普通动物，更不是机器。教育的科学性需要通过人文性去实现，教育的人文性不可违背科学性之限制。科学重在揭示，人文重在呈现，不能回归本体，教育之科学性也落不到实处。强调要将科学性与人文性结合，不仅针对教育实践域，也针对教育理论界。人文教育的学科存在方式和发展方式既要遵从科学认识论范式，更要遵从人文功夫论方式，本体功夫论是人文教育理论和实践的重要思想基础。在此思想基础之上，有必要探索和形成系统的"人文教育方法论"。"人文教育方法论"有助于人们对"教育的人文方法论"之深切而自觉的理解，从这个意义上说，"人文教育方法论"的探索是对"教育的人文方法论"的丰富和深化。

"人文教育方法论"的探索，是将原理、原则和方法结合在一起的研究和呈现，而非那种"知其然不知其所以然"的经验总括——不滑入具体的、技术性或技艺性的可操作性手册形式。倘若能将方法之原理和实质揭示出来，则为丰富多彩的，因境而变、因人而异之教育方法的创新开拓广阔空间。对那些具体鲜活的教育方法，放弃"一网打尽"式的企图，而有意"留白"，恰恰是基于对教育之人文性特性的理解。人的存在是活的、自由的，创造和探索是每位教育者存在意义的体现方式，教育者的尊严源于自由而不被"彻底规定"，教育学术成果的呈现无须把教育者当成傻瓜和木偶。能点到为止，给以切实启迪则足矣。尤其是人文活动，更应该使人拥有自由选择和探索的空间，因此给人一种方法论，而不是给人一打方法，由他们结合自己的处境、对象和状态去创造性地运用和发挥，则是"人文教育方法论"试图想做的。人文教育之问题和方法与科学教育之问题和方法具有不同特点，人文教育的实践要按人文本性来进行，人文教育的理论也要按人文本性来存在。科学性和人文性是教育的阴阳两面，互为体用，揭示教育的人文性有利于把握教育的科学性，"人文教育方法论"的研究，基于科学而复兴人文，使教育变得更为整全。因此，"人文教育方法论"的研究可以对我们提升整个教育的理解和反思提供极有意义的途径。

　　长期以来，尤其是最近几十年，我们的人才培养，在文化意义上被反思为"香蕉人"，即表面是黄色而里面是白色；生物学意义上是中国人，文化学意义上却由西方主导。人们普遍缺乏基本的古汉语素养，无兴趣于中国文化的基本常识，主要时间和精力都花费在了学习西洋语言和文化上。西方文化尤其是科学技术必须学习，要充分吸纳，但无心中国传统之学习，青年一代就会陌生于源远流长的中国传统意蕴和深厚智慧，结果将变成文化上无家可归的人。过往的历史表明，中华文明是世界上最长寿的文明，具有最强大的生命力，其所凝聚的精华是我们生生不息走向未来的宝贵资源，怎能抛弃自家宝贝。显然，这与我们一个多世纪以来的教育导向关系密切。相当一段时期倾力学习西方文化是有必要、有积极意义的，甚至有些时期的矫枉过正也具历史的合理性。但如果一路迷途不返，妄自菲薄，只对西方开放，不同时打开传统宝库之门，实现纵横交错，兼收并蓄，我中华文化就难以真正涅槃重生。进入 21 世纪，国家层面开始逐步深刻反思，传统宝库之门徐徐开启，复兴中华智慧已成合法使命。文化使命就是教育使命，教育使命首先就是教育理论研究者的使命。

　　百年以来，中国的教育学，大抵都从西方和苏联"进口"。这些引进和翻译的教育学，大多是"拼音文字"转换过来的"象形文字"，大多是源于西方语境的"现代性哲学"之思想翻版。西方教育理论之诸多学说和流派，都是源于西方社会之教育问题而形成的理论生态系统，那是一个植根西方社会土壤而形成的错综复杂之丛林世界。我们只能引进树木，而不可能引进森林，更不可能引进生态系统。一种人文和社会的理论和学说，脱离了它原生的理论生态系统，它的存在价值和意义都将发生难以评估的变化。因为科技无国界，但人文有疆域。人文社会科学的理论总是存在深刻的本土适用性和脱离本土的不适性问题。如何引进西方理论到我东土生长而发挥作用，本身就是一个极为复杂而深刻的哲学问题。从哲学视角看，那些引进而成为主流的教育理论大多是立足"主体—客体"思想结构而建立起来的。当西方都已经进入后现代反思了，我们却还滞留于这种教育学的"现代性"。主要靠引进，我们不仅会永远落后而且忙不过来，而勤于引进又往往无心关注和扎根本土教育问题，这就会进一步使得外来理论与本土问题之间出现削足适履的现象，教条主义、本本主义等脱离实际的情形时有发生。教育的普遍原理唯有与本土问题有机结合才能得到转化而真正复活其理论威力。因此，教育学应该首先体现文化的境域性和问题的本土性，这就是所谓的"教育学的文化性格"（石中英语）。教育学的理论不同于科学和技术的引进，非拿来便可直接上马应用也，所有的教育理论（其实其他人文社会科学理论也大抵如此！）来到本土，都必须经过试用和改造。从这个意义上说，教育学理论的文化境域性特点，决定了教育学研究更应该立足本土问题，扎根本地境域，进行开创性的探索，方能得到适宜于"我"的理论和学说。

　　基于以上认识，我们就必须提出这样的问题，我国的教育学如何具有华夏人文性格？如何探索和形成当代中国的教育学？显然，从人文教育研究的视角，扎根当代中国教育问题，汲取中华传统人文智慧，又自觉借鉴他国思想启示，理应是创建中国文化的、中国气派的、适合中国国情的教育学生态系统的必由之路。独木不成林，无林构成不了生态。教育学的多样性存在之互补、共促、相长，应该是我们要追求的理论生态气象。强调人文教育回归本体性，实际上就意味着回归"本土性"。因为本体从来都是具体而实在的，是文化和境遇所规定的。因此，中国人之教育，需要关于中国人的教育学，当代中国人的教育，需要关于当代中国人的教育学。这种教育学，应该与历史传统贯通，与异域文化沟通。但底色却是民族的，汉语的；然后是开放的，世界的。人文教育的研究要促进人文教育回归人文，回归本土，回归母语。教育学首先要"说"文化的"母语"（或者"方言"），然后才"说"文化的"世界语"。"说"文化"母语"（或"方言"）的教育学，才能复兴中国文化，才能承继中华传统智慧，也才能使他国思想启迪在我国"落地生根"。回归中华人文本体性韵味的人文教育所承担的责任和使命，直接与大国复兴密切联系在一起。

五 人文教育之意蕴

何谓人文教育？学术界并没有一个统一的概念定义。仁者见仁，智者见智，不同学者往往对人文教育都有其不同的又各具其理的认识。例如，有学者认为，"人文就是人心，人文教育就是人心教育"[①]；有学者认为，"人文教育是指弘扬人性，强调人文精神的教育"[②]；有学者认为，"人文教育，就是人性化教育，是通过人文的濡染与涵化从而使人学会做人的教育形式"[③]；有学者认为现代人文教育，"是一种根据现代社会（或阶级）的要求和人的身心发展特征，有意识，有目的地既教导人怎样做人，又教导人怎样做事的社会现象。是一种铸造现代人文精神，培养现代人文素养的教育"[④]；有学者认为人文教育是指，"将人文精神，通过教育活动、环境熏陶等方式和途径，内化为人的品格因素，进而净化和提升人的心理、思想伦理和审美，使人成为有个性的、具有思维能动性的、向善的以及有境界的人，最终实现对人的精神世界的全面塑造"[⑤]；有学者认为人文教育是关于"成人"的教育，它的实质是人性教育，核心是涵养人文精神，其核心学科是文、史、哲、艺等人文类学科。[⑥] 还存在很多不同表述，不胜枚举，不一而足。从以上不同列举中我们可以看出，表述虽不同，却都有联系，这种情形就让人联想起苏东坡的著名诗句"横看成岭侧成峰，远近高低各不同。不识庐山真面目，只缘身在此山中"，或许正因为人文教育与人自身的联系过于密切，"只缘身在此山中"，而导致"不识庐山真面目"。所有人的表述都有道理，你都无法否定其合理性，似乎又没有一个表述可以涵盖和替代其他所有人的表述而"统宗会元"。我们该如

---

① 高万祥：《人文教育就是人心教育》，《基础教育参考》2010 年第 3 期。
② 杜时忠：《人文教育及其概念辨析》，《教育研究与实验》1995 年第 4 期。
③ 邹诗鹏：《人文教育怎样成为"做人之学"》，《高等教育研究》2004 年第 4 期。
④ 惠曦：《人文教育涵义》，《泸州医学院学报》1998 年第 6 期。
⑤ 张新颜：《人文教育的含义和基本要求》，《北京青年政治学院学报》2003 年第 4 期。
⑥ 文辅相：《我对人文教育的理解》，《中国大学教学》2004 年第 9 期。

何看待这样的现象呢？

有关人文社会的诸多概念或范畴都是历史的、生成的、变化的、发展的，其概念或范畴的演变史就像一条由渊源而流域的"江河汇聚"，——有主流，也有支流；没有支流，就汇聚不出主流。"长江"不是"黄河"，不同概念或范畴之间是有质的分别的。但长江有源头，有上游、中游、下游，整个一条河名之谓"长江"。无论是源头，还是上、中、下游的任何一处，你都可以指称其为"长江"；你去到长江的任何一处，你都可以说在"长江"上，指称其为"就是长江"。人如果面对抽象的地图，我们可以总览所谓的长江和黄河，但长江和黄河的意义绝不永远存在于抽象地图上面，我们总是要与具体的长江和黄河接触，从而发掘其丰富的含义和意义。所以，抽象的概念或范畴之意义和价值，取决于主体与此概念或范畴的关系，也就是说，取决于主体要用它来干什么。因此，抽象的概念或范畴是有意义的，但如果滞留于此抽象概念和范畴而不知回到"事物本身"，不能回归"现象世界"或"生活世界"而满足于"纸上谈兵"，这种情形下的概念或范畴就会成为我们脱离实践或现实的绑架者。站在主体与概念或范畴的关系视野上看，抽象的概念或范畴之意义在于引导主体在具体的认识世界和改造世界的过程中形成切己的贯通性。在"脚踏实地"中"仰望星空"，以便扩大格局，提升境界，化抽象普遍性为具体贯通性。但"仰望星空"替代不了"脚踏实地"，人文社会在主体的世界里总是鲜活的、具体的、生活的、实践的。

立足以上理解，"人文"和"教育"以及"人文教育"概念具有抽象层面的意义。但它必须回归主体的历史、境域、生活实践、具体问题，才能呈现其全部意义。脱离了主体面对的、试图解决的问题，抽象概念和范畴的意义也就将永远"遮蔽"。抽象概念和范畴的意义替代不了具体的"可操作性定义"，有了源于实践的丰富的操作性定义，才使抽象概念和范畴逐步生成，并实现其价值。这就意味着，每一个被"命名"的概念和范畴都是一个丰富的、根连着根的概念生态世界。所以才会出现类似"文化"的定义数百种这样的现象充满在人文社会学术领域的概念世界中。我们不必过分执着于"统宗会元"式的概念抽象运动，概念是生命，它在成长。这或许是教育领域诸多概念和范畴所具有的人文性特征，我们需要养成一种开放、包容、灵活的概念态度。作为教育思想家和实践家的孔子，在对待"仁"范畴的处理时，就是抱有这样一种经典的态度和智慧，值得后人高度重视。人文社会科学领域的许多概念和范畴之命运亦是如此，学者们亦当学习孔子的方式。

　　人文教育作为概念或范畴，在最广泛或最抽象的意义上，它几乎跟文化的范畴一样包罗万象，给它定义的视野是全景式的。这点也类似我们给课程下的"广义的定义"，——课程就是人从生到死所经历的一切。如果说今天的教育概念或范畴包括了科学教育和人文教育，那么，人文教育的广义概念就是教育概念。因为早在古希腊时代，科学就是西方的人文，科学教育就是人文教育，人文教育包含着科学教育；中国古代，教育更加等同于人文教育。广义的人文教育概念就是着眼人，立足人，为了人，尊重人的教育，它是人学意义上的教育；同时，广义的人文教育概念还体现着一种"事物是普遍联系"的自觉的哲学态度，相当于赵汀阳所说的"一个或所有问题"的哲学观，——任何一个问题都意味着跟所有问题发生联系。树立这样一种人学的、联系而开阔的精神视野和至高的思维境界，有利于我们在进行具体的人文教育中形成战略思维、关系思维和大局意识。这样的大思维，绝非空洞无物，在理解和处理教育问题过程中，会产生具体而切实的意义。比如，当我们意识到人文教育就是"真善美"的教育的时候，我们再去进行科学教育，这样的科学求真教育就会在教育思想和教育方法上自觉体现人文性；当我们以关系思维理解教育就是德、智、体、美、劳全面发展的时候，我们就会自觉将德、智、体、美、劳结合起来，我们就懂得所谓"五育并举"的实质就是"五育互育"，——当我们以德育为目的和任务，智育、体育、美育、劳动教育就将自觉体现德育性，以此类推，而形成诸育互动、互惠、贯通的教育境界，这种整全的教育就是广义的人文教育。广义的人文教育概念范畴之价值，主要体现为一种哲学的观念，一种思维的开阔，一种责任的引领。有了这样的胸襟，人文教育就会无所不在，无处不行。

　　当然，人文教育既有广义性，也有狭义性；既有不同角度的理解，也有不同层次的理解。在广义的人文教育范畴营造的大时空里，包容乃至促成多维度的、指向具体教育实践的、多样化的人文教育可操作性定义。广义的人文教育范畴是统领，诸多可操作性的可人文教育概念是辅翼。这样一个人文教育定义的家族生态丛林，呈现丰富多彩、争奇斗艳的姿态，为人文教育实践提供多种可行的方式和路径。套用古希腊物理学家阿基米德的名言，"给我一个支点，我就能撬动地球"的思维，任何一个揭示了人文教育本质属性的可操作性的人文教育定义都是解决人文教育问题的一个支点。只要我们以此为切入点，在理论和实践上持之以恒，久久为功，都将开拓出一条整体解决人文教育问题之路。当然，你务必胸怀广义的人文教育范畴，你要自觉让自己的工作最终指向于乃至皈依于广义人文教育的哲学境界。

　　用分析的方式看，人文教育存在"知识—智慧—境界"三个不断递进的层面。如果知识没有启迪智慧、孕育智慧，就还只是一堆信息和符号；如果智慧没有内化为正确价值引导的境界提升，智慧就很可能只是精致的利己主义帮凶。人文教育要解决的，是如何使人成为一个真正意义上的自由而美好的人的问题，这样的人，不是工具，不是奴隶，不是"他者"。为此，现代中国人文教育既要立足时代问题又要继承中国传统，"返本"而"开新"；既"致广大"，又"尽精微"；既"尊德性"，又"道问学"；既要"知善知恶"，又要"好善恶恶"；既有正确的价值方向，又有知识的依托保证；既重"脑力"培育，又重"心力"养成；人文教育要培养学生"立大本""求放心"的本体功夫，培养"仁智双彰"的心灵境界，培养自尊、自信、自强、自立之入世精神。现代人文教育要特别强调：（1）将知识与价值还原为教育过程的"两面"，而突破现实教育中习以为常的过程之"两截"局面。（2）人文教育不仅要以人文知识为载体，在高科技主导发展的新时代，科技知识的教育更要体现人文性和价值性的引领。（3）人文教育不仅要注重知识获得，也要注重体验和意志的修炼，针对当今时代普遍存在"知识强""体验少""意志弱"的失衡现象，这点具有切实的现实意义。（4）人文教育是社会文明之养成教育，不能囿于精英教育，而要注重大众化的现代"君子教育"，不能拘泥于学者标准满足于培养"著书立说""能说会道"的人，而要注重培养具有人文素养的"敏于行而讷于言"的普罗大众。（5）人文教育不仅是课堂里的知识性教育，也是环境中的人如何面对生命和生活人文问题的教育。（6）人文教育既要"立乎其大"又要尊重学生身心发展秩序，不能拔苗助长，而要脚踏实地追求内在成长，唯有"潜龙勿用"的积淀，才能迎来"飞龙在天"的气象。（7）中国人文教育要体现自身文化特点，担当自身人文使命。与西方文化比较，西语是拼音文字，汉字是象形文字，汉字的构成和演变隐含深厚的人文意蕴，甚至直接形成中国人的"象思维"优势，人文教育要自觉挖掘汉字的人文价值；与西方文化有所不同，西方文化里的信仰教育主要隶属于宗教系统，中国的人文教育则担负着信仰教育的使命，此使命担当的具体形式由"家校合育"共同完成；西方文化的信仰教育要皈依唯一而抽象的上帝，中国文化的信仰教育要以历史和现实中的圣贤之师为榜样；所以中国人文教育在开放和兼容的过程中，不能盲目照搬西方人文教育的理念和方式，务必形成有中国文化特色的人文教育理论、方法和实践。

六　循道的理路

基于以上认识，我们对人文教育理论和方法的系统探索要着力体现这样一个基本思路：立足人文教育的本质属性，着眼人文教育的当代根本问题，从华夏丰富的优秀人文传统中承继价值和智慧，自觉汲取西方思想精华，形成人文教育理论范畴和方法论体系。思想方法上要力图超越构成论，回归生成论；超越认识论，回归功夫论；超越脑力培育，回归心力养成；超越对象化，回归本体性。

人文教育理论和实践体系是由诸多思想"节点"和方法"节点"生成的关系网络生态系统，其关系样态是立体的而非平面的，各节点之间的关系不同于物质系统里各节点之间的单维线性逻辑关系。因此，原理和方法论体系的建构要超越"岩石逻辑"的"刀刃区分"法，遵从"水的逻辑"乃至"空气的逻辑"，要意识到各范畴、概念和方法之间具有彼此"漫漶"的多维交融关系，它们盘根错节，你中有我，我中有你。这是人文教育之生命性、人性、心性的本质呈现，需要逻辑思维和悟性思维的结合才能以简驭繁实现贯通。

本书的基本结构是按照"原理论—方法论—现实问题分析"的方式布局。在人文教育的原理性探索中，首先提出并论证了教育的"人文道理"范畴及其含义和意义，以凸显人文教育与科技教育相比所不同的原理性基础；并形成了"人文道理—知行合——诚—心力—成长思维—本体特性"六位一体、相互支持、彼此交融的原理性结构。原理系统的诠释为人文教育的方法论之探讨和阐释"张目"。人文教育的方法论源于"人文思维的方法论"，所以人文思维的方法论是人文教育方法论的直接前提。诚如我们一直探讨并强调的，人文教育要超越对象化，回归本体性，人文教育方式方法就应该体现本体功夫的意蕴，为此我们形成了"隐喻—体验—对话—问题—反思"的方法论基本结构。在对原理和方法体系进行了探索的基础上，直接论述了人文教育中的重要现实问题，比如人文经典教育的内涵、原则和方法，创新教育如何会通中西文化，现代科技教育为什么要为机器立心、为生民立道，大学教育为什么取决于"大学意志"，最后，对基于教育学科内部师生关系视角反思了教育学科的人文性问题，试图揭示师生关系乃是教育本质之所系，从而突显教育之所以是教育的人文意义。

在这里还要特别做一个说明，人文教育方法论体系的基本结构是基于怎样的考虑而形成的。任何方法论的形成都有其哲学的根据，从广义的人文教育范畴而言，教育就是人文教育，科技教育需要自觉体现人文性和价值引领性。为此，我们从纯粹的科技方法侧重"主客二分"与纯粹的人文方法侧重"主客相融"的两个端点，建立起"对象化（或工具性）方法"与"本体性功夫"而构成坐标系之 X 轴，中间有着诸多过渡方式。再从教学理论的研究中寻找坐标系的 Y 轴依据。根据我们的研究（见本书有关"问题性教学理论"的内容），坐标系的 Y 轴之确立，试图超越经典性教学理论的两大阵容："以知识为中心"的理论和"以活动为中心"的理论，形成"以问题为中心"的理论，建立起由"非问题性教学"与"问题性教学"两端而构成 Y 轴，中间有着诸多过渡方式。由此形成 X 轴和 Y 轴构成完整的坐标系。在这个坐标系里，大致可以把人文教育教学方法体系分成四大类：问题性本体功夫，问题性对象化（工具性）方法，非问题性本体功夫，非问题性对象化（工具性）方法。侧重主客相融哲学的人文教育方法以问题性本体功夫为主，其他三类教育教学方法辅之；侧重主客二分哲学的科学教育方法则以问题性对象化（工具性）方法为主，其他三类教育教学方法辅之。就人文教育本体功夫而言，我们重点探讨了问题性本体功夫这类系列。本书重点探讨了隐喻、体验、对话、反思和问题性教学这五种人文教育本体功夫。

上　篇

人文教育"原理"论

第一章

人文道理：教育的人文原理

科技无国界，人文有疆（境）域。全球化时代，我们既要开放会通，又要返本开新。教育实践及其理论须自觉体现自身文化传统的民族性、本土性（地方性）特点。以农耕文明为地域特征的华夏文明是地球上最长寿的文明，历经劫难而长生不死、屹立不倒，此长存之文明必有深厚底蕴，当代教育必须自觉传承其根本精神，教育理论须从中寻找基础范畴。西方文化重"理"的探寻，长于"物理"；中华文化重"道"的弘扬，长于"人道"。中华文化的优势在人文智慧，而其智慧结晶隐含"道理"之中。对此，国学大师钱穆先生有着深刻揭示。他高屋建瓴地指出，"道理"是"两三千年来中国思想家所郑重提出而审细讨论的一个结晶品"。[1] "我们可以说，中国思想之主要论题，即在探讨道理。我们也可说，中国文化，乃是一个特别尊重道理的文化。中国历史，乃是一部向往于道理而前进的历史。中国社会，乃一极端重视道理的社会。中国民族，乃一极端重视道理的民族。"[2] "道理"是中国传统人文思想和实践的"结晶品"，我们试图在钱穆先生研究的基础上提出并进一步阐释"人文道理"，把它作为原理性范畴纳入现代教育理论视野，并将之置身于现代学术语境，与"科学真理"范畴展开对话，以深化我们对人文与科技关系、人文教育和科技教育关系的理解。

---

[1] 钱穆：《中国思想通俗讲话》，生活·读书·新知三联书店 2002 年版，第 1 页。
[2] 同上。

一　科学真理与人文道理内涵

按照通常的理解，所谓真理（truth）即是客观事物的本质及其规律在人脑（意识）中的正确反映。规律皆为"天"定，不以人的意志为转移，真理就是"符合"了事物本质和规律的表达。科学是以理性、客观为原则形成的一套系统规范的逻辑推理和实验验证之方法。科学真理就是运用规范严谨的科学方法而获得对客观事物及其规律的正确认识。事物的本质和规律是脱离于人之主体而客观自在的存在，主体只能发现（discover）它，不能创造（make）它。

人文世界依然以客观物质世界为依托，人文世界依然受到客观事物的本质和规律制约，在人文世界里，科学真理依然重要而且有效。但人文世界充满着追求意义和价值的有理性、情感、意志、思想、精神、灵魂的主体性存在的人，主体性的人不再是纯粹客观物质性的存在者，仅仅靠科学真理还解决不了他们的生命"存在"问题——主体是主体自身所谓"本质"和"规律"的直接介入者、生成者、成全者、实现者。所以康德才说"科学即便可以解释整个宇宙，也难以解释一条小小的毛毛虫"，何况人乎！人作为主体而存在不仅不得不要服从科学真理，他还不得不要亲自"成为"他自己，亲自创造他自身的世界，因此他还需要追寻、践履、呈现另一种"存在之理"。人作为主体，活着就是一个不断超越"含义世界"（meaning）而向"意义世界"（significance）飞升的过程。① 这些"存在之理"并非理所当然地事先存在于主体自身里，他必须通过"缘于主体自身""为了主体自身""通过主体自身"的"自觉存在"而呈现、体现或者实现这些"存在之理"，从而使之"就在主体自身"。"存在之理"不是脱离主体存在之外的"客观对象"之理，——你不存在，它就不在；你不行动，它就不显现；你怎样行动，它就怎样显现。这种缘于主客相融的"存在之理"就是"人文

---

① 尤西林：《有别于涵义（meaning）的意义（significance）》，《学术月刊》1996年第10期。

道理"。凡是脱离主体自身而谈所谓"道理"，只会是纸上谈兵、坐而论道、刻舟求剑。这种主客二分的对象化态度使人误把"人文道理"当成了"科学真理"。今日讨论"人文道理"，就在于恢复日益被遮蔽了的切己相关的主体性的"人文之光"。对于主体性的人而言，存在就是做事，to be is to do,① 存在（being）就是造事，存在造就存在者（be）。通俗地说，人只有在做事过程中做成事情，做出意义，做成自己，成就他人，即所谓"成己、成人、成物"。这个做事的过程，不仅要遵循科学真理，还要不可替代地践履和呈现人文道理。做教育这样的人文之事，既要"事上练"，也要"心上磨"；既要"循"对象化认识论，也要"行"本体性功夫论。

　　科学真理重在脑力层面认识上的"求真"，以主客二分的方式去探索自然、人和社会的本质和规律，不断求得新知识；人文道理重在脑力、心力、行动力结合在一起的"知道""体道"和"行道"，主客相融、知行合一，道成肉身，达到主体新境界。在"科学真理"范畴里，要把"真知"和"应用"结合起来，往往就是将原理之真知通过固化的技术转化为具体之应用。由于真知与应用之间存在固化技术这个桥梁，基本原理之真知、固化之技术、技术之操作应用三者可以在不同主体之间进行分工。做基础研究的主体重点解决"知其所以然"的问题，在此基础上，做技术研究的主体重点解决"知其然"的问题，进入具体操作应用的主体则可以不承担"知其所以然"和"知其然"的探寻，只要按照操作手册"傻瓜般"的简单照做即可，主体各就其位的分工之后再实现整体合作，主体不需要承担全环节的任务。对于"人文道理"而言，原理、方法和运用之间尽管可以有所侧重，但却不可分割，三者要共聚同一主体之中。在实践中，知道、体道、行道、成道，都由同一主体去实现。我们的日常语言在涉及科学真理的时候往往讲"对不对"，在涉及人文道理的时候往往讲"行不行"。主体要"能行"，就不仅要有清晰合理的理智，还要有价值导向下的担当、勇敢、果断、韧性等情感和意志等品质，人文道理范畴正是包含着主体这样一些价

---

① 赵汀阳：《一个或所有问题》，《社会科学战线》1997 年第 1 期。

值性的情感意志因素，人文道理必逻辑地导出知行合一本体功夫论。

　　概言之，所谓"科学真理"，是以"物"为关注点，是"对象化"之知、"无我"之知，追求抽象普遍性、超越性和唯一正当性；认知模式遵循"价值无涉""主客二分""客观证明""逻辑自洽"，表现为主体"旁观"而由"脑"主导的对象化认识论；在实践上，表现为主体替代性、标准复制性和操作傻瓜化。所谓"人文道理"，以"事"为关注点，是"非对象化"之知、"有我"之知，追求具体贯通性、实践性和多元合理性；体认范式遵从"价值立场""主客相融""主体证验""情境领悟"，表现为主体"投身其中"而由"心"主导的本体性功夫论；在实践上，表现为主体不可替代性，标准不可复制性和应用不可傻瓜化。人文道理有着比科学真理深重得多的"主体性"本源。

二　科学真理与人文道理的比较

（一）否定—重建与肯定—重现

　　在科学发现中，人们虽然也要站在巨人的肩膀上，"继承"前人探索的已有知识基础，但每一次基础原理的新发现都表现为对已知的"否定"，甚至导致一系列的范式革命而"重建"科学新秩序，从"地心说"到"日心说"到"宇宙论"，从"牛顿经典物理学"到"爱因斯坦相对论"到"量子力学"。科学无终极真理，只有相对真理，所以科学在不断"否定"旧知中"重建"新知。在技术创新中，一旦最前沿的技术得以发明"重建"，旧技术便立即过时，遭遇摒弃和"否定"。可见科学真理和科技创新的基本模式是"否定—重建"，因此，在科技创新教育中要特别注重怀疑精神的培养。

　　人文进步要遵循人文道理的特性。自古以来，每一代人每一个人都要不可替代地重复经历着喜怒哀乐、爱恨情仇、成败得失、生老病死等人类的永恒问题，每一个人都要从无知的婴儿起步，成长为成熟的大人。对待人类这些永恒问题，历朝历代的圣贤大哲都有精深的探索和实践，并以经典的方式呈现人文道理竖起一座座人文"高峰"。后人需要以诚敬之心学习、体验和践履。中国传统人文传承和创新以所谓"我注六经，六经注我"的方式建构起每一代人中的每个人在"人与经典"之间的持续良性互动，最终形成圣人系统、经典系统和蒙学系统之"三足鼎立"，使得传统在世世代代的延绵中不断重（呈）现。这正是人文道理实现机制得以形成的中华范式。人文道理在于主体能在敬重的"肯定"心态里，不断"重（呈）现"经典中的至高境界，它是中华儿女的"命"和"使命"。人文道理是众生用"命"才能换来的——在召唤中追随和实现。因此，人文道理演进的基本模式是"肯定—重（呈）现"。这种"肯定—重（呈）现"机制，要结合时代特点和新问题而不断"返本开新"，构成不间断的源与流，是无数代人历时性的智慧凝结。经典里的人文道理不仅成就个人，也成就时代，成就文明。"苟日新，日日新，又日新。"（《礼记》）传统要重（呈）现，对待就得"毋不敬"（《礼记》），"君子无不敬也，敬身为大"（《论语》），人文道理的教育要培养诚敬之心。

（二）线性递进与螺旋积淀

科技创新表现为对科学真理和技术的"否定—重建"，人文演进表现为对人文道理和经典的"肯定—重现"。二者的发展和进步方式可以用两对隐喻来表达其差异。一是西方文化图腾"十字架"和中华文化图腾"太极图"，二是"发射火箭"和"滚雪球"。科技创新类似于"十字架"，表现为不断地向外延伸、拓展，遵循的是科学真理新发现、技术发展新换代的"线性递进"逻辑。人文演进像八卦太极图，表现为不断螺旋上升和循环积淀。科技创新像是发射火箭，火箭在发射之后，总是要一节又一节地不断推进，在前进中逐步摒弃多余的"累赘"，从而实现自身最前沿的部分更快速地腾飞；而人文演进像是"滚雪球"，雪球越滚越厚重，是时间和空间上的智慧积淀。人文演进既是新旧之"新"，更是兴衰之"兴"——传承易中断，传播会歪曲，因而常常"由兴变衰"，出现"退转"，但科技几乎不会倒退。科技创新人才往往是"长江后浪推前浪";而人文之师则总是要不断返本开新，积累而通透，历久而弥新。

（三）对象化方法与本体性功夫

科学真理的探究主要以外在物质实体为对象，采取"主客二分"的"认识论"立场，依靠对象化方法；人文道理的求索主要以内在心性涵养为本体，遵循"心脑合一""知行合一"的"功夫论"路数，成就本体性功夫。认识与功夫有所不同，认识以"脑"为主导，注重"纯思""实验"和"脑力"；功夫以"心"为主导，注重"情思""体验"和"心力"。心力包含脑力，又超越脑力。如果以"科技—人文"为 X 轴，以"对象化方法—本体性功夫"为 Y 轴，构成坐标系，科技与人文创新的方法论体系可构成四大类，即科技的对象化方法和本体性功夫，人文的本体性功夫和对象化方法。其中，科技创新侧重对象化方法，本体性功夫辅之；人文演进侧重本体性功夫，对象化方法辅之。

1. 纯思与情思

追求科学真理必须遵循价值无涉的客观原则，只有排除任何主观情感的干扰才能够获得放之四海而皆准的抽象普遍性以实现"求真""求同"，所以必须依凭实证和逻辑而客观"纯思"。由科学的基本原理转化为具体应用的技术创新，要体现以人为本，因而还需要本体性功夫辅之。人文演进必须遵循人文道理"主客相融""非对象化"的特性，避免陷入"主客二分""为物所役""目中无人"的误区，故唯有超越客观"纯思"走向本体性"情思"，明确价值立场，才能获得"人同此心，心同此理"的"具体贯通性"以实现"求通"。蒙培元先生说："中国思想不是'本质先于存在'，也不是'存在先于本质'，而是'本质即存在'。"① 我们强调的"情思"正是继承了这一中国传统人文智慧。

2. 实验与体验

从根本上说，科学发现、技术创新必须建立在实验基础上，而

---

① 蒙培元：《中国哲学的方法论问题》，《哲学动态》2003 年第 10 期。

人文演进一定要来自历史、社会和现实人生的实践和体验。科技实验必须体现可还原性、可验证性、可重复性，科技成果一旦被实验证明就可推广应用，免除对普罗大众精力和智力的重复挑战；而人文成果的产生源于体验，人文成果的推广应用同样不可替代地基于每一个人的体验。人文大师的思想和理论要在社会中得到广泛的实现，依然需要每一个人自身的精神劳动去消化吸收而与大师"心心相印"。人文若只有说法，而没有实践，就相当于科技只有理论假设，没有实验证明。所以人文不能满足于抽象理论的建构和纯粹的逻辑推理，停留于文字符号形态，必须走向"知行合一"，在"事上炼"中"心上磨"，不断"体验"，不断"内化"，成就自我。体验是人文之基本途径，体验是人文世界的存在方式，人文存在乃基于经验、诚敬、专注、介入、理解、反思、对话、践行等本体性功夫。

　　3. 脑力与心力

　　熊十力先生曾在一次学术对话中质疑冯友兰先生："你怎么把'良知'讲成假设，怎么可以当做一个假设来讲呢？"冯先生就反问："那你说该怎么讲呢？"熊先生说："良知不是假设，是呈现。"① 这里很典型地彰显了人文和科技两种不同的思想路径。冯先生受"西学"影响，注重"脑力"的"认识论"证明，强调其"认识论"的逻辑是否站得住脚；而熊先生则坚持还原"中学"传统，回归人文本性，注重"心力"的"功夫论"体悟，强调个体自身对人文范畴的切己验证和收获。可见，人文创新之"新"必须源于"心"，现为"心"。心不是"外在实体"，而是"内在本体"，是"主体"，不是"预设"而是"生长"。"心力"就是在"事上炼"的过程中内心所成就的一种智慧和境界状态——不仅是逻辑，而且是悟性，不仅是理性，而且是灵性。人文创新必须超越脑力，回归心力。后来，冯友兰先生在进一步研究中国哲学史的基础上指出"概念即境界"，应该说是得了人文之奥妙。

---

　　① 韦政通：《我治中国思想史的经验——在华中师范大学中国近代史研究所的讲演》，《华中师范大学学报》（人文社会科学版）2006 年第 4 期。

三　科学真理与人文道理的关系

通过比较，更能深识，物有物之理的存在方式，事有事之理的存在方式。自然在造物，主体的人才"生事"和"造事"。事之理与主体的人心相关，与"心际"关联，事为人心所造。要把事做好，做事的主体必须明"事理"，按照确定的原则、计划、方法、策略行事。处理事要涉及物，所以叫"事物"，要处理好"事物"就得将科学真理和人文道理结合起来。科学真理与人文道理的关系，有多种相处方式，这取决于主体的境界。

"双轮驱动"比喻的认知境界。这是一个以"机械论"来说明"科学真理"与"人文道理"相互关系的比喻，试图用"物理"说明"人道"。试想假如一只轮子轮胎正常，另一只轮子轮胎瘪了，车子一旦启动，危险就将发生。唯有双轮平衡，行驶才能安全。这个比喻直观形象，以物理意义的平衡性清晰告诉我们科学真理与人文道理要保持平衡，才能安全前行，不至于彼此误导。但囿于"科学与人文"二分对立的思维，且源于物质性的工程思维，很容易强化我们对科学与人文之分隔的思维倾向。

"双脚迈步"比喻的认知境界。这是一个以"身体局部"来说明"科学真理"与"人文道理"相互关系的比喻，试图用"生理"说明"人道"。试想假如人的一条腿健壮，另一条腿得重病或受重伤，行走势必跛脚，双脚的行走功能势必极大受限。唯有双脚健康，行走方能自在。这个比喻超越了"机械论"，上升到了"生命论"，认识水平显著提升。但问题却很大，一方面，依然停留在"科学与人文"相分立的思维层次；另一方面，将"科学与人文"的关系看成生命的局部关系，而无视其生命的整体关系。

"人"比喻的认知境界。这是一个以人之"身心灵"整体来比喻"科学真理"与"人文道理"相互关系的"妙喻"。这个比喻试图揭示出，科学真理与人文道理共聚融于主体的人一身。不存在主体的人，这对关系就不会聚融而存在。换一个说法，只有立足主体的人才是理解这对关系的正确立场。科学真理如同人身上的骨骼、肌肉、神经、血液、汗腺等固态和液态存在，人文道理如同人身体的气态和大脑的电磁态存在。人若只是固态存在，人便是一具僵尸；人若只是固态、液态和气态存在，人便是一个植物人；唯有人同时是固态、液态、气态和电磁态健全存在，人才是具有正常精气神的人。对人来说，讲"科学真理"是必需的，但仅仅讲"科学真理"，就可能把人讲成"机器"或"植物人"。因此，人之为人，还必须讲"人文道理"，才能成为"真正活着的有灵魂的人"。我们不能否定"科学真理"的意义和价值，一如我们不能不爱护自己的身体。但是在教育这个事情上，仅仅遵循"科学真理"，就会把人的教育当成"物"来处理，"人"只能止步于猿。所以，搞教育不能仅迷恋于"科学真理"，而无视或忽视"人文道理"。我们要消解"搞教育"中的唯科学主义思维霸权和知识霸权，复兴"人文道理"在教育理论和实践中的地位。科学真理与人文道理的关系，乃是"负阴抱阳"，"相生相长"的关系，不可偏废。如果"人文道理"在教育中的自觉影响过分虚弱，培养的人就可能是精致的功利主义"空心"人。

四 教育学的"人文道理"特性

（一）主体即中介

现代科技可以分为基础科学、技术科学、应用科学三大块，它们相对独立地各自运行。但是人文学科在理论（或思想）与应用之间，不可能找到完全外在于人的主导性核心技术，即便我们有了人工智能、大数据、互联网等现代教育技术，也无法成为教育理论与教育实践（即应用）之间的主导性中介。教育理论（或思想）与教育实践（即应用）之间不存在可以根本替代人的中介和桥梁，那些教育技术，永远都是辅助性的，不可能终极替代教师教育工作的人文性和创造性。从根本上说，教师必须"胸怀"教育基础理论和应用"技术""投身"教育实践。也就是说，在教育中，教师必须将理论、原则和"技术"（或者叫"功夫"方法和技巧）融为一体，融于自身。教师是三者的共同承载者、贯通者。忽视了这"一个都不能少"的根本特性，就不懂教育奥秘，更不懂教育在于"运用之妙存乎于心"的意蕴。高度自觉地把握住了这一认识，教育改革和发展才可能不走偏，而能"守正"创新。因此，教育工作之对于教师而言，实在是一件"自讨苦吃""自我成长""自我修炼"的"道成肉身"的活儿。

为了使我们更加深入地理解教育的人文复杂性，我们试图借助"西医"与"中医"的比较来帮助深化之。

以"西医"为代表的现代医学，在理论与应用之间存在一个强大的中介性技术支撑系统，技术检测的指标化和用药的标准化，在很大程度上替代了医生亲自"望闻问切"进行诊断的繁重劳动，提高了效率和准确性。而传统中医则缺少这样强有力的技术中介。中医的诊断靠医师对病人的"望闻问切，辨证施治"，诊断方法全都落在了中医师的主体性上，中医师的身、脑、心、灵会共同构成一部精密的肉身性检测机器。对于中医师来说，从基础理论、诊断手段、诊断方法到药物和治疗方式，他都得"心领神会"地整体把握。可见，中医难学，中医难成。唯有在老医师的引领下，全身心投入，长期摸索，孜孜以求，不断内证，领悟体验，才能练就这身本体功夫。中医知识的默会性特别强调教育过程要"以心传心"，人与知的关系要通过人与人的关系——真诚的师徒关系，才能准确将治疗的知识、内在经验进行传递和交流，所谓"诚则明"[1]，诚则灵。学中医还要特别强调主体自身细致而精深的"内证实验"[2]，将治疗原理"证悟"到心如明镜。可见，诚不仅是做人的德性态度，更是学医的不二法门。真诚的师徒关系是学习和传授中医的基本条件，这是今日之师生关系所难以企及，甚至难以被理解的。学中医既要讲认识论，更要讲功夫论。中医学特别具有人文学科特点。通过中西医的粗浅比较，便可清晰得知，科学指向"技术"，人文则走向"功夫"。技术可以替代主体发挥作用，功夫则不得不由人自

①　王国轩译注：《大学·中庸》，中华书局 2006 年版。
②　刘力红：《思考中医》，广西师范大学出版社 2006 年版，第 37 页。

身练就。正所谓"本体即功夫，功夫即本体"①。唯有身心不断"事上炼""心上磨"，方能长出内在功夫。中医尚且如此，何况教育呢！

教育尽管可以仰仗科技——诸如人工智能、大数据、互联网、芯片，将那些能够被数据化、逻辑化的工作都交由高科技去完成，但是学生情感的陪伴、大数据的分析、个性的培养、生涯发展的规划与建议，都离不了教师。更何况师生关系在教育中的不可或缺性和根本性是人—机关系不可替代的。高科技的应用，恰恰为教育回归人文，回归人性，回到人心，教师更着力于学生的创新能力和社会情感能力的研究和培养，提供了更好条件。高科技时代的教育，教师角色将更加凸显"本体功夫"，教育学的"人文道理"范式应该得到更大体现，求索并同时践履"人文道理"将成为教育学者甩不开的学科性工作方式。

（二）教师即课程

医师以治"身"为主，教师以育"心"为重。若将医师、病人、药物的关系和教师、学生、知识的关系做比较，将更加凸显师、生、知三者间关系的人文性。一般地说，医师与药物之间是各自独立的，医师不是药物的载体。给病人吃的药，无须医师自己先吃过；而教师教给学生的知识一定是教师已经掌握好了的。完全脱离教师引导或指导的知识学习，不是教育，而是自学。教师是知识的载体，甚至教师就是课程。同样的学生，同样的知识，由不同的教师来教，就会出现不相同的效果；而同样的病人，同样的药物，同样的病情，由不同的医师开出相同的处方，配出相同的药，其治疗效果会差不多。教师对教育的影响要深刻得多。教师可以以"合情合理"的方式方法直接改变知识的呈现方式、表达方式，从而产生"正导"或误导功能；还可以直接影响学生心理，从而让学生积极自信或消解自卑——教师可以"入侵"教材知识和学生内心。从某种意义上说，教师主体就似被称为"万药之王"的"药引子"，

① 张祥云：《人文教育：回归本体功夫》，《学园》2012年第3期。

无论教什么学生，教什么内容，在什么情况下教，都会与具体的教师主体这"一味"特别的"药"相结合，经过一番特有的"心灵反应"对学生产生特别的作用。所以，不同的教师给同样的学生教授同样的知识，效果可能天壤之别。而且，即便没有书本，没有教材，没有教学工具，只有教师和学生，教育也依然可以进行，师生关系决定教育本质。仅有医生和病人，而无药物和工具，治疗工作大体难以开展。病人服药是身体的生化过程，学生学习是脑力和心力的消化过程。——这个过程就是由主体性的人所主导的"人文道理"方式。可见，医生、病人、药物之间的关系与教师、学生、知识之间的关系，就人文而言，处于不同维次。教育更显复杂的人文特性。提升教育质量的决定性因素在教师，改善教育生态的决定性关系在师生。

五　走向"人文道理"范式

（一）运用之妙存乎于心

搞教育不仅要求索和遵从"科学真理"，还要领悟和践行"人文道理"。有关教育的各种理论就像药房里摆放着的众多药物；而问题就像人的病，面对问题（之病），我们通过诊断而开出"对症下药"解决问题的"处方"，"处方"就是我们根据问题解决的要求而重新组合起来的知识理论和方法系统。中医治病，很少单用一味药来解决问题，因为中医理论认为，任何一味药，都有毒性，用药治病，必须根据阴阳五行等理论把多种不同性质而又相辅相成的药物进行配方，从而达到既"治病"又不"致病"的效果。中医最大的智慧就是"配方"的智慧！用不同的药物"配合"在一起，既把此病治好，又尽可能避免给机体带来副作用。我们对待不同教育理论的态度，也应该学习中医的态度，在运用教育理论于实践过程中，要对问题解决进行系统分析，要对相关理论的长短处和运用后果有清醒认识，懂得将不同理论，将相反相成的理论在时空、轻重、多少等维度中配合起来解决问题，不可偏执。西方各种各样的教育流派、教育理论，名目繁多，诸如进步主义、改造主义、要素主义、永恒主义，等等，其正确性和合理性都是有条件、有针对性的，它们之间的关系在实践上往往表现为相反相成，任何理论在实践上变成包打天下的绝对真理都将走向自我否定，这正是西方理论界会出现流派层出不穷的内在原因。

立足"人文道理"范式，借助中医启迪，我们试图把教育理论分为"保健性理论"和"治疗性理论"。在"治疗性理论"的运用中，我们必须清醒地认识到，任何教育理论的"药性"都包含着"良性"和"毒性"，既可能解决问题又可能导致问题，如何恰当使用才是关键。即便是补药，虽能强身健体，如果用法不当，吃了也会起反效果。同理，被认为是真理性的理论，如果用得不当，也会起到负面效果。不及不行，过了也不行。比如，教育理论界有种理论叫"快乐学习"，如果就此认为，学生的学习必须只能是快乐的，那么，学生遇到难题产生痛苦后就可能据此而放弃难题。这样一来，我们就培养不出学生克服困难的品质了。还有些理论是针对特定对象的，理论用错了对象，就会导致荒谬。比如，教育界有个观念：没有教不会的学生，只有不会教的教师。这个"理论"，教师自己用是可以的，但千万不能给学生用，给家长用，也不能给校长用。在教育学乃至人文社会科学中，很多理论学说都不是普遍的"科学真理"，而是有条件的，讲究适用范围、运用时机和分寸把握，所以"理论智慧"替代不了"实践智慧"。由此可见，理论的正负效用往往取决于如何应用得当。以某种理论为旗号所进行的教育实践，如果失败了，未必要归罪于这个理论，实践主体应该反省——是不是我们不会用。理论的应用之妙取决于我们对此理论的缘由、理据、背景、前提、境域所进行的深刻洞察，以及我们对需要解决的问题具有负责任的透彻理解。

（二）心脑知行贯通合一

教育学问的"魂"是人文的！"教育技术学"永远不可能成为西医体系那种成熟而强大的中介技术来支撑整个教育和教育学。教育学更像中医学。教育学术，不可替代人心，只能"深入人心"，才能实现其价值。教育学术，如果以强调其科学性为由而忽视乃至鄙视其人文性，实际上就是将教育责任推卸到作为教育主体的教育学者之外，教育学者仅仅成为走在教育边上去"指点江山，激扬文字"的看客。我们对教育进行科学研究，必须自觉将人文之魂安放在胸；我们对教育进行人文探索，必须自觉将科学之剑掌握在手。我们既要沉思"科学真理"模式的教育学术，也要体悟"人文道理"范式的教育学问，要自觉打通心脑知行贯通合一。仰望星空，扎根本土，脚踏实地，默默耕耘。"人文道理"范式的教育学问，不仅属于"脑"，更加属于"心"，而且在于行！身到，心到，行到，才能复兴华夏北宋大儒张载（张横渠）的人文境界——为天地立心，为生民立命，为往圣继绝学，为万世开太平。① 中华人文传统之"继绝学"的方式强调的是主体面对人文经典要在"识""心""行"三合一中实现、呈现和落实。不仅照着讲，还要照着做；进而"接着讲"，又"接着做"，继承而创新，中华传统凝练的"我注六经，六经注我"人文学问方式实质是强调"知行合一"，其"注"不仅指向"知道""言道"，尤其指向"行道""体道""悟道"，最终"得道"。这正是教育的人文机制。

（三）循阴阳之道，复兴"人文道理"

中国道家智慧洞悉事物发展乃遵循"阴阳之道"。阴与阳"相反相成"，"相辅相成"，"负阴抱阳"。如果我们把科学真理比喻为"阳"，把人文道理比喻为"阴"，那么，科学真理与人文道理就似一对阴阳关系，在教育中共同作用。最理想的状态，我们的教育学术，应该有意识地转换为阴与阳相辅相成的教育学问！那种对象化立场的"科学真理"研究模式使我们获得有关教育的科学学术，那种本体性立场的"人文道理"探究方式使我们赢得有关教育的人文学问。我们要尽可能将"学术"与"学问"结合起来。尽管作为主体的教育学者在不同情形、不同对象和不同阶段会有所侧重，但在总体上这两种教育学的存在形态需要教育学主体自觉进行内在的对

---

① 《张载集》，中华书局1978年版。

话、交流、互动、互惠。唯有如此，作为整体的教育学界和作为个体的教育学者才能更平衡地自我发展，从而促进教育理论和实践健康而平衡发展。我们可以把"科学真理"模式的教育学术看成"阳性"的教育学，把"人文道理"范式的教育学问看成"阴性"的教育学，这两种教育学的问题、形态、路径、方式、方法、着力点都有所不同，但要完整解决教育问题，两者之间要自觉配合，相互贯通。实际上，即便是西方教育思想史和实践史，也一直是科学主义和人文主义此消彼长、相辅相成共同演绎的历史。就当前中国教育学界而言，追求对象化的"科学真理"研究模式的教育学术处于主流，追求本体性的"人文道理"探究范式的教育学问处于边缘。这种对象化的"科学真理"研究模式在唯科学主义知识观的影响下又发生畸变，变成唯我独尊的知识合法性霸权。于是学者们便容易以对象化的姿态，以科学的形式去对待所有教育问题的研究和探索，包括对教育中那些普遍的带有根本性意义的人文问题。一旦出现这样的情形，教育中的人文问题或者被扭曲，或者被回避。教育中的人文问题得不到解决，探索得不到深化，教育的根本进步也就无从谈起。教育的"人文道理"范式之路荒芜，教育学者就难以把加强自身人文涵养和修养当成教育学者不可或缺的专业内在要求去对待。其直接负面影响就是，教育学者一旦作为教育者开展其教育教学实践活动，其教育教学效果往往无法体现作为教育学者应该有的专业优势，教育学的学科尊严在教育学者的教育示范中反受其损。所谓教育要回归教育本真，回归人心、回归人性、回到师生关系中，也就只停留在作为"对象化之知"的文字和言语中，无法以"本体之智"的方式在教育实践中显现。教育学的理论力量，源于其理论自觉，其自觉性就体现于主体能内在地将教育的"科学真理"与"人文道理"融会贯通起来，唯有如此，才能重拾学科信誉。这正是我们强调教育要复兴"人文道理"的根本理由。

第二章

知行合一：人文教育
根本原则

　　"人文道理"的意蕴和特性，逻辑地规定了人文教育的理论和实践务必自觉遵循"知行合一"这一根本原则。站在主体的人之立场看，"道"是"由是而之焉"，是由主体"行之而成"的。可见，"道"必由主体之理想而确定，又必由主体之行动而完成，"道"基于人的目的和价值而展开，所谓"人能弘道"。"理"是事物之所以然，先事物而存在，但如果人不行"道"，不做事，此"理"又与人有何相干！唯有行道做事的过程中，主体才需要"理"，"理"才可能被主体发现和选择。不行"道"不做事的人，往往就不"懂"事，不讲"道理"。所以，"理"虽规定一切，而"道"才完成一切。就人文言之，唯"理"而不行"道"，就不再是人文道理。唯有主体"知行合一"，才能真切显现人文道理，才能创造人文世界，才能实现成己、成人、成物。"知行合一"实乃人文教育之根本大法也。

　　"知行合一"作为人文教育的根本原则，就是要复原人文学问的本真状态，不忘人文学问之价值初心，走出"口耳之学"迷雾，开启"身心之学"境界。那种主体贱于人文行道，而重于坐而论道、拾人牙慧的辩"理"状态，尚未得人文之底蕴，尚未入人文教育之活动。追循"人文道理"本真的人文学问本身就涵蕴了教育——自我养育和启迪他人。脱离人文践履的人文学术，是为"空谈"，其人文意义是枯萎的。思而不行，误己害人。就"知行合一"本身，亦不可当纯粹学术来对待，而要更加强调以"知行合一"的态度，对待"知行合一"之学说。对此，梁启超先生有着极为清醒的认识。他说过："知行合一，本来是一种实践工作，不应该拿来在理上播弄，用哲学家谈玄的头脑来讨论这个问题，其实不免有违反阳明本意的危险。"① 我们要阐释"知行合一"作为人文教育的根本原则，亦当遵循"知行合一"之大法，按照所谓"内在性研究"② 的方式去体悟"知行合一"之思想，然后用逻辑的知性方式演绎，以实现"知行合一"思想的创造性转化，启示当下人文教育变革。

一　"知行合一"的内涵

知行合一的思想，源于王阳明的清晰阐释。必须指出的是，阳明先生并非让自己完全沉浸于思域而逻辑地推理出一个所谓"知行合一"学说来。他恰恰是在世事之颠簸苦旅中，基于个人主体经验所生发的问题，在与经典的对话中有所领悟，又在与弟子们围绕诸多困惑问题而交流对话的过程中，才逐步阐释清楚这一思想。也就是说，知行合一思想是从王阳明先生的社会实践中来，从他自身的教育实践中来。这一点，恰恰又是与古代人文圣贤的思想呈现方式不谋而合的。无论是《论语》《孟子》，还是古希腊的苏格拉底残留的经典，都是在他们的生命历程中，在与他人的交流对话中，在问题的激发下形成和表达的思想，这些思想的表达，往往都是身边的弟子们记录整理而成的对话录。这种思想的产生、形成和存在方式，我们试图用"学问"式的，而非"学术"式的一词来表达。所谓"学问"式的，就是主体在道中之学，道中之问，求道中之理，这就是"人文道理"的求取方式。唯有主体在人文行道中，以切己的人文问题为中心，以既有的人文经典为参照，以消除人文困惑、解决人文问题为目的才能获得和形成"人文道理"。换句话说，"立

---

① 《梁启超论儒家哲学》，商务印书馆 2012 年版，第 208 页。
② 日本的冈田武彦介绍其在写作《王阳明与明末儒学》一书时是用了"内在性研究"的方法，就是在研究一个人的哲学思想时，把他的体验移入自身，然后设身处地加以体验的方法论，而不仅仅是在科学的实证中弄清楚他的哲学思想。

言"只是在服务于主体"立功""立德"的过程中之"顺理"所"成章"。而"学术"式的，就是主体不以自身切己行道为目的，而进入对象化的纯粹理性之求索，其典型的表现形态就是"为学术而学术"，其理想方向是导向追求科学真理。

基于以上的思想准备，我们试图对王阳明先生展开对话，以获得对"知行合一"思想内涵的领悟。

> 阳明曰："古人所以既说一个知、又说一个行者，只为世间有一种人，懵懵懂懂的任意去做，全不解思惟省察，也只是个冥行妄作，所以必说个知，方才行得是；又有一种人，茫茫荡荡悬空去思索，全不肯着实躬行，也只是个揣摩影响，所以必说一个行，方才知得真。"（《传习录》）

王阳明认为古人既说"知"，又讲"行"，是因为世间存在"悬空思索"与"冥行妄作"这两种人。"悬空思索"和"冥行妄作"分别对应的是人文"认知"和人文"实践"两个层面上都有缺憾的状态。我们试图首先从这两个层面领悟"知行合一"说的内涵。

贺麟按照心理学的标准，用"显"与"隐"来划分知与行的等级（其中，"显"与"隐"只有量的程度或等级的差别，而无根本的不同）。[1]因此，在人文认知层面"知行合一"的突出表现应是"显知"与"隐行"的合一，也即"口念心行"——"脑之思"与"心之情"在"身"上浑然一体的贯通状态，是随感而应，感而遂通的过程。例如，"采菊东篱下，悠然见南山。山气日夕佳，飞鸟相与还"，在我们接触陶渊明《饮酒》这首古诗时，我们的身心应超脱现实的四面高楼大厦，而伴随陶渊明在南山下共享菊花、晚霞、飞鸟的田园之乐。也就是说，在认知层面，"知行合一"的人文功夫表现为主体之"脑"与"心"，"思"与"情"能相呼应的状态，这种状态会外显为"行"，所谓"读万卷书，行万里路"就是这样一种心灵体验践履的过程，是"消化"人文之知"内化"于

---

[1] 《五十年来的中国哲学：贺麟著作集之一》，人民出版社2012年版，第141页。

心"外化"于行的"澄明"方式。

　　　　有学生问阳明："看书不能明，如何？"
　　　　先生曰："此只是在文义上穿求，故不明。如此，又不如为旧时学问。他看得多，解得去。只是他为学虽极解得明晓，亦终身无得；须于心体上用功。凡明不得，行不去，须反在自心上体当，即可通。"（《传习录》）

　　人文认知的"知行合一"意味着"人文之知"必须与脑思、心悟、体行"合一"起来，自觉"设身处地"与"文"之背后的"人"同在，实现"感同身受"，发生"我"与"你"相遇时的心灵感应，精神相契。倘若在人文认知层面未达到此境地，便是未能真正把握文本的义理精神，纯粹只是记诵概念的"木乃伊"。所以，"未有知而不行者，知而不行，只是未知"，——真正的"知"总是包含着运用于"行"的向度。① 此"行"，突出表现为"行"到"文"背后的"人"那里去，"同呼吸，共命运"。可见，实现人文认知的"知行合一"实际上是一个人文熏陶的过程，是一个实有诸己的过程，在"修己"中"涵养"自身而指向"内圣"。
　　"知是行之始，行是知之成。"人文认知层面的"知行合一"必须自觉转化为实践层面的"知行合一"，主体才更具生命力和开拓性。停留于人文认知层面的"知行合一"，主体最多只能在"人与自身"关系上一定程度上呈现所谓"独善其身"的状态，而实际上却往往容易落入"枯禅"② 和"孤寂"境地，难逃自身"洞穴"而"坐井观天"。因此，走向人文实践层面的"知行合一"就极为重要，而且还能反促认知层面"知行合一"境界的提升。人文实践层面的"知行合一"是指向现实的"主客体"关系及主体间的关系，是向自身之外的时空拓展，是去"做事""造势"乃至"创世"，是化内在理想为外在现实的行动，是另一境界的"隐知"与"显

────────────────

　　① 《杨国荣讲王阳明》，北京大学出版社 2005 年版，第 105 页。
　　② 牟宗三先生在人文友会讲坛上曾说过日本人认为中国王学发展的结果成为"枯禅"，而日本接受王学，发展成事功，以王学开国维新。

行"的合一。梁漱溟先生讲述道："因为我对生活如此认真，所以我的生活与思想见解是成一整个的，思想见解到哪里就做到哪里。如我在当初见得佛家生活是对的，我即刻不食肉不娶妻要过他那样生活，八九年来如一日。而今所见不同，生活亦改。"①　主体以"诚"的态度自觉主动走进"生活世界"，"知行合一"才能转换为实践层面的境界，主体在"生活世界"的"行为处事"才不会随意率性，而由内里的"隐知"做主导，实现"显行隐知"的合一。

人文认知层面的"知行合一"，以"知"为重点，是"理知"的内化，是"知道"而"体道"而"悟道"的过程，是"显知隐行"的合一，那些所谓"悬空思索"者，就是陶醉于"显知"而无视于"隐行"的人；人文实践层面的"知行合一"，以"行"为重点，是"理知"的外化，是"悟道"且"行道"的过程，是"显行隐知"的合一，那些所谓"冥行妄作"者，就是迷失于"显行"而茫然于"隐知"的人。显然，仅仅止步于人文认知层面的"知行合一"或人文实践层面的"知行合一"，都还有所局限，达不到"大圆满"境界，甚至可能出现偏离，成就不了"立功、立德、立言""三不朽"者。王阳明先生一生则是在"致良知"引领下的"知行合一"践履，学问与事功，成己、成人、成物合一，是人生典范。可见，最理想的境界是主体实现两个层面"知行合一"的全面贯通。既"诚于中"，又"行于外"，知中有行，行中有知，内外"通"而为"一"，实现"修己"而"安人"，"内圣"而"外王"。这样的人当然是最和谐的、最强大的、最美好的。张岱年先生说"中国哲人研究宇宙人生的大问题，常从生活事件出发，以反省自己的身心实践为入手处；最后又归于实践，将理论在实践中加以验证。即先在身心经验上切己体察，而得到一种了悟；了悟所至，又验之以实践。"②　打通两个层面的"知行合一"，学以成人、成己、成物，应该成为中国人文教育永无止境的追求。

---

① 梁漱溟：《东西方文化及其哲学》，上海人民出版社2006年版，第22页。
② 张岱年：《中国哲学大纲》，商务印书馆2015年版，第25页。

二　"知行合一"的存在特征

王阳明的"知行合一"说并不是以纯粹理性的思辨或脱离生活的"静观"或"旁观"为依据，而是以艰苦的生活处境中主体"投身其中"顽强奋斗的生活实践为思想依托，因此"知行合一"说是生命的方式，是人文的存在，是充满思想、智慧、灵气的学说，不是抽象的、脱离主体的概念教条。"知行合一"说具有浓郁的生命特性。

（一）共时共在

1. 同时发动

"知行合一"的"知"与"行"是同时发动的，无先后之分。如王阳明所言："'如好好色，如恶恶臭'。见好色属知，好好色属行，只见那好色时已自好了，不是见了后又立个心去好；闻恶臭属知，恶恶臭属行，只闻那恶臭时已自恶了，不是闻了后别立个心去恶。"见好色与好好色、闻恶臭与知恶臭同时感应，"知"与"行"同步发动，不能说今日"知"，明日"行"。

2. 总是共存

"知行合一"的"知"与"行"总是共存，永不分离。如贺麟说的"无无知之行，亦无无行之知"①。"知之真切笃实处即是行，行之明觉精察即是知"，知得明察，便行得真笃，真切笃实的"行"由明觉精察的"知"主导，脱离了"知"的"行"是"冥行"，脱离了"行"的"知"是"妄想"，"知"的过程与"行"的过程相终始，"知"与"行"相伴而生且相偕并进。故牟宗三说："知行合一者，心之灵觉天理与身之行为历程圆融无间、以成此全体透明而无隐曲之天理流行也。此直而无曲、圆而无缺、盈而无虚之教也。"②"心"的灵觉天理与"身"的行为圆融无间永远相伴而行，

---

① 《五十年来的中国哲学：贺麟著作集之一》，人民出版社 2012 年版，第 143 页。
② 牟宗三、蔡仁厚：《人文讲习录》，广西师范大学出版社 2005 年版，第 45 页。

没有"心"的灵觉天理便无"身"的行为圆融无间，"知行合一"中"知"与"行"总是在一起，永远相陪伴，就像手掌与手背是整个手的两面。一方面，手掌是手掌，手背是手背，各有其性质，各有其功用，可以分开讲；但另一方面，手掌与手背总是在一起，永远相陪伴。

（二）互动生发

1. 知行互促

知行互促，即是"知"能够促进"行"，"行"同时能够促进"知"，知行互相促进，一起进步，相互成就。"知是行的主意，行是知的功夫。"陈来解释道："主意与功夫是阳明学中常用的一对方法论范畴，一般地，'主意'表示目的、统帅，'功夫'则表示途径和手段。'行是知的功夫'，就是说，知以行为自己的实现手段。强调知的手段是通过行，以行促知。同时行也不是一匹瞎马狂奔，它有知作为指导。行不能无主意，故行不离知；知不能无手段，故知不离行。"① 以"知"促"行"，以"行"促"知"，知行互动共进，相互发生作用。

2. 知行互释

知行互释，即以"知"可以解释"行"，以"行"可以解释"知"，知行互相阐发。换言之，知行之间是可以相互为对方"代言"的。"知之真切笃实处即是行，行之明觉精察即是知"，当其"知"是明觉精察，便知其"行"会真切笃实；当其"行"是真切笃实，便知其"知"会明觉精察。从这个角度看，在认知层面，"隐行"借"显知"表现自身；在实践层面，"隐知"借"显行"表现其自身，此时是以"知"释"行"，以"行"释"知"，但并不是如王船山所言的销"行"归"知"或者销"知"归"行"。②

---

① 陈来：《有无之境——王阳明哲学的精神》，北京大学出版社 2006 年版，第 93 页。

② 陈来在《有无之境——王阳明哲学的精神》一书分析道：在阳明的理解中，行不仅指物质实践活动或人的身体的物理性行为，也包含纯粹心理行为、心理事件，但是按王船山的理解，凡主体的意识活动都是知，只有外在的、客观化的行为才是行的，因此其批评阳明"销行以归知，终始于知"。

（三）持续流转

1. 真知必能行

人活着就会变动不居，人不是静态的结构，人在"知"与"行"的互动中呈现于现实，在"知行合一"的视域中知行之间无时无刻不发生着互动。"未有知而不行者，知而不行只是未知"，按照王阳明的理解，真正的"知"总是蕴含着运用于"行"的向度，无论是认知层面的"知行合一"还是实践层面的"知行合一"，"知"与"行"的合一并不表现为静态的同一，而是展现为一个动态的转化过程，"显知"与"隐行"和"显行"与"隐知"无时无刻不发生着碰撞，就如我们肉眼看不到的分子、原子，其实它们时刻都在发生着运动发生着化学或物理反应。因此，把握"知行合一"说不能只从"言语文义上窥测"，不能只从静态的概念关系上辨析"知"与"行"是如何"合一"的，而是要"就身心上体履"这一动态过程来体认。[①]

2. 知行互动永不停歇

"知是行之始，行是知之成"，杨国荣分析知行的次序是：本然形态的知—行—明觉理性的知，[②] 认知层面，"知"与"行"的统一不仅在于通过切己"心""行"而达到对"知"的内在明觉，而且在生活实践，表现为通过"身""行"而使"理知"推行于外，从而更进一步促使"理知"的完满。无论在哪一层面，知行总是互动着，永不停歇，知行的互动升级以"行"为其基础，在践行过程中体认"理知"，是领悟于内，在践行过程中推行"理知"，则是作用于外，知行总是在互动着，活跃着，因此"知行合一"说是具有持续动态性的。

---

① 丁为祥、王阳明：《"知行合一"三指》，《人文杂志》1993 年第 3 期。
② 杨国荣：《心学之思：王阳明哲学的阐释》，生活·读书·新知三联书店 1997 年版，第 196 页。

三　"知行合一"的人文教育意蕴

"知行合一"是人文教育的根本原则。真正的教育是人文教育，复兴"知行合一"的人文教育意蕴，是教育的题中应有之义，更是教育"不忘初心"的时代使命。任何一种人文思想和理论如果不能变成生活和实践并得到检验，就不能算是成熟可靠的思想和理论。思想和理论要广泛走进大众生活，必须通过教育的转化。思想和理论的社会实践需要思想和理论的教育实践，思想和理论的深刻性要体现出教育的可行性。"知行合一"是人文思想和理论进入教育过程的根本大法。

（一）体现"成己""成人"教育之魂

"成己"一词出自《中庸》："诚者，非自成己而已也，所以成物也。"[1] 按照杨国荣的理解，"成己"是以人自身的认识和成就为指向，"己"表现为人自身的存在，"成己"并非旨在合乎人之外的需要，而是以人自身的完成为目标，对人而言，它更多地体现了内在的意义。[2] 杜威的"教育即生长"以及"教育之外无目的"正是深刻揭示了教育的"成己"的育人本体。"夫学贵得于心"，教育的本心是以人的心灵精神生长为旨归，通过"人文化成"，学生走向"内圣"[3] 之境，学会挺立自我生命，从而成就自我，实现自我。

意大利的博洛尼亚大学最初的形成是学生团体组织，该团体组织也被称为"学生大学"。从逻辑而言，学生对学校具有优先性，向着学生而生乃是教师的生存姿态，向着学生的健康成长，特别是学生精神生命的成长是教育的生命本质。[4] 换言之，成就学生（成

---

①　王国轩：《大学·中庸》，中华书局2016年版，第122页。
②　杨国荣：《成己与成物：意义世界的生成》，人民出版社2010年版，第8页。
③　杨国荣在《杨国荣讲王阳明》一书中分析到成己总是指向内圣，而达到内圣之境是一种内在的自我成就，不是迎合于外的忘己逐物，而是内在人格的自我挺立。
④　刘铁芳：《什么是好的教育：学校教育的哲学阐释》，高等教育出版社2014年版，第109页。

人），促进学生"成己"既是教师的使命，最大限度地促成学生生命的自我成全，教师在成就学生"成己"的过程中自己的生命意义得到扩展和提升，更是对教师自身生命的成全。

学校教育"成己""成人"的真正实现是以教师的"知行合一"作为基础的，因为"真正的教育不是例行公事，而是与人的交往，是以'活跃的心灵'唤醒'心灵的活跃'，是以'卓越的生命'激励'生命的卓越'"。① "知行合一"是教育实现"成己""成人"的现实之源。

知识与生命融为一体是教师"知行合一"的表现，他们用自己"知行合一"的教学样态表征着自己学科知识之魂，无论是人文学科知识还是科技学科，在这样的意义上，都具有深刻的人文性。范梅南就深刻地说过："教师不仅仅是向学生传授知识，他实际上以一种个人的方式体现了他所教的知识。从某种意义上说，教师就是他所教授的知识。一个数学教师不仅仅是碰巧教授数学的某个人。一个真正的数学教师是一位体现了数学，生活在数学中，从一个很强的意义上说他就是数学的某个人。"② 在齐邦媛的《巨流河》中我们可以清晰感受到美学家朱光潜先生作为一名教师是如何全身心投入自己所教学科的知识之中，从而表现出"知行合一"的教师品格：

> 有一天，朱光潜教华兹华斯的长诗《玛格丽特的悲苦》，该诗写一妇女有独子外出谋生，七年无音讯，诗人隔着沼泽，每夜听见她呼唤儿子的名字，朱光潜读到"天上的鸟儿有翅膀……链紧我们的是大地和海洋"时，说中国古诗有相似的谢朓名句"风云有鸟路，江汉限无梁"，读到此竟然语带哽咽，念到最后两行"If any chance to have a sigh, they pity me, and not my grief.（若有人为我叹息，他们怜悯的是我，不是我的悲

① 刘铁芳：《什么是好的教育：学校教育的哲学阐释》，高等教育出版社 2014 年版，第 287 页。
② ［加］马克斯·范梅南：《教学机智：教育智慧的意蕴》，李树英译，教育科学出版社 2001 年版，第 104 页。

苦。）”，老师取下了眼镜，眼泪流下双颊，突然把书合上，快步走出教室，留下满室愕然……①

　　陈向明研究团队通过对北京市若干中小学教师进行追踪调查发现，被称为优秀的教师往往对其所教呈现出一种“知行合一”的行动样态。例如在他们访谈时，高中语文特级教师欧阳老师自豪地说：“我就是语文！”另一语文特级教师刘老师充满激情地说道：“当老师啊，实际上呢，得特别擅长和孩子们相处，把自己的生命用一种学科化的方法表达出来……我的教学就是把生命投射到语文课堂上去。我就是语文，我就是语文课。”② 这些优秀的教师希望自己“具身化的行动识知”，一举手、一投足，都在践行着他们自己所教授的知识。

　　生命内在的成长需要生命的感化，因此需要教师用生命行动诠释知识义理，通过一颗心灵去唤醒感化另一颗心灵，通过一个灵魂去撼动另一个灵魂。“心灵被震撼了。”“心像被洗过了。”“学会了用心体会遥远的意境。”“让语文融入了内心。”这些受访的优秀教师班上部分同学如是感叹道。唯有教师自身生命的整体投入，真切地感受、回应课堂的冷暖，才能激励、唤醒学生的生命，感动人的灵魂。③

　　试想一下，假若教师没有把学科知识与自身行动合二为一，只是毫无感情地把知识当作考试的工具而传授的话，学生是不是也会把知识当作与自身生命无关的文字器具而已？缺少了教师自我生命的卓越，就不可能有卓越的学生生命状态的显现，学生的“学”便沦为迎合于外的学习而非内里地“成己”。因此，教师“知行合一”，学生才会更关注自我的心灵体验，关怀内在成长，从而摆脱“唯知识”的羁绊。苏格拉底申言“知识即美德”，他并不是仅仅把知识作为外在于己的客体知识来激励学生的，实际上，富有知识智

---

　　① 齐邦媛：《巨流河》，生活·读书·新知三联书店 2011 年版，第 113 页。

　　② 陈向明：《优秀教师在教学中的思维和行动特征探究》，《教育研究》2014 年第 5 期。

　　③ 刘铁芳：《什么是好的教育：学校教育的哲学阐释》，高等教育出版社 2014 年版，第 184 页。

慧的苏格拉底自己的日常生活中就蕴含着丰盈的德性修为，"知识即美德"意味着苏格拉底本人便是知识和德行的形象生动"表征"。换言之，教师"具身化"知识的同时，能使受教育者的灵魂引向美好与高贵。色诺芬回忆道："对于一个听到他（苏格拉底）说了这些话的我来说，我认为苏格拉底本人是幸福的，而且他也把那些听到了他的话的人导向了美好和光荣。"① "知行合一"的教育者不仅成就了教育者本人的幸福，而且把受教育者引向美好与高贵。

教师的"知行合一"对文本知识的"再情境化"起到中介作用，为学生入"道"提供门径。知识的书、理论的书，只是语言、概念或逻辑，都只能"成理"，不能"成长"。② 假如教师把知识对象化、概念化，也不过是概念的排列、层级的结构，是与人如何做人全不相关。因为学问（尤其是人文学问）最初源于生活实践的感悟与体验，她是关于生命的观照和体履，充满了活泼泼的生气，但当她变成书本的语言文字时，这些学问由生命之动就进入了生命之静，真理就沉睡甚至冻结在了书本的语言文字里。特别是人文经典，如《论语》《老子》《孟子》等，她们古老、文约而义丰，如何激活其文化生命力使其与现代生活产生链接呢？先知觉后知，先觉觉后觉，教师的"知行合一"对文本知识的"再情境化"起到中介作用。知行合一型的教师便是课程，其本身蕴含着一种意象，这个意象能够指引教师的心、脑和身体朝向他们所希望的方向去，从而形成一个场域。在这个场域中，教师为学生进入文本嫁接了桥梁，由此牵引着学生走进文本思想殿堂。此时，学生的"心灯"被点亮，从一个个干巴巴毫无感情的概念"木乃伊"转变为具有精神灵气的鲜活存在。知识不再是外在于我的生硬冷漠的教条，知识成为涵养我身心，涵养我德性的"身心之学"，也即"成己之学"。无疑，教师的"我即是课程"的"知行合一"教学样态是学生"成己"的现实之源，同时，教师在知行的互动过程中，教师心目中的"意象具身化"（embody）了自己的教育理想，教师也从中真正得以"成己""成人"。

---

① ［希腊］色诺芬：《回忆苏格拉底》，吴永泉译，商务印书馆1984年版，第37页。
② 霍韬晦：《为成长自己而读书》，《中学历史教学参考》2016年第2期。

（二）彰显生命的体验教学之魅

牟宗三先生曾批评学校的上课状态，说道："学校的上课，是忙煞先生，闲死学生。"① 武汉大学文学院李建中教授如此描述中国高校传统人文学科的课堂教学，其日常景观是：教师在讲台上"一站到底"，学生在座位上"一听到底"。教师的任务只是"讲"，讲完了拎包走人，至于下面的学生是否听懂了甚至是否听了，那是学生自己的事。② 显然，可以看出，这样的课堂教学是单边的、静态的，没有活力的，缺乏生命感的，无论是文本思想的生命、学生的生命抑或是教师的生命都处于被动的状态，没有被激活，因为教师所教的知识与其行动是相分离的，也即没有"教行合一"，因此便没有学生的"学行合一"。这样的课堂教学消解了"教育即生长"的教育本体意涵，根本不可能真正促成"成己""成人"。

雅斯贝尔斯认为大学是教育新人成长的世界，是个体之间富有生命的交往。③ 实际上，教育是人活动的场域，任何教育都应基于个体之间富有生命的交往以促成个体精神"成人"。教学是最直接、最基本、最大量、最重要的育人活动，④ 真正的教学乃是对生命的促进⑤，生命体验性是教学的本体，"知行合一"是充分调动个体完整生命充满活力地参与课堂教学的功夫，"知识并非不重要，但作为教育活动而言，更重要的是如何建立知识与人之间的内在联系，个体充满活力地进入教学之中才是教育实践得以可能之本"。"知行合一"是激活知识与人之间内在关系，将师生生命链接在一起的"电流"。

---

① 牟宗三、蔡仁厚：《人文讲习录》，广西师范大学大出版社 2005 年版，第 78 页。

② 李建中：《师生同创"青春版"：传统人文学科教改理念及实践》，《中国大学教学》2015 年第 1 期。

③ ［德］雅斯贝尔斯：《什么是教育》，邹进译，生活·读书·新知三联书店 1991 年版，第 150 页。

④ 张楚廷：《高等教育导论》，人民教育出版社 2013 年版，第 249 页。

⑤ 刘铁芳：《什么是好的教育：学校教育的哲学阐释》，高等教育出版社 2014 年版，第 169 页。

　　阳明曰："就是称某人知孝、某人知弟，必是其人已曾行孝、行弟，方可称他知孝、知弟；不成只是晓得说些孝、弟的话，便可称为知孝、弟。又如知痛，必已自痛了方知痛；知寒，必已自寒了；知饥，必已自饥了。知行如何分得开？"（《传习录》）

　　某人"知孝"、某人"知弟"必是已曾"行孝""行弟"，"知"总是蕴含着"行"的向度。同样地，学生的"成己"必是包含着"行"，也即赵汀阳所说的"to be is to do"①，人是人自己创造出来的，因此必须"do"。就教育而言，这个"do"是教师与学生在教育教学上共同的"行"，是"教行合一"和"学行合一"共同组成的。

　　"教行合一"和"学行合一"意味着教师和学生的生命都进入了一种"心田"之"思"的状态，但这"思"不是静态的冥想，而是师和生"行其所知"的"思"，是充满灵动性和智慧性的"思"。教师的心与身，灵与肉，脑与四肢和学生的心与身，灵与肉，脑和四肢都在"体知"中，他们的生命已潜入文本，体知着"暮春者，春服既成，冠者五六人，童子六七人，浴乎沂，风乎舞雩，咏而归"的意境。此时的师与生，人与书的关系已变成人与人的关系，师与生，人与书都变成了马丁·布伯所言的"我"与"你"的相遇，我的灵明与你的灵明此时此刻达到了某种程度上的相契。在这个程度上，"教行合一"和"学行合一"共同构建了真正意义上的生命体验性的课堂，此时的师与生之生命，人与书之生命不再是彼此独立的个体，而是教师与学生共同的"行"。因为他们的"内在践履"，由四面墙壁所围成的教室不再是刚硬冰冷的钢筋水泥，里面还有活泼泼的生命，还有看似毫无生气的书籍实质是跃动的精灵。这些跃动的精灵使师生的生命产生了感应，凝聚着师生的命运共同体。

　　由"教行合一"和"学行合一"所构建的生命体验性的教学意

---

① 赵汀阳：《一个或所有问题》，江西教育出版社1998年版，第19页。

味着师生都在"身心上做",实质强调的是"口念心行",但"行有不得者,皆反求诸己"。① 生命性的体验教学最重要的是需要师与生都具备诚敬的品格,如果仅仅依照外在的理性规范,而未能将一般的理性原则融合于内在真切的"心体",则行为便往往会如同王阳明所指的做戏:"若只是那些仪节求得是当,便谓至善,即如扮戏子,扮得许多温凉奉养的仪节是当,亦可谓之至善矣。"倘若依然不得其"心",那么便需要师与生反躬自省自己是否专注,是否足够参与,是否秉持了"同理心"去理解对方,如此方得生命性体验教学"成己""成人"的诀窍。

(三)突出师生"双主体"之义

优良的教育总是意味着师生生命的共同实现,师生共赴生命的卓越,② 师生"双主体"的"行"是师生生命走向卓越的前提。换言之,教育教学中不仅要教师"教行合一",也要学生"学行合一"。只有凸显了师生"双主体"的地位,师生"双主体"之"行",才能实现文化生命的育人使命。但是有些"学校的上课,是忙煞先生,闲死学生""教师在讲台上'一站到底',学生在座位上'一听到底'",这样的课堂教学表面上看是教师占了主导地位,其实这是一种"程序化"的机械教学,教学中学生只是被动的知识"接受器",而教师只是知识的"传播器",人被抽象化为一个容纳知识的"器具",此时"人不见"了,教师与学生作为人的主体性都是缺位的。"主体性"的人没有"在场",这类的课堂教学没有充分激活师生内在的生命活力,自然也就没有激越知识的魅力,因此也就孕育不了"人文化成"的文化生命,"规定其他东西的东西变成了被规定的东西,产生其他东西的东西变成了它的产品"。③ 这样的教育教学实质遮蔽了"人"这一目的性,背离了"成己""成人"的教育本心。

---

① 方勇:《孟子译注》,中华书局 2010 年版,第 132 页。
② 刘铁芳:《什么是好的教育:学校教育的哲学阐释》,高等教育出版社 2014 年版,第 287 页。
③ 鲁洁:《一个值得反思的教育信条:塑造知识人》,《教育研究》2004 年第 6 期。

诚然，在教育教学中，学生内在生命的生成是以教师"活跃的心灵"唤醒学生"心灵的活跃"的，教师之为教师，就是向着学生的生命显现，教师作为向着学生而"行"的生存姿态对学生"成己"的作用再怎么强调都不为过。"教师可能在教授一个有35个人的班级；但很重要的是要记住所有的学习最终都是个人的过程。"①生命性的体验教学是师生双方共同的"行"，只有师生"双主体"的"行"才能真正实现文化生命和文化价值。"只有教不好的老师，没有教不会的学生"，这句话显然是只关注了教师的"行"，只注意了教师的主体性地位，而忽略了学生丰富多样性的存在。即便"教师即课程"，教师在教学中"知行合一"，教师对学生的作用也只能是"点燃"和"点亮"——或点燃其心，或点亮其路；其心还得自己燃烧，其路还得自己"践履"。文本的义理精神如何还需学生自己去"行思"。

> 学生刘观时问阳明："'未发之中'是如何？"
> 先生曰："汝但戒慎不睹，恐惧不闻，养得此心纯是天理，便自然见。"
> 观时请略示气象。
> 先生曰："哑子吃苦瓜，与你说不得；你要知此苦，还须你自吃。"（《传习录》）

为什么王阳明先生不应学生要求直接向学生"略示气象"，而以"哑子吃苦瓜"的比喻告诉学生要自己去体知"未发之中"的气象呢？质言之，在于人的精神丰富性的获得"就其实质而言，是他人不可替代而须自己作为主体去独自完成的，外在的人和事仅仅可以起影响、引导的作用"②。心灵的果实只有自己去"行"才能真正体会到个中滋味，任何人都无法代替。夸美纽斯在《大学教学论》中有这么一个隐喻强调了学生自身"行"的重要性：

---

① ［加］马克斯·范梅南：《教学机智：教育智慧的意蕴》，李树英译，教育科学出版社2001年版，第126页。
② 张祥云：《人文教育特点新探》，《高等教育研究》1999年第6期。

　　自学者的榜样最明显不过，一个人在自然的领导下能够钻研有关万物的知识。好些人通过自己教育自己，或（如柏纳德所说的）用橡树和山毛榉作老师，获得了很大的进步。这岂不是告诉我们，万物确乎都已存在人的身上；灯、油、火绒，以及一切用具都已具备，只消他善于打出火花，把灯点亮，他便立刻能够看见，他本人和更广阔的世界都能从神的智慧的奇妙财富中收获最丰厚的乐趣；这就是说，他便能够领略整个造物的数字的与有比例的安排了。倘若内心的灯没有点燃，只有奇思异想的火炬在身外旋绕，结果便如一个关在黑暗的土牢里的人身外有火光旋绕一样；光线确乎可以透进罅隙，但是全部光亮是照不进去的。①

　　显然，"教行合一"的教师就如旋绕在学生身旁的"火光"，如若学生自己不张开自己的"心房"，再强的"光线"也"照不进"他的心。换言之，学生要想真正把握文本义理精神，实现"成己"，不能仅依赖老师的"教行合一"，学生必须让自己去体知践履。学生的精神成长，必须是其亲自"介入其中"才能真正完成。杜威就特别强调："做事的方法、目的与理解，必须存在于做事的人自己的意识当中，使他的活动对他自己应当是有意义的。"② 成长的不可替代性，也使我们更加理解"作为圣人的孔子，其弟子三千，贤人却仅有七十二"的原因。

　　杜维明指出"在追求自我实现的过程中，不积极进行精神的修养，就不能真正有知。不能有意识地努力深化和扩充自己的自我意识，就不能有行"③。教育以学生"成己"为指向，学生之"成己"不仅依赖于教师的"教行合一"，更加取决于学生自身的"学行合一"。

---

　　①　［捷克］夸美纽斯：《大教学论·教学法解析》，任钟印译，人民教育出版社2006年版，第42页。
　　②　赵祥麟、王承绪编：《杜威教育名篇》，教育科学出版社2006年版，第21页。
　　③　杜维明：《青年王阳明》，生活·读书·新知三联书店2013年版，第185页。

四 知行合一：将教与育合一生成

在当代教育中，知识与生命相分离的现象极为普遍。那些"知识上的巨人"，却往往成了"精神上的侏儒"。文凭与修养无关，学历与人格无关，名校与境界无关，"教"和"育"的分离成了当代教育的症候。赫尔巴特曾说，无无教学的教育，无无教育的教学。真正的"知"总是蕴含着运用于"行"的向度，真正的"教"总是蕴含着"育"的向度，"知行合一"是"教"和"育"合一的方法论前提。"道问学"与"尊德性"要同时生成于个体内在生命结构中。钱穆说"在中国文化体系中，教育即负起了其他民族所有宗教的责任，主要在教人如何为人"①，教育的本质是人文教育，教与育合而为一是"本"，唯"本立而道生"。

（一）以诚然之心开启教与学

《中庸》有言："诚者，非自成己而已也，所以成物也。""唯天下至诚，为能经纶天下之大经，立天下之大本，知天地之化育。"诚是一种内外如一、纯粹善真、尊重开放的态度，是达至"成己""成人""成物"的心理机制，唯"至诚"者能化育天地，"不诚无物"。学校是育人的场域，个体走进学校旨在通过教与学而提高自我生命的境界，教与学都是在知行互动的视域下展开的，师生应以诚然之心开启教与学。

师生以诚然之心开启教与学，这意味人与人的关系、人与书的关系是一种如韦伯所言的"我—你"而非"我—它"的关系。秉持"诚"的心灵精神准备，"我—你"各自敞开自我，在教与学中师与生之间、人与书之间形成主体与主体的平等对话。"你"是"我"的生命相遇，"你"便是"我"的目的性存在，"我—你"之间才能进行心与心的生命交往而达至知、情、意一体化的体验认同。

---

① 钱穆：《国史新论》（第 2 版），生活·读书·新知三联书店 2005 年版，第 193 页。

假如失去"诚",取而代之的是一开始便抱着批判怀疑的态度,教师的"教"和学生的"学"就势必走入"我—它"的困境,从而导致知识与生命的分离。不仅把知识视为供人摆弄利用的客体,也将人客体化或物化,成为与"我"相分离的对象,与"我"相对立的客体。人文教育中,那种先入为主的、一接触就采取批判和怀疑的态度,将导致人文精华被糟粕所遮蔽,无法汲取精神营养,最终会导致信念无法建立,生命的价值观无法确立。"发展下去会为批判而批判,结果最后会离开生命,变成知识问题、概念问题的争论。"① 这其实是唯科学主义在人文教育中的精神泛滥。

钱穆先生有言:"学问都从活人做出,学问之背后则必然有其人之存在。"② 他尤为强调"读古人书,须能如面对亲覿,心知其人"。这启示我们人文阅读的关键是"读人",通过"读人"以把握著作者的精气神。只有秉持诚然之心方能"进得去"而与书背后的人展开"我—你"而非"我—它"的对话,也只有如此才能了解到书背后人的血脉精神,复活知识本身的活泼生气,知识才内化为生命的动力源。

(二) 注重个体性情的开发与陶冶

苏霍姆林斯基说:"情感如同肥沃的土壤,知识的种子就播在这个土壤上。"③ 这意味着性情的丰富与否在很大程度上决定着知识的种子能否在个体内在生命中扎根发芽。个体性情的开发与陶冶,对知识尤其是人文知识能否转化于心,至关重要。"在我们学生精神世界的最复杂的那些过程之中居于首要地位的是个人信念和个人观点的形成过程,是把真理转化为有血有肉的具体行为和行动的过程。毫无疑问,这个过程在很大程度上取决于情感教育和善良情感的形成。"④

---

① 霍韬晦:《新教育·新文化》,中国人民大学出版社2010年版,第49页。
② 钱穆:《中国学术通义》,九州出版社2012年版,第295页。
③ [苏] B. A. 苏霍姆林斯基:《帕夫雷什中学》,赵玮等译,教育科学出版社1983年版,第265页。
④ 同上书,第242页。

性情的敏锐性犹如一种动力,推动着"知"内化于心进而外化为行,巴甫洛夫证明道:"大脑皮层活动的主要冲动来自皮层下中枢。如果排除这些情绪,那么大脑皮层就失去了力量来源。"① 性情使人直接通向对象,与对象合一,中间没有间隔,孔子指斥:"人而不仁如礼何?""为礼不敬,临丧不哀。"这意味真情实感的生发在具体行为中,知行互动才能产生实质意义,否则"知"是空洞的概念,"行"是形式化的程序行为。王阳明指出,情理的认识本乎人心感应之自然,假如没有孝悌心情动于衷,说什么知孝知悌?反之,若一片孝悌心情,当下行事纵或未见,已自是孝悌了,因为感情冲动属身之事,不论其见诸行为皆属于行。②

因此,学校少年期教育要特别注重性情的开发与陶冶,丰富而善良的性情能直接刺激到感受器从而发生条件反射行为,如梁漱溟所说:"人生活在身心内外往复之间,一般地说,便是巴甫洛夫所谓的刺激反射。"③ 在这里,一方面,我们要防止早期过度的理智化训练从而导致个体生命的贫乏与精神的穷困;另一方面,我们在充分开发和陶冶孩童性情时要从多维度入手,既要以学校丰富的诗歌、绘画、音乐、体育等润泽孩童的生命,又要走出学校,回归大自然,在大自然中让孩童领略到自然的野趣与多姿,同时,回归到我们的生活世界,让孩童充分沉浸在民间丰富的文化之中。

实际上,显性知识与隐性知识的连贯性对个体性情的培育是非常重要的,《颜氏家训·慕贤篇》的"潜移暗化,自然似之"便强调了隐性课程对个体性情的熏陶作用。只有显性知识与隐性知识连贯一致时,个体在教育活动中才能提升和谐平衡的心灵境界。石中英指出,显性知识与隐性知识发生冲突时,孩童会认为在课堂上所接受的显性知识便只是纯粹的理论知识,与实践生活无关,会使学

① [苏] B. A. 苏霍姆林斯基:《帕夫雷什中学》,赵玮等译,教育科学出版社1983年版,第241页。
② 梁漱溟:《人心与人生》(第2版),上海人民出版2011年版,第114页。
③ 同上书,第228页。

生产生"理论"知识（显性）和"实践"知识（隐性）相脱节。①
学生头脑中这种知识"分裂"意味着这两种知识并不会在那儿"和
平共处"，它们会在学生的思想和行为的各种层次上发生冲突。换
言之，教师在日常生活中的言行举止作为一种隐性知识应被关注而
保持谨慎。同时，诚如波兰尼所言，隐性知识是大量存在的，人们
生活于它们之中就像生活于自己的身体之中，校园其实处处隐藏着
隐性知识，我们需要充分开发校园的隐性知识以陶冶学生性情。我
们要让"孩子在他周围——在学校走廊的墙壁上、在教室里、在活
动室——经常看到的一切，对于他精神面貌的形成有重大的意义。
这里的任何东西都不应当是随便安排的。我们竭力要使孩子所看到
的每幅画，读到的每句话，都能启发他去联系他自己和同学"②。苏
霍姆林斯基甚至连校园的每棵树木、每朵花都赋予了教育的意义，
他说："花木都不是任意种植的，而是考虑了每棵花木、每朵花所
能赋予人的精神活动的某种审美和情绪色彩。"③

（三）唤醒个体的理智兴趣

苏霍姆林斯基说："教育教学最重要的任务之一，就是防止学
生对所获得的知识采取冷漠态度，认为知识内容与他毫无关系。"④
个体内在的理智兴趣处于沉寂状态时，其对所获得的知识便采取冷
漠的态度，被动地"受"从而导致知识成为"概念的木乃伊"，知
识外在于个体生命。"知之者不如好之者，好之者不如乐之者"，理
智兴趣的培养乃是知识走向美德的关键。⑤ 个体带着对学习事物的
喜好进入学习活动之中，意味着个体对知识活动有了知情意的体验
和认同，这样的学习活动才足以提升个体的生命状态。

个体理智兴趣的唤醒以教师多样的知识和丰富的智力生活为重

---

① 石中英：《知识转型与教育改革》，教育科学出版社2001年版，第237页。

② ［苏］B. A. 苏霍姆林斯基：《帕夫雷什中学》，赵玮等译，教育科学出版社1983
年版，第149页。

③ 同上书，第146页。

④ 同上书，第263页。

⑤ 刘铁芳：《知识学习与生命成长：知识如何走向美德》，《高等教育研究》2016
年第10期。

要条件。正如苏霍姆林斯基所说："教师，这是学生智力生活中第一盏继而也是主要的一盏指路灯；是他在激发学生的求知欲，教会他们尊重科学、文化和教育。有效开展学生全面发展的一个重要的条件，就是教师集体要有丰富多彩的智力生活，要有多样化的兴趣、广阔的眼界、顽强的钻研精神和对科学新事物的敏感性。"①"至圣之师"孔子之所以能终生保持"诲人不倦"的教学热情，影响学生和他人，就在于其自身学而不厌，永远保持着向学的心态，终生坚持努力好学，不断保持自我向他人和世界的开放性和敏感性。我国当代著名高等教育家潘懋元先生"桃李满天下"，他的弟子优秀人才辈出，已是百岁之身却"仍耳聪目明，思维清晰，可以授课、指导研究生、作报告、写文章"。他在"百岁感言"里道出了奥秘，"我的理解：身体的运动很重要，大脑的运动更重要。大脑是全身的'司令部'"。他"每天都要去思考具有重要意义的教育难题"，坚持每周一次的家庭学术沙龙数十年，与弟子们互动，激荡思维，奉献社会，堪称时代典范。显然，如果教师缺乏渴求知识的强烈愿望，不仅会使教学失去光彩和热情，教学还将变为他的苦差和重负，机械地传授知识，就会使学生的求知乐趣丧失殆尽。这意味着教师要不断激活自身生命，永远保持对新知识的期待和热情，不断学习、研究以充实完善自身。师生彼此点燃理智之火，彼此喷发理智之光，问题引领知识营养个体的内在生命。

　　个体的理智兴趣的唤起仅仅通过课堂教学的高速率的脑力劳动是不足取的，这样会导致孩童生命过早被抽空而贫乏。与之相对应的是，学校教育要有足够的闲暇让孩童发挥自己的特长与兴趣，参加各种兴趣小组活动，在做中学，在智力情趣丰富的教师指引下"儿童边动手边思考，边思考边动手。只有在这种条件下知识才会转化为信念，这也是儿童的天性所要求的：他们的智力活动在劳动中表现得最为明显；经他亲手劳动过的概念能激发出深切的情感，

---

　　①　[苏] B. A. 苏霍姆林斯基：《帕夫雷什中学》，赵玮等译，教育科学出版社1983年版，第47页。

而这种情感则是人的行为的最强大的推动力"①。在做中学，把知识还原于过程之中，在开放的、自主的探究过程学生获得知识的发生学意义，学生内在的求知欲不但被激活，而且知识于个体而言有了丰富的个人态度。

（四）"家"是德性养成的"知行合一"道场

家庭和学校形成有机联动，合力发挥各自独特的教育功能，对于培养学生健全人格起着关键的作用，任何一方缺位或者家庭与学校的教育影响不一致都会导致学生身心在两者之间不断拉扯而出现生命困顿迷茫的现象。

但是，现代化进程中，中国家庭教育或缺失或偏颇的现象极为显著。现代城乡结构改变，父母双双背井离乡外出打工，乡村留守儿童教育问题异常突出。纵使都市家庭儿童仍能与父母处在同一屋檐下，由于"忙"成为现代都市上班族生活和工作基本节奏，儿童跟父母的心灵交流容易被忽视，身近而心疏。"因为现代家庭的结构变了，过去母亲在家中负责子女的教育、成长，教他怎样做人、怎样生活、怎样跟人相处。今天大部分家庭都是夫妇都工作的，因为一个人满足不了生活的要求，所以男主外女主内的格局已改变。结果男女的负担都加重，大家都被消费社会的引力拉向前方，无暇回顾，孩子的成长只好交给学校，交给第三者。"②孩子与父母的疏离由此而生，孩子生命成长的缺憾也由此而生，第三者可以很用心，很负责，却天然无法取代父母。

家庭是孩子的第一所学校，父母是孩子的第一任老师，家是孩子生命成长的根，根深则叶茂，本固则枝荣。尤其"家"文化是中国传统文化的核心，优良品性的培养根基在家，家庭关系、家人相处、家务劳动、家庭生活，是习惯养成、德性陶冶最重要的"知行合一""道场"。霍韬晦说："中国人讲亲亲教育，'亲亲而仁民，仁民而爱物'（孟子语）。生命成长由亲开始。但父母根本没有时间，他们自己也不懂，思想也有缺陷，如何能够潜移默化地影响孩

---

① 同上书，第266页。
② 霍韬晦：《新教育·新文化》，中国人民大学出版社2010年版，第80页。

子呢?"①"家"作为中国人道德"知行合一"的首要"道场"正在瓦解，仅靠学校的单一力量，是难以完成"育人"事业的。"教"和"育"的"合一"需要家校合力共同完成。因此，如何建立"家校合育"的长期有效联动机制，是时代严峻的课题。

---

① 霍韬晦：《新教育·新文化》，第80页。

第三章

诚：人文教育本体功夫

"人文道理"是人文行道之理，是"成己，成人，成物"之理。欲"成"，则须"诚"，诚于道，诚于理，诚于"知行合一"。"知行合一"的精神机制在"诚"。知行不一，源于精神不"诚"。所谓"志于道，据于德，依于仁，游于艺"（《论语·述而》），都首先在一个"诚"字。"诚"是人文修行，人文教育的本体功夫。古往今来的人文教育构成源远流长、川流不息的传统之江河，"诚"是贯穿始终的精神气脉。无诚，气脉阻断，传统中断；无诚，世道崩坏，人心晦暗；无诚，圣贤冷遇，经典无明，师生无义。精诚所至金石为开，现代人文教育必须让"诚"回归本心。

一 "诚"的意蕴：中国传统的体认

"诚"自古就是汉语的关键词，在日常现代汉语里，"诚"的词汇很多：坦诚、诚实、诚心、忠诚、诚意、诚信、真诚、诚恳、心悦诚服、精诚所至、虔诚，等等。这些词汇，使"诚"的系统含义构成"一宗多元"式的生态丛。若将之分类，大体可以形成三个维度。第一个维度是从人与他人的道德关系来表达"诚"，例如：诚实、忠诚、诚信、诚意；第二个维度是从人与自身的客观真实关系来表达"诚"，例如：诚实、坦诚、真诚、诚心、诚恳、心悦诚服；第三个维度就是从目的与手段的关系来表达"诚"，——即相当于中国古代思想中本体与功夫关系角度显示"诚"意，例如：精诚所至金石为开、虔诚。当然，这样的分类是相对的，实际上存在诸多交集。只要回溯中国传统教育智慧，就会恍然大悟，"诚"是一个基础性的人文词语。正是基于这样的认识，我们试图从"本体—功夫"维度来揭示"诚"在人文教育乃至整个教育的原理性含义，把"诚"上升为教育基本理论范畴来研究。

中国传统文化对"诚"的领悟博大精深，其中有许多被现代学术和理论所忽视的深厚意蕴，因此必须首先、特别地从中国传统思想中寻找"意"义。

根据保存至今的可信史料，"诚"字最早出现于西周时期，在《易经》中已具有了"真心实意"的含义。① 随着春秋战国百家争鸣的繁荣，"诚"的观念开始以范畴的形式固定下来。《中庸》提出了"天命之谓性，率性之谓道，修道之谓教"②，人要增强自身的自觉性，真心诚意地顺着自然禀赋的"天性"做事，按照"道"的原则进行自身修养。在此思想基础上，《中庸》首次揭示出"诚"的深刻意蕴，"诚者，天之道也；诚之者，人之道也"。③ "诚"，是天地之大道，做到"诚"，是人的根本原则。《中庸》从一开始就以极高的立意在本体论的高度看待"诚"！

唐朝中期，由于李翱与韩愈等人对佛教、道教的批判，使得儒学得到了很大的发展，韩愈由此提出了贯通天、地、人三才的"道"作为哲学上的最高范畴，④ 这又一次丰富了"诚"的内涵。李翱直接阐明："至诚"就是"道"。他将"诚"作为贯通天道与人性的媒介。周敦颐认为，"圣，诚而已矣"。表面意义可以被解释为：诚实就是成圣所要求的一切。实际上，"诚"是一个本体的概念。"诚、神、几，⑤ 曰圣人。"圣人就是本体功夫融合的境界。成圣是一种体验性的存在状态，既是关乎人生最深层意义的观念，又

---

① 鲁芳：《道德的心灵之根——儒家"诚"论研究》，湖南师范大学出版社 2004 年版，第 15 页。

② 王国轩：《中庸》，中华书局 2006 年版，第 46 页。

③ 同上书，第 101 页。

④ 鲁芳：《道德的心灵之根——儒家"诚"论研究》，湖南师范大学出版社 2004 年版，第 33 页。

⑤ 杜维明：《儒家思想：以创造转化为自我认同》，生活·读书·新知三联书店 2013 年版，第 179 页。《周子全书》：寂然不动者，诚也；感而遂通者，神也；动而未形，有无之间者，几也。诚精故明，神应故妙，几微故幽。

是关乎终极存在的观念。①"诚"是人和宇宙本体的合一，是人真正通向世界融合的不二法门。"不诚"就不能与自己融合，无法实现天人合一。因此，张载揭示："性与天道合一，存乎诚。"天道合一的"诚"之养成要择善固执，"思诚"即为修身之本。宋明以后，理学家和心学家对"诚"进行更深厚的领悟："诚"是"心"之体。具于"心"中之"诚"绝不是像物件摆放在容器中那样，与"心"只是空间上的包含与被包含的存储关系，而是以"心之体"的形式与"心"内在地"漫漶"在一起，"诚"就是"心"的本然状态。② 由此可见，在中国传统中，人们早已将"诚"纳入了本体论的视野。所幸的是，近现代中国哲学还能有人承续着对"诚"的古典领悟。方东美就说，"诚"，就是合内外之道，消解内外、人己、物我的界限。③ 蒙培元也讲，"诚"是真实无欺伪，代表合一境界的"真"。④ 他们已经体会到，"诚"属方法论，更属本体论。

　　"诚"的思想如此重要而深刻，人文教育必须挖掘其意蕴而化为当代之理论资源。在中国思想（儒家为代表）传统中，"诚"作为心灵境界，与天道合一。而天道离不开人道。"思诚"，就是要返回人自身，思其"天之所与我者"，就是心，就是"诚"。人是具有实现"诚"的本体境界之内在根据的，此内在根据使其产生一种独特追求：实现自我成长。人文教育中的"不诚无物"，指"不诚"就做不好教育这项"人为事物"。教育做的是"人事"，处理的是"心事"。中国传统之"人文"精神，重在关乎人"心"。"诚"为"心"之所现，"不诚"则"忙"而无心。"诚"与"心"是内在地融为一体的。"诚"存乎人心，是一种自在的存在，只有为人觉悟，成为主体意识，才能成为自觉存在。自觉了，才能修为。在中国古圣贤看来，"心"具有能动性，乃"万事之主"。唯有"诚"得以显现，此"万事之主"才有"主心骨"，所谓炼就出一颗"诚心"。

---

　　① 杜维明：《儒家思想：以创造转化为自我认同》，生活·读书·新知三联书店2013年版，第181页。

　　② 鲁芳：《道德的心灵之根——儒家"诚"论研究》，湖南师范大学出版社2004年版，第59页。

　　③ 方东美：《科学哲学与人生》，中华书局2013年版，第13页。

　　④ 蒙培元：《心灵超越与境界》，人民出版社1998年版，第151页。

有了"诚心"，才能使人常明常觉，不断走向"至善"。"修身"即修"诚"。只有"心诚"，才能做难事，成大事；只有"思诚"，才能自觉"止于""诚"之境界。总之，儒家思想体系，"诚"具有枢纽意义。在"格物，致知，诚意，正心，修身，齐家，治国，平天下"系统中，"诚"像一根扁担，挑起人生与社会；"诚"像一个支点，撬动人生与社会——或者"独善其身"，或者"相善而群"。"诚"，与心同在，与人同在，就是本体。"诚"，是功夫，亦是法门；聚能量，出智慧。论"诚"，必须是合本体与功夫而论之。人文教育要植根于中华传统之人心教育，汲取"诚"思想的养分是必需的。

二　"诚"的比较：中西文化的侧重

"诚"乃天下之大道，在中西文化中是相通的。"诚"在中国传统思想里内涵深刻而丰富，在英文中，难以找到与之相互对应的单独词汇，只有用诸多家族性词汇分别表达"诚"的含义，例如 sincerity，creativity，honesty，faithfulness 等。英国学者葛瑞汉将"诚"译为 integrity，具有"内在一致性"的含义，他认为"诚"是指"心的本初的统一体"，是"心、性、理各安其位时人所处的一种状态"，"要做到诚，即要成为一个完整的整体，浑然一体"。① 美国学者郝大维、安乐哲、杜维明等人侧重把"诚"作过程性理解而非实体性的理解，认为"诚"就是"创造性"。②

西方文化的理想人之设定基于"人神关系"始于现世终于来世。自由而理性的个人，带着原罪一路赎罪，最终接受上帝的审判，或上天堂或下地狱。此生只为来世做准备。从这个意义上说，"诚"的本体意义被一度"更高"的"信仰"范畴所覆盖，"诚"

---

① 〔英〕葛瑞汉：《中国的两位哲学家——二程兄弟的新儒学》，程德祥等译，大象出版社 2000 年版，第 119 页。

② 〔美〕安乐哲、郝大维：《〈中庸〉新论：哲学与宗教性的诠释》，《中国哲学史》2002 年第 3 期。

的价值更多地囿于方法论、功能论领域。中国文化没有设定永恒的上帝让人仰望，没有设定不朽的天国让人向往。中国文化的理想人之设定基于"人人关系"始于现世归于未来和历史。君子，贤人，圣人，人人都要走在"成圣"的道路上，此路始终都在"世界"之中延展。"成圣"诉求就是让人自觉在"事上磨"，"事上炼"中修身养性，成为最好的自己。"满街都是圣人"，"人人可以成圣"，我走向圣人，我成为圣人，我即圣人。"圣"不是永恒不变的人格神，是生命的状态，是使命的呈现，是生命理想的方程式。"诚"于圣，才能"成圣"，"成圣"之道即"诚"之道。所以，"诚"在中国传统里，具有更深邃的本体论意蕴。在本体论中谈功夫论，又在功夫论里谈本体论，融为"本体功夫论"。

西方思想在历史流变中逐渐将"诚"置于主体间交往的共同体之维。认为"诚"是心性溯本归源的至淳至极本源，是本真—正义—自由的终极价值本源。① 这种"终极价值本源"，不是单一、片面的存在，它强调历史、关系与自由。这种认识深度跟中国传统具有相通性。尽管西方存在主义哲学家萨特认为"存在先于本质"，从绝对自由的理念得出"他人就是地狱"，认为人与人的冲突具有不可改变的必然性，但现代分析哲学的代表人物维特根斯坦则认为，单个人绝不可以在"私人语言"框架中遵守私人规则。② 人必须打开心扉走向交往，从个人走向关系，走出个人，走向他人。"主体间性"，"社会交往"理论由此获得了显耀地位。在主体间性的世界里，"诚"的重要性由此凸显。"诚"使"他人"不再是地狱，化敌为友，成为"我"生命意义的存在方式。"诚"把他人当人，我与他人的关系不是"主客"的，而是"双主体"的。心理学中的"同理心"概念进一步使关系中的"诚"之含义具体化。主体间性的关系也是马丁·布伯所谈到的相遇关系，即"我—你"的关系。

总的来看，中国文化之"诚"，本体功夫并重，以本体为基；

---

① 张小琴：《论"诚"的三个价值层面——以中西方哲学比较为视角》，《兰州学刊》2009 年第 3 期。

② 同上。

西方文化之"诚"，形上形下并举，以形下之用为重。中国传统之"诚"谈本体功夫，对内是"功夫"，对外是"功能"，有功夫才有功能，因此更加强调"内修"和"自省"。西方文化之"诚"讲形上形下，往上连接信仰，往下走向生活，有信仰才有力量，因此更加强调"交往"和"敞开"。中国文化重主观内求，强调由"诚"而"真"，由"情"而"理"，呈现人文；西方文化重客观外求，强调由"真"而"诚"，由"理"而"情"，实现科学。现代人文教育，要将这"内—外"智慧与"上—下"智慧结合起来。科学而人文，人文而科学，纵横交错，培养更为健全的自由自在的"真人"。由"小我"而"大我"，由"自我"而"忘我"，由"成长"而"成就"，实现"成己""成人""成物"。

三　"诚"的境界：信仰觉悟的方式

"诚"的重要性不仅在"世俗"界，更在宗教界，而且"两界"之"诚"往往相通而交集。杜维明、安乐哲、郝大维都认为儒学虽然不是宗教，却带有浓重的宗教性意味，对"诚"的认识超越了道德本体论境界。"诚"能生发出信仰般的力量、宗教般的力量，是本体功夫。中国禅宗之"教外别传、不立文字、以心传心、直指人心、见性成佛"的真言更是靠"诚"而立，以"诚"共生。

古人云："至诚之道，可以前知。国家将兴，必有祯祥；国家将亡，必有妖孽。见乎蓍龟，动乎四体。祸福将至，善必先知之；不善，必先知之。故至诚如神。"① 古代国家兴亡一定会有征兆，这是宗教神学上天人感应论的说法。这表明，"诚"与人的生命有密切的联系。古今中外的祭祀和祈祷，无不是虔诚的。它体现出"诚"的内在力量——相信愿望会实现，相信之"诚"能感天动地，"精诚所至，金石为开"。佛家典籍《大乘起信论》所谓的"一心法有二种门"，其一为心之真如门，另一为心之生灭门；二门不相

---

① 陈立夫：《四书贯道》，中国友谊出版公司 2009 年版，第 173 页。

离，总摄一切法。所谓开"真如门"，其实是心灵超越感性与知性的杂多，向内收敛，凝聚为浑然的"一"；所谓开"生灭门"，则反之，是心灵由"一"向外发散，表现出无常的杂多。释氏的意旨是希望人心只开"真如门"而闭"生灭门"，这便是涅槃境界。《中庸》所倡导的"诚"之心法也达到了几乎同样的思想高度——"自诚明"为冥思、体悟，是心灵向内收敛于"一"，类似于开心之"真如门"；"自明诚"则须向学、力行，是心灵向外发散于多，类似于开心之"生灭门"。① 而天台宗强调的是"佛性就在自家心里"，不向心外求，关键在于能不能自我认识和觉悟，这就确立了人的内在主体原则———一切都要向自己的心灵求解，"诚"在其中越发重要。

"诚"与天合一，至诚之道也就是天道，具有神性。神的境界具有宗教性质，是一种超越理性的境界。中国传统文化并不是真的认为存在一个外在的神灵，而是指人之"诚"的境界可以通向无所不知的"神的境界"，这个境界就是天人合一，是心灵本体的高境界。本质上，这是一种人生意义和目的的心灵达成状态，是一种信仰的体验状态，具有宗教般的终极意义。

"诚"具有宗教般的意义，能激发信仰的力量，也是信仰显现的根本方式。无"诚"，就无信仰；无"诚"，就无力量。宗教之"诚"与中国传统之"诚"，其状态相近，其含义相通。"诚"不仅是工具和手段，而且最终表现为"道成肉身"，是存在，也是目的。若仅仅将"诚"当作手段和工具，忽视其本体，会影响"诚"作为工具的效率发挥。本体与功夫就如同源与流。源是本体，流是功夫，只谈功夫不谈本体只能竭泽而渔。以"诚"本身为目的，不断地追求"诚"，至诚无息，使之能处于流动连续的不停过程。《孟子·离娄上》言："至诚而不动者，未之有也。不诚，未有能动者也。"意指倘能修养到至诚的地步，却还不能感动人心，那是没有的事情。反之，不能尽诚，也就不能收到感动人心的效果。感动人心，是人文教育的关键环节。宗教，旨在信仰；教育，旨在立诚。

---

① 胡家祥：《中国哲学"诚"观念的深刻内涵》，《江汉论坛》2012 年第 4 期。

二者之目的，均在增进内在之力量，以成己成物而已。①

通过中国传统、中西比较、宗教精神三个角度大致梳理和分析了"诚"的含义和意义。概言之，"诚"在现代学术视野里，更多着力于形而下层面的探讨，但从中国传统智慧观之，"诚"既是指向形而上之"道"的人文本体性原理，又是指向形而下之"器"的人文功夫论原则。它贯通天地，打通物我，"诚"是最基本的人文本体功夫。就形而下而言，从正向说"诚"，"诚"则成也，——"诚无不动者，修身则身正，治事则事理，临人则人化，无往而不德"（《河南程氏粹言》）；从反向说"诚"，不"诚"则不成也，——"学者不可以不诚，不诚无以为善，不诚无以为君子。修学不以诚，则学杂；为事不以诚，则事败；自谋不以诚，则是欺其心而自弃其忠；与人不以诚，则是丧其德而增人之怨"（《河南程氏遗书》卷二十五）。正反说"诚"，朴实明了，让人懂得"诚"的基本意义。

四 "诚"：人文教育的本体功夫

中国现当代教育学的理论体系，或者源于苏联范式，或者源于西方范式，都在相当程度上陷入"主客对立"的思维模式，概念和原理的建构忽视中国传统智慧。从某种意义说，当代教育学体系，文化上很少讲"中国话语"，更无体现"中国方案"。具有五千年源源不断的中华文明，在如何教人的学问和智慧上，怎么可能没有深厚积淀呢？这些积淀怎么可能不具有现当代的教育意义呢？回溯中国传统，中国古代教育强调陶冶心性，培养德性，强调人文教化，讲"道"，讲"德"，讲"道德"。无论是"独善其身"还是"兼济天下"，无论是"内圣"还是"外王"，无论是成己、成人还是成物，走在成就君子、贤人、圣人的道路上，"诚"都具有通贯全程的根本性意蕴。"诚"既是本体又是功夫，这是古代中国留给我们

---

① 陈立夫：《四书贯道》，中国友谊出版公司 2009 年版，第 170 页。

的具有永恒价值的人文思想。

在人文世界里，人的存在不是问题，如何存在才是问题。在中国的意义世界中，教育承担的是教人做人的责任，是关乎"心灵"的教育，是"化"的精神成长过程，是师生互动互促互进的过程。不诚无物，至诚如神，"诚"是人文教育的"底色"，是基础，是根底。"诚"如若没有了本体论之根，就不可能有方法论之果，诚是本体功夫，是人文教育的基本原理。

（一）"诚"是人文教育的精神前提

人文教育是以文化之的成人之路，而"诚"是与人同在的心灵境界。人与动物、植物最大的区别就是，人的成长与生命的实现除了自然的生发，大部分时间要靠"诚心"的"气脉"维系，这就是人文性，就是人与文化的融合。涂又光先生曾经提出著名的"三Li理论"。在经济领域，以求"利"为主导；在政治领域，以求"力"为主导；在文化领域，以求"理"为主导。在教育中，为了达到"利"，我们要讲"义"；为了达到"力"，我们要讲"仁"；为了达到"理"，我们要讲"诚"。无"诚"之理，是虚幻，是伪装，是歪理。守正出新源于心诚。

人文世界中，人与人的关系是意义关系。人文教育与科学教育相比，师生关系更具专业上的本体意义，因为人与人的关系本身就是一个人文问题，既是理论的，也是实践的。中国传统智慧强调教育要"师道尊严"，这不仅是对学生提出如何对待教师的态度要求，更是对教师自身提出的自省要求，实际上是要求师生共同尊严为师之道和为学之道。如果鄙视或者误读了"师道尊严"，为师之道和为学之道就将不得"守正"，师生关系便无"诚"可言，本体关系就成工具关系。人文教育的精神前提一旦被消解，人文关系生态就将破坏。师生之间的正当关系是精神和思想的坦"诚"相见和彼此尊重。得"诚"之道，才使人文之道的传承和开启得以"成"就。人文知识的默会性具根源性，其奥妙之道无法完全"跃然纸上"脱离肉身，人文知识和人自身的关系往往是一种无法隔离的血肉关系，难以独立于主体而存在。人文之"道"的理想存在是"道"成

"肉身"，所以大师就是课程。师生关系要进入精神生命的境界，才能进行"道"的对话和沟通。教师和学生本身就是一本正在书写的大书，没有"诚"，写不下去，也读不下去。

顾明远曾说过："没有爱就没有教育，没有兴趣就没有学习。"实际上，没有"诚"就不可能有爱和善。善和爱是"诚"开的花和结的果。不"诚"，就不可能做好人文教育。即便简单的知识学习也要有"诚"心，我们从未见一个以敷衍之心对待人文知识的人能真正获得真知。人文领域那些永恒的经典，必须要求师生有"诚"，有深厚的历史感，才可能将文本复归鲜活的生命状态，真正领略文本所建构的内在世界。教育做的是人事，处理的是心事。有"意"所为之事，才能变成有意义的教育之事。人文教育要以"诚"观照人性。师生彼此持"诚"，才能使人文知识敞亮起来，用生命影响生命。

（二）"诚"是人文教育的心法正道

"诚"生出德，"至诚"生出厚德，厚德方能载物。"厚德载物"，德为体，物为用，只有内在深厚之道德品行才能承载外在丰富事物之福报。此"物"不仅是指天体、自然之物，更重要的指人造之物，人做之事，人创之业。此"物"非仅为功利和工具，乃是人与天、人与地、人与人和谐的关系，是人文的关系。而这些，都由"诚"来支配，它是本体，也是功夫。诚者，物之终始，不诚无物。对自然之物保持"诚"，才能感受到大自然的奥妙。对人造之物，人做之事，人创之业保持"诚"，才能真正做好事、做成人。教育是人为事物，对人文教育保有怎样的想法就会将教育办成怎样，师生之间保持怎样的心态就会做成怎样的教育。

人文教育是使人通过"文"的门径成人，"事物"是由心之所造，"诚其心"才能更好地成就"事物"。朱熹曾说过："诚以心言，道以理言。""诚"本身就是机制。教育意味着对话和相互的关系，只有相互关系为"诚"，才能转化和维系着正能量状态，才能进行教育。诚就像一个制动开关，如果没有"诚"，一切就不能"走心"。人文知识的默会性决定了教学过程中教师、学生与书本的关系更为复杂。教师与学生只有"诚其意",才有可能进入人文知识之堂奥。马一浮曾提出好古读书法,就是旨在让读书人要以诚敬的心态进入知识,谦虚地对待经典。先真诚进入,才能最终得以解放和超越。师生面对人文教育的经典或课程,首先要做好的精神准备就是保持诚敬心态。既有敞开的胸怀,也有包容的态度。面对人文教育的师生关系,要主动、要"虚"其心。"不诚"的原因正是由于急功近利或者自我膨胀,从而心神不定,游荡飘零,不得其门而入。唯"诚"才能使师生真正进入书本与对方的真实内心世界,敞开、专注、耐心和心思聚焦,这是主体间性的关系。

"诚"是师生进入人文堂奥的功夫。人文教育要以诚促成,师要诚,生要诚,对己诚,对人诚,对典籍更要诚。"诚"是诚敬,是沉静,是自我照明,正如《大学》所谓"知止而后能定,定而后能静,静而后能安,安而后能虑,虑而后能得"也!由"止"到"得","诚"乃心法正道,一以贯之也!人文教育有"诚"在场,便有法度,便是有魂在焉。唯有"诚"在,方能将学做学问与学会做人结合,逐渐蜕变成完整的人。

(三)"诚"是人文教育的系统特征

面对物质世界之科学,"诚"就是真,真的反面是假,物质世界是"自然"的"诚""真",它是自在的,人对物质世界的"诚"与"不诚"是由物质世界决定的;对人文世界来说,"诚"不再是自在的"真",它不再如客观事实之实然,"诚"代表着"应然"的意义建构诉求,它是人的主动选择。"诚"是人文教育要浇灌和培植的种子,是理想的状态。这种实然之"真"由应然之"诚"所建构的关系将"诚"放射到了人文世界的每一个角落。曹刚在《论诚》中提出:"诚的首要要求就是要在做人行事中体现人的自由的存在本性,也就是要真正地做一个人。"①

"诚"在人文教育中显现的是整体,不是局部;不是人的特质,而是整全的人。"诚"属于人的"系统程序"而非"操作程序"。

---

① 曹刚:《论诚》,《道德与文明》2006 年第 2 期。

系统程序出了问题，要比操作程序出问题远为根本且严重。程颐言：为学之道，就是"正其心，养其性"，"中正而诚"。"学必尽其心，则知其性。知其性，返而诚之，圣人也。"尽心、知性、动情，而达命、天、理，是在一个系统中完成的，最终要达到一个"诚"字。① 人文教育理论是一个生态系统而非纯逻辑体系。在人文的世界中，"诚"不是单一独立的存在。"诚"与历史、"诚"与未来、"诚"与怀疑相互联系着。"诚"不仅表现为对"在场存在"的关注，也体现为对"不在场存在"的关心。既要"瞻前"也要"顾后"，既要"左顾"还要"右盼"，以自觉的诚心成为胸有"世界"的人，也就是一个走出"洞穴"和"井底"的"大写"的人。如果我们一直强调"活在当下"，总是罔顾过去无视未来，"人的世界"就将退回到"动物世界"。人文教育要特别注重培养人的历史感和未来感。关注传统，学习经典；展开想象，负责任地创造未来。人文教育如果不注重培养人的大视野，大胸怀，大格局，大境界，就难出大智慧，就难承大担当。教育要实现这样的育人目标，不注重"诚"的养育，一切都将变成泡影。"诚"成就使命和担当，聚集能量。有了使命和担当，"诚"就会激发出深刻的问题意识和开放的怀疑精神，使人富有创造力和意志力。

（四）"诚"是人文教育的心灵果实

"诚"在人文意义世界中是前提，是路径，是本体，是人文特点的集中体现。人文之事就是人自身之事，它不可替代地、不可转让地、不可直接继承地要每个人亲力亲为亲自历练，所谓"事上磨"，才能成就此"诚"。唯有在"做""体验"和"反思"中才能变成"诚"，显现"诚"。"做"也就意味着选择，选择考验和历练着每个人的"诚心"。

陈白沙在其教育思想中非常注重为学精神，他总结为学指南时说："一语默，一起居，大则人伦，小则日用，知至至之，知终终之，此之谓知。其始在于立诚，其功在于明善，致虚以求静之一，

---

① ［英］葛瑞汉：《中国的两位哲学家——二程兄弟的新儒学》，程德祥等译，大象出版社 2000 年版，第 78 页。

致实以防动之流，此学之指南也。"① 他强调为学的目的在于确立心
的主体，亦即"立诚"。只有至诚之人，才可以达到天人合一的境
界，内外一致，存养真性，表露真情，没有虚伪之心。人文教育就
是要形成人的诚敬品性，"诚"是人的所有优良品质存在的根据。
"诚"意味着尊重。尊重生命，尊重他人，才能获得和谐关系。师
生相互尊重，师生关系才能和谐，关系和谐，教育才有实效。"诚"
意味着理解、包容和耐心。人文教育与人心的建构是漫长的历程，
期间必经历起伏不定，成就与挫败交替，方能修成正果。坦途呈现
不出精神的丰富性和深刻性。非历经"折腾"不能得人文底蕴。所
以古希腊神话里的西西弗斯推石头所彰显的"永不言败，永不放
弃"的意象，既代表了人文追求不可改变的命运，也表达了人文追
求的不断超越的精神收获。人文教育就是要通过系统的"诚"之本
体功夫，培养人性，使人真正成为人，成为一个诚敬的人。

（五）"诚"使人文教育开启智慧

古希腊的智者在地中海沿岸思考哲学，爱智慧，他们拥有思考
的时间与想象的空间。今天的教育更多的是使人理解，他们没有闲
暇，大多数人被束缚在无涯学海那滚滚而来的波涛汹涌之中沉浮不
定，被碎片化的时间分割，被忙碌的事务淹没。忙碌使人心性懒
惰，懒惰的人放弃了照看自我精神的责任。他们看似不眠不休，却
失了诚敬。现代人的"心"太大，"身"太忙，安静和专注变成奢
侈。"不诚"而漂浮的心性，使得智慧无所出，使得"我"变得无
意义。人文教育要开启智慧，就得回归"诚"境。

"诚"，使得专注成为可能。专注使心神如同聚光灯能聚焦到一
点，由此发出的力量会激光般穿透人心。现代人文教育尤其要强调
心力养成，聚有力，散乏力。心的力量，源于专注，源于沉，源于
"诚"。专注于真实存在的人不为蝇营狗苟之事所扰，不因嫉妒与人
争斗，而是通过兢兢业业做好事情，修养自我完满精神而达到通透
境界。专注是兼容而不抗拒的。茶壶、房子、汽车，里面都是虚而

---

① 叶蓬：《陈白沙"为学"思想研究》，《学术研究》1995 年第 6 期。

不充塞的，一旦塞实，就会阻碍，功用就受限。只有闲暇，才可能慎独和反思，了解自我，诚实接纳自我，发挥自身潜能；只有沉静才能真正倾听，听到人文世界里的智慧之音，听到教师真正想表达的意思；只有沉静才能真正专注，真正发挥内在的力量，实现自我成长。

人文知识的中心关切在于培育人道和生活之道。道出智慧，术止于精明。由术而道，才能自我超越；由道而术，才能统摄伎俩。人文教育不仅要为师者复兴书中智慧，更要以身示范以践行呈现精神。为师者不仅要成为一位见识广博的智者，还要自觉成为体谅和热爱同伴探索智慧的"同仁"。我们要给生活的人文世界准备智慧导引，经典是实践的路标，人师是行动的向导。通过潜心自我修养和与人互动共行，以"诚"贯注这样一个不断深化的主体性过程。"诚"是人心之舵，就像向量，有其方向性。为师者以"诚"开启智慧，为学者以"诚"生出智慧。

"诚"，是人之本体，其丰富内涵体现在个体生命的理念和行为上；"诚"是人之功夫，无"诚"，则不成。以"诚"为根，实际上就是以人之生命成长为根。抛弃了"诚"的中国文化就只是知识，甚至只是装饰，不可能变成内在修养，更不可能道成肉身，化为精神呈现。"诚"不仅是道德的责任，更是教育的本体。人文知识与"诚"的关系，是电线与电流的关系，电线承载电流，电线要通过电流来表达其意义，没有电流的电线尚未物尽其用。人文教育就是通过学习和修炼的"诚"之功夫达到人的"诚"之本体。"诚"是人文教育的基本原理。

第四章

心力：人文教育本源旨归

从根本上说，人文世界，既源于心，又归于心。"心"之特性，"心力"养成，既是人文教育的本源，又是人文教育的旨归。人有两重生命——肉体和精神；人有三重力量——体力、脑力和心力；人之精神有三重追求——真、善和美。精神是肉体的精彩呈现又超越肉体；心力是体力和脑力的集中体现又超越体力和脑力；美是真、善的和谐显现又超越真、善。教育指向人的全面和谐个性发展。体育以指向"体力"培养为主导，脑力、心力辅之；智育以指向"脑力"培养为主导，体力、心力辅之；德育以指向"心力"培养为主导，体力、脑力辅之。"三力"之间互为条件，互为目的；互为原因，互为结果；互为途径，互为归属；"三力"和谐，最佳境界。人仅就"体力"而言，比不过勇猛动物；人仅就"脑力"而言，比不过智能机器。唯有"心力"优越，人才超越动物，又超越智能机器，而成万物之灵长，确立人的地位。人之为人，重在"心力"。人文教育是提升"心力"的教育。在这样一个容易重视"脑力"而轻视"心力"，容易"为物所役""为利所累"的新技术时代，"心力"养成日益成为教育主题。

一 "心"的历史向度：儒、道、佛"心"论异同

"心"是中国文化的"源泉"和"归属"，是核心范畴。"心力"养成凝聚智慧结晶，是中国文化最重要的本体功夫。面对物质

世界被高科技知识重新"构架"的时代，中国当代人文教育，更要自觉从中国传统"老本"中汲取关"心"智慧，方能形成独特而显著的"自家"优势。中国传统之儒者、道者、佛者，续千百年不断流的探索和履行，着眼不同视域，着力不同境界，开拓不同路径，显出不同智慧，汇聚于心，了然于心，存乎于心。同中有异，异中有同，异而相通，形成中国人在任何环境、任何处境下乐观、积极、柔韧的强大精神。无中生有，自强不息，厚德载物，生生不息。

（一）"心"之同与异

儒、道、释三家都将"心"分为"经验""形下"与"先验""形上"两个层次。儒家将"心"区分为"本心"与"欲心"、"道心"与"人心"，认为"欲心""人心"是情感欲望之心，而"本心""道心"则是纯正的善之"道德心"，因此要"养心""正心""尽心"以实现超越。道家将"心"分为认知心或知识心与道德心（此"道德心"源于自然天道，异于儒家"道德心"出乎人间仁义之道也）。老子的"为学日益，为道日损"，明确指出知识心与道德心之不同。道家提倡从知识心、"成心"中超越出来，才能转变为"道心"与"真心"。佛家有"自性清净心"与"染心"的对立，提倡超越"染心"而实现"清净心"。后期，又提出"本体心"与"作用心"的区分，禅宗提出"体用一如"说，说明二者是既有分别，又"相即"而"圆融"。

儒、道、释三家对"心"的存在内容诠释不同。在"情"层面上，儒家强调由"情"修炼、转化和生发出"道德心"（即仁义心、良心等），此"道德心"是提"升"了的"情"，是提"炼"了的"情"，"冷酷无情"是无德的，因此肯定并赋予了"情"在"道德心"中极高的价值与意义；而道家、佛家却往往把"道德心"与"情"对立起来，贬损着"情"的正面意义。在"知"的层面上，儒家肯定经验知识，主张"下学而上达"，即通过经验认识而后实现超越；道家则反对经验认识，提出要"绝圣弃智"，佛家与道家认识相近，提倡般若智慧之学，视"空观"才可出最高智慧。

（二）境界之同与异

"境界"一词原出于佛家经典。境界是"心"的存在方式与状态，因此境界是"心"的境界，不能离开"心"而谈境界。儒、道、释三家都提出了自家的境界说，儒家是"成圣"之学，道家是"成真"（或"成神"）之学，佛教是"成佛"之学。"圣""真""佛"三者的内涵虽然不同，但都是讲心之境界的，不是讲宗教神学的。这就是中国思想异于西方宗教哲学之所在。

儒、道、释各自追求的境界有异。儒家以"仁"为最高境界——"仁"的境界源于"人情"，超越"私情"，沟通"天道"，"仁"的理想境界是"天人合一"。道家以"道"即"自然"为最高境界——"道"的境界即"无"的境界：无我，无为，自然；"道"不仅没有外在的目的性，而且没有规定性，所以道家不讲"是什么"，而讲"不是什么"，正因为"道"不是什么，所以它不能"言说"。佛家以"涅槃"即与"永恒"合一为最高境界——"涅槃"即"解脱"，即破除一切的尘世"名相"，实现绝对的、"虚空的"、超越的境界；"涅槃境界"就是息灭人间生死烦恼而获得彻底解脱的境界，这是佛教境界说的根本特点，被认为是最高智慧、根本智慧。

（三）功夫之同与异

儒、道、释三家都非常重视践行功夫。三家都认为，"善性""真性"和"佛性"是内在的、固有的潜能，是实现"仁"的境界、"无"的境界和"空"的境界的内在依据，而实践则是实现这种境界的根本方法或途径。追求的境界不同，修养的具体方法自然有异。儒家以"敬"为主要修养功夫，强调知行合一；道家以"静"为主要修养功夫，强调直观体验；佛家以"定"为主要修养功夫，强调"止寂无念"。

在历史的发展过程中，儒、道、释三家彼此借鉴，相互吸收。尤其是宋明理学，吸收融合了各种修养方法，提出了系统的修养功夫论。一方面，理学家们吸收了佛家"定"的修养功夫，赋予

"敬"以专注的内涵；另一方面，理学家们还提出"静中涵养"的修养功夫，这又借鉴吸收了道家"静"修养功夫。心学家王阳明等人甚至公开提倡"定"的功夫，充分体现儒家与佛家的融合。佛家的静坐、禅定，就已吸收了道家的方法，而后期道教所谓的"性命双修"，则吸收儒家、佛家的方法。

通过儒、道、释三家的比较，我们就会发现，中国传统之三家思想共同创设和形成着中国人之"中国心"。整体而言，儒家的入世之"心"，重社会担当，重社会建设，理当成为社会的主流和主导之"心"。唯有如此，中国社会才能进步，中华民族才能昌盛，昂然屹立世界民族之林而生生不息。社会担当，社会建设，繁杂辛苦，危机重重，作为"众然"之个体存在的儒家之"心"处于不同境遇，有顺境有逆境，有得意有失意，有高峰有低谷，人生必遭遇各种压力，诸多磨难，颠沛流离在所难免。超然物外的道家之"心"，绝然红尘的佛家之"心"，恰恰为入世的儒家之"心"提供了恰当而及时的智慧启迪和存在参照，以便于"休养生息"，"绝处逢生"。道佛的有力辅助，宛如清澈的涓涓细流，滋润着中国人的入世之"心"，使中国人的人生道路多元而变通，造就出柔韧而强大的中国之"心"。此中国传统之"心"的丰富智慧，是当代人文教育要继承和发挥的伟大精神源流。

二　"心"的比较向度：中西"心"论之异①

中西文化都得面对"心"的问题，但由于两者的文化基因、文化起点、关注重点、价值偏好、思维方式和特点等方面的差异，导致各自对"心"的理解、形成方式、超越路径、存在状态等方面都有显著差异，形成了两种不同的"心"哲学。西学东渐，欧风美雨，在中华大地上，中西文化进行了长达一百七十多年的碰撞和对话。现代中国人，无可逃避地在面对着中国传统和西方文化相互碰

---

① 这个比较参考了蒙培元先生的《心灵超越与境界》，人民出版社 2005 年版。

撞带来的迷雾般的观念碎片。现代人文教育，如何涤新这迷离的观念雾霾，让中国人重新感受"吾心光明"的境界，是时代的大难题、大课题。面对中西文化创设的两颗不同的"心"，中国当代人文教育要选择哪一颗"心"？要如何"大其心"而与西方之"心"对话沟通呢？我们首先得对"心"进行文化的比较。

（一）完善与缺陷

西方文化普遍认为，心灵是不完美的。自古希腊哲学家开始，就认为人的心灵是有缺陷的，心灵需要在心灵之外找到一个对象或"原型"，无论该"实体"或"原型"为何物，或是物质，或是精神，或是观念，或是理念，都是客观的、绝对的，而认识、掌握乃至"皈依"该实体就成为心灵的功能或责任。

中国传统普遍认为，心灵是完善的。中国传统之主流派思想尤其是儒家，认为"心"从根本上说是完善的，是"完满自足"的。儒家的孔子和孟子，道家的老子和庄子，都从各个不同的立场肯定了这一点。中国思想也讲世界本体或本原，儒家有所谓"天"，道家有所谓"道"，但"天"和"道"内在于"心"而存在，此所谓"道心""天心"（或"仁心"）。庄子的"真心"即是"道心"，孟子的"仁心"即是"天心"（"天之所与我者"）。中国思想所说的"心"是上通"天道""天德"的，"心"与世界本原或本体是相通的。"只心便是天"（程颢语），因此，人不需要到"心"之外去找什么"实体"或"原型"，全部问题都要在"心"中解决，所谓"吾心即宇宙，宇宙即吾心"。综观中国传统思想，包括儒、道、佛三大主流派在内，都主张最后要回到"心"自身。正因如此，中国思想主张自我完成、自我实现。

（二）性理与理性

在"心"的问题上，中西方思想着眼点不同，着力点有异，发展趋向相悖。总体来说，西方文化重智能、知性，提倡"理性"。虽然康德认为，人的认知理性是有限制的，批判哲学的任务就是要为人的认识能力划出界限，笛卡尔则提出"我思故我在"，充分凸显理性价值，后人则把人的理性提到至高无上的地位。

中国思想重情感、情性，提倡"性理"。与西方提倡"理性"不同，中国提倡"性理"，强调"心"的情感本性、情感之道和情感价值，因而导致向"心"的本质化、综合化、艺术化、实践化方向发展。从"心"的朝向看，西方哲学是向外的、发散的，中国传统则是向内的、收敛的。从"心"的存在状态看，西方哲学之"心"倾向于客观绝对，中国传统则倾向主客交融。

从"心"的价值追求的角度，西方哲学认为知识就是价值，中国传统则认为道德心（本心）就是价值。西方哲学以追求外在知识为其侧重，并演变为"知识就是力量"、工具理性和技术中心的观念，注重解决人与物的问题；中国传统以追求道德品格为其侧重，注重人生智慧，解决人与人，人与自己内心的问题。

（三）境界与实体

西方哲学重在追求外在实体。实体论是西方哲学之传统，它以对象认识、概念分析为特征。西方宗教哲学也是以终极实体为其最高存在。所谓本体论哲学，实则实体论哲学。

中国传统重在追求"心"之境界。所谓境界，是指"心"之修炼、提升、超越所达到的更高境地，或者叫"心境"，其特点是内外合一、主客合一、天人合一。境界从来是"心"之境界，并无所谓客观境界。它虽然是主观的，却具有客观意义，因此它又不是纯粹"主观的"。"心"之境界，不是纯粹的客观存在，甚至不是对客观存在的"认识"。"心"之境界恰恰在于打破内外界限，"小而无内，大而无外"，使万物之精细和宏大呈现于自身"心"中，正所谓"万物皆备于我"之"心"。

（四）内在超越与外在超越

西方哲学之心灵的超越是横向外在超越，是建构性的。西方哲学重智力、智性，就必有一对象以求认识之。因此西方哲学之主客界限讲分明，主体与客体的关系是横向关系，心灵的超越是外在超越。比如寻求外在的实体、实在，无论是本体存在、观念实在，还是经验实在，都有明确的对象或客体，而心灵与对象总是处在主客对立之中。心灵的超越就在于超出自身的限制，达到某种普遍实在或实体。

中国传统"心"之超越是纵向内在超越，是成长性的。中国传统由于重情性或情理，因此，人和自然的关系不是对立的，而是相通的、统一的、和谐的，甚至是"万物一体"、内外合一的。中国传统各大流派，都认为心灵是有层次的，既有感性"知觉"之"心"，又有自我超越之"心"，有形而下之"心"，既又有形而上之"心"。"心"不仅能够下通人事，而且能够"上达天德"。要"上达天德""与天地同德"，必须经过纵向的自我超越，自我超越实则自我成长，目的是实现"天人合一""心"之境界。

通过以上粗略比较就可以发现，中西文化所创设之"心"大不相同，其差异之大，不是"应用程序"意义的，而是"系统程序"意义的。中国当代之人文教育不能不察也！我们要主动自觉地承继"中国路数"以系统的中华传统人文精华，去滋养出丰润的中国人文之"心"。从整体上说，中西两颗人文之"心"相处的最佳境界是"握手言和"，乃至"把酒言欢"。在全球化时代，中西文化不得不近距离乃至零距离地共处圆圆的地球上，但"我"不是要刻意强迫变成"你"，"我"还是"我"，"你"还是"你"，在彼此尊重、对话、沟通、理解中敞开心扉相处在一起。"我"欣赏"你"，"你"欣赏"我"，"我"包容"你"，"你"包容"我"，维护人间的多元性、多样性、丰富性、和谐性。就当代中国人的人文教育而言，要有文化自觉，文化自信，赋予中国青年一代既有坚定的"中国心"又有开放的"世界情"。

三　人文教育旨归：养成"心力"

（一）"求其放心"

1. "心"即"灵"明

人是"心"的存在。人之所以为人而异于万物，在于人禀五行之"秀"而为万物之"灵"，这个"灵"就是"心灯"发出的"光明"。"心"是一种精神性的存在，境界是"心"的存在方式，道德情感是"心"的主要存在内容之一。"天地万物，与人原是一体，其发窍之最精处，是人心一点灵明。"（《传习录》）"人心的一点灵明"具体指的就是人的"本心""道心"发出的"光明"，在孔子那里就是人的"仁心"之"光"，在孟子那里就是人的"良心"之"火"，在朱熹与王阳明那里，就是人的"良知"之"明"。

人的"本心"成为人之为人的本真存在，是一盏点亮的"心灯"，"心灯"一亮即刻是"真情实感"。"真情实感"是"本心"之"灯"发出了"光明"。"仁心""良心""良知"都要成为人的"真情实感"。比如"孝"，在孔子看来，"仁"即"孝"，慈爱子女孝顺父母是人发自内心的、本真而又毫无掩饰与伪装的"真情实感"，这是"仁爱"的充足起始，"老吾老以及人之老，幼吾幼以及人之幼"，只要把"孝"字做好，就能推己及人，"仁民爱物"，"民胞物与"，"光"照天下。之所以说"儒学"是"人学"，"人学"是"仁学"，就在于此"仁爱"之学是立基于原始般富有"真情实感"的"父慈子孝"。以此出发，不断"外推"，逐渐步入"人者仁也"的仁爱逻辑之道上。显然，中国人文之"心"特别依靠以身示范、锲而不舍、诲人不倦的人文教育。孟子以"良心"为据使人区别于禽兽，倡导"人性善"，正是源于"父慈子孝"的原初性。在这个基础上，孟子洞悉到了"人皆有之"的"善"之"四端"——即所谓"恻隐之心""羞恶之心""恭敬之心""是非之心"。人文教育就是要把人性中已然存在的"恻隐""羞恶""恭敬""是非"之"光火"不再熄灭而能越发"光大"。"心灯"点亮，"心房"温暖，"求其放心"便自然有了前提。

2. 人文教育是"求其放心"的教育

人文教育的过程是点亮"心灯"，"求其放心"的过程。"求其放心"，即重燃"本心"，为"本心"之光"添柴加火"，"心房"温暖，"本心"复归。复归人之"人心""良心""良知"的过程，也就是"修身"，"明明德"，"致良知"的过程。孟子曰："仁，人心也；义，人路也。舍其路而弗由，放其心而不知求，哀哉！人有鸡犬放，则知求之；有放心而不知求。学问之道无他，求其放心而已矣。"（《孟子·告子章句上》）。这说明，"仁心""良心""良知"等"本心"并不是现实自然的永在，而是"种子"，是"星火"，是"微光"，是可能，是潜在。要实现人的本心，取决于后天的修养功夫，因此要"养心""正心""尽心"以实现自我超越。如果放其"本心"而不求，那么就会导致"欲心"恶的彰显，使人失其"本心""本性"，"心灯"终将熄灭，"心"将堕落黑暗。关于复归"良知"，有一个非常著名的故事。[①]

　　有个王守仁的门人，夜间在房内捉得一贼。他对贼讲一番良知的道理，贼大笑，问他："请告诉我，我的良知在哪里？"当时是热天，他叫贼脱光了上身的衣服，又说："还太热了，为什么不把裤子也脱掉？"贼犹豫了，说："这，好像不太好吧。"他向贼大喝："这就是你的良知！"

"良心"与"良知"是做人的根本，它是人心、人性之灯，有"良心"则内心一片光明，人性彰显；无"良心"则内心一片黑暗，人性蒙昧。"良心"也似指南针，它的一端指着善，而另一端便是恶；一心向善，则为天堂，一心向恶，则为地狱。

在具体的人文教育实践中，一方面，要面对现实人生；另一方面，要"走进"经典、结交导师。现实人生遭遇诱惑、迷茫、挫折、困难，构成"问题"；经典和导师启示答案和方向。人便在这双重世界中展开全方位的学习、体悟、对话。通过"止静"与"省察"的功夫，观照自我内心，反省言行得失，决定行动取向，走出迷雾，复归"良心""良知"。觉解人生，完善自我，提升境界，长出智慧。

（二）启迪"智慧"
1."心"出"智慧"
智慧与知识不同，"脑"出知识，"心"出智慧。智慧是心灵开

---

① 故事来源于冯友兰《中国哲学简史》，北京大学出版社1997年版。

出的美丽花朵，是"主客融合"的"象思维"，是"心思"所得，是"情思"所悟，是对人生之"成己""成人""成物"历练中的深刻体验、反思与感悟；知识是大脑对客观事物的反映，是主体对客体的认识成果，是"主客二分"的概念思维。智慧源于对做人、做事的价值追问，是"人文道理"的"心得"，具有生命性、情境性、个体性、精神性、灵活性；知识源于对客观事物内在属性与规律的探寻，是"科学真理"的发现，具有客观性、普遍性、恒定性、逻辑性。智慧的获得不仅需要"脑"的思考，更加需要"心"的体悟。因此，人文教育就是要引领主体在"脑力"基础上提升"心力"的境界，进入生命堂奥，领略智慧世界。①

知识唯有化为智慧才能滋养心灵生出心力。人文教育要注重智慧启迪而不能满足于知识传授，这恰恰是中国传统一贯而下的内在特点，更是今日人文教育务必承前启后之所在也。中国传统之儒、道、释均把"转识成智"视为重要课题。佛教的智慧，无论是"出世间"智还是"出世间上"智，都不是一般抽象思维的结果，而是佛教徒践履与体悟的结晶，是"由戒生定，由定生慧"而来。真正的儒家都强调"君子欲讷于言而敏于行"，"行"是"转识成智"的关键，主体要在人生厉行的遭遇中将儒家思想转化为内在德性境界。所谓"学以成人"实际上含有"行"以成人的意味——不是整天手捧经典弱不禁风地背诵词句，而是勇敢投身现实人生，将学思与行思结合，使词汇化为思想，使思想化为精神，使精神赋予行动，在自觉化和内在化的修行中个体生命得以"成全"。在道家那里，所谓"转识成智"就是要求个体不滞留于"道"的知识性追求，而要用"心"、用"力"在生命行动的展开中去体验和内化与"道"合一——修道、行道、得道，都在个体日常生活中实现。中国传统儒、道、释三家对"转识成智"的精深探索，为今日人文教育提供了鲜活有效的基本原则和方法论，那就是，人文之教，人文之学、人文之思不可脱离现实人生之行，在行的反思中化知为思，化思为智，慧及人生。

---

①　张祥云、陈莉：《人文教育"体验"论》，《大学教育科学》2012年第3期。

2. 人文教育是启迪"智慧"的教育

人文教育需要启迪智慧。智慧启迪，从"心"出发，归于"心志"。"心"乃"小而无外，大而无内"，"细微至发梢，宏大至天地"，"吾心即宇宙，宇宙即吾心"。智慧启迪既要"惟精惟一"又要"大其心"，做"大视野、大格局、大胸怀、大境界"的人。智慧源于个人又超越个人，关乎天下苍生；智慧源于历史又超越历史，关乎历史、现在与未来。易中天先生一语道破人文教育的"天机"，他认为，知识属于社会，智慧属于个人；知识可以授受，智慧只能启迪。① 德国哲学家康德也曾告诫我们说哲学是不能教的。其实智慧也一样是不能教的，所能教的是知识，但知识却不是人文教育的根本目的。人文教育的真谛就在于通过知识引导学生的智慧成长，用智慧启迪智慧，使学生超越知识之域，走向智慧之境，实现"转识成智"。

如果说知识属于认识范畴，那么智慧则属于实践范畴。当代中国哲学家冯契先生指出："通过实践基础上的认识世界与认识自己的交互作用，人与自然、性与天道在理论与实践的辩证统一中互相促进，经过凝道而成德、显性以弘道，终于达到转识成智，造就了自由的德性，体验到相对中的绝对、有限中的无限。"② 体验出真知，实践出智慧。智慧的视野总是现实的、生活的和实践的。人的智慧的显现不是表现在抽象的思维和理性之中，而是体现在社会实践和现实生活领域。就人文而言，任何理性的智慧都需要转化为实践的智慧，才成其为真实的、有意义的智慧。智慧无不是在人们正当地、恰当地处理事务中显示出来的，总是指向人生事务和人的发展。所以人文教育不能"以知识为中心"而坐而论道，不能"以活动为中心"而追求娱乐不重反思。人文教育要将经典和论说回归历史情境，要带着现实人生的困顿和问题进行学习和体悟，人文教育要"以问题为中心"，"以问题为导向"才能真正做到"转识成智"。

① 易中天：《中国智慧》，上海文艺出版社 2011 年版，第 201 页。
② 《冯契文集》第 1 卷，华东师范大学出版社 1996 年版，第 50 页。

（三）提升“境界”

1. “心”出“境界”

心灵与境界问题，是中国思想传统精髓或精神之所系。从根本上说，中国思想传统不是实体论说，而是境界形态。中国思想传统虽然涉及许多问题，但是，只有心灵与境界问题才成终极关切。境界是心灵“存在”经过自我提升，所达到的一种境地或界域。境地有高有低，界域有大有小，因而每个人都有不同的境界。它是心灵的创造，但又不完全是主观的；只要成为境界，便有其客观意义。“境界”是主客融合。任何人的境界，都是个人的境界，不同于其他人。但它又有其共通性、沟通性，因为人有共同的本性。心灵最大的功能，就在于能够创造出某种人格类型。所谓“理想人格”，实际上就是实现了的理想境界；所谓“圣人”，实际上就是实现了的“天人合一”境界。心灵之“是”，乃心灵自身之“事”，外在不可替代。

近现代有不少学者提出了境界说，其中尤以冯友兰先生的“四境界说”① 最为经典。他认为，人与动物区别在于人的“自觉”，即人的“觉解”。“觉解”产生意义，意义所合成的整体则为“人生境界”。不同人对不同的事有不同“觉解”，因而有不同意义，产生不同“人生境界”。他按“觉解”的多少把“人生境界”划分为依次上升的四个境界，分别是自然境界、功利境界、道德境界、天地境界。自然境界特点是从本能出发，功利境界特点是从利己出发，道德境界特点是从利他出发，天地境界的特点是从宇宙出发。其中自然境界、功利境界的人是“现在就是”的人，是自然的存在；道德境界、天地境界的人是“应成为”的人，是精神的存在。

理解冯友兰先生的“四境界说”有以下四个要点。一是“四境界说”首先给人生指明方向，人生要追求更高境界。二是我们追求高境界，不是要把其他低层次境界消解掉，就像上楼需要楼梯，上了楼未必要把楼梯拆除，而是以高境界“观照”低境界，实现上下

---

① 冯友兰：《中国哲学简史》，北京大学出版社1997年版。

境界之贯通，浑然一体。由高境界引领的低境界已然不再是原来意义的低境界了，就像上到高处之后再下到低处，在低处之所见所感也有了大不同于从前的心境，不自闭于低处，不困顿于低处，不束缚于低处，不拘泥于低处。高境界的人，总是可以在低境界里自觉自由呈现高境界的韵味。三是人生之四重境界，达到了高境界并不意味着总是处于高境界。人不是一旦达到至善就能永远"止于"至善的，境界不是固定不变的。境界的提升是不可间断的事，生命的修炼要永无停息、永不止步。境界是不息的功夫，境界所在就是功夫所在，有功夫才有境界，因此，所谓"君子""贤人"，乃至"圣人"，只是生命的存在状态，是可变的境界，不是固化的"雕塑"。四是这四重境界的确是由低到高的，总体来说，处于低境界的人很难体会到高境界的人的那种快乐与智慧，也看不到高境界的人能够看到和体会到的东西。反过来，高境界的人，比如处于天地境界的人，他不仅能够体会到天地境界的快乐与智慧，他也能享受道德境界、功利境界，甚至自然境界的意义。总之，"心"出"境界"，是心"长"境界，所谓"长"，取决于自觉修炼的功夫，人文教育乃是不息的终生主题。

2. 人文教育是提升"境界"的教育

超越性是教育的根本特性，提升人生境界是教育存在的根据。人首先是自然的产物，其生存与发展要受"动物性"之驱动，受自然规律的制约。但人不满足于生物性的存在，他要成为社会的存在、心灵与精神的存在、超越的存在。教育所为何在？乃使人成为人，使人更像人。因此，教育的首要问题是使人区别于动物，教育的首要任务是使人超越动物。在新技术时代，人还要面临超越"物性"存在的问题，即如何超越人所制造的人工智能机器之存在。唯有超越动物的本性，超越人工智能机器的本性，人才能成为一位自觉于人之为人的人。增进人生觉解，提升人生境界，对于今日时代，更显复杂而迫切。这正是新时代人文教育之合法性与合理性的价值凭依。

人文教育的过程是提升"境界"的过程。冯友兰先生认为，中国哲学的永久价值，"不在于增加关于实际的积极的知识，而是提高人的精神境界"，这是对中国传统文化的一个非常深刻的洞见。按照冯友兰先生的"四境界说"，存在"受教育"与"非受教育"之别。所谓自然境界、功利境界的人，是没有受过教育的人，是实然性存在，是自然性的存在；所谓"道德境界、天地境界"的人，是受过教育的人，是应然的存在、道德精神的存在。《大学》开篇即云："大学之道，在明明德，在亲民，在止于至善。"大学之道的本质就是人从自然、功利境界提升到道德、天地境界。一方面，从社会的角度来说，"明明德""亲民"是"道德境界"；另一方面，从超越国家社会的角度来说，"明明德""亲民"是与宇宙合一的"天地境界"。所以，教育的目的就是要力图把人从自然境界、功利境界的人提升为道德境界、天地境界的人。超越自然的、功利性存在，成为道德的、天地的存在，这正是中国传统文化的理想追求，也应是当代中国人文教育所孜孜以求之所在。我们的教育应该引领人们不为自然本能所局，不为外在功利所役，不为现代技术所绑，觉解宇宙人生，尽心知性，尽性知天，让人成为"道德"的人、"天地"的人，成为"大其心"的人，成为"为天地立心，为生民立命，为往圣继绝学，为万世开太平"的人，成为"大视野、大格局、大胸怀、大境界、大智慧"的人。

（四）找寻"归宿"

1. "心"即"归宿"

就人类历史常识而言，人赤条条而来，都将赤条条而去。即便"基因"研究高度发展，强人工智能即将实现，人生的归宿即意义的追寻依然是人活着的一个根本课题。如何在有限人生中追求无限意义，实现"不朽"？面对人生的终极问题，中西方文化创设出了迥然不同的"路数"。西方之不朽追求通过灵魂转世，要解决人生不朽的问题，西方人皈依宗教。他们认为，人的肉体与灵魂是不同的，肉体是短暂的，终将幻灭，而灵魂则可以脱离人的肉体而存在，实现永生。他们把人的灵魂交给了上帝，上帝是创造万物的全能的神，是永恒不灭的实体，只有上帝可以拯救人的灵魂。

迥异于西方的灵魂转世论，中国文化意义的生命不朽在于现世的"生生不息"和"心心相通"。这种观念充分体现在《左传》里鲁襄公二十四年关于"三不朽"的一番讨论里。

　　二十四年春，穆叔如晋。范宣子逆之，问焉，曰："古人有言曰：'死而不朽'，何谓也？"穆叔未对。宣子曰："昔匄之祖，自虞以上为陶唐氏，在夏为御龙氏，在商为豕韦氏，在周为唐杜氏，晋主夏盟为范氏，其是之谓乎？"穆叔曰："以豹所闻，此之谓世禄，非不朽也。鲁有先大夫曰臧文仲，既没，其言立，其是之谓乎！豹闻之，'太上有立德，其次有立功，其次有立言'，虽久不废，此之谓三不朽。若夫保姓受氏，以守宗祊，世不绝祀，无国无之，禄之大者，不可谓不朽。"（《左传·襄公二十四年》）

　　从上面这段对话可窥探出中国人对人生不朽终极问题解决的两个路径，一是通过生命的代际延续实现生物学意义之不朽；一是通过生命主体的"立德、立功、立言"实现精神生命之"三不朽"。生理性的生命通过代际延续的"不朽观"对中国传统社会"孝"文化与家天下观的形成产生决定性的影响。而"立德、立功、立言"的"三不朽"，则是在超越生理性的生命不朽的基础上实现精神生命之永恒，其实现途径在于通过在世的努力，在道德、功业、言论三个方面光照他人和后辈的"心灵"和精神，"留取丹心照汗青"，青史留名。生理生命与精神生命之不朽的创设直接衍生出了传统中国人几千年对"孝"与"善"的信仰。"家文化"是中国传统文化之核心，"家文化"之根基打好，便可以通向"家—国—天下"的逻辑道路，创造"善"之大同天下。从这个意义上说，"孝"与"善"就是中国人几千年来的信仰与精神的归宿。人文教育作为帮助人找到精神归宿的教育，家庭教育和学校教育都十分重要，"家校合育"是中国人文传统的内在逻辑要求。

　　2. 人文教育是找寻"归宿"的教育

　　人文教育是寻求人生信仰，找寻人生"归宿"的教育。西方社会，把人生信仰与归宿的问题交给了宗教，由教堂管灵魂，重德育；由世俗学校管科学、管知识、管智育。中国传统与之不同，自古以来就把做人的问题交给家庭、交给学校，中国传统文化是人文的文化、做人的文化、心灵的文化，中国的传统教育说到底就是做人的教育、人文的教育、人心的教育。它把人生的价值与意义，人生的不朽与归宿的问题交给了现世的"人心""仁心""良心""良知"，通过心性的修养，"格物、致知、诚意、正心"，最终实现"修身、齐家、治国、平天下"。

从历史的实践来看，西方的来世信仰难与中国传统文化相融，中国人的信仰在现世而非来世，要解决中国人的信仰与归宿问题还得要回到中国传统文化中。冯友兰先生提出了以中国哲学代宗教[①]的观点，给了我们很大的启发，值得我们借鉴与思考。他认为："幸好除了宗教还有哲学，为人类提供了获得更高价值的途径——一条比宗教提供的途径更为直接的途径，因为在哲学里，为了熟悉更高的价值，无须采取祈祷、礼拜之类的迂回的道路。通过哲学而熟悉的更高价值，比通过宗教而获得的更高价值，甚至要纯粹得多，因为后者混杂着想象和迷信。在未来的世界，人类将要以哲学代宗教，这是与中国传统相合的。人不一定应当是宗教的，但是他一定应当是哲学的。他一旦是哲学的，他也就有了正是宗教的洪福。"当代人文教育就内容而言，有传统有现代，有中国有西方，是开放、包容而对话、沟通的，但就根本问题的解决和处理——即人生归宿，中国今日人文教育必须强调其本土性、民族性、传统继承性，否则就将动摇中国文化之根基，在中西古今文化碰撞所形成的观念碎片迷雾中，生理意义的中国人将找不到做精神意义的中国人之参照和基准，文化混乱与文化无序将愈演愈烈。

总之，人文教育之功夫本体凝聚于养成国人之"心力"。"心力"成长所遵循者，乃历史与逻辑的统一——本心即灵明，灵明即境界，境界出智慧，智慧永不朽。彼此之间循人文样态——"水的逻辑"互动交融，绝非"岩石的逻辑"块块砌成。今日人文教育之

---

① 冯友兰：《中国哲学简史》，北京大学出版社 1997 年版。

理想须复兴"横渠四句"——"为天地立心，为生民立命，为往圣继绝学，为万世开太平"。着力培养大其心，大境界，大智慧，大人生的中国人。虽不能至，心向往之。孜孜以求，信仰不灭。

第五章

成长：人文教育价值思维

所谓价值思维（Value Thinking）即重视长期发展，与重视短期利益的价格思维（Price Thinking）相对应。人文教育是指向"心力"成长和内在成熟的教育，它是一个积淀式的生命过程，理所应当要由价值思维来引导，而断离价格思维所左右。指向成长的价值思维既符合教育面向未来的本质，更符合人之心力发展的特点。教育尤其是人文教育要追求内在"成长"，而非追求短期"成功"。教育的"成功"只能由未来界说，教育的当下"成功"，只能未来重新审定。当下的"成功"如果不能促进内在"成长"，就是拔苗助长，这样的"成功"就是障碍和包袱。从价值思维的角度，人文教育要超越"成功型思维"，走向"成长型思维"，坚守"教育即成长"的原理，才是迎接未来挑战。

一 成功型思维与成长型思维的内涵

所谓"成功型思维"与"成长型思维"，不仅指思维模式，也指价值观念，是教育观。不仅指向个体思维，也指向整体的教育思维。我们试图对这对范畴进行深入分析，为教育思维的转变提供具有说服力的思想依据。

（一）成功型思维之含义

1. 何谓"功"与"成功"

成功型思维的核心在"功"一字，在古代社会，"功"是最早带有功利含义的词。从造字法看，"功"从力从工，① 表面意义即指：用力从事工作，工作要讲成效，要有技巧，要竭力完成。因此"功"又是"效也""绩也""名誉也"。② 由此可见，"功"是强调"效""利"，这也形成"事半功倍""功效""功利"等合成词。

"成功"则有"成效""成果"之意，有"某事有效完成"之说。重在完成，达成目的，获得预期结果，③ 就是成功。"成功"讲求一定的外在目标，对人具有激励作用，还能提供奋斗方向；当然，强调达到外在目的，就会只看重结果——结果"好"，就"成功"，就"赢了"；结果"不好"就"失败"，就"输了"。显然，这样的成功概念，是"比拼"性的，甚至是战争性的，常常呈现"零和游戏"。所谓"已成者谓之功，未成者谓之绪"④，"绪"意味着开头、开始，即便已经有所作为，但如果未能达到预期结果则相当于"打回"原点，一切清零，免谈过程的意义。所谓"功成名就"，"功不成"则"名不就"。

所以，"成功"指向的"成功型思维"，有两层含义：第一层在"功"，强调功利、功用、功效，讲究方式、方法、工具、策略，其反义为无效、无用、无利，无章法；第二层在"成"，强调做成、完成、胜利，其反义为"败"和"输"。完成任务，叫"大功告成"。成功之后，还要有智慧懂得在恰当的时候"功成身退"，以免受到"日中则移""月盈则亏""物盛则衰"之"物极必反"的天之"道"惩罚。所以中国人经常被告诫，人不要持"功"不返，居"功"自傲，否则终究会落得个不好的结果，因此中国人又讲"功成不必在我"。

2. 成功型思维的本质

人类大部分活动都要求"成功"，"成功"是人类活动的价值追求。这种普遍地以"成功"为核心价值导向所形成的思维模式，我

---

① 夏征农主编：《辞海·词语分册：音序本》，上海辞书出版社 2003 年版，第 334 页。

② 陈树文、陈冰夷：《解字说智》，大连理工大学出版社 2013 年版，第 96 页。

③ 夏征农、陈至立主编：《辞海》（第六版典藏本），上海辞书出版社 2011 年版，第 551 页。

④ 夏征农主编：《辞海·词语分册：音序本》，上海辞书出版社 2003 年版，第 335 页。

们称之为"成功型思维"。成功是唯一的价值，外在事功目标是唯一的追求，注重结果的思维倾向主导整个精神世界，并形成无意识的"心灵—行为"习惯，过程的意义完全由结果的成败来定义——只要不成功，只要未能"拔得头筹"，就意味着"白干了"，于是就会充满"挫败感""无力感""失落感""自卑感"。成功型思维一旦遭遇失败就很容易逆转为一种"失败型思维"。

成功型思维仅仅按照"外在的唯一标准"把"成功"定义为单一的结果，把人自身当成追求成功的"工具"，忽略、无视乃至蔑视人的内在成长和收获。在哲学上，成功型思维是"主客二分"的模式，人的意义不源于人自身，而依赖于"成功"所赋予。如果这样的"成功型思维"普遍主导着学校的发展、教师的发展、学生的发展、家长的期盼以及各种教育教学活动和评价，我们的教育将会变成怎样的一个"苦不堪言"的"丛林世界"呢？

（二）成长型思维的意蕴

1. 何谓"长"与"成长"

成长型思维的核心词为"长"，词义为"生长、发育，为动词"，①《孟子·告子上》中说到了"长"，"苟得其养，无物不长"。②《吕氏春秋·季春纪·圜道》所讲的"长"为"物动则萌，萌而生，生而长，长而大"。③ 就这两段引文可以看出中国古人对"长"的理解起码包含以下三个意识：（1）生命之"长"是需要外部条件之"养"的，如果起码的条件都没有，不得其养，无物能长，就像沙漠的环境太恶劣，寸草不生。（2）生命之"长"只能自己去"长"，是内在的，是自己长成自己，自己把自己长大。（3）生命之"长"是一个持续不断的内在过程，由量变到质变，指向成熟。自然生物和动物之"长"完全受制于自然规律和外部条件的规定，缺乏主动选择的自由能力，所以是生物学意义的被动"生

---

① 汉语大字典编辑委员会编：《汉语大字典》，湖北辞书出版社2000年版，第4051页。
② （宋）朱熹集注：《孟子》，金良年导读，胡真集评，上海古籍出版社2007年版，第142页。
③ 陆玖译注：《吕氏春秋》，中华书局2011年版，第90页。

长"。

　　而"成长"则主要用于人的发展变化。成长受制于"身体"的自然"生长"，但又超越于生物学意义的被动"生长"，而具有个体生命主观意识主导的精神意蕴。人的"成长"远比生物学意义的"生长"复杂深刻，人的成长更具主观能动性以及与环境和他人的互动性。人有三重生命：肉身生命、社会生命、精神生命。精神生命的成长要深受肉身生命的制约，所以《老子·十三章》里说，"吾所以有大患者，为吾有身"。人是社会关系的总和，人的精神生命受制于社会生命的影响也是显然的。人的成长不仅要物质条件的"养"，也要社会环境的"养"，更要文化和观念的"养"。人的"成长"之"成"，是"学以成人"，具有极大的主观选择性，乃至设计性，还能强烈地反作用于外部环境，引领外部环境变化。总之，成长是内在的，成长是被影响的，成长是主动的，成长是肉身的、心理的、精神的整体成长。成长就是"成为更好的自己"，成长就是为了成长自身，人的成长具有"自成目的性"。杜威说的"教育之外无目的"，就是强调教育要指向人本身的成长，而不把人当工具一开始就追求生命成长之外的目的。人的成长永无止境，永远走在路上，不可能像成功那样，可以"功成身退"，人必须"成长无息"，否则就会"退转"。人的成长不可以"坐享其成"，只能自己促进自己成长，不可能像成功那样，可以"成功不必在我"，人的"成长必须在我"，必须"为我"。成功可以"分享"，成长只能"独享"。人的成长没有"成与败"，只有"正与邪"和"稚与熟"。

　　2. 成长型思维的本质

　　未成年者是尚未"成熟"者，"稚嫩""青涩"是未成年者的特征。因此，未成年时期的主要任务就是不断"成长"走向"成熟"。在未成年阶段，恰当的外在"成功"仅仅是促进其内在"成长"的手段和方式，"事上炼"，"心上磨"，就是"为了"未成年者"慢慢长大"，内在"成长"才是目的。所谓"成长型思维"就是教育以学生的内在成长为根本宗旨，遵循学生身心发展节奏，指向学生完整人性养成的价值导向、工作方式和思维模式，其中，

"思维模式"起决定作用。

成长型思维在根本上以人的成长为目的，自觉认定成长是人生命的基本特征，成长是人生命的本能反映，成长是人生命的发展状态，人生命的价值与意义就是实现成长；成长不仅是未成年阶段的事情，精神成长是一生的主题；成长是持续的、量变的过程，"是一个过去、现在、未来的流变过程，并且这一过程是没有完结的"①；成长是自我否定的突破和超越，突破和超越来自量变的"积跬步"，需要"静待花开"的耐心；成长是主体内在的"亲力亲为"，外在的一切只能去滋养、培育、激励、刺激、引导、棒喝和唤醒，成长是不可替代的，成长就是"成为你自己""成为完整的自己"。教育的成长型思维就是一切为了使学生成为更好的自己。

成长型思维首先注重学生去"认识你自己"，认识到自己不仅有感觉和欲望，更有灵魂和思想，认识到自己的成长有阶段，有顺序，有节奏，有时机。成长型思维就是注重人本身的成长，即注重人之肉体健康、健壮、健美；人之内心鲜活、跃动、丰富；人之灵魂（精神）饱满、清明、高尚。成长型思维就是"成人"教育的内在"把握"。

成长型思维以发展人的思维为目的，使人不断生成思维。在思维广度上，注重引导人由单一关系认知思维，走向多重关系认知思维，形成系统整体思考的意识；引导人既注重认知思维，又注重非认知思维。在思维深度上，注重培养人的复杂思维、深层次高阶思维。在思维高度上，注重培养指向"道"的智慧，即所谓"大心之知"②，领悟人生智慧、生发创新精神、寻找价值意义。

成长型思维注重整体人的"超越性成长"。"超越性成长"包括两个方向：一是水平方向的思维突破，二是垂直方向的境界超越。思维突破与境界超越是逐步深化与升级的关系。思维的突破会促进境界的超越，境界的超越更会带来思维的突破。境界的狭隘使聪明

---

① 《巴赫金全集》第 3 卷，河北教育出版社 1998 年版，第 336—367 页。

② 张岱年主编：《中华的智慧——中国古代哲学思想精粹》，上海人民出版社 1995 年版，第 279—281 页。张载认为"体天下之物"要以"尽心"，又为"大心"，"大心"所得的知识称"德性所知"或"诚明所知"。

变成精明；境界的提升使聪明走向智慧。注重提升境界是教育的成长型思维特别强调的。

成长型思维是对人之成长的执着，他将人带出精神的枯井，走向实现人生价值与意义的光明之地。正如赵林所言："人类就是在追逐一个又一个虚无缥缈的海市蜃楼的过程中，走出了原始森林的。正是那些异想天开地去追逐天上那片彩虹的猴子，成了我们最初的祖先；而那些低着头永远只注意眼前那片树林的猴子，到今天仍然还生活在原始森林里。"① 成长型思维是着眼长远、着眼未来、注重"内在超越"的本体功夫——以"诚"为体，以"反思"为本，知行合一，春风化雨，循序渐进，静待花开。这种思维汲取了深厚的中国传统人文底蕴，是中国古代教育智慧的现代复兴。

二　成功型思维和成长型思维的特性

在探讨了成功型思维的内涵和成长型思维的意蕴基础上，还有必要进一步深入分析这两种思维的特性。

（一）成功型思维的特性

我们认为，成功型思维具有外在功用性、意义狭隘化、结果导向性、单向同一性四个特性。

1. 外在功用性

成功型思维追求"外在的""有实际效用的"知识获得和能力培养，从而衍生出其"外在功用性"特征。意思是主体从事活动的动机不是源于活动本身，而是源于活动以外的功用和结果；把完成任务之后的功利功用当目的，把问题解决、方法掌握、能力养成当手段。其特性具体表现以下三点。

第一，成功型思维注重外在目的的实现。对外在有用有利之

---

① 赵林：《科学、宗教与哲学的关系》，《中国大学教学》2006 年第 10 期。

"物"热切追求，由此形成对"物的依赖性"。[①] 它以当下外在有用性作为衡量教育价值的标准。现代社会的高度分工和市场经济的功利主义逻辑，使教育轻视人的自身成长，而过度关注眼前的社会需要。教育时刻为符合在外评价标准和满足社会要求而被牵着鼻子走。教育活动的开展唯外在评价标准是从；社会上什么知识火热，学校便设置什么专业，社会不需则学校不教。教育变成"成材""成器"的教育。"教育成为制造劳动者的一台机器，通过教育的塑造，人被变成追求物质利益的人，掌握生产技术成为受教育的全部目的，这样，人愈是受教育，他就愈被技术和专业束缚，愈失去作为一个整完人的精神属性。"[②]

第二，成功型思维注重外在他人的期待。主体对成功的追求源于他人的期待，而非出自自我内在的生发。这里又分为"积极的外在期待"和"消极的外在期待"。"积极的外在期待"是指外在他人的期待给主体带来的是积极影响。学生内在自身对学习并没有多大的欲望，但可能在学习中遇到了会"教育"的教师，学生内心无冲突和纠结，愿意接受教师的这份外在期待进而努力学习。由于教师育人和教学有法，能遵循人才培养规律，外在他人期待就可能转化为学生自我内在成长动力。"消极的外在他人期待"是指外在他人的期待对于主体而言处于被动、被迫的无奈状态，甚至引发反叛心理。学生完成一定的学习任务是基于一种无法改变的外在无形压力。这种外在期待控制学生个体内在意识活动，而且也否定学生个体可以拥有自由思想的内在自我。此时的他人期待，构成了对学习主体的权威与压迫、灌输与强制，当反抗无效时，只好无奈接受，学生便带着内心的排斥感，坚持学习，最终可能沦为"被掏空的人"。这种不得不注重外在他人期待的压力，普遍存在于校长、教师乃至家长之中，限于篇幅，不再赘述。

---

① 杨国荣：《成己与成物：意义世界的生成》，北京师范大学出版社 2018 年版，第 8—12 页。他认为近代以来，随着商品经济的发展，"普遍的社会物质变换"逐渐被提到了突出的地位，形成了人对"物的依赖性"。这与劳动的异化、商品拜物教等彼此相关。这种"物的依赖性"在赋予"物"一目的性规定的同时，也使目的本身成为外在的赋予：它不仅以外在物为价值的依据，而且使外在之物成为人的目的之源。

② 王坤庆：《当代西方精神教育研究述评》，《教育研究》2002 年第 9 期。

第三，成功型思维注重当下有效而快速获得"成功"。主体的活动原则是注重功效最大化、成效最快化，信奉"时间就是金钱，效率就是生命"的格言，普遍的心理"样态"就是"着急"和"浮躁"。追求快速成功的策略选择导致对外在工具和技术的崇拜，忽视内在本体功夫的修炼。而那些标准化的量化评价标准又对这样的状态推波助澜，出现"为评价而教育"，而不是"为教育而评价"的局面。

2. 意义狭隘化

所谓的"意义"，都是人所赋予和定义。包括两个层面：一是人对世界赋予的含义、思想和价值；二是指人定义自己的价值所在，意义的生成即主体的自我实现。人在追寻意义的同时也不断构建自身的意义，创造生活的新意义。对意义的无穷探索，实际上就是对于人类自身生活和生命价值的无穷意义探索。① 人之意义无限与有限、丰富与狭隘又是通过人对事物所赋予意义的广与窄体现。人对意义本质的理解往往存在短期狭隘趋向。从时间维度看，人对世界的认识往往停留于某一阶段，人之意义随之束缚于"此时"。从空间维度看，人把对世界赋予的意义，对自我赋予的意义往往限定在"此地"。我们所说的"意义狭隘化"是指将人、事、物之意义的认识与理解有意无意地分割并局限于某一短时目标圈，注重当下、眼前、近期的外在现实效益，只考虑短期性目标。更准确地说，这样的思维属于"战术性成功型思维"。如果能够超越此地，胸怀彼地；超越当下，着眼历史和未来，这样的思维就属于"战略性成功型思维"——这样的思维只能在"成长型思维"发展中生发出来。

成功型思维有着极强的外在动力指向目标，确实容易引导人走向成功。可是它仅追求当下的、短期性目标，使人达到目标之后却变得无措、迷茫，往往会引人走向断崖之峰，"已完成"，便驻足，不具备带领人继续往前走的性质。当这种思维注入教育，教育便衍生为"为当下而教"的教育观念，"为当下而教"的"教"又限于

---

① 安道玉：《意识与意义：从胡塞尔到塞尔的科学的哲学研究》，中国社会科学出版社 2007 年版，第 59 页。

那些有实际用途之"物"上，最终使学生将学习的意义狭隘于近期的"学习功用性"里。学生如果长期处在分数、文凭、证书、论文的竞争压力下，自然也就不可能有长远的自我成长计划，而只能把心思集中在那些看上去会决定人一生道路的这些"关卡"上。过于关注意义的近期性和当下性，使人在目标选择中目光短浅、急功近利，人才培养的长远性和发展性也就难以落实，最终，教育的"未来性"特征无从体现。

3. 结果导向性

"结果"是成功型思维的意义归属。成功型思维仅考虑行为的结果对个人利益的影响①，以实际功效或利益作为行为的核心导向和价值追求。注重外在获得，不关注事物的动态生成过程。以这种思维主导的人只有在外物驱动、利益牵引下才选择做某事，不能兑现为外在利益的过程都将视为无意义的"浪费生命"。发展到最后，这样的人可能成为达到结果的工具，成为"结果的奴隶"。

活着才是生命，生命是时间的函数。生命历程向往获得成功，而持续体验成长更为本质。人的生命成长需要时间，需要磨砺，不能苛求速度，不能只在乎结果，成长在生命的细腻体验和反思中获得。我们知道当人迅速地从 A 点移动到 B 点时，能看到的东西相当少，甚至没有思考、回味的时间，这样快速达成的"成功"，并不能带来多少内在的体验，也就不能带来内在成长。没有体验就没有成长，没有深刻的体验就没有大踏步的成长。人的成长取决于体验的丰富与细腻。体验是过程，是时间。无"功"则不试、不学，人将失去诸多成长的体验。失败意味着"不成功"，但并不意味着"不成长"。厚德载物之"厚德"就是成长之内在所得。

且看成功型思维主导的教育，似乎正在忽视生命的特性。以外在可视化测评结果作为教育教学活动的导向，目的是使教育实践不要偏离教育目标，但在现实操作中，教育往往因为过分强调一致性结果，而忽略人才培养的生成过程，忽视人才成长的内在发展特点和规律，疏忽"因材施教"。由于对教育结果的急切追求，学校的

①　陈锦华：《功利与功利观》，人民出版社 2014 年版，第 91—92 页。

管理、教师的教学和学生的学习往往都得不到持续有序的深入展开。学生缺乏完整的体验，不能真正享受学习过程，更会失去主动在问题荒原中积极探索的志趣。我们已然看到，成功型思维主导的教育，正在变得越来越"表面化"和"空心化"。

4. 单向同一性

人是多元的，人的成功领域和方式更是多样而丰富的。成功型思维的教育往往把人的成功与成才导向一元化和单向度，导致教育充满规训的意味。

工业化大生产的标准化统一性的思维蔓延至学校。人们以为唯有站在分数高、论文多的金字塔顶尖的学生才叫成功；成了"三好学生"、拿了国奖，就是成功。其实，这种所谓"成功"条件的设定，只是一种教育规训，在学校期间所得的各种奖励与未来的成功并无线性关系，而教育是否成功却又只能在未来才能证明。无数的事实都在事后解构着受教育期间这种自我封闭的"成功标准"。面对个性特点色彩纷呈的学生群体，给他们提供的成功之道应该是多元丰富的。诚如苏轼在《题西林壁》中所描绘的，本来山是"横看成岭侧成峰，远近高低各不同"，但只因人"身在此山中"，终是"不识庐山真面目"。我们的教育源于长久而单调地驻扎于"五唯""山"中，无法从"横""侧""远近高低"等各个多元视角，去"领略"学生的"岭""峰""各不同"之状。"五唯"的实质是"一维"，只从一个视野去发展学生的"冰山一角"。

建立在教育的统一标准和统一管理基础上的成功型思维，不是"为未来而教育"，而是"为学校而教育"，"为管理而教育"。为了追求管理的高效，而以牺牲人的丰富性、多样性为代价，使人同质化了。正像中村修二说的："教育完全忽视了人与人之间异常美妙的多样性与细微差别，而正是这些多样性与细微差别，让人们在智力、想象力和天赋方面各不相同。"[①] 由追求单向同一的效率碎片所拼凑出来的人类产品（毕业生），必定是单向度的、贫乏的，乃至是残缺的。有人尖锐地批评道，"他们残缺的世界观和价值观，所

---

① ［日］中村修二：《东亚教育浪费了太多生命》，转引自微信公众号"黑匣子"《教育是如何有计划地大规模制造人渣？》，2018 年 9 月 2 日。

造成的短视，……把自己拖入黑暗的深渊"①。只有通过丰富的世界才能培养丰富的人，"必须和蜜蜂一样，采过许多花才能酿出蜜来，倘若叮在一处，所得就非常有限、枯燥了"②。教育无非也是这个道理。

（二）成长型思维的特性

1. 内在成长感

成长型思维以学生的内在收获、内在进步、内在发展、内在成长为一切教育行为的准则和判断的宗旨。作业、项目、比赛、考试、任务、演讲、研讨、活动等外在事物都是追求内在成长的途径、手段、方法，是获得内在成长的"事上炼"和"心上磨"。成长型思维侧重引导和培养学生以开放的心灵去自我觉知、自我体验、自我激励、自我反思、自我评价，强调引导学生主动积极去"认识自己""发展自我""规划自我"。"I"认识"Me"，"I"引领"Me"，"I"激励"Me"，"I"反思"Me"，"I"成就"Me"。成长型思维强调让主体的所有"心事"——触动其心灵之事——都化为教育的资源、成长的机会。主体不是"追求成功"，而是"学习成功"；"学习成功"就是"追求成长"。

在成长型思维逻辑里，强调以学生每位个体为中心，以学习为中心，以内在"成长"为目的。信任和尊重是教育的原则，体验和反思是教育的功夫，致敬致诚是教育的心态，"知行合一"是教育的状态。"思"与"心"齐炼，"德"与"能"并进，"脑力"与"心力"共修，"科学"与"人文"互动共长。

2. 持续发展性

人的"存在"永处"未完成"状态，永处发展路上，不能一劳永逸，一蹴而就，一旦"至善"就永处"至善"状态，人属"完成进行时"的概念。所以，持续发展是生命的特征，是成长的特性，是人之为人的内在要求。人的可持续发展意味着今天的发展是日后

---

① ［法］于丽埃特：《人渣的革命》，转引自微信公众号"黑匣子"《教育是如何有计划地大规模制造人渣？》，2018 年 9 月 2 日。

② 黄浩森、张昌义：《知识与思维》，福建教育出版社 1990 年版，第 91 页。

发展的基础和条件。教育要将人的现在与未来链接，而不能以损伤日后的发展为代价。以一时的发展牺牲长久的发展，即使在人生某一阶段获得较大和较快的成功，这种不可持续的成功也是不值得提倡的。如果学校的"分数为重""成绩为高""论文至上"等评价标准，是以学生今日此时的发展而"牺牲"未来长远的继续发展为代价，这样的方式就应该得到制度上的改进。人的本质不是天生的，它不同于动物。动物的本质是天定的，它们一出生就获得了自身的本质，就已经完成，不需要二次生成。但人却不同，人的本质是在后天的实践活动过程中不断地创造性生成。

雅斯贝尔斯曾说："如果人被迫只顾眼前的目标，他就没有时间去展望整个的生命。"① 成长型思维是一种放眼于未来，有着长足视野的思维方式。它以未来长远目标作为努力方向，而不仅拘泥于当下的短时效益，以免"捡了芝麻丢了西瓜"。成长型思维不仅是指向外在"科技"和外在知识，而是更加自觉践行"人文"和"人本"，更加提倡培育人的自我意识、自由意志等"主动发展"的素养，从而使学生主体更加开放而自觉地处理人与未来世界、人与未来人类的关系。

教育的成长型思维不仅是教育思维的理想，更加是新时代的要求，是对已然到来的学习化社会、终身教育和终身学习时代的自觉呼应。教育既要授予学习主体终身学习的观念，也要培养他们持续学习的能力与素质。正如赫钦斯所说："所有全体成年男女，仅仅经常地为他们提供定时制的常规学习是不够的。除此之外，还应该以学习者的成长及人格的建构为目的，并根据此目的制定教育制度。唯有全面的终身教育才能成就完善的人。"②

成长型思维鼓励学习者主体不要因暂时的挫折和失败轻言放弃，而把挫折和失败当成必经的常态，当成继续学习和进步的机会，把战胜挫折冲破障碍的过程视为不断锻炼、超越自我的成长历程。他

---

① ［德］雅斯贝尔斯：《什么是教育》，生活·读书·新知三联书店 1991 年版，第 46 页。

② R. M. Hutchins, *The Learning Society*, London：Frederic A. Praeger, Publishers, 1968, p. 133.

们关注自身的进步，习惯于跟自己的过去比较，而不屈从于外在标准，呈现积极进取的精神姿态。即便是一个平凡人，也要成就一只"打不死的小强"，锲而不舍，静待花开。

3. 过程导向性

成长是时间，是经历，是体验，是"命"。不管是成功、失败的局面抑或痛苦、快乐的体验，成长型思维都以积极的接受的心态把这一切当成"命中注定""理所当然"和"实属应该"，都能换算为"成长"的正面价值。成长型思维的哲学格言就是"Be"即"Being"，"Do"即"Doing"，"Doing"即"Being"！"做"才能"成长"，"经历"才能"成就"。重视过程，注重经历，体验反思，获得成长，达至成熟，这就是成长型思维的"过程导向性"。这正是教育的内在本质要求。

联合国教科文组织的《学会生存：教育世界的今天和明天》也强调，人的生存是一个无止境的完善过程和学习过程，[1] 人的一生都处于成长之中。"生命的意义就是在寻找意义的过程，你以为找到了，却反而失去了意义，当你开始寻找时，那个状态才是意义。不管生命的意义为何，都应该要由自己去寻找自己的生命意义。"[2] 做人就意味着在旅途中[3]。教育的成长型思维就是秉持教育教学过程甚于教育教学结果，学习过程甚于学习结果的原则。它对结果的认可是为了印证教学目标的内在实现，教学是否创造了学生内在得以学习与发展的情境过程。在学习中，学生不能只是简单掌握客观知识，而是自觉生成自己的意义、理解、问题与假设。学习的过程是个体不断生成意义的过程。

因为注重过程，所以强调教育要"学不躐等"，按照一定顺序展开教育实践活动，"不陵节而施"，尊重学生的可接受限度。坚持因势利导，循序渐进的人才培养原则，避免出现"急火烧心，乱吃补药，揠苗助长"的情势。

---

① 联合国教科文组织国际教育发展委员会编著：《学会生存：教育世界的今天和明天》，华东师范大学比较教育研究所译，教育科学出版社1996年版，第196页。

② 蒋勋：《孤独六讲》，长江文艺出版社2017年版，第54—55页。

③ ［美］赫舍尔：《人是谁》，贵州人民出版社1995年版，第38页。

4. 成长多样性

作为个体的人要在生命的历程中展开全面的活动，实现自身本质的丰富多彩呈现，做一个完整的人；而世界则由众人聚集，各有各的特点，各有各的精彩。成长型思维就是既要促进个体成长的丰富多彩，又要促进众人成长的多姿多彩；既满足人的全面发展，又尊重人之个性发展。

社会的复杂性，既为人成长的多样性提供了条件，又对人成长的多样性提出了要求。在社会生活中展开自我人生，不仅需要认知能力，还需要非认知能力；不仅需要智能，也需要德性；不仅需要真和善，也需要鉴赏美和创造美；不仅需要健全的精神，也需要健康的身体。就整个社会而言，不仅需要个人，更需要众人；不仅需要统一标准，也需要个性"非标"。成长型思维就是这样的人性化思维、人文性思维，教育教学的课程安排和人才培养的制度安排，既要考虑"条条大路通罗马"，又要考虑"条条大路通各地"。因材施教才能实现"成长的多样性"，回应社会的要求。

三　成功型思维与成长型思维的关系类型

前面我们分析了两种思维的内涵和特性。作为一对理论范畴，我们在描述和分析的时候总是免不了要进行抽象化和典型化，就像化学意义的"水"在世间几乎是不存在的一样，在实际生活中，在教育现实里，纯粹的所谓"成功型思维"者和"成长型思维"者也许是不多见的。提出两种思维形态，只是为分析教育现象提供一个有意义的视角。作为实践主体，虽然不可能永远为绝对的成功型思维或成长型思维所主导，但在不同时期面对不同的事情，却往往表现出以哪种思维为主导。这两种思维各自具有相当的稳定性，同时又具有向对方转化和兼容的变化性。教育是人为之事，教育思维必定是人的思维，人是"活"的。在具体的教育过程中，主体往往出现两种思维相交组合的情况，因此，我们不能用抽象的理论范畴对教育现实和实践进行简单、生硬的"二分法"，以为在现实的教育实践中，这两种思维是"非此即彼"，"非黑即白"，"你对我错"，"有你无我"的关系。存在即合理，成功型思维也不是绝对的负面思维，在教育中，如果运用恰当，它也能发挥积极正向的作用；成长型思维也不是在任何境遇中都绝对发挥正向作用；成功型思维之中并非全无成长因素，成长型思维并非全无成功因子。成长需要成功作为"见证"，成功毕竟需要成长作为"基础"。整体而言，成长型思维应该成为主导性思维，使教育之成功追求更加具有"战略指向性"；成功型思维应该成为辅助新思维，使教育之成长追求更加具有"实际应用性"。在具体的教育实践过程中，需要坚守，需要灵活，运用之妙则存乎于心，我们难以提供清晰明了的"操作手册"。基于此，我们试图分析一下两种思维的组合类型，进一步加深人们对两种思维关系的理解。

成功型思维所主导的教育思维有以下两种类别：（1）"为成功而成功"，这是极端的以外在成功为目的的追求。（2）"为成功而成长"，带有成长色彩的成功型思维，基于外在目的主导去做某一件事，恰好在追求外在目标期间，使自己有所收获与成长，包括内外获得，但更多的是偏外在所得。

成长型思维所主导的教育思维有以下两种类别：（1）为成长而成功的思维，这是一种"有作为的成长"，在促进自我内在成长的过程中期望也有外在的好结果。（2）为成长而成长，是一种"不作为的成长"，做事中纯粹出于内在兴趣与热情，纯粹为充实自我，不刻意追求外在结果，顺其自然，或许会出现"出乎意外的惊喜"，那也是过程中的"附加值"。

这里需要补充说明，在这两种思维之外还有一些既非成功型思维也非成长型思维的思维方式，因为不是这里所要研究的对象，在此不做具体的阐述。（见表5—1）

表5—1　　成长型思维与成功型思维所主导的教育思维类别

成长型思维	为成长而成长	为成长而成功
成功型思维	为成功而成功	为成功而成长

（一）为成功而成功

这是成功型思维的极端表现，以外在功利作为唯一目的。这种教育思维往往会衍生出两种极端现象：一种是为"成功"不计后果，不择手段，获得了成功，但人最终成了"成功"的工具。这种思维表现出对"外在成功"的狂热追求，以至于罔顾人自身内在发展规律或事物的特性，采取较为极端的方法、手段，以达成成功的外在目的。"为成功而成功"的思维如若在教育中成为主导性的育人思维，由此带来的影响是不堪设想的。这种教育和学习的"求成"思维会丧失教育原本，发生异变。如有些高校为了提高学校排名，只重科研产出和学科建设，而忽视或者轻视课程和教育教学改革，无视教学质量提高，不顾学生发展，忘记育人本质，只把学生当成提高学校排名的工具；如有些学生为了拿奖学金、为了评优、为了考试得高分而采取激进的、功利的方法——或者临时抱佛脚通宵背重点、玩记性，或者考试偷看，或者向教师送礼请客，或者进行学术造假等，仅仅将学习当成自己谋取利益达到外在目的的手段。这样的价值导向使自身成了牟利工具，自行抹杀人之为人的本体性存在价值。

另一种是对成功的"求而不得"而导致自我放弃和堕落，使自身陷入"反向成功"的泥潭。成功的逻辑不可能一路"高歌猛进"，"成功欲望"也就不可能"一贯到底"地得到满足，它总有一个临界点，逃不过"边际效用的递减规律"。一旦达到临界点，最终就会产生一种"反向运动"——即因为对成功的热切追求，却因为失败，而被成功所"反向定义"。当整个社会把幸福与成功完全画等号，社会就丧失了多元价值观，成功就变成了唯一的价值标尺，这些以"成功学"面貌出现的呐喊最为形象地定义了这个时代的成功标准。① 屈从"红尘"，"为成功而成功"的教育观也完全堕落为世俗的"成功学"——在学校教育中，成功变成了一切价值的所有和唯一证明。在中学，地区、学校和学生都为考高分数的优势以及能上好大学作为成功的标准；在大学，评奖评优、发表论文、考取各

---

① 孙向晨：《佛系现象：披着美丽东方外衣的现代性消极后果》，《探索与争鸣》2018 年第 4 期。

种证书似乎又变成了大学生的单调追求。以这样一些具体目标作为学习的意义指向无可厚非，只是他们忽略了过程的美好体验与收获，把这些当成唯一的成功表征。一旦无法实现或无法坚持，就可能走上极端的歪路，堕落甚至轻生。"佛系"的流行，恰恰能证明"为成功而成功"无法实现后的"反向行为"。"佛系青年"意味着外向的追求反复遭遇挫折，无法实现之后，寻向自我内部的心理建设，这是一种有可能产生异化的"自我治理术"，反过来强化了那种不假外求、自我归因的年轻人的失败感。[①] 在追求唯一"成功"幻灭后堕入虚无与犬儒的陷阱。这种简单的逃避，只不过是从一个幻象转入另一个幻象，终究无法提供真正的心安之所。这股自我矮化的力量无法成为终结成功学幻象的积极力量，反而会成为与成功学并立的另一个极端，进一步反噬校园文化。[②]

（二）为成功而成长

成功型思维并非绝对否定成长，也含有成长意味。"为成功而成长"的思维模式就是成功型思维对成长有所意识的思维。这种思维模式，以成功为目的，以成长为辅助或附属。在追求成功的路上，意识到了成功对内在成长的要求，意识到了成功需要成长的辅助，从而有意识地对自身的内在功夫、精神素养、人生智慧等给予关注和用力。但成长是成功路上的"附带"之"物"，对成长的意识可能很不稳定，具有临时性或者暂时性特点。一旦实现成功或者面临挫败，微弱的成长意识之光可能会行将熄灭。主体以实现外在成功为依归进行自我评价，成长依然无所依傍，无法显明。主体难以摆脱为了外在目的而急功近利的可能，最终走上纯粹追求外在成功之路，演变成"为成功而成功"的思维。这两种思维的转换，表面上看源于教育主体的一念之间，实则是受背后所接受到的教育观念之深刻影响。教育以"为成功的成长"观念进行育人，让学生达到或未达外在"成功"目标之时，施以"成长教育"，学生就可能会

---

① 曹东勃：《成功学幻象与价值观迷思：当代大学生成功观研究》，《现代大学教育》2014 年第 3 期。

② 同上。

更加自觉自我反思而追求内在成长，这就可能会生成"成长型思维"。

（三）为成长而成功

"为成长而成功"思维以"成长"为目的，把成功当成成长路上的"附加值"或"附属品"。用一棵在生长的树来比喻这一组合的关系：成长是根，成功是果。这种思维自觉把成长当成"根"，把它作为"成功"得以实现的内在根据。成长之树未必每个季节都能结出"成功"之果，但"根"依然在"不露声色"地生长。成功是成长路上的"成功"，成功是成长路上"偶然"而又"必然"的回报，是成长过程中收获的小小"礼物"。它把成功当成成长历程的一次激励和佐证，而绝不迷恋这样的"成功"。"为成长而成功"的思维需要亲临其中的主体对成功有高度自觉的"免疫力"，否则容易被"成功"引诱和腐蚀，它需要教育者不断提醒，受教育者不断反思。一旦主体失去免疫力，就可能不自觉地陶醉于眼前的成功而不可自拔，结果，就会很快向"为成功而成功"和"为成功而成长"的思维模式逆转。所以教育者要有"诲人不倦"，及时"棒喝"的教育智慧，受教育者往往也要"吾日三省吾身"的反思习惯，这就是人文的内在本体功夫的修炼过程。唯有不断"诚意正心"，"慎独""心斋"，而达到"精诚所至，金石为开"的至诚境界，方可实现"内圣外王"，内在功夫与外在功业相得益彰。

一个民族的观念和思维习惯之形成，往往受其文化的影响。"为成长而成功"的思维显然深受中国传统智慧的影响。王柯平在《中国人的思维》中便讲到："中国的实用理性除了某种唯物主义倾向外，还与'历史意识'紧密联系，包容过去和现在的世界观水平。"[1] 但"它又重视从长远的、系统的角度来客观地考察和估量事物，而不重眼下的短暂的得失胜负成败利害"[2]。这种智慧在儒家之"士"的精神里得到了生动的表达，即所谓"进可攻，退可守"，"达则兼济天下，穷则独善其身"。"为成长而成功"的思维在

---

① 王柯平：《中国人的思维》，高艳萍译，中国大百科全书出版社 2018 年版，第166 页。

② 李泽厚：《中国古代思想史论》，人民出版社 1986 年版，第 305 页。

"进"与"退"之间能够把握内在主动权，有机会和条件则"进可攻"，条件不成熟或者机遇未来临则"退可守"，走向"为成长而成长"的独善其身，也是另一种积极的生命姿态。此种教育思维应该成为我们时代的教育主导。

（四）为成长而成长

成长的最高境界就是"为成长而成长"，这样的成长达到了一种"自然"的状态——成长得自然，自然地成长。《道德经》描述了这样的境界：

> 长之育之；成之熟之；养之覆之。生而不有，为而不恃，长而不宰。

任其自然而然地"长"和"成"，实际上就是我们说的"为成长而成长"所达到的境界。这样的思维在哲学上表现为"无""无为"与"无外求"。我们教育的"不干涉""不主宰"，不赋予主体以外在目的，完全服从学生内在成长的需要，让学生"心无杂念""心无旁骛""自自然然"地成长，就是这样的理想境界。

"为成长而成长"是纯粹关注人的自身与内在，顺从人的兴趣与爱好，对外在功利、外在成功没有任何的期待与强求。这是一种纯粹的、理想的教育思维，就像古希腊"智者"的"爱智慧"之为。那时的一些学者，做学术的出发点纯粹受宇宙的奥秘、人生的困惑所吸引，是为了探究真理，充实自我，提升境界，享受智慧（譬如毕达哥拉斯）。"因为人是一种有神性的动物，人除了要研究那些可验证的问题之外，总喜欢追问一些永无答案的问题。这就是我们称之为'浮士德精神'① 的东西，那永不满足、永不停顿地追

---

① 有关"浮士德精神"的内涵，可以从原诗中去理解：（1）我要在内在的自我中深深领略，领略尽全人类所赋有的精神，至崇高的、至深远的，我都要了解，要把全人类的苦乐堆积在我寸心。我的小我便扩大成全人类的大我，我便和全人类一起最终消磨！（［德］歌德：《浮士德》，郭沫若译，复旦大学出版社 1959 年版。）（2）我要跳身进时代的奔波，我要跳身进事变的车轮，苦痛，欢乐，失败，成功，我都不问，男儿的事业原本要昼夜不停。（［德］歌德：《浮士德》，董问樵译，复旦大学出版社 2001 年版。）

求某种形而上目标的精神。"① 它的意义不在于最后能不能使人得到外在的实现，而在于给予了我们的教育一种永恒的精神感召，使我们在这种精神感召的引导之下，不断体验、创造和生成意义，就如"西西弗斯"之精神。古希腊时代，居然允许那些基于一种纯粹的兴趣，基于对事物本身的爱好，而"为教育而教育"，"为科学而科学"，"为艺术而艺术"的人存在，并创造出了永葆魅力的"旷世奇迹"，这不得不让今日之中国教育者"掩卷长思"。

诚然，完全的"为成长而成长"，是完美的教育价值追求。要实现这样的理想境界，需要很高的物质条件、制度条件、文化条件和个人条件；不是每个时代、每个国家、每个社会、每个学校、每个人都适合的。但它确实是人类教育的理想"星空"，值得仰望。在现实的教育中，我们也应该尽可能对某些特殊人才营造任由他们"为成长而成长"的条件，这或许是教育回答"钱学森之问"的不二法门。

四 营造育人观念转型的生态系统

通过上述对"成功型思维"和"成长型思维"的内涵、本质、特性及类型的探讨，我们更清楚意识到，从目标上说，成功型思维以完成外在预期任务为核心，在教育中过度以成功型思维作为理念和价值取向，势必把教育目标变成"工具性"和"近视眼"，违背人才培养的内在成长规律，违反教育本身的原则。"成长型思维"则以人的成长为根本宗旨。教育追求"人的成长"绝非"自然而然""自行到来"的"实然"，它首先表现为一种观念的存在，尚处"应然"状态。"应然"要成为教育的内在本质必须"追求"而来——教育的本质是教育者创造出来的。教育以成长型思维为价值导向，意味着要自觉遵循人才成长规律，促进受教育者既"成人"又"成才"。在现实的教育教学活动中，调查表明，人们以成功型

① 赵林：《科学、宗教与哲学的关系》，《中国大学教学》2006 年第 10 期。

思维主导教育之事还颇为普遍。这正是我们提出教育思维必须转变的现实原因。如何在教育中实现这样的转变？每位教育的参与主体都有义务自觉调整观念，确立侧重成长型的教育思维去评价和判断教育行为和后果，形成社会的正向观念磁场。显然，人才培养需要学校、政府、社会、家庭的共同协调，是校长、教师、学生、官员、家长多主体共同参与的事业。要使教育实现成长型思维的转变，政府必须有相应的政策支持和观念引导；教育系统内部角色担当者必须实际践行成长型思维的理念，学校管理者、教师、学生要"同声相应"一起走向成长型思维；学校管理的体制机制、课程教学、评价方式、教师发展要按照成长型思维形成一以贯之的系统；当然，社会、家庭、媒体也是促进这一教育观念转变的生态力量，唯有按照成长型思维的逻辑共同"生发"出教育的"观念—制度"生态系统，才算教育思维的转变进入了一个新境界。

教育的观念系统是生态系统，是生命系统，由"独木"而"森林"，由"细胞"而"有机体"，因此面对系统形成的任务，个体不能被动等待，系统生成源于系统内部细胞的激活。那些主动积极的教育主体和参与教育的主体要自觉带动被动消极的主体进行观念蜕变，才能"生成"欣欣向荣的新局面。新观念生态系统形成的希望在于"醒来"的教育者能在实践中至诚无息，知行合一去呈现观念的力量。

第六章

精神：人文教育本体特性

　　人文教育是人文主体遵循人文道理，学习人文知识，体认生活经验，着眼人文问题，促进精神成长的教育。当今时代，人文教育过程中的人文主体很容易受到科学主义的对象化思维习惯的诱惑而迷途难返。比如把人文主体当成科技主体来对待，把人文知识当成科技知识来处理，结果就把人文精神意义的教育退化为人文知识层面的教学。其实，人文知识相对于人文精神，就像钢琴相对于音乐，它还仅仅是"一种没有目的的手段，一种潜在的能量，一个未完成的句子"。事实上，精神的存在（being）只能通过精神来点化，精神的成长只能由精神主体自身去创生。人文教育，就是这样一种不可替代的内在精神（生命）的教育。而且，中国文化结构中的人文教育，承担着比西方文化结构中更深沉的使命，是一种国民安身立命的教育，要上升到信仰的层面，这是中国文化意义的人文教育最重要的价值追求。因此，人文教育的展开必须坚持"超越对象化，回归本体性"的方法论原则，接续中华人文命脉。要深刻把握人文主体、人文知识、人文精神的文化内涵及其相关关系，才能使人文教育不忘初心，守正创新。鉴于人文学者是人文主体中最"硬核"的部分，我们首先来揭示人文学者的主要含义及其文化意蕴之所在。

一　人文学者："无恒产而有恒心者"

　　从形式上看，人文学者就是那些以人文学科、人文专业为职业而从事教学和研究工作的人；从实质上看，人文学者则是那些"意义世界"的阐释者、守护者和践履者。人文学者一方面要学习人文经典，研究人文问题，发表研究成果；另一方面他要在切己的生活和社会实践中践履人文道理；再一方面他要在教育、教学中传播人文知识，培养学生人文精神。概括地说，人文学者的存在方式表现为"成己、成人、成物"。在现实的市场社会里，人文学者的重要劳动成果之一——作为一种精神存在的人文"思想"和"理论"，尽管可以将之外化为符号、文字、书本和作品，并作为知识产权而得到法律保护，但其价值和使用价值的显现却无法超越或脱离其他主体的内在精神劳动，——它无法简单化、傻瓜化、便捷化地变身为一种外在的技术性固化商品而实现同质的市场化。它无法像高科技的"专利产品"——对大众的使用不构成智力和精神压力，而可迅速推向市场，实现经济回报。人文思想和理论的外在存在形式需要大众自觉的价值参与、智力劳动、精神消化才能复活其本体价值。因此，在市场化社会，人文学者研究成果的价值实现方式无法模仿行之有效的科技成果的价值实现方式——按照经济学法则进入市场进行交换。人文学者生活在世俗的市场化社会，但其工作却无法真正直接与市场化社会对接。这就迫使人文学者的工作和生活处于一个"二重性"的悖论状态[1]：一方面，作为阐释并守护"世界""意义"的人文学者，他要"注重德操，献身真理"[2]，而"真理是吃素的"[3]。这就预示着他须超越市场、超越功利、超越在场，超越个体自身，脱俗乃至"出世"，——不为个人生存之"稻粱谋"，而为天下苍生之为计，保持境界的超拔和精神的水准，才能担当其角色使命。另一方面，作为现实生活的血肉之躯，俗世中的生存者，他又不可能摆脱生存—生活压力以及特定的社会关系，他又得要有起码的经济来源以维持生活的体面和尊严，因而他又须"入世"而"接地气"。这种现世人生的矛盾使人文学者永远处于根

---

① 尤西林：《阐释并守护世界意义的人》，河南人民出版社1996年版，第55—63页。

② 殷海光：《中国文化的展望》，商务印书馆2011年版，序言。

③ 同上。

本性的精神拉锯之中。

在现实的矛盾冲突中，人文学者必然出现分化：有人利用社会分工而仅仅把人文学科工作作为一种与天下所有职业相同的谋生的岗位和手段，是吃饭之所系而已，放弃"沉重"的"人文操守"和角色自觉，甚至"渴望堕落"，成为韦伯所说的"无灵魂的专门家"，把人文学科知识化、理论化、形式化，把研究对象视为与研究主体相分离的客体。于是，社会上出现了许多满腹经纶而缺失人文关怀的"教书匠""理论工作者"等。另一部分人则依然能在俗世的现实中，维护角色意识，坚守人文立场，坚持对世俗界的批判与价值引导，坚持文章与道德的统一性，与围墙之外的"大街"保持"间距化"，成为"无恒产而有恒心者"（孟子）。人文学者所致力于"世界意义"的阐释和守护，属于人类各行各业个体的人所赖以安身立命的精神根基，它不同于从事科学分工的专业性知识，他以文化精神气脉之维护为专职，在人文路上传道、问道、求理、行道，其存在方式由"人文道理"之特性所决定。有些哲学工作者就清醒地意识到，"哲学本身就是生活，是一种生活方式"①。还必须强调的是，那些怀有强烈的人生自我意识并远超出一己命运思考、将之推广为人类普遍问题者，即使是非人文学科专业者（例如物理学家爱因斯坦），甚而是不识字的民间智者，就其人文性价值而言，也同样可视为人文学者。从这个意义上看，与其说人文学者是基于某类学科专业的外在固定类聚，倒不如说是基于人文主义立场、态度和倾向的精神群体。②

人文学者的"二重性"的悖论状态难以彻底消解，尽管社会制度的合理设计可以在相当程度上缓解其矛盾的尖锐性。因此，在精神层面强调人文学者应有的角色意识、社会使命，以及对自身工作性质和特点的深刻而自觉的理解，依然是人文教育历程中必须给以充分提倡和透彻阐释的。在此，我们着重阐释作为真正人文学者的"应然状态"："超越"而"坚守"。

---

① 周国平：《哲学与精神生活》，《方法》1998 年第 1 期。
② 尤西林：《阐释并守护世界意义的人》，河南人民出版社 1996 年版，第 43—46页。

人文学者是阐释并守护意义世界的人，其使命在于文化精神气脉的担当和导引。人文学者的所学、所思、所行，既要观照个人境遇和时代问题，又要超越贯通历史、现实和未来，因此，精神上就要"养浩然之气"，要"大其心"，以拓展其格局，以提升其境界，这就是"超越"的气象。对于中华文化境域中的人文学者之应然的精神内涵，北宋思想家张载可谓言简意宏，高度提炼为"为天地立心，为生民立命，为往圣继绝学，为万世开太平"的名言，——被冯友兰先生所称作的"横渠四句"是对中华文化境域里人文学者的"自我期许"，其使命及其精神气象根本区别于西方人文学者之"为学术而学术"，"以学术为志业"的自我定位。从文化意义上，做中华人文学者会更沉重，更艰难，更辛苦，因此需要更自觉。人文学者的问题意识、使命定位不应只拘泥于眼前，"不应该以自己一辈子的眼光去理解、期待自己的学术工作，而应以两辈子甚至更长的眼光对待自己的学术工作。不急不躁，从容长思"①。人文学者的生命、生活状态还要自觉人文化，他要自觉以身示范，"道成肉身"，为世道人心展现鲜活的、生活的人文参照。注重社会进步的人文内涵，尊重人文进步的内在规律，也使人文学者对社会进步的理解更看重精神文明的培植、推广、辐射和持续养育，在社会改革方面，他们对自身的人生定位会比政治家、革命家更具超越性。社会精神文明的进步需要数代之众人的久久为功，持续积淀，才能使优秀文化广泛根植于国民心性之中。1905 年，孙中山与严复会面于伦敦，讨论中国改造事业，严复主张通过教育（包括思想、学术重建）来改造中国文化与国民习性，对接中西文化，以求稳步、可靠的未来。孙中山回应说"俟河之清，人寿几何？君为思想家，鄙人为实行家"。人文学者的文化使命与政治家的革命情怀并不矛盾。严复作为人文学者，他在作为政治家的孙中山面前强调文化改造和国民性蜕变之深刻性和根本性，是十分必要的。殷海光在《中国文化的展望》中就深刻地指出，"从事社会文化的创建，正同从事一切根本之图一样，收效是比较缓慢的，但确会宏大让一切短视的现实主

----

① 黄裕生：《在"清华首届基础文科博士后夏令营"开营仪式上的致辞》，《微信公众号：外国哲学研究》2019 年第 7 期。

义远离我们。我们应须走一条冗长的路。除了这一条远路以外，别无近路可抄，也无近功可图"①。人文学者要以"平常心"做"社会文化的创建"之"非凡事"，社会精神进步不可"毕其功于一役"。

人文学者绝非只是"振臂高呼""指点江山"的角色，人文学者的理想形态应该是所思所认与所做所行构成"知行合一"的关系，要淬炼出自己的本体功夫。自古以来的所有宗教"鼻祖"和人文大家不仅有深刻的思想还有卓越的实践。儒家所谓"穷则独善其身，达则兼济天下"，强调每个人自己要修身养性，也要关怀天下，力所能及地成就事功。儒家不只是儒学，儒者首先要修"四端心"——"恻隐之心，仁也；羞恶之心，义也；恭敬之心，礼也；是非之心，智也"。（《孟子·告子上》）佛教不只是佛学，信仰者须有"四无量心"——慈、悲、喜、舍。大师的开示不是只讲给别人听，自己却不做。真学问不仅要识真知，还要真实践，所谓"五体投地"，就是指全身心去实践。

理想的人文学者应该自觉由知识而涵蕴出智慧，由智慧而提升其境界。自然科学家要有知识，人文学者则要有思想。自然科学家必须通过实验才能获得真实的知识，光读书产生不了新知；人文学者则要遵循人文道理，必须在与古今中外的经典对话中深化其人文理解，领悟其人文智慧，因此，读书功夫对于人文学者极为重要。不读经典，囿于自身狭隘经验，就不可能出真智慧。人文学者之读书，必须是农夫般的劳作和耕耘，而不可工业化地、信息化地追求速度和数量。对于现代人文学者来说，如何克服"电子鸦片"的诱惑，防止信息碎片的狂轰滥炸而搅得自己心绪不宁，是新时代要解决的课题。现代人文学者务必坚持由脑入心、由逻辑而体验的咀嚼式阅读和消化才可孕育出人文智慧。人文学者对自己的研读工作要超越外在功利性兴趣而培育出"禅式"的内在兴趣，"惟精惟一"，成就真学问。《大学》所谓"知止而后能定，定而后能静，静而后能安，安而后能虑，虑而后能得"，说的就是这个不断精进的过程，

---

① 殷海光：《中国文化的展望》，商务印书馆 2011 年版，第 12 页。

古今中外的人文大师无不树立了这方面的榜样。董仲舒"三年不窥园"（《汉书·董仲舒传》）而成就一代大儒；朱熹"半日读书，半日坐禅"，长期坚持而贯通儒、道、释，最终成就"理学集大成者"；康德深居简出一辈子而创"三大批判"巨著。他们以经典对话，系统运思，得通透智慧，"不出户，知天下；不窥牖，见天道。其出弥远，其知弥少，是以圣人不行而知，不见而明，不为而成"（《老子》第四十七章）。人文学者还要扎根问题本源突破学科局限。人文学者的工作不应该囿于学科的自我设限，而要扎根有深刻意义的人文问题，开放地融会不同学科的知识和营养。西方宗教学创始人马克斯·缪勒（Max Muller）的"只知其一，一无所知"之名言和中国学者赵汀阳的"一个或所有问题"的阐释，都强调人文学者问题研究的胸襟与格局要大。尤其在高科技时代，人文学者要自觉跳出科技与人文二元对立的思维，通过阐述现实的复杂性以寻求建立一种能够将各种知识融通的复杂性思维方式，——因为世界是统一性和多样性的融合、有序性和无序性的交融、个体和环境的相互渗透，世界在交通和信息网络的建构中使"紧密交互"成为时代特点，这就为人文学者的学科超越性提出了切实的内在要求。

二　人文精神："涵义世界"与"意义世界"

如果说人文学者是那些"守护并阐释世界意义的人"，那么，此守护者和阐释者与"世界意义"之间将形成两种关系形态：一种是"对象化"的关系形态，一种是"本体性"的关系形态。对象化的关系形态是人文学者主体采取主客二分的精神姿态展开其"守护"和"阐释""世界意义"的工作，此时的主体之我与"世界意义"之间两相分离。一旦主体之我未与"世界意义"融为一体，主体的切己责任和担当也就由此推卸和消解，——人文学者成了"世界意义"的外在诊断者和表达者，无须将"世界意义"本体化（主体化）而成为直接的担当者和呈现者。这样的人文学者误把人文工作当成了科技工作，不断追求与科技专家的相似度，以获取其劳动的"剩余价值",以实现其最大功利回报。这样的人文学者重纯粹理性认知能力而轻人文性本体功夫的养成。本体性的关系形态是人文学者主体自觉践履主客相融的精神指向而展开其"守护"和"阐释""世界意义"的工作,此时的主体之我与"世界意义"之间合二为一,"世界意义"融入主体自身,"我"就是"世界意义"的内在担当者和外在显现者。这样的人文学者就不再满足于纯粹理性认知能力的提高而重视"知行合一"的人文性本体功夫境界之养成。通过以上两种关系形态的比较,意在揭示人文精神的实现和呈现机制不在那种对象化的关系形态而生发于本体性的关系形态之中。质言之,人文精神不是理念符号,不是理论木乃伊,而是鲜活的实践和生命状态。意识到这一点,对于实践性的人文教育极为重要。

著名学者尤西林先生提出的"涵义(meaning)世界"与"意义(significance)世界"① 一对范畴对于深入理解"人文精神"具有方法论的意义。如果人文主体与"世界意义"之间采取对象化的关系形态,这时的主体实际上就把"意义世界"当成了"涵义世界"来对待,"意义"一旦被"涵义"化,主体便无从自觉澄明和生发其人文精神;如果人文主体与"世界意义"之间选取本体性的关系形态,这时的主体就会以本体功夫的方式生发出人文精神,人文精神就是主体超拔于"涵义世界"而进入"意义世界"并复活其"世界意义"。

通过以上阐释,我们就更加自觉地意识到人文精神是须臾不可脱离人文主体而独立存在的价值状态。不同的主体,不同的立场,不同的角度,不同的格局,不同的境界,都将呈现出不一样的人文精神内涵。或许人文精神不似一座设计建筑好了的房子,而似一片自由生长的生态丛林,在这片丛林里有不同的植物和动物在自由生长,但人类可以出于自身目的,向着这片神秘的丛林开拓出一条众人行走的大道,"人能弘道,非道弘人"。不同的道路形成不同的精神景观,但终归都是这片神秘丛林里的有机部分。人文教育就是那

---

① 尤西林:《有别于涵义(meaning)的意义(significance)》,《学术月刊》1996 年第 10 期。

神秘丛林里开拓出的有路标的"林中路"。哲学家指出：哲学使我们保持对某种最高精神价值的向往，我们不能确知这种价值是什么，可是，由于我们为自己保留了这种可能性，我们的整个生存便会呈现不同的面貌精神。① 人文精神作为真、善、美的鲜活状态，它不是抽象的符号和言辞，而是具体的可感性存在。它表现为主体化了的一种价值性态度，一种眼光，一种问题意识，一种情怀，一种体验，一种智慧，一种境界。这是理解的关键。

　　人文精神不是人文学科知识，学科是知识的组织形态和系统存在方式，学科存在的初心是促进知识的发展，但学科一旦存在又往往容易导致知识发展学科化。在现代学术制度里，人文知识的目的容易发生偏离和扭曲，不再指向人文精神，而是指向人文学科——满足于学科体系的建构而忽视人文知识的精神价值如何彰显。学科性人文知识与内在性人文精神的关系犹如禅宗之"手指"与"月亮"的关系，手指可以指向月亮在哪里，但手指不是月亮，文字不是精神。停留于文字的记诵和满足于逻辑的结构，精神依然茫然。要深入学科性人文知识的内在意蕴，学习者不仅要用"脑"理解还要用"心"体悟，更要用"行"去身体化。在西方哲学界，哲学家为了避免人们对哲学作"理论的"静态理解，不愿把哲学写成名词，而把它写成动名词，这表明西方哲学家意识到哲学的人文特性，要求人们对哲学要作"思想"的体认而不是仅作"理论"的说明。人文精神不是理论状态而是思想情态，理论经过思想而复活为人文精神。还必须强调的是，尽管人文学科性知识是人文精神养成的重要来源，但人文精神的源泉是整个的"生活世界"。

　　人的生活世界起码有三个维度：即肉身生活、社会生活和精神生活，肉身生活和社会生活所满足的是人的外在功利性需要，具有经验性质，仅涉及人与周围直接环境的联系，我们称之为"在场"存在中的生活或"涵义世界"的生活，是走向"我与它"关系模式的生活。然而，人不像动物仅仅生活在"在场"之中，人还要超越"在场"进入"不在场"领域即"意义世界"，否则，人就成为盲

---

① 周国平：《哲学与精神生活》，《方法》1998 年第 1 期。

目的存在，这会使他深感不安。① 于是，精神生活便成为"人之为人"的重要生活维度。失去精神生活的维度，就意味着人将陷入二维空间成为"洞穴中的爬虫"。人文精神作为人的生活之必需，其最起码的功能是使人免做生活洞穴的爬虫。

人文精神须在操持"我与你"的关系态度中养成，其实质就是主体的人自觉超拔于经验世界的有形性、有限性和暂时性，使主体自身处于"守护、看牧万物的责任地位"，而追寻生命（生活）意义的过程。它具有内在性、非功利性、超验性（形而上性）等特点。它是文化理想主义的，以超越现实、在场、含义界，而指向理想、不在场、意义界为己任。人文精神作为高于世俗生活的理想状态，其意义不在于它能否实现，而在于它与现实的距离，在于它对现实的阐释和批判意义。"理想就是理想，而非可实现或将实现的现实，它是一个永远有待实现的梦。"② 这个"梦"的一个建设性功能是帮助我们不断反思生活的本质，指出我们生活的新的可能性。理想作为"乌托邦"，哲学家指出，乌托邦的消失将使事物静止，乌托邦的死亡就是社会的死亡，一个没有乌托邦的社会是一个死去的社会。③ 海德格尔说"动物无世界"的意思就是指动物没有"不在场"存在，没有"乌托邦"，没有"意义世界"。如果人放弃理想追求，人就失去了人的世界。失去精神世界，人就将"无世界"。

总之，人文精神主要体现为一种自觉的、理性而理想的价值态度，对己表现为境界达成，对外表现为责任担当。至于根据国情和时代特点，我们强调某些具体的人文精神内容，则依然要使之建立在一种价值、情怀、意识和境界的养成基础之上。

---

① 张世英：《超越在场的东西》，《江海学刊》1996 年第 4 期。
② 张汝伦：《坚持理想》，上海人民出版社 1996 年版，第 218 页。
③ 同上。

三　人文知识：对象化之知与本体性之智

（一）人文知识本体论检视

我们正处于所谓科学技术的时代。在这个时代里，科学技术作为控制客体、征服自然的手段占据了主导地位。在科学（自然科学意义）的视域里，一切对象均为客体，研究对象即是研究客体。于是，近代以来，科学技术逐渐扩张成了一种客体主义亦即科学主义的世界观，它使人不仅将物视为供人摆弄利用的客体，而且将人自身也客体化或物化。即把世界和人一并变成了马丁·布伯所谓"我与它"的关系式①，——把整个世界（生灵万物包括人）都当成客观含义（meaning）世界②，成为与"我"相分离的对象，与我相对立的客体，并通过获得关于它们的知识，再假手这些知识以使其为我所用。其结果是，与"我"相关联的一切存在者都沦为了我经验、利用的对象，是我满足我之利益、需要、欲求的工具。科学技术的本质是功利的，其目的就是使主体如何役使客体，而人文知识是讲"人文道理"的知识，是超越对象化的本体性知识，是对意义（significance）世界的守护和阐释，③ 是主体与主体的对话，是主体对主体性的保卫。但是，在科技时代，科学从根本上否定了人文知识以人文学科的方式存在的根基。一旦站在科学霸权的殖民立场，在现代学术体制中，人文学科要么变成"人文科学"而获得其存在合法性依据，要么就自觉退隐或边缘化，否则就将强行驱逐和遮蔽于现代学术规训之外。

人文知识（学科）的"人文道理"性质，决定了它的存在方式要以主体性的人自身为内在目的而展开"知行合一"的教化活动。

---

① 参见［德］马丁·布伯《我与你》，陈维纲译，生活·读书·新知三联书店1986年版。

② 尤西林：《有别于涵义（meaning）的意义（significance）》，《学术月刊》1996年第10期。

③ 同上。

借用马丁·布伯的哲学表述，人文知识属于对"我与你"之关系的揭示和呈现。当"我"与研究对象之"你"相遇时，"你"不再是作为主体之经验物、利用物而存在，"你"便是世界，便是生命，便是神明，"你"是主体的目的性存在，研究对象即是研究"目的"。这是一种本体功夫论，而非纯粹对象化的认识论。用布伯的话说，"我当以我的整个存在，我的全部生命，我的真本自性来接近'你'，称述'你'"。这种"主体间性"（intersubjectivity）（胡塞尔）的关系态度，势必要求主体知情意一体化的体验认同，从而使人文知识（学科）摒弃纯粹概念逻辑的"理论常貌"而诉诸情感与感知性。它不是只指人的思想观念，而且包括了个体身心感触的全部存在，具有"肉身性"。即"学问"与"做人"的同一性，也就是中国传统意义的"知行合一"存在。古典的人文知识存在方式表现为文本上的"对话体"，实际上正是人文知识本质特点的经典呈现。所以，无论东西方，古典人文知识（学科）都被视作"艺术"或"技艺"，而英文"The humanities"（人文学科）也兼有学理与技艺实践意义，即教育学与教育、美学与审美统一在一起。基于此，有学者指出人文学科及其人文阐释话语有五项特性：（1）以主体性的人为对象；（2）评价而非客观陈述；（3）生存践履性；（4）个性化；（5）属于自我意识而非客观知识。① 这五项特性将显著决定人文知识（学科）在研究者与研究对象的关系、研究者的研究态度、研究方法、理论表达方式、理论作用方式等方面区别于自然科学。与此同时，这也昭示了人文教育与科学教育之间存在深刻的区别。

　　人文知识（学科）里的"人"是"主体性的人"而不是"客体性的人"。人文知识不是把主体的人当作纯粹客体的人而采取旁观者的状态，进行着的对象化认识之知，它是对主体与主体的对话、同情、同理、互动、互惠的本体性之智，期间充满价值评价、价值反思、价值确认的交互活动，价值性是人文知识（学科）的本色，人文知识不是对象化的客观性之知，乃非对象化的本体性之智，这是理解的关键。因此，不能笼统地讲"人文学科"就是关于

---

① 尤西林：《人文学科特性与中国当代人文学术规范》，《文史哲》1995 年第 6 期。

"人的科学"。整体性研究人的人类学（无论体质人类学或文化人类学），在以人为客体这一点上与研究病理性的人的医学并无区别，这种以人为客体的"人的科学"与以物为客体的自然科学，以及以社会关系为客体的社会科学同属于科学。由于在概念上和观念上把人文学科混同于人的科学，本就应是关于"主体性的人"的教育学，似乎也完全被当成了"科学"，教育的本体性在教育学的对象化研究中被掩盖了。于是，在教育研究和教育实践上，便顺理成章、普遍地将人进行对象化、客体化的"处理"，人文情怀失落于教育学之中，也就势在必然。人文教育要超越对象化，回归本体性，首先要解决的现实问题是，如何使"主体性的人"回归于人文知识（学科）之中。

（二）人文知识存在特性

自然知识、社会知识和人文知识共同构成了人类的整个知识体系，它们之间存在着内在的统一性。但是，这三个相对分立的知识体系又存在各不相同的特性，（我们不能用统一性掩盖其特殊性）这些特性使各知识体系之间具有内在的不可相融性，这些不可相融性直接表现在知识的各个方面。三类知识的不同特性直接影响以下问题的处理：我们应该对这种知识做何种期待？这种知识应该以怎样的方式而存在？人与这些知识构成怎样的关系？我们应该如何研究与呈现这种知识？我们应该如何用它来进行教育？当然，诚如人们已经认识到的那样，人文精神不仅仅是人文知识的内在反映，而是所有文化产品的思想映照。人文教育并非仅靠人文知识的教育就能生成人文精神的，它必须建基于人类的整个知识体系（包括科学知识、社会知识和人文知识）。在精神的高度上，所谓人文精神与科学精神是浑然一体合二为一的。然而，我们又必须看到，毕竟人文知识是生成人文精神的首要入径。因此，在教育中充分注意到自然知识、社会知识和人文知识之间存在的差别，就特别具有教育学的意义，因为这将直接影响我们应该采取怎样的教育思想和教育方式方法来处理知识与人的相互关系。

人文知识是"人文道理"之智，是主体性的人的觉悟成果。如果把世界划分为"自然世界""社会世界"和"人文世界",那么"人文知识"主要反映的就是人们对"人文世界"的认识,也就是对"意义世界"的本体觉知。关于人文知识与其他两类知识的区别,从狄尔泰的精神科学到后现代哲学多有深刻的探索,但似乎较少站在教育这样一个极为现实的维度来做更为细致的、具有可操作性的研究。在我国教育学界,有学者从知识与对象的关系;知识的发展方式;知识的适用范围;知识的检验或辩护等角度进行了概括性描述,① 其研究具有重要的启发意义。当然,这个教育学中的关键性问题依然有进一步探讨的空间。以下主要采取比较的方法探寻人文知识的具体特征。

1. "意义世界"与"世界意义"

科学问题是个事实问题,即试图知道事实"是这样"或"不是这样"。而在人文知识所考虑的问题中,"事实"问题只是所要考虑的问题范围里的一半问题,即"是这样"这个问题基础上把"事情""做成这样"还是"做成那样"的问题。因此,单纯的客观理解并不构成充足的人文知识,独立于价值的客观证据并不是人文知识所需要的充分证据。就像单纯地考证出和识记出某个朝代某个事件某个人物的发生时间,仅仅从时间的客观性来看,依然不能构成所谓的人文知识,只有这个时间与人相关的事件和历史联系起来才有价值,由此,人类才把时间变成了生日、节日、祭日和忌日这样具有人文意义的时间点,这才构成完整的人文知识。可见,人们并非"无能"给出关于自己行为和事件的客观陈述,而是这样的客观陈述不足以说明人文问题,也就是说,假如对历史、社会和人仅仅给出一个所谓科学的"解",那么这个"解"反而不是人文问题所需要的"解"。人文知识陈述的是经过价值解释、理解和选择了的事实,是一个被意义化、价值化了的——即被主观化了的客观事实,这种事实当然也就不再限于是充分客观的事实。就像我们对于"死"这样一个客观事实,常常就要把它分成是卑鄙的"死亡"还是伟大的"牺牲",还是有关这方面的其他诠释方式。因此,人文

① 石中英:《知识转型与教育改革》,教育科学出版社 2001 年版,第 281—286 页。

知识不是一个关于纯粹"事实"的问题，而是一个被精神化、意义化了的"事情"的问题。再说，我们为什么要让事情变成这样而不是那样呢？这也不是一个纯粹客观的问题，人在这里拥有相当自由的（也就是主观的）选择性诠释空间。"选择性"指向正是我们要不断面临的人文问题。正像赵汀阳说过的，由于人类不断面临"什么样的选择才是更好的选择"这样一个问题，因此人类就需要关于什么是"更好选择"的知识。① 这种关于更好的选择的知识就是不同于纯粹客观知识的人文知识。客观的科学知识无法满足人类问题解决的需要。在科学之后和之外，为人文知识留下了神秘的余地。这个"余地"对人类来说既现实又真实，且意义重大。打个比方说，就像下围棋，如果你没有能够为自己的领地保留至少两个棋子的空位，棋下得再多也是死棋。科学就好比那棋子，而人文就好比是那"两口气"。在人文教育中，如果我们把人文知识当成客观知识来教与学，而无视人文知识的价值本质，就势必使人文教育的性质发生扭曲。精神空间被物化，学得越多，精神越枯萎。

2. "千回百转"与"螺旋积淀"

科技的发展遵循着历史与逻辑的高度统一性。科技史就是科技发展的逻辑演变史。总体上，科技的发展始终循着逻辑的阶梯不断上升，新的科技成果必定会对旧有成果给予淘汰和超越，科技的发展在相当程度上表现出典型的"线性进步性"。因此，对于科技研究者来说，他只要掌握科技前沿的最新信息和动态就可以寻找到自己的新课题和突破点，他无须在历史文本的回溯中花费不必要的功夫，因为，一般而言，今天的科技成果总是比过去的更为先进。因此一位以做科学研究和技术发明为目的的人，他如果只躲在书房阅读科技史文本，而不在实验室做实验（包括爱因斯坦的"思想实验室"），他就不可能发现新知识，发明新技术。一般地说，科技的社会化过程也是遵循着科技发展的逻辑同步发展的，社会总是能显著地表现出随着科技进步而向前发展。总之，社会发展的历史比较容易与科技进步的逻辑保持统一性。

---

① 赵汀阳：《关于命运的知识》，载《论证1》，广西师范大学出版社2001年版。

　　人文思想、理论和学说的发展既存在历史和逻辑的统一性，也同时存在历史和逻辑的非统一性。每一种人文思想、理论和学说的形成和发展都遵循着逻辑的系列不断探索，新的思想、理论和学说也在逻辑的意义上不断拓展、扬弃和超越着前人的思想、理论和学说。但是，鉴于人文世界的特殊性——即人类代际基本人文问题的相同性——比如生、老、病、死、喜、怒、哀、乐以及人生的意义、幸福等，每代人中的每个人都要重新面对——构成了人文问题的永恒性。因此，人文问题就往往表现为既古老又常新。问题的永恒性和循环性，使人文思想、理论和学说的发展不可能像科技的发展那样表现出"线性进步"的逻辑形态，它总是表现为循环性、螺旋式的积淀状态。人文问题的探索及其新思想、新理论和新学说的形成总是不同时代的人文主体与历史中那些古老的人文经典在不断对话和诠释中展开其现实意义，总是表现为不断"返本"中的"复兴"和"开新"。做人文研究和探索，总是要回到过去的文本，人文学者必须不断重读历史中的人文经典。历史长河中的那些人文经典总是以其独特的方式不断进入当代人的视野。人文知识体现着"人文道理"特性，不存在超越时间空间和具体历史情境的绝对真理性，即便存在所谓的"真理"，也还要现实中的主体性的人做具体的阐释和发挥，所以，人文知识的发展，不一定遵循"线性进步"方式——"当代的"未必一定比"古代的"更"进步"，"当代的"未必超越了"古代的"。人文道理的恒常性、复杂性、深刻性、情境性以及默会性和肉身性使人文知识的演进往往表现为"千回百转"的样态——在遗忘中复忆，在丢失中寻找，在误读中修正。所以人文教育不能只盯在当下的前沿，而要不断回到过去，重读人文经典，复兴人文智慧。人文历史的长河，留下了一座座的人文高峰，一本本的人文宝典，它们构成后世人们滋养人文精神的宝贵思想财富。总之，重读经典，返本开新是人文研究和人文教育的重要特点，人文知识历史演变的"重返性"和"重读性"构成了与科技知识发展的显著不同。相应地，人文思想、理论和学说的社会化过程也就不再具有科技知识的社会化过程那种逻辑的对应性。现代社会的人文状态和人文品质未必继承和实现了人文知识演变史上最优秀的成果，社会历史的发展与人文知识逻辑的演化之间未必是统一的同步的关系。社会历史发展的事实常常表现为对人文知识和理想的"退转"。所以，面对人文经典这样的人文知识形态，学者要"惟精惟一"，"如切如磋，如琢如磨"，反复体会才能深得其味。

　　3. "解释性结论"与"原因性变量"

　　科学研究的法则强调客观、中立、价值无涉，是主体对主体之外的客体的研究，主体对研究对象的研究过程不能影响研究对象的自然状态，研究对象对研究者的研究行为和研究结论是无知的。一个物理学家在实验室里对电离子的实验观察过程和控制过程是不为电离子们所知觉的，物理学家的研究结论更是电离子们无能知道的。无论电离子的运动变化规律如何复杂，电离子们也仅仅等在那里任由你去猜，猜着了是你的本事，它会像你所知道的那样去变化；猜不着也不关它的事，它还是按照它本来如此的方式去运动。你的结论无论正确与否，它对此都是绝对的"冷漠无情"，不为所动。然而，在人文研究中，主体与对象之间的关系就不再如此简单了。由于人文知识的对象是人自身，因此，这种对象不是一个完全被抛在对面的客体，这个对象不得不同时滞留在原地充当主体，即"我"常常不仅仅是研究的主体也是研究的客体。再者，在研究过程中，研究客体对研究主体及其主题是知觉的，尤其一旦研究结论公之于众，研究结论就从事情发展的"解释性结论"转变为事情发展的"原因性变量"，即人文理论与研究对象之间的关系变成这样：关于某种情况的知识同时就是这种情况的一个新变量，给出某种知识的同时就改变了这种知识所描述的事情，所以致使关于某种事情的知识很容易变性成为关于某种事情的政治，由此可以看出，人文知识永远难以脱离其"意识形态"本性。可见，人文研究的对象不仅是研究主体的"对象"而且是研究主体的"对手"和"作品"。因此对于人文学者来说，对其研究结论必须保持一份价值后果的警惕，他必须要有高度的责任感和相当的能力对其理论和学说的社会后果进行必要的预测和评估。在人文教育中，学生学习人文知识的同时就是改变其心灵世界的过程，因此需要传承什么样的学说和理论就存在一个选择的问题。

4. "明确知识"与"默会知识"

波兰尼通过对包括科学知识在内的所有知识的研究后发现了知识结构的双重性质，提出了明确知识（explicit knowledge）和默会知识（tacit knowledge）两个相互联系的知识概念。[①] 所谓明确知识是指属于描述性、规范性和可编码的正规知识，可以剥离于主体而在个体间以一种系统而明确的方法加以传达的知识；所谓默会知识就是未加编码或难以编码、高度个人化的程序性知识，它依赖于个体的体验、直觉和洞察力，深深植根于行为本身，难以剥离于主体之外而存在的知识，这类知识具有存在的无形性、对主体的依附性、内居性以及独特的个性等特征。[②] 波兰尼深刻地指出，在对待所有知识的期望上，如果看不到明确知识的默会根源，而执着于完全明确知识的理想，我们的所有认识都必然失之于狭隘和肤浅。[③] 因为所有的知识不是默会知识就是植根于默会知识，一种完全明确的知识是不可思议的。随着知识对象由无机物而有机物，由植物而动物，由低等动物而高等动物而人类，知识的默会维度的介入程度也逐渐加深。波兰尼的睿智与我们的知识经验是完全一致的，即便是科学知识这样一种以追求清晰明了的知识目的为己任的知识也难以摆脱其人文的肉身性根源，更何况人文知识这样一类知识呢！人文知识具有比科学知识更深刻的默会根源，明确知识仅仅是人文知识整体中露出海面的"一角冰山"。因此，就人文知识的存在方式而言，我们不能仅仅拘泥于知识表达的"明确性"的存在方式，仅仅拘泥于知识上惯用的"科学表达"方式，而应该将"隐喻地"说、"诗性地"说，甚至"述而不作"的行动本身也看成人文知识的表达与存在方式。

人文知识这种由默会维度起根源作用的双重结构构成了一个完整的知识存在方式，而这种知识的存在方式使人文知识很容易随着肉身的消亡、社会历史境域的"俱往"而丢失。因此，一方面，我们在理解人文知识的时候，要"知其白，守其黑"，不能完全满足

---

① ［英］波兰尼：《个人知识》，贵州人民出版社 2000 年版。
② 同上。
③ 同上。

或拘泥于文本知识本身，而应该扩展到人的身上和社会历史境域之中，只有把读人读史与读书结合起来在"互证""互渗"中才能完整理会真正的人文知识——在这个意义上，人文教育的一个重要原则就应该是"诠释、诠释、再诠释"。另一方面，在人文知识的传承和教育过程中，要充分认识到作为人文知识载体的大师本身的价值，大师是一种比文本更加重要而根本的课程。大师作为一种难得的人文资源和人文知识"肉身性"存在方式，其不可复制性促使人文教育中的师徒之间"以心传心"的独特性和极端重要性。由于人文知识的传承难以摆脱肉身性的限制，因此像孔子那样"道成肉身"的伟大导师一辈子也才教出了贤人七十二个，由此看出人文的进步会是多么缓慢的事情，人文教育是一件非常需要历史耐心的工作。再一方面，鉴于人文知识具有深刻的默会根源，在人文知识学习的评估和考核中，就不能拘泥于客观标准化的方式和方向。

5. "我注六经"与"六经注我"

科学变成技术，技术可以被"傻瓜化"。由于技术可以"傻瓜化"，在人们之间，科学和技术可以在智力上、理解上被替代。对科学技术的无知几乎难以阻挠人们享受到科技的成果，起码他只要有钱就可以通过买卖方式来实现占有和享受。因此在科技领域，精英可以代替大众去攻关，精英可以将复杂转化为简单而让科技走向民间。正因为如此，许多高科技产品可以很快通过市场模式而风靡全球。究其原因，根本在于科技可以将自身的复杂理论和内在结构隐藏起来，无须挑战大众的智力和理解的耐心，而变成操作上的"傻瓜化"以便"献媚"般地提供给民间大众去轻松使用。

然而，高深人文知识（也包括诸多社会理论）则很不一样。人文知识的价值实现最终是要走向生活世界，在大众生活实践中得到体现。然而，高深的人文知识虽然可以由文化精英来建构，但文化精英却代替不了大众对这些人文理论的理解和践行；再者，精英也无法将这些复杂的理论准确地变成合适大众操作的傻瓜化技术或仪式。历史的经验也证明，凡是试图用傻瓜化的方式将复杂的社会理论和人文理论教条化、语录化、口号化、仪式化而推向社会大众，最终的结果都适得其反。任何具有某种复杂性的理论只能通过不断的智力再创造才能保持其复杂性。因此"坚持"一种学说即使到了对其书面语言能"倒背如流"的地步，也未必能由此而把握其思想精髓。而这对于社会实践中的大众来说，无疑是一个严峻的精神挑战。由于人文知识无法实现真正意义的傻瓜化，因此，人文教育就不可以采取"生产性"的方式，而只能采取"生长性"的方式。人文观念只有变成了社会传统和社会习俗，才算得到了社会化，而这是要持续的代际间的不息努力的。虽然人文知识难以简化，但是在社会生活里，人们却总是有意无意地把复杂的人文理论简化，而这就难免使人文理论总是处于遭受蜕变的危险之中，最终可能使人文知识走向萎缩化、片面化、异己化、机械化。其简单化的命运有三种典型的面孔：即技术化蜕变，教条化蜕变，通俗化蜕变。因此，人文教育的重要功能就是不断打扫落在人文理论上面的误解尘埃。为保持人文理论的深刻的鲜活性并实现其现实性，就需要人文教育用思想和行动对它们进行不息的阐释，在"我注六经，六经注我"的解释学循环中上升为创造性的转化。

　　6."对象化"概念与"本体性"意象

　　人文知识是以语言的方式表达着和存在着的。在某种意义上说，人文知识就是人文语言，语言的世界就是人文的世界，人文的世界也就是语言的世界，人文大师就是语言大师，语言的人文性与人文的语言性是合二为一的。人文知识以与语言共生的方式融入生活语言与工作语言，日常语言与学术语言之中，人文与语言的关系是循环性的。因此，人文知识的本性就直接表现为语言的本性，人文知识拥有着语言的所有特性。如果说语言是存在之屋，那么人文知识的意义就在于如何使这屋更合适作为存在的寓居。人文知识的研究、学习和体验就是不断修缮、打扫、清理、改造这座为存在而存在的房子。人文知识的研究和学习既要发挥语言的积极特性，又要治疗语言的消极特性。在这里，应该特别注意到人文知识进入语言之后，或者说被语言化之后，可能产生的某种吊诡。

　　具体地说，这种吊诡表现为以下情况：人类要谈论与自身密切相关的客观对象，但又无法在谈论时，将对象实实在在地拿来拿去或随人的言谈而调动它们。因此，人类只好借助于语言或类似于语言的各种符号来意指其所谈论的对象。这样一来，语言这种非存在就成为真正的存在的替代物，或甚至把符号当成真正的对象来看待。殊不知，这样一来，替代物往往冒充为被替代的东西，甚至喧宾夺主地声称替代物优越于被替代物，将各种类似语言的符号当成真理的象征。在许多情况下，人们还更抽象地、不直接指涉其实际对象而使用语言等符号，使语言等符号比实际事物更频繁地被人们使用着，尤其更多地被使用到交谈和书写之中。语言等符号就是这样越来越脱离其对象而被使用着，并被赋予更抽象和更复杂以及更曲折的内涵。① 所以说，语言往往在揭示真理的同时也颠覆着真理，至少语言符号的流通会推迟我们与事物的见面、占有、触摸和对它做某种当前直觉的时间。因此，我们要适当地从推迟我们与事物见面的人文知识世界中退回到直接的生活体验中来，即使我们对哲学家关于真、善、美的争论置之不顾，承认有关于真、善、美的确切知识，对这种知识的持留，也不能给我们以美好生活。我们必须要从真、善、美的"知识"退回到面对真、善、美的"行为"。进一步说，在人文知识的研究学习中，我们需要提倡一种"动词思维"，而非"名词思维"。② 孔子就很清楚特定的语义永远网不住无常的事物的道理，因此他在《论语》中，"罕言利与命与仁"，孔子"罕言"对"仁"等中心词汇下定义，只注重在具体生动的对话情境中显示其在本性上多样的语境含义或"生成"的含义。人文知识的本性一如语言的本性，只在交流中显现和生成自身。因此有人认为人文知识是一种"境域知识"，"互惠性知识"。语言是以"情境化"和"境域化"方式复活自身的，我们也必须在"背景·环境·情境·意境"之中去体验人文知识。

以上六个方面的描述相互之间存在紧密的关系，它们共同构成一个整体。

---

① 冯俊等：《后现代主义哲学讲演录》，商务印书馆2003年版，第559页。
② 赵汀阳：《一个或所有问题》，江西教育出版社1998年版，第63页。

四　人文教育的本体性特点

通过对人文学者、人文（知识）学科、人文思维、人文精神等范畴的内蕴进行分析，为深入探讨人文教育的特点提供了整体性的基础。人文知识的特性在相当程度上决定了人文教育的特点。

一般地说，人文教育是通过人文知识培养人文精神。因此，人文教育的实质不是知识性、技术性的，而是精神性、智慧性的！它最终要解决的不是"头脑"问题，而是"心灵"问题，——尽管常常需要通过头脑的"高度"而达至心灵的"深度"。人文教育与科学教育不一样，比如，一位没有科学精神自觉意识的人，并不表明他掌握的科学知识、科学技术对他个人和社会毫无用处；而一位没有人文精神自觉意识的人，即便他有满腹经纶的人文知识也不行，人文知识性的东西只有在人文精神的层次上，其价值才能得以复活和显现。达不到精神层面的"人文教育"是没有真正意义的。因此，探讨人文教育的特点，首先须以人文教育的"精神性"为突破点，来把握人文教育的特点。

（一）人文精神获得：主体间不可替代

人性主要表现于人的精神的丰富性，而这种丰富性的获得就其实质而言是他人不可替代而须自己作为主体去独自完成的，外在的人和事仅仅可以产生影响、引导的作用，精神是要通过自我来实现的。

众所周知，在科学领域，少数杰出的科学家是可以替代我们普通人去发现和理解宇宙奥秘的，我们可以被允许不理解科学的内容而享受科学的结果。比如，老百姓如果不理解爱因斯坦的相对论，对他的生活幸福和工作成绩并不存在多少影响。从这个意义上说，科学可以生长在"象牙塔"里，不为普通人所知，由科学家替代他们工作，甚至替代其理解。这种情况在技术领域更是极为普遍：我们可以不知道计算机的深奥科学原理与计算机的内部构造，我们只需学会如何在键盘上灵活操作就行；我们有病到医院请医生诊断并由他对症下药开处方治病，我们可以不知道、不理解病理，可以不清楚为什么开这样的处方以及这些药物的成分及其药理过程，我们只管认真按医嘱用药就是了，等等。在工程建筑方面，普通老百姓可以不知道建筑原理和建筑设计，可以不了解建筑材料，甚至可以不知道如何装修，只要手头有钱，就可以买房子来享受。总之，就科学、技术和工程等方面来说，他人可以替代我们去想我们永远无法理解、不可能想到的事情，他人可以替代我们去做我们永远无法做到的事情，而我们只享受其结果。不"懂"科学奥秘并不意味着不能掌握和使用相应的技术，况且，许多物质性和技术性的东西，还可以用某种交换方式而直接拥有。

或许科学的、技术的、经济的等诸多事业的发展可以是部分人的事，可以由此部分人去替代彼部分人完成某事，而唯独人文精神这项事业是所有人的、每代人的、每个人的分内事业，不可能靠少数几位人文精英的辉煌努力而替代普通大众的人文精神建设。在科学技术领域，少数精英可以替代我们发明创造，机器可以购买而得，但精神却是购买不来的，即便买了一张 VCD 唱片，也不等于就得到了美的音乐，买了一本人文巨著，更不等于就有了一套人文思想。思想家可以引导我们思想，但代替不了我们思想，思想的财富（作为名词的思想）只能通过思想的方式（作为动词的思想）去继承和受用，精神的东西只能精神自己来创生。

可见，人文教育不可能是少数人的专利，它内在地具有社会性、大众性、广泛性和普及性的特点。我们当然需要人文泰斗、人文大师，就像我们需要科学大家一样。然而，如果我们仅仅拥有人文精英（在象牙塔里）而没有人文大众（在社会的每个角落）的话，我们就绝不可能耕耘出肥沃的人文土地，也就没有真正的人文进步。这就意味着，如果说科学进步可以通过精英战略加以实现的话，那么人文进步则只能通过大众战略才可实现。人文精神的建构是每个人不可推脱、必须自己亲自介入其中去完成的分内事。因此，人文教育本质上是"普及教育""义务教育"。——从这一侧面我们已可感受到为什么人文精神进步比物质文明进步更为艰难了！

（二）人文精神财富：主体间不可转让

精神财富的不可转让性决定了精神建构（过程）的不可替代性，两者之间是紧密联系的。精神财富是不可转让的，这就如同我们不可能像父亲通过一纸遗嘱便即刻将自己辛苦一辈子留下的物质、经济遗产转让给自己不努力的后代一样（不管后代是否参与这个财富的积累过程），而将"精神遗产"即刻之间"转让"给他者。物质财富一经转让给某人，某人就有法律权力直接支配（包括直接享受）这些财产，而精神财富却不可能像"继承"物质财富那样可轻易完成。精神财富的"继承"其实就是一个在价值认同中，自觉地不断学习、不断理解、不断体认、不断发扬的"精神劳动"过程，没有这样一个过程，我们就不可能去"支配、享用"这笔精神遗产。可见，它的艰难性恰与物质财富继承之轻易性构成鲜明对比。这两种"继承"的"合法性"条件完全不同——物质财富的继承靠一种"法律资格"，而精神财富的继承则靠一种"能力、价值资格"。比如，物质遗产可以在法律上明确指定由谁来继承——继承者是被动的，而精神遗产则无法由导师亲定由哪位高足来继承——继承者是主动的。精神性继承的权力完全由继承者自己根据其价值观和能力来决定，思想的发明者不可能根据自己的喜、怒、哀、乐确定他的继承人。如果有人想将思想继承的主动权握在自己手里，其结果很可能让他的在天之灵失望。思想不是自然遗传下来的，在精神领域不存在"父是英雄儿好汉"的定律。在思想、精神的发展史上，常常出现"有心栽花花不开，无心插柳柳成荫"和"墙内开花墙外香"的情形。

如果说物质财富可以直接转让并即刻完成继承的话，那么精神财富则只能逐步"继承"逐步"转让"，——另一种意义的"继承"和"转让"。就是说，作为名词的思想只能通过作为动词的思想去继承，在这里我们把"继承"视为一个精神过程来看。严格地说精神性的东西是超越经济学意义的价值论的，思想的本质是无价的、无私的、开放的，我们无法用所谓科学的方法去计算出一种精神、一个思想在市场交换中能值多少钱，人文思想更不可能如某种新技术一样可去申请"专利"，从而让使用者补偿一定的费用。虽然现在有知识产权的概念，而它显然是用来保护著作不被盗版，却不是（也无法而且无须）用来防止精神、思想被"盗用"的。由于思想不可经济学地转让，不可市场性地为某人独占，它成为人类共同的显在和潜在的资源。

精神财富的不可转让性，意味着人文精神很容易在时间上丢失在空间上阻隔。因此人文精神的弘扬，需要向人们凸显人文精神的价值魅力，激发人们产生高度的自觉性和责任感，形成人文传统、人文风气、人文风俗。虽然精神资源不具有经济学和法学意义的转让性，但它却有教育学意义的引导性，可由他人和某事物加以引导，加以激发。

（三）人文精神成长：主体不可停歇

人文精神的不可替代性、不可转让性，逻辑地导出了人文教育的不可停歇性。停歇即停止和不顾人文养育、无视人文积累，这将必然同时带来人文性的倒退、放弃、堕落。

科学技术史可以是一部人类认识自然、征服自然的进步史，可以表现出逻辑的历史递进性的发展过程，因此，停止未见得就是倒退。但是，人类人文精神的历史则未必似科学的历史发展那样总是表现出这种递进性的发展进步的。我们有充分的理由确信现代科学一定比古代科学更加进步，但我们没有自信说现代人文精神必定比过去更为进步。那是因为科学的进步存在历史继承的逻辑性关系，而人文进步则不具有这种意义的历史继承的逻辑关系。在人文领域，经验的力量远比逻辑的力量强大，经验永远比理论对人的影响大。人文养育不仅在于不停地进行理论化的教育，而且更在于不停地进行经验解释和给予良好经验的唤醒。科学教育的问题主要是头脑的科学认识科学方法的问题，而人文教育的问题则主要是心灵的体认问题，不光是一个认识问题，体认自然是不可停息的。

关于人文养育的不可停歇性，我们可以用古希腊神话中"西西弗斯"的命运来形象地将它作一比拟。由于触犯天条，西西弗斯被罚每天从山谷向山顶推一块巨石，巨石一旦推上山顶，它又会滚落到山谷，然后，西西弗斯又需重新开始推石的工作，……他就这样周而复始永远不可完结地重复工作着。人类人文教育的命运，恰似这西西弗斯的命运！我们可以在一定时间里建造能经受强烈地震的大厦，大厦一旦建立起来，在"建立"方面我们基本可以"一劳永逸"，接下来只是如何安全、合理使用的问题。而人文精神性的东西则不然，它不可能一劳永逸，一蹴而就，需永在建设之中，处于永远不能完成的状态。它就像"西西弗斯"必须永远不停地推动手中的大石，不可松手，否则一落千丈。这块大石象征着人类追求生活意义的永恒主题，每一代人以及每一代人人生的每一个阶段都要不停地面对这个主题。人文教育、人文修养正是一项永远不可松懈的工作，它不是那种一旦"完成"就自动处于完成状态而不再改变的事物，曾经的辉煌并不必然意味着现在的高峰。就像人类历史上不断演绎着的在一个伟大的人文时代之后，会骤然进入一个践踏人性的黑暗时代所表明的，人文进步并不存在必然的历史递进性。人文精神的时代高度更多的不是取决于历史而是取决于"当代"的人民。如果说现代人一定比古代人更有科学头脑，那么，现代人则未必比古代人更具人文精神。就个人人生而言，人文精神的进步也不一定随年龄的增长而进步。人文精神必须表现在自觉的守护、探索、反思之中。人文教育就是一种自觉的精神守护和精神阐释，放弃守护和阐释，人文精神就要堕落。所以说，人文教育的命运恰似西西弗斯的命运，也是人类精神追求的命运。我们不要有"毕其功于一役"的教育心态，人文教育只能在"永劳"之中求得"逸"的喜悦。

（四）人文精神教化：隐喻话语方式

　　人文话语与科学话语相比，一个重要的不同是人文话语的隐喻性、混沌性和科学话语的普遍精确性、清晰性。这个表达上的根本不同导致了人文教育与科学教育在教育方式方法性质上的重要区别。自然科学大多可以应用数学性的、纯粹符号性的精确的直接陈述，不容易引起理解的歧义。而形而上学性的人文学科则植根于语言的各种隐喻用法之中，因此在人文学科中隐喻性的使用语言，是我们不得不如此的事情。于是表达的隐喻性、间接性、混沌性就成为所有人文学科的共同特点。比如哲学中的用语往往没有清晰的所指物，名词并不代表某一真实的客体，诸如"本源""自我""理念""神""无""道""自由""存在""自然""灵魂""意识"等，它们都缺乏确定的所指意义，这些概念除了指向另一些概念之外，并不指引任何实在的东西，语言的隐喻指向隐喻的语言。类似的情况存在于所有的人文学科之中，这些模糊的词汇就是隐喻。

在哲学和宗教的陈述中，普遍存在着隐喻语言的使用，一种基于某种相似性的类比方式。或者说，哲学与宗教就存在于语言的隐喻中。维特根斯坦指出：语言的比喻用法渗透到所有伦理学和宗教的表达之中。① 我们所有的伦理学和宗教的用语在这种意义上似乎都被比喻或寓言式地使用着。人文科学本身乃是一些深深植根于隐喻的学科。

但是，人文学科的研究者、著作者和教育者对此并没有高度自觉，而是大多追求自然科学意义的科学标准来要求人文理论的表达，无视"隐喻"乃普遍存在于人文学科之中这一无法回避的事实，神思梦想欲找到一套不言自明，不需要再作解释的词汇。然而这一苦苦追求的结果，到头来反是决定了它自身的封闭性状。结果把人文教科书变成了概念的"木乃伊"，把人文教学变成了干巴巴的鹦鹉学舌，毫无想象力和创造性，重复制造着一个个"白色的神话"。

法国哲学家德里达曾引用一位作家的一段话来质疑这种状况。这段话是这样说的：

> 我是在想，当形而上学家们为自己制造一种语言时，是多么像磨刀人。只是他们磨的不是刀剪，而是将徽章和钱币置于磨刀石上，磨去它们的标记、价值和头像。当他们把这些硬币磨得溜平，什么也看不见了，无论是艾德华国王、威廉皇帝，还是共和国，他们就说："这些硬币，现在同英国、德国和法

---

① 万俊人：《维特根斯坦的伦理学演讲》，《哲学译丛》1987 年第 4 期。

国完全没有关系了，我们已将它们从一切时间和空间的限制中解放出来了，它们不再是等值5个先令，而有了无以估量的价值了，它们的交换价值是无限扩大了。"他们是说对了。通过这些穷竭心计的磨刀人的活动，语词从物理义转向了形而上学义。显而易见，它们是在这一过程中迷失了。①

与如上的意思差不多，哲学家胡塞尔也曾讲过一个故事：小时候嫌一把小刀不够锋利，于是磨呀磨，最后刀被磨没了；后来搞哲学，也想把哲学磨成最纯粹的思想，结果也磨没有了。

显然，当我们把人文语言变成实证主义所谓的"科学语言"时，我们的工作就变成了"磨刀人"的工作，在我们的教学话语中，充塞了"磨刀人"磨得溜光的"白色的神话"。

承认和充分重视人文学科的隐喻性，是我们进行人文教育研究和改革的理论前提。这意味着人文教育在本质上即是揭示隐喻的过程——重现硬币上被磨去的图文。它规定了在教学上人文教育不同于科学教育的特点——那就是人文教育不是用概念解释概念，唯一真正要做的是给出一个语境，给出使意义在其中得以显现的场所，从而使思维不至于束缚于个别之物、特定之处境，而进入本质性的、语境性的意义领域，进入思想的状态。教学就是给出一个语境，以使学生生成意境。要达到隐喻的底蕴，人文教育往往需要通过明喻作为理解的"摆渡"和"指引"。事物的相似性是比喻的基础，要理解抽象的人文道理，就必须寻找到能通向理解的好比喻，所以好的人文大师往往就是比喻大师。洞察到语言的隐喻本性的哲人常常比一般人更加极端而本质地使用隐喻。比喻在人文教育中有极为重要的价值，不懂比喻就不懂人文教育的方法。宗教领袖人物大多都十分精通比喻在教义传播中的特殊作用，宗教领袖往往是语言的比喻大家。这点，在耶稣、释迦牟尼等的传教话语中有充分的体现。大学的人文教育是建立在科学的世界观基础上的，在具体的教学方式方法上，我们要学会如何通过比喻的方法使学生得以登堂

---

① 转引自陆扬《德里达·解构之维》，华中师范大学出版社1996年版，第125页。

入室，我们要注意激发学生的想象力，通过比喻使学生找到人文道理的"感觉"。人文教育就是培养这种感觉，而不在于告诉人文知识，更不在于背诵人文教条。

许多人以为人文学科及其教学不过是告诉学生一些人文知识，然后让他们"记住"这些知识而已，不像科学教育需要创造性的培养，其实，此言差矣，成功的人文教育必须是充满想象和创造的。

（五）人文精神内化：人文道理体认

自然科学的理论能在实验室里重复验证，而人文科学的实验场就只能是我们的历史、社会生活、现实人生。它的理论很难关在实验室里重复验证。因此要真正把握住人文道理，就不能停留在一般意义的逻辑理解而要特殊的心灵体认。

人文性的体认就是一个"视界融合""心灵还原""潜入文本"的过程，即将人文的概念与理论转换为心灵中事件过程的重演与感情的体味，我们甚至可以将这种体认称为"心灵的实验"。这种潜入生命深处的实验是人文学习和思想创造的基础，也是塑造自我的基础。人文体认性对人文理论的学习和创造是至关重要的：首先，体认过的知识构成个体人文知识的基本积累。学术化了的人文知识大多是抽象化、理性化、概念化了的表达式，对这些东西的把握不仅仅在于理解文字的意义，而在于通过体认，通过内心思想的重演，通过设身处地地"回想"，尽可能领会把握一种内在的意蕴"。只有在体认层面上的深入才能使知识的积累变成融入身心的真实存在，从这个意义上说，体认甚至是人文学习和创造的一种思维方式。其次，体认是打通学科间限制的重要方式。从体认出发能轰毁专业设置的网络，深刻把握住被研究的对象，融会贯通、自由驰骋于思想的畛域，选取不同的表达方式最佳地体现自己的思想，最终成为专业的拓疆者而不是死守者。再次，体认才能提出人文领域的创造性问题。在人文学科领域，只有通过体认才可能发现真正有价值的问题，学习者和研究者的体认越是潜入生命的深处，提出与解决问题就越具有原创性。最后，体认能消除学习的僵化、概念化倾向。体认是对于理论或现象的心灵把握，是人心对于人生的直接贴近，它能够击破思维的惯性与惰性。理论、概念在被教条主义地搬用、重复、扩张与滥用之后，它本来包容蕴含的体验与深层含义便渐渐地溶化、分解、褪色，变得无力。最后便成为空洞的抽象，随处可贴的标签。抽象之中的具体性、丰富性及心灵的体验不断被磨蚀后，理论与概念便有可能被转换成一种准意识形态化的话语权力，反过来制约人的思维，满足思想的惰性，消除人的体验。而从个人体认出发进行深入理解，却能使思维脱离惯性的轨道，获得真正原创性的思想。

从以上体认的作用中我们可以清楚地看到，"体认"是人文教育的条件又是人文教育的结果。如果教师没有深刻的人文体认，教学过程缺乏对体认的引导和唤醒，不把体认作为人文教育效果的考察指标，人文教育在方法上就必然陷入根本的失误。

（六）人文精神外显：得意而忘言

柏拉图在《斐德若篇》中有一个插曲谈到古埃及国王塔穆斯，说他接受了古神图提发明的数字、算术、几何乃至天文等在内的许多东西，而唯独谢绝了他所发明的文字这份厚礼，其理由是："你所拿给你的学生的东西只是真实界的形似，而不是真实界的本身。因为借文字的帮助，他们可无须教练就可以吞下许多知识，好像无所不知，而实际上一无所知。"[1] 这个插曲将文字、言语、教育的三角关系尖锐地表达了出来。关于文字和命名，林肯·斯梯芬（Lincoln Steffens）也讲了一个很形象的寓言，他说道：有一天我和萨坦正漫步在第五街道上，就在此刻，我们看见一个人突然停下，从空气中抓下一片真理来。他确确实实是从空气中取下一片活生生的真理的。我问萨坦："你看见了吗？""你难道不为它感到担忧？你难道不知道它足以毁灭你吗？""我当然知道，但我并不担忧。我来告诉你这是为什么。这片真理现在还是一个美丽的活生生的东西，但这个人将会首先给它命名，然后再把它加以组织，到那时它就死掉了。如果他让它活着并且去体验它的话，它就会把我毁灭。但我并

---

① 《柏拉图文艺对话集》，朱光潜译，人民文学出版社 1963 年版，第 169 页。

不担忧。"① 的确，文字本是为了揭示真理，但真理一旦变成文字的形式，人们追求真理的命运就坠入了文字的陷阱。尤其是学习者，特别容易误把文字当成真理。萨坦的见解击中了人类语言文化之要害。

虽然塔穆斯国王拒绝文字，萨坦嘲笑文字，但事实上人类从来就没有放弃文字，充满缺陷的文字对人类文明的进化有着不可替代的作用。当然，与此同时，人类亦饱尝着文字所预设的重重陷阱之苦，这也许正是文明进化的代价。那么，如何舒缓这种痛苦呢？文字的陷阱只能靠适当的"言语"来"摆渡"。

人文性的道理和思想总是丰富的、立体的，而表达这些道理的文字则往往是平面化的，文字把立体的思想平面化了，就像画面对实际事物的描写。在画面中，各种立体的关系被平面地描述出来，平面化了的关系当然不等于本来立体的关系，但我们必须有能力通过平面关系看出原来的立体关系。正如我们要通过平面关系看出原来的立体关系，我们的人文教育的重要任务就是要帮助学习者透过文字看思想，透过语言懂其精神实质。那么，怎样才能透过文字看思想呢？就教学而言，便是将生机勃勃的思想从死气沉沉的文字中活化出来，即将文字还原为言说，将死的文字转化为活的言语。值得注意的是，教育的言说并不是仅仅将无声的文字变成有声的文字而已，——不是照本宣科，不是简单地从语言（文字）到言语（口说），而是在透过文字去看思想后重新形成言说，这种言说才能直传真理。更加重要的是，人的精神成长必须通过人与人——我与在场的人和我与不在场的人——之间的交流与对话，这样的言说活动来完成。言说使精神成为共生共享的生态存在。

何以人文教育的有效性在于其言说性？朴素的传统语言观还有所揭示。

柏拉图传统语言观的基本观点认为，言语是思想的外衣，文字是言语的外衣。言语是脱口而出的话，文字是反复斟酌的书写的记号。按照柏拉图下衍的语言观念，唯言语由于带有自发的、直觉的

---

① 转引自［美］马斯洛《动机与人格》，许金声译，华夏出版社 1987 年版，第271 页。

性状，可以直传真理。盖言语同思想一样转瞬即无踪影，使语音符号出口的同时便完全消失，而与逻各斯合二为一。反之文字却是令人沮丧，被认为纯然是言语的派生之物，是用死气沉沉的书写符号来记录鲜活的言语经验。而且由于说话人不在场，读者产生误解，或有意曲解，也是查无对证。你能叫文字开口说话吗？自然不能。所以文字永远是词不达意，障掩了思想的本来面目。概括地说，言语与文字的区别在于：言语：本源的，自然而然；内在的，是为真实；本体的，生机勃勃；直接的，说话人在场。文字：派生的，人为设置；外在的，是为影像；附饰的，死气沉沉；间接的，说话人缺场。由是观之，直传真理和思想非言语莫属，文字则好比包裹了言语的衣裳，是用幻相掩盖本质。本真的传达仅仅存在于人与人之间，——人与人之间的言说、对话、交流。教育就是对文字的言说，教育就是对文字的阐释，教育就是通过言说使文字想要表达的思想得以复活。人文教育者要使文本转换为真正的言说过程，他首先必须是文本的思想者、体认者，从而使自己的言说变成思想的言说。

中 篇

人文教育"功夫"论

第七章

隐　　喻

　　近代以降，科学和技术在"观念世界"和"生活世界"都构成了强大的主导性影响，甚至在思想和精神领域形成了科技"拜物教"。科技思维的核心是概念，教育及其理论研究的思维范式也深陷于对象化的"唯概念"思维迷误之中。对象化的"唯概念"思维可以解决教育中的科学性和技术性问题，但如果这种思维成为整个教育领域的思维霸权而对教育的人文性问题也予以殖民，人文教育就将被概念化、抽象化、形式化、符号化。教育的人文性就会被扭曲和遮蔽。环顾现实，教育工作者的教育语言变得越来越"长于"抽象化的概念语言，而"拙于"形象化的隐喻语言。教育语言显得枯燥而呆板，教育日益失去诗意，教育的人文魅力日益消遁于概念化语言之中。教育要回归和彰显人文性，首要的是人文教育要自觉将理性的与非理性的、概念的与非概念的思维和话语方式结合融通，这就需要复兴人文教育的"隐喻"智慧。语言是存在的家园，教育的家园里既要有钢筋水泥般坚硬有力的概念符号，又要有栩栩如生、生机盎然的隐喻话语。教育话语既要"知其白"，又要"守其黑"，不忘初心，扎根本源。

一　超越对象化的"唯概念"思维

　　众所周知，近代西方科学革命以来，特别是经过启蒙运动和现代实证主义的推波助澜，一种客观主义的科学观和知识观逐渐成为人们看待知识、真理的主导性观点。客观主义在标举科学的客观

（objective）、超然（detached）、非个体（impersonal）特征的同时，还强调完全的明确知识是一切知识有效性的判据——即一切知识的合法性在于其具有完全的言明性，没有完全言明性的知识就不是科学知识，而不是科学知识的"知识"就只能是虚假知识，虚假知识是不具有存在合法性的。逻辑实证主义就是这种知识理想的典型代表，他们把科学等同于一个高度形式化的，可以用完全明确的方式加以表述的命题集合。

这种思想势力对中国的人文学术和人文教育产生了直接而深远的影响。主导这个时代的知识信仰是：在客观化、逻辑化、对象化和概念化的科学之外，再也不存在具有同等价值的其他知识形态。在他们看来，科学标准是衡量一切知识真伪的标准，而概念思维也就顺理成章地成为思维的"意识形态"！按照这种知识的标准，人文知识和人文学术要在现代学术体制中取得自身存在的合法性，就必须获得科学话语这张通行证。因此，在这种意识形态的规训下，异化了的"唯概念"思维就成为人文思维和教育思维的集体无意识。按照这种思维，如果要"拯救"中华传统文化使之在当代具有"存在价值"，就必须对那些被称为"含糊"的、"感性直观"的人文关键词进行"科学化"和"概念化"的重新审视、评估、诠释和改造。这种判据一旦落实，就意味着如果某些思想和知识被判定为"不科学"，就等于宣布了这样的知识"不真，荒谬，没有价值"，从而失去其存在的现实合法性。于是，"唯概念"思维就成为人们思维王国里的合法魔咒。在人文学界，自胡适和冯友兰以来，以"逻辑的、科学的"方法来治人文学问的做法几乎被各门派共同信奉。从此，中国传统人文词汇和知识的关键词都得接受西方哲学和逻辑学意义上的"概念分析"才能重获新生。而任何不合乎这条概念化标准者，就被当作无思想含义的东西抛到思想视野之外。这样一来，在思想观念和方法上，我们与"循"人文道理、"求"人文智慧的传统文化之间便产生了深刻的思维断裂和思想隔膜。

对象化的、"唯概念"的人文知识形态及其运思和研究的方法将直接转换为人文教育的思维方式、教学方法和评价方式。而人文教育对象化、概念化思维方式的普遍化又会进一步演化为整个教育和社会的思维习俗。于是，现代人文教育在思维和精神层面上就会与中华人文传统之间渐行渐远。思维方式的格格不入使现代人与传统之间行如陌路，传统宝藏日渐荒芜。现代教育成为工具理性、概念思维主导的疆场。片面强调概念思维（或理性思维）而否定"非概念思维"（或非理性思维）的价值和意义，使现代人普遍出现思维的单面化缺失。人文教育在这样的思维主导下，要么就"不得其门而入"，要么就"文不对题"搞错方向。

　　事实上，用这种二元对立的"唯概念"的唯理性主义思维作为基本的乃至于是唯一的思维方式来探索和解决人文世界的问题，就势必误把人当成物，把"人文"当"物理"。其实，人文知识不单是解释一个给定了的世界，它还同时在创造一个理想的世界；人和社会不仅仅是人文知识的对象，它同时还是人文知识的"作品"；人文知识不仅是对社会事实和问题的表达，还是对社会事实和问题的改写；人文认识不仅改变着认识中的人文世界，还同时改变着认识者自己。因此，赵汀阳说，人文知识既是对命运的理解，又是对命运的参与行为。① 所以，对象化的"唯概念"思维不能完全适应循"人文道理"的生活世界。生活世界不仅需要"科学认识论"，还需要"人文认识论"一种存在论和本体论，② 也就是我们强调的本体功夫论。本体功夫论是"主客合一"存在论，类似于老子说的"以身观身，以家观家，以乡观乡，以邦观邦，以天下观天下"③。因此，人文教育要超越对象化的"唯概念"思维，要复兴教育的本体功夫。

二　回归本体性的"象思维"

　　当然，我们并不否定概念思维的伟大功劳。概念思维自近代以

---

　　① 赵汀阳曾经指出："关于命运的知识"转变成为了"决定命运的知识"，"关于社会的知识"变性成为了"关于社会知识的政治"——认识论问题同时就是个存在论问题。（赵汀阳：《关于命运的知识》，载《论证》，辽海出版社1999年版。）
　　② 涂又光：《论人文精神》，《中国哲学史》1997年第1期。
　　③ 《老子》第五十四章。

来，促进了科学理性与工具理性的发展，成为人类创造现代文明的基本思维方式。虽然概念思维不能进入人文之"道"，不可能获有"道"的真正体味，但是，它的"道"外谈"道"对于积累和系统化"道"的知识，并由此推动思想理论的重构，仍然有其价值。问题在于，当人类在运用概念思维方式取得巨大成功的时候，却逐渐将这种思维方式绝对化或异化了。

为什么单纯的概念思维会导致人文教育不得要领呢？从概念的定义来看①，概念思维方式的性质是一种抽象化思维，事情一旦被抽象，在思维上就变成了形式化的东西，形式化的结果容易导致思想上抹去人文世界的具体性和鲜活性。概念思维方式的性质是一种对象化的思维，它把任何事物都作为摆在眼前的对象加以认识和研究，这就势必失去人文思维的"同情心"和"同理心"特性。概念思维还是一种规定性的思维，即通过对事物加以规定和限定而开展其认识活动，来把握事物的本质。这种概念思维的基本前提乃是主客二分。而人文教育是循人文道理的教育，"道理"有着本原性、整体性、主客融合性（即"物我两忘"）特点，如果把人文知识这种引人入"道"的知识仅仅进行"抽象化""对象化"处理，必将使原本合理的概念思维发生异化——不合理地自我膨胀。显然，概念思维走到极端后，与循人文道理的人文教育就背道而驰了。

由于人文教育是教人入"道"的教育。而道却往往"道隐无名"，"大象无形"，且"道可道，非常道"，很难下定义，即便下了定义也未必使你的理解会更深刻、更准确。这就表明单纯用概念思维是无法与"道"接触，无法入"道"的。然而，现代学校却普遍用单纯概念思维的方式来进行人文教育，结果就出现学的概念和

---

①　为了更好理解这个问题，我们先看看教科书和辞典是怎么理解概念的。所谓"概念"是指"人类在认识过程中，把所感受到的事物的共同特点抽出来，加以概括，就成为概念。比如从白雪、白马、白纸等事物里抽出它们的共同点，就得出'白'的概念"。（《现代汉语词典》）英文《韦伯字典》的有关定义是这样的："Concept"是"对特殊例子作普遍化而得到的抽象的和一般的观念。"另外，"（概念）是反映事物的本质属性和特征的思维形式。……概念具有抽象性和普遍性。……任何一个概念都是通过语词来表达的。……一般说来，实词都表达概念，而虚词不表达概念"（《逻辑学辞典》，吉林人民出版社1983年版，第802页）。

知识越多，似乎却越不懂得人文之道的反常状况。如果想真正与"道"接触，入其"道"中，得到真正的人文体味，就必须适当地换一种思维方式。我们需要换成什么样的思维方式呢？中国传统智慧正是在这点上给了我们值得继承的思想精髓，这种精髓由著名哲学史家王树人先生概括为"象思维"[①]。王先生认为，要继承中国传统人文功夫或人文智慧，就得适当中止概念思维或逻辑思维而进入"象思维"，只有通过"象思维"才能进入和体会到"道"或"大象"的滋味或境界。其实，即便是一贯强调"逻各斯中心主义"的西方思想史，也有许多伟大的思想家特别注重"非概念的思维"，海德格尔就说过，伟大思想家都非概念地思想，"共同"和"也"是生存式的，不能通过范畴来理解，思想的严格并不在于概念的技术上的和理论上的严格性。维特根斯坦也强烈批评形而上学的概念让语言"打空转"，他也看到了非传统概念性词汇不同寻常的意义[②]。克尔凯郭尔就是一位典型的寓言哲学家，他的寓言式哲学产生的人文教育意义具有世界性。

因此，人文教育不是要否定明确知识而是要运用和超越明确知识，进而达到默会知识的深度。我国现代哲学的研究表明：人文知识的默会性不是绝对的"不可说"，而是指不能用命题来加以表述，语言不能归约为命题之和，在命题之外，还有各种类型的言说方式，比如"隐喻地说""诗意地说""戏剧地说""寓言地说"等。所以，"言说"依然是人文教育的重要而有效的方式，关键是如何

---

① 王先生指出：象思维是非概念性思维，是非理性思维（"非"不是"否"，也不是"反"，象思维与概念思维不是相互排斥、相互否定、水火不容的关系），如能唤醒并进入"象思维"，就必须首先锻炼具有能在思维活动里恰当地中止概念思维的功夫，使自己"复归于婴孩"，重建思维的创生机制。对于中止概念思维的功夫来说，在历史上，可资借鉴的有《周易》和易学家的"象以尽意"的功夫；有道家的"体道"功夫，如《庄子》所描述的《庖丁解牛》等，以及《老子》与《庄子》的诗化或寓言化的表达，即求言外之意的表达；还有禅宗通过"机锋""棒喝"以及无言的种种"示意"的功夫。（王树人、喻柏林：《中国传统智慧再发现》，作家出版社1997年版。）

② 维特根斯坦曾指出，一个被认为去表达某种概念的词即使不满足传统概念理论的要求（比如普遍性和抽象性的确定性），也可以有，在某种情况下甚至更加有意义。维特根斯坦一向强烈批评理论的、概念化的形而上学和哲学，因为它们"让语言放了假"，在抽象的普遍性和确定性中打空转。转引自张祥龙《中国古代思想能否概念化》，《读书》1999年第7期。

言说。比如在特定"语境"中的"语调"就能使人文言辞得到神奇的复活——就像上帝给泥人吹了一口气，从此复活一样。语调并不是在言辞本来的意义上简单地增加或减少一点意义，具体对话中的语调具有一种总体上的熔铸力，所有语词的矿石在这个熔炉里都被重新冶炼，意义都被重新分解组合，从这个熔炉里出来的产品已是浑然一体的钢铁，一种与矿石相比是完全不同质的东西。当然，由于默会知识不仅非命题所能尽，而且非语言所能尽，就还得寻找其他非语言的方式来表达，比方说行动就是一种重要的表达方式。挪威哲学家格里门认为："就对知识的表达而言，行动是和语言同样根本的表达方式。"[①]

在人文"学问"传承的人文教育领域，中国数千年的传统文化积累了深厚的智慧，这些智慧的核心就是建立在汉字符号的"象形性"根基以及对语言的悲剧性认识基础上，强调"象以尽意"的"象思维"智慧。美学家宗白华就说过，中国字是象形的，后来中国文字渐渐地越来越抽象，但是，骨子里头，还保留着这种精神。[②]中国的人文教育必须立足于中国汉字符号的特点，中国汉字对中国人的人文思维具有根源性影响。如果无视本民族文字的特点，人文教育就将失去根基。因此，人文教育理论和方法的研究和应用都必须高度重视汉字的特性。汉字的特性使人文运思体现出"象思维"特征，具体表现就是：汉字字形的观物取象，汉字字音的依声定音，汉字字义的以象示意以及汉字意象的一多互摄等方面。这些都是汉字与拼音文字相比所具不同的人文功能，这就使中国传统人文教育形成了一条基本的方法论，归纳地说就是"观物—取象—比类—体道"。对于使用汉字的中国人而言，"语言是存在的家园"是很好理解的，古人对汉字都抱一种敬重的心情，这就为传统人文教育奠定了一种独特的心理基础。再者，中国文化对语言是否能表达真正的"道"是持一种极为小心而悲观的态度的，庄子就说过："道

---

　　① 转引自郁振华《走向知识的默会维度》，http：//www：nousland：net/data/mo-hui：htm。

　　② 宗白华：《艺境》，北京大学出版社 1987 年版，引自《中国书法里的美学思想》一篇中。

不可闻，闻而非也；道不可见，见而非也；道不可言，言而非也。……道不当名。……道无问，问无应。"① 禅宗的人文教育智慧便在语言与道之间进行了深刻的探讨，在"不立文字"与"不离文字"之间，其文字禅、看话禅、默照禅等独特的"对话"而"开悟"功夫，都是为了运用文字而突破文字深入人文底蕴的精深实践，所谓"开悟"就是语言开出了思想或精神之"花"！语言文字是携带着人文道理的种子，人文导师则以适当的方式将这些种子播撒到接受者的脑海和心田，在脑海和心田适当的温度和营养氛围中，这些种子通过一定时日就可能慢慢成长（或生长）起来，当然，也可能"机缘"不够，这些种子永远也不可能生根发芽而"胎死腹中"，所以人文教育必须强调教育的"时机"和"慧根"。

　　人文教育要真正传导出真理和道理，就必须成为语言的淘金者（驾驭者）、语言的治疗者和语言的超越者。人文教育者必须对语言的本性有着深透的把握。我们对语言确实需要保持一份有深度的信任警觉。即便黑格尔这样信奉逻各斯主义的哲学家都在其《精神现象学》中明确指出，语言具有一种颠覆真理的本性。我们每个人为了要"说出"我们各自所感受的世界，就不得不为我们感受到的世界"命名"，因为每一"言说者"都必须借助"命名"才可能"说给"他人自己"所说的"是什么，而"命名"总是会把"言说者"感受到的"第一真实"的丰富内容抽象掉，才可能成为"命名"（名词），所以，"命名"会"扭曲"真实的世界。至于我们"说出来"的这些"命名"可以让"听"我们"言说"的人"联想"出多少我们自己感受到的东西，那就要依赖于社会交往各方"博弈"中的言说和默会能力。可见，"命名"可能面临"双重扭曲"——对真实世界的扭曲；对言说者本人意思的扭曲。

　　人文教育如何引导人们通过语言符号所表达的人文知识而深入人文之"道"的底蕴，中国传统教育智慧值得复兴。比如，孔子就很强调"喻"的功夫——所谓"君子之教喻也"，"能博喻而后能为师"；孔子还善用"境域化"方式诠释和传递深奥的人文道理，孔

---

　　① 转引自王蒙《庄子的快活》，中华书局 2010 年版，原话在《庄子·外篇·知北游》中。

子与学生讨论仁、义、礼、智、信等含义,从来不下抽象定义,而总是在情境中,以具体化的方式对当下的学生传达其普遍意义。在我们学习中国教育思想史的过程中,有些教师曾经在课堂上批评孔子没有科学概念的意识,断言其教育思想不如西方古代思想家那么科学先进。这是对中国人文传统教育智慧的误会或偏见。教育方法的改革实际上是一种深刻的文化变革,现代人文教育要继承我国人文教育传统智慧,发挥"象思维"的人文方法力量,实现文化的回归与复兴。

三 复兴"隐喻"的人文教育价值和功能

如前所述,人文教育面对的是"人文世界","人文世界"的底蕴在于人文道理,人文教育要讲"人文道理",就不能仅仅止于概念思维,而应该与中华传统的"象思维"结合。"象思维"的语言特性是隐喻的(metaphor),因此在人文教育中,要将概念语言和隐喻话语结合。越是人文性的知识,就越具有隐喻性特性。德国哲学家卡西尔就说过,语言拥有着两种权力——"逻辑的权力"和"隐喻的权力"。语言之"逻辑的权力"更偏重和适用于"科学世界"和科学理性,语言之"隐喻的权力"更偏重和适用于"人文世界"和"人文精神"。因此,人文教育既要体现逻辑能力,又要体现隐喻能力,但更要凸显隐喻的功能和价值。人文教育要将语言的隐喻权力转化为教育主体在教育中恰当的隐喻能力,这样的人文教育才能更加贴近人心和人性。

(一) 人文的世界是隐喻的世界

1. 隐喻是人类生存的基本方式

尽管"喻"是汉字作为象形文字的内在根源特性,但以拼音文字表达思想的西方哲学却对隐喻有着深刻研究,其关于隐喻的认识成果对我们的研究颇有启发意义。英语中的"隐喻"(metaphor)一词来自希腊语的 metaphora,其字源 meta 意思是"超越",而 pherein

的意思则是"传送"。因此，隐喻的基本词义就是把一个对象的诸方面被"传送"或者"转换"到另一个对象，以便使第二个对象似乎可以被"说"成第一个。① 从词源分析中我们可以看出，关键词是"传送"和"转换"，我们可以说隐喻就是某种已经形成的思想、经验、观点、体验以语言的方式向需要探索和表达的新领域新发现所进行的"转换性传送"。它是思想的交流、拓展和贯通，是学习和认知的迁移，是语境之间的互相作用。因此，我们可以说，隐喻是思想由此岸向彼岸的"摆渡"！一个隐喻就是一个新思想。在平常的语言中，不仅"如""像""似"构成了一种隐喻陈述，"是"也构成了隐喻陈述。以"是"为中心，人类思想建立了存在的普遍联系。"是"是构成普遍联系和同一性的隐喻结构。而且，许多词汇本身就是隐喻，而由词汇则进一步组合成"故事性隐喻"。事物之间的共同属性（相似性）成为隐喻产生的基础。隐喻将同一与差异包含于内，表现出一种人类认识的辩证能力。认识追随隐喻的启示，以相似为中介，可以把完全不同的现象和各自独立的客体联结起来，纳入一种可解释的框架中。

就语言来看，隐喻有多种多样的类型，从隐喻的表现形式、功能、效果和认知特点等角度，隐喻可分为"显性隐喻"（明喻）、"隐性隐喻"、"根隐喻"（radical metaphor）与派生隐喻（derivative metaphor）、"以相似性为基础的隐喻和创造相似性的隐喻"。根据隐喻的句法构成特点，可以分出名词性隐喻、动词性隐喻、副词性隐喻和介词性隐喻等。有人还从学术功能角度把隐喻分成原根隐喻、修辞隐喻、论证隐喻等。其实，神话、寓言也是隐喻，是故事性隐喻。② 事实上，隐喻不仅是人类语言"无所不在的原理"③，隐喻在我们的日常生活中，也是无处不在的。隐喻绝不局限于语言学范围内，它充塞着整个人文世界。人的内在精神总是要通过外在的形式隐喻地象征出来，人文世界就是这样的隐喻的象征世界。没有隐喻

---

① ［英］泰伦斯·霍克斯：《隐喻》，穆南译，北岳文艺出版社1990年版，第1页。
② 我国学者就认为："寓言是比喻的最高境界"，"是比喻的最高形式"，"寓言是穿着故事性外衣的真理"。
③ 束定芳：《理查慈的隐喻理论》，《外语研究》（上海）1997年第3期。

就没有象征，没有艺术。没有隐喻，人类就不可能创造出绘画、音乐、雕塑、建筑、宗教等人文的世界。因此，可以说，人文世界即隐喻的世界。① "对隐喻的掌握"将是"对我们创造的让我们自己生存的世界的掌握"。②

2. 隐喻是语言本质的结构方式

索绪尔说"类比是语言创造的原则"③。语言就是通过一种"现实"去达到另一种现实，甚至是去创造一种新的现实。所以，一切语言，由于对"现实"具有这种"转换"关系，从本质上看都是隐喻性的。隐喻并不是语言运用当中的特殊的、例外的东西，并不是"对它正常的作用方式的某种背离"。的确，所有的语言都深深地包含着内在的隐喻结构，诚如语言学家指出的那样，使用语言是不可能"直截了当"、摆脱隐喻的，因为甚至在宣称这一点的时候也要使用隐喻。隐喻是语言发生作用的方式。隐喻不是一种什么写作技巧，而是一种大脑的思维方式。

隐喻是语言的本质的结构方式。隐喻的本质特性是在不同的存在、不同的经验世界之间建立对等关系。④ 因此，隐喻成为我们全部文化的基本构成方式。

3. 隐喻是语言、神话和艺术的共同根源

德国哲学家恩斯特·卡西尔论证指出："人……生活在一个象征的宇宙中。语言、神话、艺术和宗教则是这个象征的宇宙的各部分，它们是织成象征之网的不同丝线，是人类体验的交织之网。"⑤ 正是通过制造象征，人的本质获得了规定。"人是象征的动物"

---

① 随着现代语言学、认知学和人工智能等学科的发展，越来越多的学者提出了近乎一致的判断：隐喻不仅仅是语言的修辞手段，而且是一种思维方式，作为人们认知、思维、体验、经历、语言甚至行为的基础，隐喻是人类生存主要的和基本的方式。

② 束定芳：《理查慈的隐喻理论》，《外语研究》（上海）1997 年第 3 期。

③ ［瑞士］索绪尔：《普通语言学教程》，商务印书馆 1996 年版，第 232 页。

④ 因此，隐喻不仅是语言的构成方式，也是我们全部文化的基本构成方式。人类建立象征性的宇宙秩序的能力，来自隐喻的基本功能。正像隐喻总是超出自身而指向另外的东西，它使人类也超出自身而趋扑更高的存在。语言的隐喻功能在语言中创造出超乎语言的东西，隐喻思维使人类在思维中能思那超越思维的存在。隐喻思维使得人类把存在的东西看作喻体去意指那不存在的或无形的喻义。

⑤ ［德］卡西尔：《人论》，上海译文出版社 1985 年版，第 33 页。

（animal symbolicum）。从发生学角度看，语言与神话、艺术来自共同的原初"神话母体"。在远古时代，语言与神话和艺术还是"一个具体的未分化的同一体"，它们有着"共同根基"或"共同中心"。这种"共同根基"正是"隐喻型思维"（metaphorical think-ing）。语言的权力正是"隐喻的权力"（the power of metaphor）。语言的原初本质正是"隐喻"①。隐喻的也就是诗意的、想象的或直觉的。所以维柯说"原初语言即是诗"，赫尔德尔也说"诗是人类之母语"。其实，就连来自 logos（语言、思考）的"逻辑"这个词，其最初的本义也是"寓言故事"，在希腊文里寓言故事也叫作"神话故事"。可见，在"人类文化初期，语言的诗和隐喻特征确乎压倒过其逻辑特征和思维特征。但是，如果从发生学的观点来看，我们就必定把人类言语的想象和直觉倾向视为最基本的和最原初的特点之一"②。然而，语言的基本结构方式是隐喻和逻辑，在语言获得其原初的感性根基——隐喻的同时，"语言在其自身内部就负载着另一种权力：逻辑的权力"③。"逻辑"的权力也就是"理性"的权力。在隐喻中，两种存在——人与自然——是一个原始的"统一体"，人是以"体验"的方式与此世界合一。然而，人类思维和文化不断而执着地以逻辑消化隐喻，语言的原初同一体逐步被打破，它与神话和艺术开始分道扬镳，而自身越来越为"逻辑的权力"所控制。"语词越来越被简约为单纯的概念的符号（sign）"④，而离原初的感性根基越来越远。在逻辑中，人与自然构成二元对立，语言开始了"符号化"的历程。而反倒是艺术通过营造自己"象征的宇宙"，使语言的隐喻本质获得"再生"。在艺术中，由"语言性隐喻"变成"构形性隐喻"，语言通过构形保存并更新其"原初创造力"，从而复活了全部生命。当艺术从语言的隐喻本质吸取其灵性之源时，语言成为艺术或审美的乌托邦。语言的隐喻本质正是艺术

---

① ［德］卡西尔：《语言与艺术》，载卡西尔《语言与神话》，生活·读书·新知三联书店 1988 年版，第 134 页。
② ［德］卡西尔：《语言与神话》，生活·读书·新知三联书店 1988 年版，第 103 页。
③ 同上书，第 113 页。
④ 同上书，第 113、114 页。

的本质。而"艺术的权力"也正在于"隐喻的权力"。

可见，整个人文世界都是一个隐喻的世界。

从如上分析我们可以清楚看到：对文化与艺术的理解源于对隐喻的理解，对文化与艺术的创造源于对隐喻的创造。隐喻对人文教育的意义，绝不局限于方法论，而具有本体论深度。人文教育就在于通过教师自觉而有效地采取隐喻的方式来培养学生通向隐喻世界的能力。

（二）隐喻在人文教育的历史地位

隐喻作为人类生存的基本方式，它在人文教育的历史实践中必然留下深刻的文化资源。当然，不同的文化类型反映的深度、广度、自觉程度和方式等都有所不同。

1. 中华人文教育传统深得"喻"之"道"

中国传统文化是人文指向的，它是充满着"喻"和"象"的文化，中国文字就是"象形""借喻"文字，具有鲜明的"指物性"，如果把"喻"与"象"从中抽取掉，中国文化就不再有魅力和生命力，"喻"（象）是中华传统文化的语言基因和思想密码，塑造着文化共同体的思维范式。

中国古代教育可以说深得"喻"之道，把"喻"放在了非常显要的位置。《学记》中就多次提到"喻"："君子之教喻也；道而佛牵；强而佛抑；开而佛达。道而佛牵则和；强而佛抑则易；开而佛达则思。和易以思，可谓善喻矣……能博喻然后能为师。"可见，衡量一个教师是否优秀的重要标准，就是看能否"善比而喻"。而一个教师越是伟大，就越能从最平常的事物中阐明深邃、重要的道理，此正是《诗经·大雅·抑》所谓"取比不远"。先秦教育思想家的著作中，颇多设喻取譬，尤以孟、荀、庄最为擅长此法，佳喻妙譬，通篇迭出。诗有六法，"比"列其一，"不学诗，无以言"。喻不仅关乎为师、为君，甚至涉及为人。《论语·雍也》："子曰：'……夫仁者，己欲立而立人，己欲达而达人。能近取譬，可谓仁之方也已。'"郑玄注："方，犹道也。"朱熹注："譬，喻也；方，术也。……"明代张燧《千百年眼》卷四《古文多比况》云：

"秦、汉以前，书籍之文，言多比况，当求于意外。"其实，不仅秦以前，中国历代文章，比喻色彩都很浓厚。诗教强调"比兴"，易教强调"取象"，儒家"能近取譬"，道家"能远取譬"，佛家"借喻悟道"，"喻"（以形达意）是讲学传道的主要方式，因为"喻"比单纯的"言"具有更大的优越性。

2. 西方人文教育传统重视"喻"之"用"

虽然亚里士多德把隐喻当成语言的一种"额外附加"和"菜肴里的作料"，但是他对隐喻的教育用处却给予了很高评价。他说，隐喻的"奥妙无法向别人领教，善于运用隐喻是一种极有天赋的标志；能够出色地运用隐喻，意味着具有观察事物相似点的知觉力"。"怪异的词语只能使我们迷惑不解；常规的词语只能传达我们已知的东西；而正是通过隐喻，我们才能最好地把握一些新鲜的事物。"[1]柏拉图虽然把诗人清除出了理想国，甚至把他们吊在树上，——以此表明他对隐喻的反感和不信任。但是，正是"他以罕见的程度把逻辑分析和抽象思维的巨大力量，与令人惊奇的诗意的想象和深刻的神秘感情结合起来"[2]，创造出了西方哲学文化源头的一个理论经典——"向日式隐喻"。古罗马教育家昆体良也很推崇隐喻，认为隐喻具有艺术"升华"的作用，他的演说大胆而成功地运用隐喻，他甚至列举出四种隐喻性的"转换"或者"转移"。夸美纽斯的《大教学论》同样充满"隐喻"[3]。他著作中的"种子"以及"阳光""雨露""培育""灌溉""成长""果实"等都是重要的教育隐喻。

3. 隐喻：遍布宗教传道和哲学教育之中

"宗教"一词的词源含义是"回复联系"。正是由于宗教的这一本质含义，隐喻在宗教领域里得到了更为本质的运用。一切宗教都是以比喻和象征引导人们进入神旨境界的，隐喻使事物的世界成为

---

① ［英］泰伦斯·霍克斯：《隐喻》，穆南译，北岳文艺出版社 1990 年版，第 18 页。

② ［美］梯利：《西方哲学史》，商务印书馆 1979 年版，第 61 页。

③ 夸美纽斯："我们是上帝的天国所拔掉的树木，但是根柢仍在，一旦上帝的仁慈给了它们以雨露和阳光，它们就仍可以再生。"（［捷克］夸美纽斯：《大教学论》，傅任敢译，人民教育出版社 1985 年版，第 36 页。）

圣物的世界。① 当我们翻开《圣经》《佛经》《古兰经》，就会非常直观地发现宗教文本充满着隐喻，离开了隐喻，宗教就无从表达不能存在。即便是禅宗"不立文字，教外别传"，其传教过程也依然不能脱离隐喻，其中的许多"公案"（比如棒喝）也都是隐喻性的，只不过是"情景性隐喻"。之所以宗教存在于隐喻中，就在于它能在心灵中建构起万物间微妙的联系，它保持着人与自然的"一体感"。因此，隐喻的复活，是灵魂的复活和诸神的复活，是漂泊无据的肉体找到了大地。所以，隐喻不仅具有认识的含义，而且具有本体的意义。

　　不仅宗教及其传道充满隐喻，号称理性王国的哲学也是充满着隐喻的——一种基于某种相似性的类比方式。德里达就在最"严肃"的哲学话语中读出了寓言和故事，在他看来，哲学史就是一部精致隐喻的历史，哲学是一个同时消抹着隐喻的隐喻化过程，隐喻一旦从哲学中消失，哲学就什么也做不了。由于隐喻给出的并非某些所指物而只是一些"关系"，哲学才得以"思入"世界，"思入"事物的内在联系。但在进行哲学教育和哲学问题的讨论中，人们却忘记了或者不承认这点，总是力图把喻词变成概念，把对某种超意指的自在之物的象征语言变成指示某种事物的概念，并给这些喻词以定义，即给予"限指""限义"的界说。这正是导致哲学教育和哲学讨论走入困境的重要原因。事实上，给出定义只能给出另一些喻词，但决然无法给出这些词的真值条件。其实，在进行哲学对话时，我们唯一真正需要做的，是给出（喻词）一个语境，给出使意义在其中得以显现的场所，在这样的"场所"中，真理由对话而显现原形。

　　如果我们使用着隐喻而忘却了隐喻性，或者不顾其隐喻性而一味按照"意义即指称"的观念去求诸哲学或宗教的语言，把"上

---

　　① 殷鼎："宗教文献曾大量地使用象征与寓言，……在象征中，可见的表象和不可见的意义融为一体，成为许多宗教崇拜仪式顶礼膜拜的对象。这一点普遍地出现在世界各宗教中，象基督教的十字架、飞翼天使，佛教中的莲座、舍利塔，道教中的阴阳鱼形等等。象征也被理解为意义不可穷竭的灵感源泉，因为它是在一个有限的表现世界中以象征开辟出了一个无限的意义境界。"（殷鼎：《理解的命运》第六章《语言的自我遗忘》，生活·读书·新知三联书店 1988 年版，第 183—184 页。）

帝""灵魂""存在""思想"等当作与"桌子""河流"这类名词相似的存在的事物，当作实体的名称，而寻求它的存在位置，寻找它所代表的自在的活动，这就会使我们陷入遮掩，陷进语言的洞穴。面对宗教、哲学、伦理学中的不及物世界，只有隐喻才使人类获得了自我理解和理解世界的机缘。[①] 隐喻地对待隐喻的语言，才能使语言在精神中敞开。

然而，现代教育在科学技术的思维惯性和现代经济学实用原则的诱导下，教育的精神美学暗淡了。精神象征的诗和诗人又处于卑微的地位。人类走到现代，终于印证了柏拉图理想国的理想咒语，隐喻衰微，诗人上吊，精神猥琐。

（三）人文教育祛魅：隐喻的衰微

本该充满思想、智慧和精神魔力的人文教育，如今却严重地"祛魅"了，"你怎么长得跟教育似的？"，——人们这样尖刻地调侃教育。人文教育的祛魅实在与隐喻的衰微密切关联，因为语言是精神的安家之所。当语言失去隐喻，语言就不再感动精神，人文教育也就必然跌入"祛魅"的命运。

1. 隐喻衰微之因

由于科学理性和逻辑成为当代语言王国的君主和皇后，它们正在按照它们的"政治法则"称霸整个语言世界，实施着语言的暴政。语言王国里不同性质的语言之合法身份及其地位由科学理性和逻辑的"官僚体制"来裁定，科学理性和逻辑以"顺我则昌，逆我则亡"的气势征服着语言的大地。宛若我们携带出科技的果实破坏着自然一样，我们也携带着科技的语言习惯破坏着语言的绿洲。"理性"对"语言"的征服就是"逻辑"对"隐喻"的征服——其直接表现是对日常语言的排斥，对形式化的偏好，对确定性的追求。在征服与被征服的语言之战中，语言变成了"零度语态"的记号。从此，"有机"语言的生命之"绿"被"无机"语言的钢筋水

---

① 因此，在进行哲学教育时，"倘若那潜伏却又依稀可见于抽象的新解释下的最初的具象的意义再见天日的话，我们将会看到一些稀奇古怪，或许是非常有教益的观念"。（陆扬：《德里达·解构之维》，华中师范大学出版社1996年版，第126页。）

泥隔离在了文化的边缘。世界普遍地变成了逻辑或事物的世界——一种无可能性的人与自然相对立的分离中的世界；不再是隐喻或象征的世界——人与自然一体化的充满可能性的世界。在这样的语言世界里，居住着我们的躯体，却安顿不下我们的灵魂。因为，只有机器满足于记号（符号），而人却需要语言。语言演变成了有效表达物质力量的符号，却不再是具有精神力量的诱人殿堂。心灵在记号性语言的放逐中迷失了"故乡"。精神是生活在语言的隐喻生态之中的，但精神性隐喻却变成了没有精神光顾的语言遗址。语言的隐喻生态受到如此大面积的消解，以至于人们竟然对隐喻感到了陌生，人们不断失去对语言隐喻性的感觉能力和创造能力，人们的这种能力连同着隐喻一同衰微了。

2. 隐喻衰微导致"感觉剥夺"

人们把自然世界、社会世界连同人文世界当成一样的世界，于是就把自然的法则、社会的法则变成人文世界的通则。当理性化的倾向趋于极端发展，当逻辑吞食了隐喻，语言就失去了诗。文化就失去了审美的人性内涵。人就失去了生命自身的语言。人性化语言蜕变为机械化语言。于是，人失去了精神之旅的路径，没有了诗性的能力和神性的魅力，人和语言一同沦为工具，人和语言一同被物化。人变得如同这类语言一般枯燥乏味。

维特根斯坦指出："我们觉得即使一切可能的科学问题都能解答，我们的生命问题还是仍然没有触及到。"[1] 生活问题的解决需要科学，但生活不是科学，生活世界是一个人文世界。当科学征服着语言，当语言——我们精神的安居之所——充塞着太多冷冰冰的所谓实用化语言、符号化语言、数字化语言、机械化语言、平面化语言、知识化语言，（这些语言大多讲述着机械的故事而不是自然的故事，或者把自然的故事当成机械的故事叙述，就像孩子们在电视里所看到的——不是关于自然的动画而是关于机器的大战。）就意味着现代人为自己营造了一座隐喻死寂了的"心灵的武库"。人们

---

[1] ［英］维特根斯坦：《逻辑哲学论》，商务印书馆1996年版，第103页。

正是通过这种隐喻死寂了的语言的镜头来"观察世界"的。① 在这样的语言镜头里，人们永远只能看到所谓"实实在在"的存在物，却无视存在。如果语言的使用被限定在与经验事实的对应中，精神就无从进入创造性活动。

语言造就心灵②。弗洛伊德在研究中也看到，人在早期所得的语言训练，将支配他成人期的行为。对于心灵的世界来说，弗氏甚至坚信"语文是无所不能的"。现代人在这类语言的强化之下，形成了实用型、算计型思维，却把思的本质单面化了。这样的教育话语，或许能培养出"清晰的头脑"但却难以培养出"丰满的头脑"，因为我们还未来得及对世界表示更多的迷惑，寻常的见识就过早地解除了世界在我们心头的无名之威仪，停止了我们心灵的震颤与惊愕。隐喻的消失使人文话语及其人文精神处于双重的"感觉剥夺"之中。失去隐喻，人文话语变成"面目可憎"，人文教育也就变得"不尽如人意"了。

3. 隐喻衰微：人与自然相分离

本来语言文字就是"近取诸身，远取诸物"的隐喻系统。人与自然的统一是隐喻的天命。然而，人类过于沉迷于人为的世界，以至于语言不断脱离自然的世界。就像前文所言，孩子们讲述更多的是机器人的故事而不再是自然的神话。机器是人造的，除了给人一种面对自然的傲慢的智力炫耀外，不可能给人一种神秘神圣的感觉，因此它永远给予不了自然所能给予人类的东西——自然的神秘和神圣感。逻辑化、理性化的语言也许极为精致，确能满足智力的游戏，但它的本性是与自然处于二元对立的，唯有隐喻才能使人与自然在语言中达到统一，精神只有通过隐喻才能与本源保持亲近。

---

① 正像萨丕尔所说："'现实世界'在很大程度上是建立在一个群体的语言习惯之上的。"（［英］泰伦斯·霍克斯：《隐喻》，穆南译，北岳文艺出版社1990年版，第142页。）

② 哲学家沙夫在他的《人的哲学》中深刻指出："语言，它是社会所积累起来的关于世界的知识，它是通过教育传授给每个社会成员的，这是那些最早刻划在儿童心灵的白板上的符号。语言体系是同时影响于思想体系，影响于人观察世界的方式，影响于对现实现象分类的透入人类心理的最重要的符号。"（［波］沙夫：《人的哲学》，生活·读书·新知三联书店1963年版，第68—69页。）

然而，产生隐喻或诗性智慧的那种古老的人与自然的同质性的语言机能却是衰微不堪了。① 世界仅仅成为事物的世界而不再是圣物的世界。在语言的沦落中，我们的精神无可挽回地一起沦落了。② 然而，我们的当代教育却几乎对此毫无警觉，我们的人文教育长期并依然操持着"诗性"和"智慧"方面退了色的语言。用导致精神上无家可归的二元对立式的语言来拯救无家可归者，怎么可能还有诱惑力？

（四）隐喻在人文教育的现实价值

亚里士多德说，人是理性的动物，——理性的往往就是程序的、逻辑的，也就是机械的。这就必将导致两个不良后果，或者把人当成机器（人的机器化），或者把机器当成人（机器的人化），——这都是可怕的。人的异化就是极端的理性化，以至于变成机械化；如今的"机器人"就可以称为"理性的动物"。我们必须清醒地注意到，在当代，对人的本质属性的追寻，关注人与机器相区别的维度比关注人与动物相区别的维度，意义要更重大，也更现实。虽然上帝按他的"样子"创造了人，而人按他的"样子"创造了机器，但人不可能成为上帝的化身，机器不可能成为人的化身。卡西尔说，人是符号的动物，符号的范围太大，以至于我们仍然可以说机器人也是符号的动物，这就依然容易导致人机相混。因此我想进一步说，人是隐喻的动物——以此把人与机器相区别。因为给机器人输

---

① 耿占春说："人与自然相统一的真理，质的和谐和相似性，只能在人类的符号活动中才能到来。只能在事物的隐喻中才彰著显明。当人类基本的生活形式失掉了其象征意义，变成了不可变通毫无诗意的文化模式，真理就趋于晦蔽。没有了祭仪，神圣也就无处存在了。没有了隐喻，符号就变成了事物。"（耿占春：《隐喻》，东方出版社1993年版，第120页。）

② 耿占春说："隐喻的衰亡，象征着人在世界上的一种厄运。在语言中，人与自然的剥离，是人的精神与自然母体的剥离，是自然的美好从人身上被剥离的精神灾难。当隐喻趋于消逝，当人的影象从自然万象中消退淡化，就象'山头''山腰'中不再有人的影子一样时，人就被从自然中彻底放逐了，人被逐出家园。人就成为无家可归者。""隐喻的消亡，无可挽回的是语言这个文化母体的衰亡，是人类生存中原始文化综合体的解体。是天地人神四重世界的分裂，和人与自然的最无情的离异。隐喻的衰微，是人与宇宙的同一性和统一体的衰微，是神话精神的衰微。"（耿占春：《隐喻》，东方出版社1993年版，第6页。）

入一些编排好的信息，可以获得很好的逻辑结果，但无法获得合适的隐喻。由于隐喻思维的存在，人类心智才变得不可模仿，充满创造变数，显得高深莫测。如果我们要把人培养成为机器，我们就仅需要逻辑，如果我们要把人培养成为人，我们就需要隐喻。因为事物是复杂的、混沌的，所以人类的语言需要隐喻。因为心灵（精神、思想）中的真、善、美等"心事"往往是"不及物"的，逻辑所"达不到"的，所以人类的语言需要隐喻。

1. 拓展人文理解的"透镜"

隐喻使书本和言说获得了生动而深刻的可理解性，使机械的概念、逻辑变得更人性化。[①] 隐喻在于摧毁词语同事物的旧式对立，把词语提高到事物当中，提高到活生生的事物当中。由于隐喻提供了使词语"提高"到"活生生的事物"当中的方法，隐喻才使我们对深奥的理论和概念产生了亲近感，才使我们的述说不再平铺直叙。隐喻的语言才是人性化的语言，教育话语应该是人性化的话语，教育话语必须恢复隐喻的魅力。

学习即认知，隐喻作为学习的心理机制可以从现代认知模式——图式理论那里得到比较清楚的解释。图式理论认为，任何认知不是在零点产生的。认知是来自外部世界的信息与我们已知信息间相互作用的结果。已知信息是具有一个有序结构的认知范型——图式，可看成由若干元素或成分按一定关系形成的某种刺激结构，人们接收外部信息就是与已有图式进行匹配的过程，如果新信息的特征与已有图式只在其中几个刺激点上相同，那就形成部分匹配，若人的认知着眼于共有特征而尽量忽视它们的差异，倾向于将相似关系处理成同一关系，隐喻就产生了。显然，隐喻是学习的方式。

世界是变化的，认知是不断深化的，当原有的概念、范畴已不能反映新的世界，那么新的范畴、概念如何产生？原有的一定的语言符号如何表达新的概念、新的自然范畴呢？如何通过似乎是常规的语言表示不是常规的事物呢？这个过程正是通过隐喻化（meta-

---

① 理查兹说："平淡的言谈在本质上是不准确的，只有运用新颖的隐喻……才能使其精确。"（［英］泰伦斯·霍克斯：《隐喻》，穆南译，北岳文艺出版社 1990 年版，第109 页。）

phorization）来实现的。因为我们要认识和描写以前未知的事物，必须依赖我们已经知道的概念及其语言表达方式，由此及彼，由表及里，这个过程正是隐喻的核心。在隐喻两端中，喻体作为用以解释的现象一般都是人们较为熟知的东西，而本体亦即被解释的现象，一般都是较为生疏的东西。隐喻思维的一个主要特征就在于，它是利用某种知道得较为清楚的东西作为"透镜"，来洞察、发现和解释另一种复杂而不甚了解的本体。就是通过"白箱"或"灰箱"而达至"黑箱"。

总之，在开拓语言和概念的认知深度和广度方面，隐喻起了我们过去未充分认识到的重要作用。其作用是在人们用语言思考所感知的物质世界和精神世界时，能从原先互不相关的不同事物、概念和语言表达中发现如同互联网中的链接点，建立想象丰富的联系。这不是一个量的变化，而是认识上的质的飞跃。新的关系、新的事物、新的观念、新的语言表达方式由此而生，它是难以用规则描写的。

隐喻是一种由已知向未知、由知之较多向知之更多、由熟知的构造向复杂而难以进入的构造接近的手段与途径。

2. 突破人文壁垒的通道

进一步说，隐喻与认知之间还存在着更重要、更深层的关系。学科的分化使我们认识到学科的综合和相通极为重要，而这种相通得以实现的理论基础便是隐喻化。人的认知能力在许多情况下是通过隐喻化来建立学科间的联系，最终认识整个世界。隐喻已不仅仅是语言的装饰，它是含有显著意义的认知表达。隐喻容许人们以一种整体的方式进行交际，通过张力情绪的激发，让人们感知符号之间的总体关系，给这些动态关系而不是对符号本身提供确切的意义。

其次，隐喻可以扩大人们对尚无名称的或尚不知晓的事物进行组合的能力。它能超越思维过程中的单纯的范畴化的局限，也能超越以规则为基础的语言的范围。这就是为什么人们有关"人造卫星"的概念和命名先于人造卫星的制造，为什么诗人离开隐喻很难创作。总之，隐喻能够打破学科间森严的壁垒，是学科间相互自由

"串门"的"亲善大使",是学科相通的一道"彩虹"。

3. 促进人文创造的机制

隐喻最重要的语义特征是矛盾性、模糊性、不可穷尽性、系统性和方向性等,因此它的意义不存在于词典之中,也不是机械地产生于字面意义,这就在语言学的意义上为怀疑精神和创造能力准备了一个"可能世界"。有了创造的"可能世界",人们通过隐喻才创造了"现实世界",从这个意义上说,隐喻是创造的机制。在科学中,在道德与政治中,以及在艺术中,一些新思想被第一次说出的时候,往往只是被当作"隐喻"来处理。而这些新颖的、令人惊讶的或隐喻性的思想起初都被当作不真实的思想而被说出。

隐喻作为观看事物的"透镜"之一,是一种具有穿透力的立体思维方式。借助隐喻思维,可以超越事实设置的藩篱,克服思维的障碍。当碰到这样的复杂事实而不能沿着线性思维的道路进行下去时,思维可以通过隐喻这一具有透察力、立体性的媒介,另辟行径,进行"逻辑跳跃"。隐喻思维本身不能归结为思想的多余物和思想的庸俗化,相反,它本身是一种创造性思想的机制,是思想创新的发源地。一个成功的隐喻就是一种思想创造。

虽然隐喻思维构型不能表示喻体与本体之间的本质关系或实际联系,这是其局限性,但同时也是其区别于演绎思维和归纳思维的优越性所在。隐喻思维既不遵循从一般到个别的模式,也不遵循从个别到一般的模式。它是通过类比,从一种事物推及另一种完全不同的事物。由于隐喻脱离了简单的从属关系和制约关系,所以给思维造成了宽松的条件,使其所受的限制要小于演绎与归纳,有利于思维的跳跃性和大跨度飞跃。这对于那些不能直接考察的客体及其结构与属性来说,对于那些处于科学前沿、探索性极强而其他思维方式又无能为力的研究来说,是一种便利的启发装置或认识机制。事实上,启发性隐喻——隐喻性模型可以推导出新领域的概念知识。

总之,隐喻是观察世界的新方法,看待事物的新角度,是孕育新思想之母。隐喻能够创造出新的意义,表达出新的思想。隐喻是一种创新机制,每个隐喻实质上都是思想的创造,小小的发明。"All thoughts is metaphorical"。

4. 滋养心灵存在的园地

语言之所以成为精神的家园，是因为语言的隐喻本性之存在，如果语言的使用被限定在与经验事实的对应中，精神就无从进入创造性活动；如果我们把"内在世界"逻辑化和实体化，我们就将失去精神。[①] 如果直接对隐喻加以机械解释，一切隐喻都是荒谬虚假的，可就是在这种语言外观上的"虚假性"背后，却潜藏着一种智慧源泉，它能使我们从既定世界进入可能世界，更加接近一类特殊的"真实"知识。所以，"隐喻较之事实更牢不可破"，[②]"隐喻创造一种新的现实，相形之下，原本的现实倒显得不真实了"[③]。这种现实就是精神的现实。精神的进入必须等待语言的敞开，只有当我们知道精神的喻词非为实体，而更加变化多端地使用喻词，我们才会进入语言的敞开之中。洞察到语言的隐喻本性的哲人常常比一般人更加极端而本质地使用隐喻。

隐喻之所以成为思想的超越之梯，就在于它突破了"真实"与"虚假"的绝对界限，隐喻是对"真实"与"虚假"之间那道绝对界限的消解。一个初始看上去是虚构的隐喻，当它成为令人确信的假设或信念时，就会产生重大的实效，它不仅能构建理论，而且也能构建现实。精神的力量往往直接表现为隐喻的力量。正是在这个意义上，法欣依格尔创造了"仿佛哲学"——他从"仿佛"（as if）的文法结构中得出了这样的结论：一个观念并不因为它在理论上被指责为不真实，从而也就一定是错误的；因为尽管它不真实，但在实践中却有莫大的用处。这恰恰证明了人文世界与自然世界的殊异。

隐喻还有许多很重要的作用，比如它为人类的直觉（直观）、想象、体验准备了语言学条件。人类文明的发展首先取决于想象的

---

① 罗蒂说："隐喻是在编织我们的信念和欲望的过程中的基本工具；没有这个工具就不会有科学革命或文化的突进。"（［美］理查·罗蒂：《哲学与自然之镜》，李幼蒸译，生活·读书·新知三联书店 1987 年版，第 438 页。）

② ［法］保罗·德·曼：《符号学与修辞学》，载王岳川、尚水等编《后现代主义文化与美学》，北京大学出版社 1992 年版，第 308 页。

③ 瓦雷斯·斯蒂文斯语，转引自［英］泰伦斯·霍克斯《隐喻》，穆南译，北岳文艺出版社 1990 年版，第 27 页。

发展。从这个意义上说，想象不仅不是理性退而求其次的结果，而且它是先于理性，引导理性的。想象的引导性决定了它永远走在理性的前面，想象一旦不再向前发展，理性活动就只能原地踏步。而隐喻本身就是一种想象性活动。逻辑分析往往把事物搞得支离破碎，而隐喻恰恰是整体性的。直观的和体验的就是人性的，而隐喻正是这样一种人性化语言。非常值得注意的是，心理学家已发现，利用隐喻暗示可治疗精神病人。比如德国心理学家偌·佩塞施基安的"积极心理治疗"就大量采用隐喻和东方故事进行精神病治疗，我想现代精神病很可能由于语言的隐喻衰微了，精神家园破坏了，要重建家园，就必须恢复隐喻。可见，隐喻是精神存在的依托，心灵存在的方式，思想提升的路径，想象的温床。隐喻的遗忘导致存在的遗忘。人文教育就是要从数字化、符号化、机械化的语言中重拾语言的隐喻。让我们的人文课堂闪烁出不尽的"灯一样的语言"。

总之，隐喻之对人文教育，不仅具有认识论、方法论上的实用价值，更加具有本体论的基础意义。从人文教育视野深入研究隐喻，将为教育学的新方向拓展出一个独特而广阔的空间。

第八章

体　　验

　　体验对于人文教育的意义，就像实验对于科学教育的意义。人文道理要变成精神存在，唯有在体验中并通过体验而呈现。人之"活着"，不仅是肉体的，还是精神的，精神的"活着"必是体验的"活着"。肉身存活基础上的"精神地活着"，必须是体验的。体验是人自我确认、自我见证自己活着的基本方式。自我"活着"的丰富性、质量及其意义和价值全靠自我的体验。那些没有体验、不懂体验的人，被指称为"木头人"和"行尸走肉"，是有道理的。体验的能力，是精神的原动力。人文教育是教人如何更好地"活着"的教育。如果"教育即生活"，"教育即成长"，那么，人文教育就应该既是"体验地"又是"体验的"。既要"教人去体验"又要"体验去教人"。体验在人文教育中的地位和作用是基础性的。

一　体验的生命：人文教育本体境界

　　人文教育的实质是人性的教育，是让学生"成人"的教育，是对"心"的教育。人文教育的影响只有通过学生的体验才能真正走进学生的内在精神世界，成为他们生命的一部分。体验对人文教育来说具有本体论意义。

（一）体验就是"诗意地栖居"

　　"体验"这个词最早出现在德国的文献中。据说出自黑格尔的一封信，后来因为在传记文学中频频使用而被广泛传播。在德语中，体验（Erleben）有"经受""经历"等含义。从词的组合上分析，Erleben 是由 leben 加上一个富有能动意味的前缀 er 构成，leben 是"生命""生存""生活""活着""存在"的意思，er 指使获得、使得到，所以德语的"Erleben"一词蕴含了主体主动、积极地去感受生活、体验生命及其价值的意思。正因为这样，一些英译者经常把德"Erleben"一词翻译成 Experience of life（生命体验）。《现代汉语大词典》则将"体验"一词解释为：（1）动词，亲身经历；实地领会。（2）名词，通过亲身实践所获得的经验。由此可见，在现代汉语语境中，我们倾向于把体验当作工具性手段来定义，这个解释似乎还没有揭示体验在生命意义上的本体论意蕴。

　　最先将体验作为一个重要的本体论范畴提出来的是德国哲学家狄尔泰。他曾对体验做过许多规定，但就最广泛的意义而言，所谓体验指的是"特殊个人发现其此在的那种方式和途径"①。即体验是我们每个生命个体领会和发现自身存在的方式和途径。从这个定义可以看出，狄尔泰认为生命正是在体验中完全实现它自身，并由此观察生命，从而把握它的全部内涵。他视体验为生命的基础，所以强调生命表达在体验中。叔本华说"世界当然不是指理论上可以认识的世界，而是在生命的进程中可以体验的世界"②。狄尔泰也认为，人不仅生活在一个现实的物理世界中，而且生活在一个只有对有灵魂的人才敞开的由生活体验所构成的生活世界。世界的本体不是理性、不是实证主义那种客观外在的实在，而是活生生的有心灵的感性生命。而生命处于变化之中，是不断生成的，人们不能用抽象的概念来表达，只能依据内在的体验和感觉加以把握。那些经过抽象的东西，也只能通过体验才能得到具体的说明。生命是每个人都经历的东西，我们的所思所想所感，都植根于我们的生命经验。生命，生活，也就意味着体验，生命本身就是体验。不论人们是否理解生命，我们已置身于生命体验之中。由此可见，生命体验不是主体对客体的体验，而是体验者在体验中存在，体验使体验者存

---

①　安延明：《狄尔泰的体验概念》，《复旦学报》（社会科学版）1990 年第 5 期，第 49 页。

②　［德］费迪南·费尔曼：《生命哲学》，李建鸣译，华夏出版社 2002 年版，第 29 页。

在，体验与体验者相互交融不可分割。就如同人与呼吸的关系，只要人活着，人就总是要呼吸着的。只要人存在，人就总是要体验着的，体验使人精神地活着，"诗意地栖居"。因此，体验是作为真正的人的存在方式。

（二）人文教育是生命体验的教育

受传统二元论世界观的影响，我们常常把世界分为主观世界和客观世界，于是将主体和客体，目的和手段相分离。在教育领域，人文教育把教育对象和教育内容客观化。用处理人与自然科学知识的关系来处理人与人文知识的关系，用了解物质世界的方法来理解我们的精神世界，用改变外部世界的方式来改造我们的心灵世界。我们没有足够了解人文知识的特性和人文教育的特点及其关系，容易将人文教育变成"数学式"的、"工程式"的教育。人文教育由此而被对象化、工具化、技术化，变成纯粹传递知识的"工具"。一旦把知识当成目的，生命本身反而就成了手段，人文教育的本体论意义就此消解殆尽。结果，在人文教育中，学生的个体世界被"外在"的知识片段所"堆放"，"头脑""塞满"了各种"被客观化"处理过的人文知识，"心灵"却无法体验到自我和感受到幸福。人文教育的真正使命是要唤醒学生的精神生命和意义生命，在追寻自我生命意义的过程中，实现生命境界的提升。人文教育应该始终关注学生的生命主题。

生命是体验，而不是知识和理论。人们常常认为生命是一个谜，而且会有一些答案，他们必须解答"它"，于是寻找解释、理论和学说。过分强调"生命是一个问题"的假设，把人们引向越来越多的脑力劳动，为了找到答案，他们努力学习并制造各种知识和理论。但生命问题的解决却不能仅仅依靠于这种头脑上的知识和理论。我们不仅要从知识层面去解答"它"，更要在本体层次上进入"它"，去生活并感受，与"它"融为一体不分彼此。对生命的理解来自我们的整体，不仅需要"脑"的思考，更加需要"心"的体悟。在"脑力"基础上提升到"心力"的境界，才能真正进入生命堂奥。人文教育所引领的生命理解需要我们全身心地投入，使整个生命成了你，使整个你成了生命。在这样的境界里，我们与生命的关系就超越了工具性的"我—它"关系，而变为本体性的"我—你"关系——用"我""你""它"来说明人与世界的关系是布伯的经典表达。我们不能"死于"布伯所谓的"我—它"公式而不悟，虽然没有"它"，我们不能"生活"，但仅仅靠"它"来"生活"，这样的所谓"生活"，其实只是处于糟糕而"困难"的"生存"状态而已。我们必须明白这个道理！否则，那些关于生命的确定性知识、理论、结论就不仅不能帮助我们，反而还会束缚我们，让我们不知所措，无所适从，就如印度智者编撰的"百足蜈蚣与青蛙"的故事所揭示的问题一样。

蜈蚣是用上百条细足蠕动前行的。青蛙见了蜈蚣，久久地注视着，心里很纳闷：四条腿走路都那么困难，可蜈蚣居然有上百条腿，它是怎么行走的呢？这简直是一个奇迹！蜈蚣有成百条腿，它是怎么决定先迈哪条腿，然后动哪条腿，接着再动哪条腿的呢？于是青蛙拦住了蜈蚣，问道："我被你弄糊涂了，有个问题我解答不了。你是怎么用这么多条腿走路的？这简直不可能！"蜈蚣说："我一直就这么走的，可谁想过呢？现在既然你问了，那我得想一想才能回答你。"这个念头第一次进入了蜈蚣的意识。事实上，青蛙是对的，该先动哪条腿呢？蜈蚣站立了几分钟，动弹不得，蹒跚了几步，终于趴下了。它对青蛙说："请你再也别问其他蜈蚣这个问题了，我一直都在走路，这根本不成问题，现在你把我害苦了！我动不了了，上百条腿要移动，我该怎么办呢？"①

我们的学生有时就像故事里的青蛙，对生活、生命充满了疑惑，并带着他们的知识性回答试图征服生活，带着他们所学理论试图操纵生活。他们以为，只要知道了这些知识和理论，他们就成了主人。现实中，我们可以看到许多学生所受到的教育就是为了更好地记住各种知识和理论。正是这些未进入学生内心的杂乱知识和繁多理论使他们忽视了去感受生命的美好，去回味生活中的感动。海德格尔曾说："没有任何时代像今天这样，关于人有这么多的并且如

---

① 思勤编著：《奥修故事》，海峡文艺出版社1997年版，第166—167页。

此杂乱的知识……也没有任何时代像今天这样对于人是什么知道得更少。没有任何时代像当代那样使人如此地成了问题。"[1] 知识越多，人们疲于用脑，心被掩盖了。人文和生命的东西是需要我们用"心"去体验才能化为自己的内在。头脑包含不了"心"，是"心"包含、滋养并超越了头脑，"心"更具生命的整体性。头脑只是制造确定性的知识和干枯的理论，当我们用肉身裹挟的"心"去体验时，我们才进入生命的整体，我们才成了生命本身。"生命"既是名词也是动词，它是动名词，生命只有通过生命才能得到彰显。正是如此，狄尔泰才说"精神科学的基本方向就是从生命去认识生命，从生命去解决生命问题"[2]。我们的学生越是变得理论化，他们就活得越"少"。他们可以思考爱，却从来不会爱，他们想有关神的事情，却从来不会变得神圣。他们只是不断地谈论，将时间都花费在记忆文字、理论和学说之中，没有一刻进入生命和生活。我们依赖文字，可是我们的生命和生活不是静止的词汇，不会因为头脑记住了各种知识而使生命这一命题得以证明或解决。人文知识不同于自然科学知识，它不仅需要记忆更需要学生将它融入生命整体。学生不仅要"知道"更要"体道""悟道"和"行道"。人文教育不是要教导学生占有多少死寂般的知识、了解多少"木乃伊"般的理论和学说，而是要让学生在人文知识的指引下进入心灵的探索，引导学生走入生命、生活，与其融为一体。人文教育应该超越知识和理论的传授，不只是停留在对人文知识头脑层面的理解和记忆，而是要进入心灵乃至肉身层面的实践。因此，在人文教育的过程中特别要唤醒学生的体验，以体验的方式让学生进入人文知识，以体验的方式让人文知识进入学生的生命，激发学生用生命去体验人文知识，并且让学生在自身生命体验的过程中开出智慧之花，使人文教育真正成为"人心"的教育。因此，人文教育的过程应该是生命体验的过程。人文教育即生命体验——这是人文教育的基本原理。

---

[1] 孙周兴选编：《海德格尔选集》上卷，上海三联书店1996年版，第100—101页。

[2] 谢地坤：《走向精神科学之路——狄尔泰哲学思想研究》，江苏人民出版社2003年版，第59页。

（三）生命体验使学生"成为自己"

在茫茫宇宙中，每个人都只有一次生存的机会，都是一个独一无二、不可重复的存在。正如卢梭所说的，上帝把我们造出来以后，就把那个属于我们的模子打碎了。名声、财产、知识等都是身外之物，每个人都可以求得，但没有人能够代替自己感受人生。我们死后，没有人能够代替我们再活一次。从学生角度看，人文教育中生命体验的过程就是让学生成为他们自己的过程。

1. 学会"悦纳"自己

让学生成为他们自己首先要让他们接受自己。人文教育就是帮助每个学生成长，让他们从自身生命出发，变得更完善。而让自身更完善的前提是接受自己，否则学生就会失去依托。接受是我们与生命友好相处的原则。学生的诸多迷惑常常因为他们一直在排斥自己，责备自己，而不是接受自己。于是就造成了一系列的内心骚乱和苦恼。我们的教育总告诉学生他们哪里不好，过分强调他们犯了什么错误，他们需要改正。学生从小一路走来，就是在这种害怕犯错，避免犯错的状态下度过。我们为了让学生变得优秀，就必须先把他们身上某些本真的品质抹杀掉，然后教给他们在我们看来最好的东西。似乎只有这样，他们才会成为好学生。其实，犯错和"缺点"宛如"黑暗"，黑暗不是一种"存在"，只是一种"不在"，它只是"光亮""不在"。只要"点亮""灯火"，黑暗就消失了。所以，人文教育要做的就是点亮"心灯"，用生命的智慧照亮他们领悟到生命大大不同于非生命的玄机，驱赶掉用理解非生命物质的习惯规则去理解自身生命的"黑暗"，赢得理解生命的"时间性智慧"。生命性即是过程性，成长性，个体性。生命不是一步到位，生命不是即刻定型，生命不是一劳永逸，生命不是外在创构。让学生领悟生命的奥妙暗示我们要从容地接受、享受、肯定自己成长中的每一个时刻，每一个阶段。让学生既接受自己成熟的一刻，也接受自己羞涩的一刻。不要让学生只是在思想上把生命当对象，把生活当成"一个谜"，站在这个人生的"谜语"之外，对象化地"驻足"于思想地"猜谜"，因为生命不是身外之谜，它必须总是在被经历，而不能等到"解答"之后才去经历。我们不会等到我们解答了什么是爱之后才去爱。然而，我们的教育却总是沉迷于制造太多的"应该"。学生一直被教导那么多"应该"的知识，那么多"应该"的观点，教育始终寻求"应该"，于是，直接的"是"被羞于对待了。就像他们看着一朵鲜花；他们马上开始想的是这花应该是怎样的，它可以更大一点，它可以更红一点，可以注射化学物让它变得更大，可以画它，它将变得更红。他们不能接受它原来的样子，小或者大，红或者不那么红。生命的智慧却会发问：为什么不在这一刻享受它？为什么要先把它弄得更红，把它弄得更大，然后才享受它？教育的智慧也会问：为什么我们非要让学生个个都变得成绩优秀才觉得那是最好的呢？我们为什么就不能让他们自我肯定地成长呢？我们是否会发现，我们把整个生命都浪费在了"应该"上，却看不见那个已经存在着的美丽的"就是"。人文教育必须让学生找到一条从他们生命被驯化的模式中"出走"，并进入自然生命流动的途径。从生命的视角看，学生的存在不是为了实现任何其他人的期望，其他人的规则，其他人的蓝图，尽管他们无法脱离被期望，被规约，被谋划，而且这些期望、规约、谋划在"应该"的意义上说都是很有道理的，也是合法的。但作为生命的而非机械的个体，学生在这里却是无可替代地要身体力行地去实现他们自己的存在！没有什么规则是学生必须生搬硬套的，他们必须找到他们自己的规则——尽管这些规则很可能与公共的规则完全一样，但从根本上说，那是他们自己找到的，不是被赋予的。

2. 学会"放下"规则

人文教育中，要让学生体验生命，成为自己，就是要让他们放下规则去领悟。人文教育通过人文知识来教育，但人文知识不能成为捆绑学生的教条，变成冷冰冰的规则。规则是死的，它将成为一种禁锢，而领悟是活的，它将给学生无垠的天空。因此，人文教育应该靠体验的方式将人文知识和人文理论—规则沁入学生的心脾，让其散发出生命的芬芳，使学生领悟到生命的真谛。然而，我们却常常用处理外部世界知识的方法来对付心灵和精神这些内部世界的知识，心灵负担着太多未消化、未融通的规则。宗教精神最后纷纷变成教规。基督和佛陀的生活成为每一个人遵从的规则，但是没有其他人是释迦牟尼，没有其他人是耶稣基督。所以如果我们仅仅唯规则是从，我们最多也只能成为一个修饰过的复印的副本，我们将永远成不了真正的自己。在人文教育中，如果我们只是将规则硬塞给学生，最后他们就会像那个著名的犹太教传教士被小鸟戏弄的故事一样惨!①

他们只服从准则的表面话语，而没有通过领悟和体验深入内里，不能理解话中之味，话外之音。这种现象在当下道德教育中特别明显。学生把道德知识当作世界的真理去记忆、掌握，最后以为在考试中取得了高分就是获得了"道德"。② 所以不要强记规则，只是试

---

① 这是个犹太教的故事。一个所谓的聪明人，他是一个犹太教的法学家，从附近的村庄回家。他看见一个人带了一只美丽的鸟。他买下了鸟，开始想着：这只鸟如此美丽，回家后我要吃了它。忽然鸟儿说："不要想这样的念头!"教士吓了一跳，他说："什么，我听见你说话?"鸟儿说："是的，我不是一只普通的鸟。我在鸟的世界里也几乎是个法学专家。我可以给你3条忠告，如果你答应放我并让我自由。"法学家自言自语地说："这只鸟会说话，它一定是有学问的。"法学家说："好，你给我3条忠告我就放了你。"鸟儿说："第一条忠告：永远不要相信谬论，无论谁在说它。他可能是个伟人，闻名于世，有威望、权力和权威，但如果他在说谬论就不要相信它。"教士说："对!"鸟儿说："我的第二条忠告是：无论你做什么，永远不要尝试不可能，因为那样的话你就会失败。所以始终了解你的局限，一个了解自己局限的人是聪明的，一个试图超出自身局限的人会变成傻瓜。"法学家点头说："对!"鸟儿说："我的第三条忠告是：如果你做什么好事，不要忏悔，只有做了坏事才需要忏悔。"忠告是精妙的，于是那只鸟被放了。法学家开始高兴地往家里走，他脑子里想着：布道的好材料，在我下星期的集会演讲里，我会给出这3条忠告。我将把它们写在我房间的墙上和桌子上，这样我就能记住它们。这3条准则能够改变一个人。正在那时，突然，他看见那只鸟坐在一棵树上，鸟儿开始放声大笑，法学家说："怎么回事?"鸟儿说："你这个傻瓜，在我肚子里有一颗非常珍贵的钻石，如果你杀了我，你会成为世界上最富有的人。"法学家心里后悔：我真愚蠢。我干了什么，我居然相信了这只鸟。他扔掉他带着的书本开始爬树。他是个老人，一生中从未爬过树。他爬得越高，鸟儿就飞向另一条更高的树枝。最后鸟儿飞到了树顶，老法学家也爬到树顶。正当他要抓住鸟儿的那一刻，它飞走了。他失脚从树上摔下来，血流了出来，两条腿断裂了，濒临死亡。那只鸟又来到一根稍低的树枝上说："看，首先你相信了我，一只鸟的肚子里怎么会有珍贵的钻石? 你这傻瓜! 你听说过这种谬论吗? 随后你尝试了不可能。你从没有爬过树。当一只鸟儿自由时，你怎么能空手抓住它，你这傻瓜! 你在心里后悔，当你做了一件好事却感到做错了什么，你使一只鸟儿自由了! 现在回家去写下你的准则，下星期到集会上去传播它们吧。"（思勤编著：《奥修故事》，海峡文艺出版社1997年版，第159—161页。）

② 学生掌握了一定的道德知识，具备一定的道德认知和判断能力，但他们只是按照秩序机械行动，而不能够充分享受和体验道德生活、实践道德生活。在这样的教育中，学生学到的不是沉甸甸的生活智慧，而是枯萎的语言符号和知识气泡。

着"放下"规则去领悟和体验。"放下"并不等于抛弃，放下规则是为了让规则融入学生的心灵，就如身体里被移植的器官一样，最后与身体融为一体。如果老师只是将规则强加于学生，学生也不会变得明智，他们的内在将仍然无知。学生看起来就像被刷得雪白的坟墓，外在看似美丽和清洁，内在却是死的。人文教育中，老师要让学生去领悟，将规则溶解在他们心里，他们就会心甘情愿地去遵循规则，以至于最后忘记规则的存在，而实际上他们却正在遵循着这些规则。

3. 学会"活在当下"

最后，要让学生进入体验，成为自己，在态度上就要让他们学会平凡而独特地活在当下。

法国思想家蒙田在四百多年前就敏锐地洞察到，我们人类从不安于现状，总是追求未来，担忧、欲望和希望把我们推向将来，使我们感觉不到或不予重视现实的事，而对未来的乃至我们已经不在的未来的事却尤感兴趣。① 人是具有时间意识的生灵，有过去，现在和未来。动物，没有过去，也没有未来，因此它活在当下不是一个问题。只有人，因为有了时间意识，当下的生命状态就会与过去和未来连接起来，当过去和未来全然地聚集在"当下"时，"当下"的空间反而被过去和未来占领了、覆盖了，因此，我们经常为过去或未来而活着，反而疏忽了"当下"的意义。事实上，"当下"才是构成生命的确切现实。"当下"是未来的过去，是过去的未来。"活好""当下"才能拥有一个无悔的过去和光明的未来。可现实的教育生活中，我们普遍得了浓重的"未来焦虑症"，学校教导学生要为了未来而学习，为未来的"幸福"生活做准备，为此，"你必须出类拔萃"，"你必须班上第一"，等等。为了未来出人头地，出类拔萃，学生很可能为了某一点优势的获得而陷入不顾其余的洞穴思维之中。为了使自己有这种能力，学生要忍受暂时的痛苦，要放弃自我的个性去应付标准化、模式化的考试，甚至要以牺牲自己的生命健康来换取未来的所谓幸福人生。为了未来，当下被彻底当成工具献祭出去了。

---

① 《蒙田随笔全集》上卷，潘丽珍等译，译林出版社2002年版，第12页。

把当下彻底出让给未来的人，也就把自己仅仅当成了工具和用途。可是一个人不只是一种用途，不仅仅在于要去证明什么。一朵玫瑰开花，不仅仅是为了过路人，不仅仅是为了将会看见或闻到其芳香的人。可是，我们的教育总是教人把自己当成一件东西，要在"商店"的"橱窗"里展示，总是等着有人来利用"他"的出众之处。当学生被教育成仅仅为了他人而存在的时候，他们就像待在一个陈列柜里，被贴上商标，标了价，分了类，做了广告。托尔斯泰曾经指出："几乎所有的人都在忙于安排他人的生活"，而"人越不满足于自己和自己的内心生活，他就越是要在外在的、公众的生活中显示自己"。① 其实在所有人忙于安排他人生活的同时，几乎每一个人也都在他人的控制和安排之下。学生被教育为他人活着，为未来活着，唯独不为自己当下的心灵活着。

生命因独特而产生价值，人文教育不能让每一个学生都变得千人一面。人文教育不是"流水线"的作业，把学生按照规定的模式进行塑造。只有尊重学生自己的体验才能凸显生命的独特性和多样性。所以，人文教育要教会学生放下一切展览、表现，做回他们自己，平凡而独特地活在此时此刻，珍惜此时此刻的存在。这是不可替代的生命的事情，学生的生命要靠他们自己去体验和完成。学生不是教师按自己的模样用"知识金属""打造"的"模子"。学生可以"汲取"教师，但不能模仿教师。每个人的道路都将是不同的，学生也将有他们的道路。他们将走上一条没有人曾经走过、今后也不会有人再走的道路。老师是一种闪光的火焰，学生只是来汲取并点燃自己内在的火焰，最后那将成为学生内在的光芒，为他们指出生命体验的道路。

人文教育是教人入"道"的教育，即使我们的学生用头脑占领了人文知识这一疆域，他们依旧无法开启人文世界的城门，永远在"道"外徘徊。人文教育只有通过体验的方式让人文知识进入学生的心灵方可使他们"入道"乃至"道成肉身"。因此，与其说体验是人文教育的"方法"，还不如说体验是人文教育的"本体"。

---

① ［俄］托尔斯泰：《怀疑，还是疯狂》，2004 年 7 月 6 日，http：//book：sohu：com/2004/07/06/10/article220871070：shtml。

二　生命的体验：人文教育方法视域

（一）体验乃人文教育基本途径

人文教育是有关"心灵"（consciousness）的教育，但科学知识的爆炸式发展不断刺激我们认识事物的欲望，我们常常以科学的方式去接触事物，于是人文教育往往变成关于"头脑"的教育，即把"心灵"看作"心智"（mind）。虽然心智似乎可以包括很多心理活动，但其中理性思维最具决定性，处于权威地位。理性之外的其他心理活动被忽视或轻视，完整的心灵中有一大片心田被荒芜了。把心灵简化为只关心知识的理性导致了我们的教育对学生精神、情感生活——"心事"（heart）的忽视。于是在人文教育中，我们的学生常常用"科学"的眼光去看人文的世界，他们看到的世界只是按照"铁的规律"运作的一架宏大机器，而不是处处涌动着创造性、随意性、偶然性的生灵之舟；我们的教师也像科学家一样给学生分析人文知识，他们给了学生关于事实的知识，却没有带领学生进入人文的世界——一个多姿多彩的精神世界和价值世界。很多时候我们的学生和教师就如下面这个故事中的科学家一样，把本来散发着"诗意的光辉"的人文世界变得单调乏味。①

---

①　用如下事例会更形象地说明问题——哲学家缪斯特堡要求科学家说一说海水。科学家提来一桶海水，说："这是一桶海水。海水里还有盐分。它的水分含有氢和氧，并且每一滴水里都有亿万个分子。"缪斯特堡问科学家说这些盐啊、氧啊、分子啊是什么用意。他说："我说的是关于海水的事实，并解释了这个事实。你若不信，我可以证明给你看！"他如何证明呢？缪斯特堡站在一旁看着他。他先取一桶水，并加以蒸发，把剩余的盐分当作结果指给缪斯特堡看；再取一桶海水并接通电流，把水分分解成氢和氧，用这些气体充起了大气球；他又把水置于高压之下，并改变温度，使其显示某种变化，证明每一滴海水由无数多的分子构成。科学家让缪斯特堡尝了尝结晶的盐粒，并让他看被氧气和氢气充得膨胀起来的气球和蒙蒙的蒸汽，然后说："看到了吧，相信了吧！"只见缪斯特堡极为愤怒地面对着科学家，像受了戏弄，他说："我认为你所作的这些证明并没有说明当初我们想要了解的东西，我们所要了解的是海水，你却想尽办法粗暴地把它变成别的东西。你看看，你干了些什么？你任意地使海水被蒸发，被电解，像是在给它上酷刑。你让我看到了盐粒，看到了氢气球，看到了水蒸气。可是，海水呢？我们想要了解的海水呢？却被你弄得不见了。"（舒可文：《美是幸福的时刻》，广东教育出版社1997年版，第26页。）

为了清晰、准确地认识世界，科学力图"透过现象看本质"。所以，宏观物体的微观结构都被科学的犀利目光透视得清清楚楚。科学就这样把大海拆解再划归为某种普遍概念，大海变成了盐分、水分、分子、蓝色，而不再是大海。可是在人文的世界中，一个具有普遍性的概念不能说明什么。例如蓝色，大海、天空甚至衣服和书包都可以是蓝色的，它与大海没有直接的关系。人文教育中，我们不能把各种独特的蓝色抽取出来冠以同一个"蓝色"概念。这样一个具有抽象性和普遍性的概念，不可能使学生对大海、天空等具体事物本身有真切的了解。科学重视用逻辑论证和证明、科学分析和证实等来产生知识，而人文则更重视体悟和体验，强调隐喻的、默会的和"迂回"的话语来进入情感。①

体验使我们与事物融为一体，我们所看到的是不可分割的整体。每一个事物都是独特的、唯一的，都是自身完满的，就如我们自己一样，具有了生命和个性。它给我们带来的是另一种天地，是一种"诗意"的理解。诗，需要用语言传达，而语言是概念化的，但是诗用它所表达的不是"概念"定义下的事物。也就是说，诗表达的不是字面上的意思，而是中国古人所说的"言外之意""境生象外"，即诗的意义不在有明确定义的语言，画的意境也不局限在具体的形象。透过语言，诗重新救活了被概念封死的事物，在诗中，事物与心灵直接相遇。诗能让我们感受到的愉悦和震撼正是来源于心灵与事物、心灵与心灵的这种无间关系。以体验的方式理解人文世界，就是不拘泥于任何知识和观念，像诗一般超越常识地去听、去看。它不是用概念抹去事物的一切感性存在之后的抽象推理，而是全身心投入到对象之中的"精神漫游"。比起用科学的方法得来的那些公式、原理和定律，用感悟、体验的方法感受到的东西告诉

---

① 所以，理解人文世界的方法多是感悟性的、体验性的，尽管它并不绝对地排斥理性分析和推理计算，但在它那带有诗意般感性光辉的世界中，绝不能"滥用"科学的方法。当我们全身心地被"太阳每天都是新的"这诗一般的语句所激励时，就绝不能用科学的理性将其深厚的内容"分析"为"太阳每天都换一些新的氢离子进行核聚变"。如果这样，本可以让我们体味无穷的东西就变得索然无味。

给我们的似乎更多。① 在这个意义上说，体验就可以称之为"情感理性"（蒙培元的范畴）。因此，体验是理解人文世界的重要方式。对于学生，我们知道要因材施教，对于病人，我们知道要对症下药，那么，对于人文教育，我们也应该根据其知识性质、理解方式的不同而采用有别于科学教育的教育教学方法。在这里，我们并非要否定和排斥实证、逻辑等普遍运用于科学教育中的方法的价值和意义，我们只是要强调更适合人文教育的方法——体验。没有体验，人文知识就成为干瘪的符号；没有体验，学生就无法走进精神和价值的世界；没有体验，我们的"心事"就变成"荒地"。脱离了体验的人文教育因失其"根本"而会变成人文的"木乃伊"，从这个意义上来说，体验是人文教育的基本途径。

（二）人文教育的体验方式

人文教育不仅是知识和方法的教育，更是心灵和精神的教育。它给予学生的，不仅是方法，更是思想——动名词意义的思想。从方法的角度看，体验的过程是参与、理解、反思和内化的过程，而诚敬和专注是我们对待知识和学问应有的态度。所以，人文教育特别注重体验过程中的诚敬、专注、参与、理解、反思和内化。

1. 诚敬

在一个知识成几何速度发展，凡事求新的时代，具有历史沉淀的人文知识和理论犹如历经沧桑的老人被我们所忽视和遗忘。我们的学生往往不愿花时间和耐心真正走进"它们"。常常只是看了几眼"它们"的"外貌"，就对其"指手画脚"，妄下判断。这个时代需要我们创新并具有批判精神，但是这种批判应该是建立在深刻了解批判对象之上的。对于传统的人文学科的内容我们也是在继承的基础上发展的。就连具有大智慧的古希腊著名哲学家苏格拉底都说："我年轻的时候，知道很多东西，实际上我什么都知道。然后

---

① 它们的"信息量"可以为零，因为不包含按科学标准确证的内容，也可以为"无穷大"，因为其中有着我们体味不完的内涵。由此看来，理解人文世界的一个重要方面，就是以体验的方式去感知这个世界，即使它包含理性的思索，也是以感性体悟的方式进行的。

我变得成熟了一点，我开始感到我知道的不多，实际上，很少。当我变得非常非常老的时候我恍然大悟。现在我只知道一件事：我不知道。"① 妄说、妄断不是学生做人和做学问应有的态度。中国古人云"格物亦须积累涵养"，所以他们都十分强调在格物致知之中贯以诚敬。北宋哲学家邵雍说："先天之学主乎诚，至诚可以通神明，不诚则不可以得道。"② 程颖、程颐说："诚者，天之道；敬者，人事之本。敬则诚。"③ 朱熹也说："凡人所以立身行己，应事接物，莫大乎诚敬。诚者何？不自欺不妄之谓也。敬者何？不怠慢不放荡之谓也。今欲作一事，若不立诚以致敬，说这事不妨胡乱做了，做不成又付之无可奈何，这便是不能敬。人面前的是一样，背后又是一样；外面做的事，内心却不然；这个皆不诚也。学者之心，大凡当以诚敬为主。"④ 可见，他们都将"诚敬"视为治己、治学的重要方法。面对具有深厚内涵的人文知识、理论和传统文化，学生应该带着"诚敬"的心去深入研习。

2. 专注

在这个日新月异、求变的时代，我们的学生对待知识和学习还有一个特点就是急躁和匆忙，沉不下心去做事。有一个关于悟禅的故事大概可以给我们的学生带来一点提示。有一位弟子问大珠慧海禅师成功的秘诀是什么。大师回答了四个字：吃饭睡觉。那位弟子很不解。大师说："吃饭时吃饭、睡觉时睡觉。"弟子当下就开悟了。我们现在的学生之所以不"悟"，就在于该吃饭时不吃饭，千般须索；该睡觉时不睡觉，百般计较。吃饭的时候想睡觉，睡觉的时候想做事，做事的时候想吃饭，做什么事情都不专心。结果就是饭吃不香，觉睡不甜，事做不好。据说一只蜜蜂必须飞上好几千里，停在5000朵花上才能采到一勺蜂蜜。所以我们应该让学生记

---

① ［印度］奥修：《春来草自青》，虞莉、顾瑞荣译，东方出版中心1996年版，第176页。

② 转引自孟耕合《北宋〈中庸〉之"诚"思想研究》，硕士学位论文，复旦大学，2009年，第33页。

③ 同上书，第37页。

④ 陈敏：《朱子论诚敬》，《福建师范大学学报》（哲学社会科学版）2001年第2期。

住一件事：无论他们在哪里，他们都要全然地在那里，否则他们将停在了花上，却在离开的时候没有带上蜂蜜。当他们停在一朵花上的时候，就要真正的停留，要忘记世界上所有其他的花。在那一刻，没有其他的花存在。仅仅作为一只蜜蜂嗡嗡地、快乐地享受那朵花。这样他们才会积累生命的蜂蜜。无论是学习还是做事，学生都应该有一种专注的精神。这种专注是一种单纯的心境，精神集中而且心境宁和，这种专注是一种心无旁骛的执着。唯有如此，学生才可以全身心地投入到所要完成的事情当中，不受其他事情干扰，才可以取得较大进步，才可以有所造诣。就如佛经言"心系一处，杂念俱无，方可大进"①。这大概也是一种定而得慧的卓越境界。

3. 参与

参与的意思就是亲身参加、亲自去做。中国自古就有"纸上得来终觉浅，绝知此事要躬行"的古训。《荀子·儒效》里说："学至于行之而至矣。"扬雄在《法言·学行》中也说："学，行之，上也；言之，次也；教人，又其次也。"可见，古代先哲们早已告诉我们为学之道旨在参与。可是在现实的教育中，学生在教育过程中常常是"旁观者"而非"参与者"。他们在教室里"静听""静坐"，接受既定的一切，甚至很少问为什么。学生的身体来到了学校，可他们的心灵却游离在校外。我们的教育一定要注重学生的参与，否则就会造成他们身心和知情的分离。参与的过程是获得经验的过程。学生通过活动和实践等途径参与到教育活动中获得感性认识和直接经验；通过心灵的参与从书本或他人那里获得间接经验。所谓心灵的参与就是心灵体验，即以自己原有的经验为基础，通过移情、想象等方式将自己融入对象中，然后去感受、领会和参悟其中的思想情感与价值观念。参与的过程是活动、观念、知识与学生建立起"意义"关联的过程。只有当知识与学生建立起意义关联才能被吸收。杜威就深刻地指出，关于"怎样做"的知识是最令人难以忘怀的知识。正是通过"做"，知识与个体之间形成深刻稳定的内在关联，知识永久不忘。参与使知识与学生的内在形成意义关

---

①　转引自刘为开《专注的境界》，《湖北招生考试》2009 年第 19 期。

联，知识才切入学生的精神世界。不是通过主动参与而获得的知识，乃是"无源之水"。知识只有通过参与而获得，才能刻骨铭心。正如华盛顿儿童博物馆的格言："I hear, I forget; I see, I remember; I do, I understand。"（听到的，过眼云烟；看见的，铭记在心；做过的，沦肌浃髓）在参与中，学生所投入的绝非仅是智力和技能，其中包括躯体、情感、精神、心灵等，是所有的一切。因此，在参与中，学生获得的绝不仅仅是知识的增加和智力的提高，而是精神状态的更新和整个身心的发展。参与使学生不再是教育的"旁观者"，而成为真正的"参与者"。

4. 理解

自然，可以解释，人，只能理解。理解区别于解释，在于理解关涉情感，渗透着体验。学生滋长着丰富、充实而深刻的体验，就可以进入"文本"（课程和教材）深处，去领略其精妙的生命意味。理解是一种"视域融合"。视域（horizon）原指地平线，通常指特定位置的人的视力范围，即从某个立足点出发所能看到的一切。宛如手电筒的光束，在其光束内者可以看见，超出其范围者就不可见。其范围越大，所见者就越多。理解就是学生将自己的视域向"文本"对象的视域开放，两者互相交流与接纳，实现视域融合，在融合中生成一个新的意义世界。学生总是在自己的当下情境中带着自己的思想痕迹进行学习的，在参与"文本"世界过程中投入自己的人生体验和独特理解，在学习过程中进行自我理解，获得生命意义的生成。①

5. 反思

反思就是反省和思考。只有不断地对所学的东西进行反思，才

---

① 诚如金生鈜在《理解与教育》一书中所言："理解带来的视野融合，也就是新的地平线新的意义的获得。这种融合的过程不断地发生着，构成了生生不息的有价值的意义世界，构成绵延不断的历史和生活，构成了不断生长的经验。理解者的视野处在运动中的开放过程，它不断地变化着、扩展着、运动着，这都是通过理解而实现的。理解者通过理解，把地平线上的一切尽收眼底，在理解中，他不断地构成新的视野，不断地获得新的世界经验，他生活的地平线就不断地变化扩展。"（亦可参见赵联《体验与教育——体验的教育学意蕴初探》，硕士学位论文，江西师范大学，2004年，第29—30页。）

能把握知识各部分彼此之间的关系，否则获得的知识犹如一堆没有经过消化的负担。杜威也认为"只有在思维过程中获得的知识，而不是偶然得到的知识，才能具有逻辑的使用价值"①。其实，中国古人也是十分重视反思和内化的，所以他们强调学与思互相结合，读书与体察互相结合。特别是朱熹，在《朱子语类》里关于这样的句子比比皆是。例如："学与思须相连，才学这事，须便思量这事合如何，学字甚大，学效他圣贤做事。"（卷二十四）"读书不可只就纸上求理义，须反来就自家身上推究。"（卷十一）"学者读书，须要敛身正坐，缓视微吟，虚心涵泳，切己体察。"（卷十一）其实"思""反求诸身""虚心涵泳"和"切己体察"这些都是强调个人在学习和读书时应该在反思的基础上将知识内化。知识是人类经验和智慧的结晶，它常常是静态的，它需要学生去感悟和体验方可被激活。现实教育里，学生往往死记硬背一些无活力概念。这些"概念"没有被吸收、消化——没有被内化为经验，转化为智慧，还游离于生命和体验之外。②反思和内化是将知识在整体上予以领悟和把握，将之"个性化"为自身的部分，发现新意。学生认知的目的不只是为了获得"关于事物是什么"的客观知识，更高的期待在于这种知识能够"融解"到自身情感中，成为其价值、信念和态度的知识。停留于情感和个性之外的知识，都还只是表面的知识。只有通过感悟、移情和想象，在反思和内化中，才能使相对静止的知识在心灵中被激活，焕发出意义。此时的外在知识便成了与学生自身血肉不可分割的部分，成为"明得的知识"。

---

① ［美］杜威：《我们怎样思维——经验与教育》，人民教育出版社2005年版，第61页。

② 明代王守仁提出，依不同之为学方法，学生可获得三种不同知识："记得的知识""晓得的知识"与"明得的知识"。"记得的知识"只是为学者记诵所得，为学者尚未对知识有明晰理解，更谈不上将知识加以运用；"晓得的知识"是为学者一定程度之理解所得，此种知识仍然是"外在"的知识；而"明得的知识"则是一种"内在"的知识，是长期实践体验与思考所得，它不仅明了"内在"良知本体，还能自觉"外化"为行动。（参见赵联《体验与教育——体验的教育学意蕴初探》，江西师范大学，教育学院，2004年，第31页。）

三　体验的人与人的体验：功夫即本体

体验作为一种教育方法，其运用并非易事。在人文领域，每一种方法的使用都具有鲜明的"本体性"，"他"不可能被做成科学实验室里的仪器，可以复制性地简单操控。为了使人文方法区别于科学方法，我们将人文方法称为"本体性功夫"。科学方法就好比"武器"，它的应用只需严格按照使用说明来操练（比如扣动扳机）便可，而人文方法却是"武功"，它作用的发挥不是靠外在的"工具"，它需要我们身心一体地投入，身体本身（挥拳踢脚）便似"武器"。教育方法不同于科技操作，它无法实现内在傻瓜化和外在智能化，它需要内化于主体自身方可见效。正是为了区别于外在主导型的工具性方法，我们将体验这样一种本体性的方法——用中国所谓的"功夫"来表达！拳头打人是本体性功夫，手枪打人是工具性方法。作为"功夫"含义的体验意味着"修行"。提到"修行"，似乎涉及宗教的领域，但修行并非宗教所独专。古代中国儒道思想强调知行合一，尤其重视"体"认、笃"行"，所谓修身、修心、修德必须落实为身心整体的切己体认与自觉修持，这实际上就是具有中国特质的修行。作为教育方法的体验，它必须由外在的方法转化为主体内在的自觉，成为与自身不可分离的整体，这一过程就是"修行"。无论我们对体验这一方法了解得多么透彻，如果不践履和内化，它永远都如别人口袋的钱，到不了自己腰包。正如唯有"用锤子"而不是"看锤子"才能真正把握锤子一样，只有运用体验的方法才能使其转为内在功夫。其道理就如同真正的打字方法不是体现在打字者聪明的头脑里，而是手到心会地体现在将手和键盘"合在一起"的打字者的动作中那样。"方法"是一种认知，而"功夫"是一种体验，体验涵蕴认知，认知未及体验，体验是"实践性智慧"而非"知识性智慧"。即"功夫"是一种"动词思维"而不是"名词思维"，它是"做"和"练"出来的，不是"说"和"看"出来的。古人王坤说"君子之为学，所贵乎知要，而尤在乎体验"(《继志斋集》,卷七《观澜亭记》),朱熹说"不要钻研立说,但要反复体验"①。因此,作为"功夫"的体验需要我们去体验,它不是一味静观枯想的"冥思",而是充满创造活力,还须坚持不懈地"践行"。它不仅依赖于"心"的静中知道、了解、领悟,还要将这种"知"和"悟"融入形躯之身的活动和展现中,成为动中的"体""会"。只有"体之于身"才算"会"得根本,"心"之"思"必须落实为"身"之"能"才能受用,静中之"知"必须落实为动中之"会",才成其为彻知、真知。从"知"不"知"的"心"官"思"虑,归于"会"不"会"的"身"心一"体",就是从"方法"到"功夫"的转变。这一过程不仅从理论到实践,更是心灵境界拓展与提升的"修行"过程。体验这样的"功夫","是在我们肉身里培植和练就出来的精神和'道行'",② 它是一种具有本体意义的教育"方法",是与人的目的、价值合一的"方法"。也就是说,体验既是手段,也是目的;既是功夫,也是本体。

①　引自《朱子语类》卷10。
②　张祥云、罗绍武:《对话的意蕴——基于教育立场的多维理解》,《高等教育研究》2011年第7期。

第九章

对　话

　　人性的两个重要特点是社会性和精神性。完全脱离他人而存在，人难以成长其精神。社会性是精神性的条件。社会性的含义丰富，微观地说，社会性就在于人与他人必须保持沟通、交流、对话。没有沟通和对话，就难以实现社会性，其精神性也将枯萎。对话，对于具有社会性和精神性的人来说，十分重要。文明的进步，直接表现为人们相互之间沟通的通畅性和准确性，我们甚至把理想的社会表达为"对话的时代"。在当代教育学界，人们一般比较注重"对话"的"方法论"意义。对话的确是重要的教育方法，然而，如果仅仅局限在方法层面理解对话，就太过局限，难以彰显其全部的价值意蕴。但凡任何一种方法，都不存在绝对价值，都最终可能被替代，哪怕是一种被认为"绝对"好的方法，也是暂时的而非恒久的。我们要说明的是，对话具有绝对的、不可替代的、原理性的教育价值。它既是方法又超越方法，具有本体论意义。对话要真正成为我们深刻理解的范畴，并自觉有效地去运用，我们就要从本体论的深度才能更好去达到其方法论的高度，对话的人文价值才能在教育中充分自觉地展现。

一　对话的含义

　　语言是存在的家园，教育必通过语言并在语言之中。从哲学的观点看，语言的本质乃是对话性的，——语言的本质就在交往之中。每一个词都是一个小小的竞技场，不同倾向的社会声音在这里展开冲突与交流。一个人口中的词是各种社会力量活生生的交流互动的产物，表述就是对话，言辞是典型的意识形态现象。伽达默尔就指出，"无我性"是语言存在的一个基本特征，语言具有一种"把我和你统一起来的精神"，所以，真正的话语就是"对话"。①

可是，何谓"对话"（Dialog）？是不是所有发生在两个或两个以上的人之间的话语活动都可以称之为"对话"？据 Duden 词典的解释，德文"Dialog"指的是两个或两个以上的人的轮流发言（Rede）或辩论（Gegenrede）。Duden 词典的这种解释至少揭示了某种话语活动所以能被人们称为"对话"的两个基本前提：一是这种话语活动必须要在两个或两个以上的人之间进行，二是这种话语活动的进行必须是话语活动的参与者轮流、交替地发言。

为了进一步揭示"对话"这个概念，我们不妨再从词汇学的角度来考察一下"Dialog"这个词。"Dialog"这个词是由前缀"dia-"以及词根"log"两部分组成的。"log"这个词根是从古希腊语 logos 这个词发展而来的，基本意思是"话语"。"dia-"这个前缀最常见的几种意思是"横穿""分离""对抗"。如果把这三种意思综合起来看，"dia-"这个前缀实际上所要表达的乃是两个或两个以上的事物之间的一种既对立又统一的"矛盾"关系。所以总而言之，Dia-log 的真正意思应该是指一种在两个或两个以上的人之间展开的、在发言顺序上是轮流交替的、在话语内容上是相互"对立统一"的话语活动。同样，和这个德文单词所对应的汉语"对话"从字面上看也很明显地包含了这种"对立统一"的"矛盾"性。不仅如此，从理论上说，要在一个特定的话语群体中形成真正意义上的"对话"，还必须具备以下几个前提，这些前提就是所有话语活动的参加者都必须坚信：（1）没有最终的绝对真理存在；（2）任何现实的个人都不可能认识和把握所谓的绝对真理；所以，（3）任何现实的个人的所谓的"话语霸权"归根结底都是不合

---

① 伽达默尔说："只要一个人所说的是其他人不理解的语言，他就不是在讲话。因为讲话的含义就是对某个人讲话。……在这个意义上可以说，讲话并不属于'我'的领域而属于'我们'的领域。"（[美]伽达默尔：《哲学解释学》，上海译文出版社 1994 年版，第 65—66 页。）

法的；以及（4）对话者在话语权利上是平等的。以上四个前提只要有一个不能满足，真正的"对话"在最终的意义上就是不可能的。

对话这个教育实践中的方法问题被思想家们上升到了哲学的高度来认识，在苏格拉底式对话之后，对话成为现代哲学的一股思潮，典型的理论有哈贝马斯的交往理论、伽达默尔的"问答逻辑"、巴赫金的对话理论、利奥塔的"反通识式阅读"与我国学者张志扬的"交谈"。我以为这些探索不仅是一种哲学探索，也是一种人文教育探索，比如哈贝马斯的"理想的交往情境"理论就对人文教育颇有启发。哈贝马斯认为在人们运用语言交往的过程中，蕴含着一个"理想的交往情境"，在此理想情境之中，人们遵循着一些普遍的语用学规则，正确地使用语言，从而使自己的语言行为成为可理解的，进而达成相互理解或共识。哈贝马斯用三个"有效性要求"，来说明这些制约一切言语行为的普遍标准："真理性"（语句必须真实地指涉外在世界里的事物）、"正当性"（语句必须符合社会的规范）、"真诚性"（语句必须真诚地表达了说话者内心的想法）。"理想的谈话情境"虽然在现实中几乎不可能找到，但这毕竟是一个合乎理性的理想。

二　对话："我—你"的关系

半个世纪以来，我们所广为宣传的思想观点主要是要求主体认识客体、利用客体、征服客体，以达到"主客的统一"。于是，每个人都把自我看成主体，其他都是客体，自我的活动就是使他人、他物对象化，亦即把他人他物看成我的对象：或者是我的认识的对象，或者是我的实践的对象，而最终是占有他人他物。这样，自我与他人的关系就无非是占有与被占有的关系。然而我们越是一心一意地把他人他物当作对象，越是斤斤计较眼前的小小筹码，这些对象和筹码就越是侵蚀我们的精神，使我们人自身也被物化而失去主体的意义。我们说整个社会出现人文精神滑坡，实质上就是由于在观念和价值导向上人们普遍形成了片面地把万物归结为使用对象的狭隘功利主义。在这样一种心态中，人们与世界打交道的方式不是"对话"的方式而是"独占""利用"和"使用"的方式，人们评判行为价值的标准使用最多的词汇是：速度、效率、实用之类的工业化表述。人文教育的思想基础不能建立在这样的狭隘的技术主义和实用主义之上。在这里，我们要特别提到奥地利宗教家、哲学家马丁·布伯（Martin Buber，1878—1965）的观点。

每个人都有自己的世界，这世界因人的态度而具有不同的性质。布伯就曾按照人的生活态度把世界分为两重：一是"被使用的世界"（the world to be used），一是"我们与之相遇的世界"（the world to be met）。这种双重性既贯穿于整个世界之中，也贯穿于每个人之中，贯穿于每个人的生活态度与活动之中。布伯用"我—它"（I—It）的公式称谓前者，用"我—你"（I－Thou）的公式称谓后者。布伯所谓"我—它"的范畴实指一种把世界万物（包括人在内）当作使用对象的态度，所谓"我—你"实指一种把他人他物看作具有与自己同样独立自由的主体性的态度，这是一种以仁爱相持、互为主体的态度，也就是一种"对话"的态度。在布伯看来，所谓"人文精神"的丧失乃是把"我—它"放在了首位，把一切都看成物或对象（"它"），而恢复"人文精神"就是要把颠倒了的事情再颠倒过来，把"我—你"的关系放在首位，也就是不要再把他人他物看作单纯的对象或物，而要首先把他们看作和自己一样具有主体性的东西。因此布伯指出：一切真实的生活乃是相遇。（All real living is meeting）①。相遇即是对话。

布伯特别强调"我—你"关系中所讲的"关系"的相互性："我们不要尝试去削弱来自关系的意义的力量：关系是相互的。"在布伯看来，"我—它"之间，只有"我"对"它"（物、对象）所施加的主动作用，没有"它"对"我"的主动作用。也就是说，"我"对"它"的活动是及物动词的活动，"它"对"我"没有"回应"，"它"完全是被动的，——这就是独白。布伯认为，"我"

---

① Martin Buber, I and Thou, English Edition by Charles Scribner's, 1958, p. 11.

与"它"之间没有进入"关系"领域，即没有"相互性"。只有
"我—你"才"建立关系的世界"，在这里，双方都是自由自主的，
双方可以相互回应，——这便是对话。布伯看到，"'我—它'这个
原始词并不是不幸"①。人"不能死于""我—它"公式而不悟，
"没有'它'，人不能生活，但仅仅靠'它'来生活的人不是人"。②
"精神不在我，而在我与你之间。"③ 布伯的理论为人文教育的对话
论提供了颇为深刻的理论基础。长期以来，人文教育不仅在科学主
义的压迫下不受重视，而且人文教育的思维方式和教育方式也被科
学主义所"洗脑"，加之意识形态的话语霸权的影响，我国的人文
教育主要停留在独白方式之中。

三　对话的人学前提

俄国伟大的思想家米哈伊尔·巴赫金（Mikhail Bakhtin，1895—
1975）从人的发展角度提出了他的"开放人学"和"对话哲学"，
他的思想对我们人文教育对话理论的探索具有重要的意义。他的一
个核心思想是，人在本质上是面向他人、面向世界、面向社会而存
在的、开放的主体，离开了他人和由众多由他人构成的世界，自我
就根本不可能存在。由此他得出结论：存在就意味着进行对话和交
往。对话结束之时也就是一切结束之日。为此，对话实际上不可
能，也不应该结束。巴赫金正是从其开放人学出发逻辑地导出了对

---

① 布伯："不幸的是，如果一个人让这个原始词掌握了统治权，那么，不断增长的
'它'的世界就会盖过他而剥夺他自己的'我'的真实性。"（转引自张世英《哲学导
论》，北京大学出版社 2002 年版，第 264 页。）

② 张世英：《哲学导论》，北京大学出版社 2002 年版，第 263 页。

③ 布伯告诫世人："经验和使用能力一代一代地不断增长，这是不可避免的。通常
谈论精神生活的进步，就是取这个意义。"但是"这种所谓'精神生活'对于生活在精
神中的生活来说，多半是一种障碍"，"因为经验和使用能力的增长主要是通过降低人们
进入关系的力量，即削弱人们所惟一赖以生活在精神中的生活的力量而发生的"。"精神
在于你和我之间"的一体关系，而不属于"我和它"。"人如果能响应他自己的'你'，
他就是生活在精神中。……只是由于他有力量进入关系，他才能生活在精神中。"（张世
英：《哲学导论》，北京大学出版社 2005 年版，第 263、260 页。）

话理论。① 在巴赫金看来，对话得以开展的基本前提是他的所谓"三个确认"。即对存在差异性的确认；对存在未完成性和片面性的确认；对人的社会性的确认。

第一，对人的差异性的确认。

在日常生活中，我们每一个人在时间和空间中都占有一个独一无二的特殊位置，这一位置使我们能看见的世界和任何一个他者所看见的世界都不相同。在生活的时空中各自占有自己独一无二位置的所有人们都有着独特的视野，它们互不相同，因而就构成了一组基本的对立项：自我/他者，这是一组有着根本差异的概念，这种差异构成了人类世界存在的基础。人是有着具体的时空规定性和存在现实性的各不相同的人，他们都是独一无二的不可替代的。把"自我/他者"作为一组差异性概念来使用，就意味着自我不可能遗世独立，他只能存在于与他人的差异性对比中。

人的存在是由行动来确证的，而行动都是具体的、个别的、独特的。没有抽象、笼统和一般的人，有的只是具体个别和特殊的人，有的只是独特的"我"和"他人"，这才是存在的真相。抽象的形而上学提出的"人"是抹杀了人的存在特殊性的人，它排除了人（我）唯一而实际地参与存在的事实。每一个在行动中存在的"我"都是独一无二和不可重复的。②"我那个唯一之我（非理论之我），要参与到唯一的存在之中，我置身其中。……我是实际的，不可替代的，因而我应实现自己的唯一性。"③ 在时间和空间上的差异决定了每一个个体生存的差异性和独一无二性，同时也意味着每一个个体都无法自我确证和自我完成，这种确证和完成，要靠自我之外的他者和由众多他者构成的世界。对差异性的确认，从个体的角度看，最根本的是对他人和他人话语的他性的确认，确认一切非

---

① 巴赫金"开放人学"理论的主要思想是：（1）自我的开放性和未完成性；（2）他人是自我存在和完成的前提，因此自我必向他人和由他人构成的世界开放；（3）自我和他人在时间和空间中，是不可互相替代的独一无二的差异性存在，无法完全重合。

② 巴赫金："我的的确确存在着，……我以唯一而不可重复的方式参与存在，我在唯一的存在中占据着唯一的、不可重复的、不可替代的、他人无法进入的位置。"（钱中文主编：《巴赫金全集》第1卷，河北教育出版社1998年版，第41—42页。）

③ 钱中文主编：《巴赫金全集》第1卷，河北教育出版社1998年版，第41—42页。

我的存在在本质上与我是不可复合和独一无二的，并且确认这种他性是人类存在的自然状态，因而具有重要的价值。只有确认了这种存在的他性和他性的价值，对话才是可能和必要的。对话只可能在有差异性的存在中展开，即只可能在"我"与"他"之中展开。没有差异性的存在，就没有对话的必要和可能，即使在形式上形成对话的姿态，那也是虚假的，它没有本质的意义。没有差异性的存在之间的所谓"对话"，在本质上只不过是同声复制而已。

第二，对人的未完成性和片面性的确认。

仅仅承认存在的差异性还是不够的，对话得以进行的另一个基本前提是，对存在的未完成性和片面性的确认。为什么说这是对话的一个必要前提呢？因为对话必定是有差异的个体之间的交流，对话的目的就是沟通、融合、相互理解和相互提升，在对话中，对话者通过对话必定能使自己的某些方面得以改变，某些片面得以克服。这就要求对话者承认自己的未完成性和片面性。对话总意味着在对话中不断地丰富、拓展、改变自己的生存状态和思想观点。封闭就意味着僵化，就意味着一成不变，因而就意味着死亡。任何个人和群体只有永远保持开放性、未完成性，才能接受对话，才能在对话中永葆生机。

巴赫金告诉我们，作为个体，我们每一个人的自我都处于未完成状态，而且永远也无法凭自我最后完成。未完成是人和世界的积极状态，因为它意味着变化、新生和发展的可能性。完成意味着死亡、僵板、一成不变，完成性不属于有生命的个体。在这个世界上除人以外的所有的存在者都在本质上被给定了的，它们在世界上就是其所是，而不再能是其所非，只有人是非给定的，他不仅是其所是，更是其所非。人任何时候也不会与自身重合。只要还活着，人就还没有说出他最终的见解。未完成性尽管是所有人的特征，但并不是所有的人能意识到和承认它。

与未完性相关的是生存的片面性和局限性。所有生存着的个体都具有片面性和局限性，没有片面性的个体是不存在的。人之所以有片面性，除了他的生理结构、心理结构、生存的特定时空位置外，还有一个很重要的原因，就是他是一个未完成的个体。由于他是面向未来而生存的，由于他设想的自己的未来与现在和过去的自己不大一样，因此，他在过去和现在的任何一个时空位置对自己和世界的认识都可能被未来的自己所否定，从而显现出先前认识的片面性和局限性。正是有了这种片面性和局限性，人的生存才有不断改变的愿望和可能，才有希望和未来，才能满怀激情和兴趣地去生活、追求、奋斗和拼搏，才可能有丰富经历和体验。片面性是人的生存难以彻底摆脱的状态。

只要人活着，他生活的意义就在于他还没有完成，还没有说出自己最终的见解。人不是据之进行精确计算的有限数、固定数；人是自由的，因之能够打破任何强加于他的规律。人任何时候也不会与自身重合。对他不能采取恒等式：A 等于 A。精神永远不满足于自我既有的存在状态，它总要设想一种大不同于现在的我的未来的我。自我的精神最根本的特征是面向未来的开放性和未完成性。不管一个人现在如何辉煌灿烂，令人羡慕，他的精神决不以此满足，他的精神设想未来，一定与现在大不一样。这是一个人永远充满着兴趣生活的重要心理依据。人就其本质来说，永远是未完成的。①在人文教育中，无论是大师还是学徒，承认自身的未完成性和片面性并自觉与他人对话，是永葆教育生机的正道。

第三，对人的社会性的确认。

仅仅承认人的差异性和未完成性、片面性，并不能保证对话就一定能顺利地开展和进行。许多个体的差异性十分突出，但却只有精神的独白，而没有精神的对话。尼采的超人，是绝世无匹、独一无二的个体，他与其他人的差异性鲜明强烈，但却没有对话，只有独白和沉思。萨特的主体虽然也与他人有明显的差异性并承认未完成性，但却依然无法与他人建立对话的关系，因为这个主体把他人看成自己的地狱，是一种绝对异己的消极性的敌对存在。萨特认定，每个个体之间都是相互隔膜、不可沟通的。因此，人永世孤独。可见，要使对话成为可能的另一个重要的先决条件是人类生活

---

① 巴赫金："只要人活着，他生活的意义就在于他还没有完成，还没有说出自己最终的见解。"（［苏］巴赫金：《陀思妥耶夫斯基诗学问题》，白春仁、顾亚铃译，生活·读书·新知三联书店 1988 年版，第 97 页。）

的集体性和共同性。

巴赫金正确指出，人的心理，包括潜意识的构成过程中外在的社会生活起着决定性的作用，主体正是在和外在生活的应答之中建构起自己的心灵世界的，因而，心灵的建构规则和社会的建构规则就具有内在的同一性。生命最基本的条件是有两个生命的存在，只有一个生命的存在是不可想象的。① 因而他人是自我的必要前提，没有他人也就没有自我。自我不可能是一个封闭独立的实体，自我只能是向他人开放、由他人来完成的。从自我完成角度看，差异正成了双方相互需要、相互补充和完成的必要前提。自我必须向他人开放，在他人中确认自己。不仅自我的外在人格形象需要由他人的创造来完成，就是自我精神人格的完成也要依赖他人的创造。仅有自我什么也形成不了，自我无力完成自己内在人格的塑造。事实上，在人的一生中，人格的形成、发展和改变，都绝不是在一种封闭自足的自我内心状态中完成的，而是在和环境、和众多的他者发生频繁而持久的交往和应答中完成的。无论外在人格还是内在人格，自我都是在他人的参与下完成的，没有他人的参与，自我什么也完成不了。自我不仅要靠他人从外在来完成，自我还要靠他人从内在来建构。自我向他人而生存向他人而生成。他人内在于自我。因此，他人不是地狱，自我是一种恩惠，是他人对自我的馈赠。

巴赫金还从语言角度论证了人的社会性的确认。语言的价值在于使用，而任何单个的人都不可能创造或垄断性地使用任何一种语言，语言总是集体的社会的财富，对它的使用也必定是集体的、社会的行为，任何个体都不能随心所欲地创立和抹杀任何语言规则，语言规则在本质上是使用它的人们在千百万年之中共同确认的。非意识形态、非社会的、纯个人性的语言实际是不存在的，任何个人都不能试图用语言来建构一个非社会性的、纯属自己的心理世界，对于任何个体而言，言辞不是他的财产，而是他的社会群体（他的社会环境）的财产。语言充满了社会性和意识形态的色彩。而语言

① 巴赫金："单一的声音，什么也结束不了，什么也解决不了，两个声音才是生命的最低条件，生存的最低条件。"（［苏］巴赫金：《陀思妥耶夫斯基诗学问题》，白春仁、顾亚铃译，生活·读书·新知三联书店1988年版，第344页。）

最重要的一个功能则是它的交流功能，它是人们用以相互交往的。语言的本质也就在这交往之中。语言的场所不在别处，不在异域或往昔，而在此时此地，在具体的、现实的、活生生的交往和表述中。由于语言在本质上是对话性的，它也只能存在于对话关系之中，因而脱离了具体的对话情景去研究语言，实际上是把语言当作一种死亡的对象加以解剖，语言的生命在这种解剖中必将荡然无存。为此，巴赫金指出，对话得以进行需要一种共同统觉背景，统觉背景包括两方面的含义，一是社会上不同意见、观点、评价，用各种话语复合而成的事物的指向，或叫定义；二是具体语境中，给定的表述的语言意义。两者结合起来就成为说者和听者用以理解言谈的知识背景。没有这种统觉背景，说者和听者就无法理解他们的对话，因而对话必定失败。可见，语言的社会性又恰恰在社会交往和对话的具体性中实现。确认了人的社会性，就为我们人文教育的对话提供了最重要的观念前提。

四　对话的人文教育意蕴

在以上理论研究基础上，我们试图运用生态思维方式，进一步揭示或拓展对话的丰富内涵：对话意味着是一种生存方式、一种生活态度、一种社会制度、一种群性文化，基于此，我们将更透彻地领悟对话作为一种人文教育方法的意义。有了这样的认识，对话作为方法的"运用之妙"就能"存乎于心"。

（一）对话是一种生存方式

1. 对话意味着精神生长

人的存在具有双重性：自我性和社会性。事实上，小自我与大社会是永远纠结在一起的，社会永远海纳着自我无数，自我永远吸附在社会的有机体中。作为不可替代的精神生命的"孤独"自我，"我"只有意识到了"我"的存在，"我"才认定"我"还活着，所以人人在乎"我"就是"我"，"我"才是"我"。呆子的肉身也会生长，但人之为人的最终定义却由精神生长来裁决。对人而言，精神的生长才是生命生长的内在目的和决定性征候。自我不可脱离社会而得到精神生长，宛如毛不可脱离皮而自我生发。联结自我与社会的"脐带"便是对话这个"精神装置"。个体精神生命在社会中通过对话而生长，从这个意义上说，生长即对话，对话即生长。对话是精神生长的机制。对话使人与他人意识到"共在"的事实，对话使人与他人意识到"共在"的必需，对话使人与他人意识到"对话"的必定。实际上，对话是人类精神生命的"氧"，无论人类是主动地还是被动地生存在"氧"中，人类都无可避免地成为"氧化物"。氧的状况直接影响着我们精神生命的存在质量。

对话是关于人与人、人与世界的关系范畴，对话意味着体验，意味着互动，意味着理解。换句话说，无体验则无对话，无互动则无对话，无理解则无对话。

2. 对话意味着体验

体验意味着"在生活"。生命是由一个个活的体验细胞组成的，没有体验细胞的生命就如丧失了生命力的木乃伊，在这个层面上，体验直接和生命同在，生命的展开过程就是人体验生活的过程。① 对话者亦即"体验者"，通过对话，自我体验着独特的他人和独特的世界并进而真正了解独特的自我；通过对话，自我体验着共在的他人和共在的世界并进而与他们建立"我—你"关系。教育者和受教育者都是对话者，也都是"体验者"。首先，教育者和受教育者存在于相互体验之中。每个人都是一个数学意义上的集合，而组成这个集合的元素则是指每个人特殊的经历、经验和感觉。因为组成元素不可能完全相同，所以这些集合总是相异的。但人活着就是在交往和对话，所以某些特定的元素可能相同，如某些事是他们共同经历的，某些感觉（爱、恨、怒等）是相同的，所有集合间是存在

---

① 冯苗也谈道："世界可以当作对象来加以把握，而人的存在及其意义却只能依靠体验，体验是生命的基本特征。真正的对话是一种体验，是对话中的一方以自身的经验去体验'我—你'关系中的另一方，在'你'之中发现'我'，进而体验生命的终极关怀的意义和价值"。（冯苗：《论教育场域中的对话》，博士学位论文，东北师范大学，2008年。）

交集的。教育只能产生于这个交集之中。这个交集就是教育者和受教育者相互体验的始发站，他们从这里出发体验着对方的情感与智慧，领悟、提升自身的"生活智慧"并延伸生命的意义和价值。

　　3. 对话意味着互动

　　互动意味着"一起生活"。互动是指在一定的社会背景与具体情境下，人与人之间发生的各种形式、各种性质、各种程度的相互作用和影响。互动必须发生在两个或两个以上的主体之间，因为一个主体产生不了"相互"作用和影响；互动还要求主体间必须具备"刺激—反应"的双向循环，如果主体间仅仅发生单向的不可逆的"刺激—反应"作用，那就不是互动。真正的对话必须是一种互动。对话不是一方走向另一方，而是双方共同走向"之间"，在"之间"的领域中"相遇"。"之间"不可能在"我"之中发现，也不能在"你"之中发现，只能在"我—你"关系的互动中才能产生。就此而言，对话的意义在于互动而不在于结果。教育关系本真上是一种互动关系。传统课堂中"教师教，学生被教；教师讲，学生温顺地听；教师作出选择并将强加于学生，学生惟命是从；教师选择学习内容，学生适应内容等"①，表现出来的教育关系实质上是一种异化的教育关系。在这种关系中，教育者单向地向受教育者灌输知识，受教育者单向地接受知识，知识的流动也是单向的，单向性是这种关系的主要特征。弗莱雷提出"教师学生"（teacher – student）和"学生教师"（students – teachers）这两个术语就是为了克服教育关系的单向性而强调其互动性。在互动的教育关系中，教育者和受教育者变身为两个乒乓球高手，他们运用手中的"智慧之拍"把"问题之球"循环地击向对方，这个"问题之球"不是固定不变的，它与"智慧之拍"接触时可能会产生一定的变化，这就意味着思考者对问题的认识和了解不断深入。与其说这两个乒乓球手是在"竞争"，毋宁说他们是在"合作"，因为任意一方的"不回应"都会中断这场"智慧游戏"，只有当他们不断地"回应"对方，问题才最终得以解决。

---

　　① ［巴西］保罗·弗莱雷：《被压迫者教育学》，华东师范大学出版社 2001 年版，第 54 页。

4. 对话意味着理解

理解意味着人过着怎样的"精神生活"。理解是解释学的核心概念，早期的解释学将理解看作一种认识过程和一种研究方法，而自海德格尔以降，解释学将理解定位到一个世界观的角度，认为理解是人的存在方式。海德格尔认为，理解的本质是作为此在（Dasein）的人对存在的理解，是此在的存在方式本身。简单说就是：我理解，我活着；我怎么理解，我怎么活着。

语言和理解存在着密切的关系。语言是一切理解的媒介，没有了语言就没有了理解。语言本真地指向理解，"只要一个人所说的是其他人不理解的语言，他就不是在讲话。……在这个意义上可以说，讲话并不属于'我'的领域而属于'我们'的领域"①。也就是说，语言的本质不在"我"中而在"我—你"的交往中。所以真正的语言是对话，语言总是在对话中展开。对话和理解这两个貌似不同的范畴在语言温水的调和下逐渐溶解并最终难分彼此。对话是理解的过程和方法，"我—你"在对话中平等交换，互相接纳，从而导致理解的产生；对话更是理解本身，理解的过程就是理解者与理解对象之间的对话过程，对话是一种双向理解。教育追求理解，理解贯穿于整个教育过程并促进教育意义的生成。一方面，教育过程是一个对话过程也是一个理解过程，"对话是展示意义和把握意义的过程，学生就在这种对话的参与中获得了教育。因此对话并不是把某种真理、意义、态度等传递给另一方的方式和手段，对话过程本身'揭示'了真理，它使真理'显现'出来，从而通过学生的理解而接受"②。另一方面，生活的意义只能通过理解而建构，教育是一种特殊的生活过程，所以教育意义的生成同样离不开理解。在对话中，教育者和受教育者把自身已有的生活经验和精神世界"呈现"给对方并"走向"对方，他们根据自身的理解选择性地"接纳"并重新建构自身整体的生活经验和精神世界。事实上，我们可以将人看作一个未完成的拼图，已有的生活经验和精神世界是组成

① ［美］伽达默尔：《哲学解释学》，上海译文出版社1994年版，第65—66页。
② 金生鈜：《理解与教育——走向哲学解释学的教育哲学导论》，教育科学出版社1997年版，第133页。

自身拼图的小碎片，对话和理解就是人选择性地将他者的小碎片或者创造性地改变他者的小碎片，将之装嵌在和自身拼图相对接的位置上。所以唯有对话和理解，他人的或外在的知识和经验才能整合到教育者和受教育者身上，教育意义才得以生成。

对话是一种生存方式，体现了对话于人的不可或缺性，从某种意义上说，生存即对话。对话是一种生存方式，同时体现了对话与人的不可分割性，对话并不是被动地外在地植入人的存在中去，它本身就是一种存在方式。

（二）对话是一种生活态度

对话是一种生活态度，这包含两个方面的意思：一是对待对话的态度；二是对话者在对话中持有的应然态度。前者关注的是是否对话的问题，后者强调的是对话本体和对话质量的问题。在这里，我们主要讨论后者。

对话的实现是需要"介质"的，对话者是对话的"显性介质"，而对话态度则是对话的"隐性介质"。离开了对话者，对话就不可能发生，同样地，离开了对话态度，对话也就不复存在。对话态度既是对话得以进行的前提，也是对话指向的结果。也就是说，真正的对话必然地包含着对话态度。这种态度具体表现为平等尊重、宽容接纳以及积极介入。

1. 对话的态度：平等尊重

对话首要的态度就是对话者间的平等尊重，只有基于平等尊重，对话才得以展开。在布伯的对话哲学中，"我—你"关系是主体与主体之间的一种活生生的精神上的相遇关系，这种关系是对工具性的"我—它"关系的超越。在"我—它"关系中，"它"只是"我"认识、利用的对象，"它"总是处于"被操控"的地位，是"我"的"工具"，因此，"我—它"关系本身就是一种不平等关系。真正的对话是一种"我—你"关系，对话者互为主体，相互尊重。哈贝马斯将这种对话者间相互平等、相互尊重的态度描述为"主体间性"。在他看来，对话交往的双方必定是"主体"和"主体"的关系,他们之间的"主体身份"是可以任意交换的。① 也就是说,在对话中,对话者的"行为身份"可能会在言说者和倾听者之间不断切换,但无论他们的"行为身份"是什么,他们都拥有共同的"主体身份",对话者皆是平等的对话主体。在传统的教育中,教育者和受教育者都难以以"平等尊重"的态度对待对方,一方面,教育者由于掌握知识,充当着"智者"的角色,他们在面对"无知者"——受教育者时,不愿轻易放弃自身的权威与优越地位,这就使他们难以以一种平等、民主的心态与受教育者对话;另一方面,受教育者往往将尊敬师长曲解为无条件的服从与听话,他们从不敢质疑"知识权威"及其讲授的"真理"。这样,教育者和受教育者"很自然地"形成了统治与被统治关系。教育者是言说者,是主体;受教育者是倾听者,是客体;教育的实质就是一场演讲表演,表演者就是作为主体的言说者,观众则是作为客体的倾听者。在这场演讲中,言语的流动是单向的,观众只能倾听而不能言说,他们甚至连鼓掌的权利都没有。而在对话教育中,教育者和受教育者的身份开始模糊,与其说这两个术语是实质教育身份的表征,毋宁说它们是传统教育身份的延续,弗莱雷的"教师学生"和"学生教师"能更准确地表述这个问题。

2. 对话的态度:宽容接纳

对话是一种态度,这还表现在对话者间的相互宽容和接纳。对话意义生成的前提是差异性,也就是说,没有差异性的存在之间的对话是没有意义的,这种对话本质上是一种同义反复,它超越不了什么也创造不了什么。真正的对话,必然包含差异性。② 正因为如

---

① 参见冯苗"纯粹的主体间性是由我和你(我们和你们),我和他(我们和他们)之间的对称关系决定的。对话角色的无限可互换性,要求这些角色操演时在任何一方都不可能拥有特权,只有在言说和辩论、开启与遮蔽的分布中有一种完全的对称时,纯粹的主体间性才会存在"。(冯苗:《论教育场域中的对话》,博士学位论文,东北师范大学,2008 年。)

② 张祥云指出,对话"意味着各种彼此对立、相互矛盾的不同观点之间的充分碰撞和交流,意味着允许各种相反的异质的观点充分地表达自身并在此过程中使双方抛弃原先的僵硬对立,走向某种综合,它内在地要求在'对立'和'矛盾'中思考,因此它与'独白'和'话语霸权'是不相容的"。(张祥云:《大学教育回归人文之蕴》,中山大学出版社 2004 年版,第 158 页。)

此，对话必须表现为一种相互宽容接纳的态度。众多的对话理论研究也说明了这一点，伯姆提出搁置"思维假定"、伽达默尔提出悬置自己的"理解结构"，而吉尔根提出"反身性"，他们的共同点都是质疑我们固守的"真理"，以宽容的态度尝试接纳他人异于自己的观点。这种态度在现实教育中极为重要但也极为缺乏，这种缺乏是一种单向的缺乏。受教育者远比教育者易于接受对方的话语，这是我们传统的教育观念造成的。在传统的教育观念中，教育者成了唯一的发热体——太阳，知识只掌握在教育者手中，教育者是真理的代言人，受教育者只能是被动地接受知识，就好比沙子只能被动吸热而不能自动发热。这种单向的灌输教育与对话精神相去甚远。在人际世界中，不存在绝对的真理，也不存在"唯一的发热体"，人的知识结构甚至人的本身就处在一种未完成的状态，因此我们必须通过开放性的对话以实现自我，这种开放性的实质就是宽容和接纳。教育对话必须基于教育者和受教育者宽容接纳的态度，唯有如此，对话双方的思想才得以相互碰撞，灵魂才得以相互接纳，情感才得以相互交融。

3. 对话的态度：积极介入

对话是一种态度，最后还表现在对话者的积极参与和介入。"一切实在皆是活动，我参与它但非占有它。在'我—你'的本真关系中，'我'因参与实在而成为实在，'我'之参与越充实，'我'之实在越丰盈。"① 对话就如一场音乐演奏会，但这场演奏会是不允许有旁观者，也就是没有观众，每个对话者都是演奏者，他们必须全身心地投入到演奏中，唯有如此，他们才能合奏出悠扬动听的音乐。表演中的每一个演奏者都是独特的、必不可少的，以至于任一演奏者的离场或"观众式"地在场都势必损害整个表演甚至中断整个表演，演奏的精彩度和所有演奏者的投入程度、配合程度呈正相关。在这场表演中，甚至没有一个指挥家，因而每个演奏者都是主动而不是被动的，他们不是根据指挥家手中的指挥棒而是根据自身对音乐旋律的理解适时地让自己的乐器响起。与此相近，伽

---

① ［德］马丁·布伯：《我与你》，陈维纲译，生活·读书·新知三联书店 2002 年版，第 55 页。

达默尔在解释学中提出了一个"参与性理解"的概念。① 在这种对话模式中，对话者积极参与介入问题中去，他们的获益程度也就和他们的积极性成正比。在对话教育中，教育者和受教育者在问题的"诱惑"下与其说是在"进行着对话"，毋宁说是"陷入了对话"，他们争先恐后地将他们用智慧凝成的礼物献给问题，以博"红颜一笑"，揭下其神秘的面纱。

对话是一种生活态度，这个隐喻强调的是人们准备对话或者正在对话时应持的态度：平等尊重、宽容接纳以及积极介入。因而即便对话态度的真正内涵比我们上面论述的几个方面远来得丰富，也并没有影响这个隐喻的合理性。更进一步地，我们可以据此更充分地了解对话的真实内涵，对话并不是简单的言辞交错，它还关涉到对话者本身持有的态度，因而，不平等的"问答"、不包容的"辩论"以及不积极的"闲聊"都和对话相去甚远。"态度决定一切"，态度内在地决定对话是真还是假。

（三）对话是一种社会制度

对话是一种社会制度，体现在制度产生和演进的历程中。

1. 制度是"交往的产物"

如何定义制度？在《辞海》中，对制度有两种解释：（1）要求成员共同遵守的、按一定程序办事的规程或行动准则，如工作制度、学习制度；（2）在一定的历史条件下形成的政治、经济、文化等各方面的体系，如社会主义制度、市场经济制度。但无论制度是作为"规程""准则"还是"体系"，它的作用主体都是某个群体而不是个人，所以实际上，制度描述并规范了人与人之间的某种关系。

制度的产生过程就是人与人各种关系的规范过程，也就是说，制度是"交往的产物"。我们可以建立一个理想的数学模型来还原

---

① 参见冯苗"这种理解的方式需要参与其中的主体对主题积极主动、持续不断地提出质疑，积极参与到理解主题中，也就是身入其中而不是以观察者的身份置身其外，并在此基础上通过提问质疑所要理解的问题，然后通过观察期待事物自身确定它如何'回答'"。（冯苗：《论教育场域中的对话》，博士学位论文，东北师范大学，2008 年。）

制度的产生过程。在一个封闭的地域中，我们假定其人口数量为一个常数 N，当且仅当 N = 1 时，制度不会也没必要产生。那个孤独的个体具有绝对意义上的行为自由，因为不存在他者，所以他的行为不会影响到任何人，他可以做到真正的随心所欲；当且仅当 N = 2 时，制度开始产生。由于在一个封闭的地域中，这两个人就必须进行交往，他们的交往中可能出现冲突，冲突的出现为制度的产生带来了契机。当他们意识到劝说和武力都解决不了这个冲突时，他们就必须共同切磋、商议出现的冲突、矛盾，并最终制定一个具有约束力的"公约"，这个"公约"就是制度原型；随着 N 的不断增大，这个地域的人数越来越多，人与人交往的内容、实现的形式不断发展，交往的主体形式也不断扩展，由个人到家庭，到种族、部落，到民族和多民族国家，在这一过程中制度也在不断扩展，并最终形成了我们现在复杂繁多的制度。由上可见，制度的形成过程是一个博弈的过程，人生活在社会中，总是避免不了与他人交往，为了维护社会的稳定和理性个人的利益，他们必须就"公共利益"或"公共偏好"展开积极的对话，制度的确立就是这样一个"交往"的结果，而交往的合理内核是对话。

2. 民主制度实质上就是对话制度

但上述模型是一个理想化的模型，它与我们的现实世界尚存一定差距。例如在奴隶社会和封建社会，制度的形成就不是一个公平对话的结果。事实上，制度只能是一个历史的概念，它的实际演进和当时的社会现实有密切的联系，在不同的社会形态中，制度有着不同的表现。换句话说，同一种制度在不同的历史时期可能促进社会的发展也可能阻碍社会的发展，评判的标准就是看该制度与当时的社会经济基础是否相吻合。在奴隶社会和封建社会，奴隶主和奴隶、封建地主和农民都是压迫和被压迫、统治和被统治的关系，在当时，独白式"霸权制度"的存在不仅有其必然性，而且也有其一定合理性。

那么，与当代社会相匹配的制度是什么制度呢？一方面，"人人平等"的观念已深入人心，每个人都享有同等的权利和义务；另一方面，经济也由传统社会的计划经济时代过渡到多元民主的现代市场经济时代。因此，只有民主制度才与当代社会相匹配。民主的实质就是对话，民主制度是对话的制度性社会装置，民主制度实质上就是对话制度。对话制度强调平等、鼓励参与，让每个制度主体充分自由地表达他们的观点，使制度的公正性、合理性和妥适性得到保障。作为时代趋势，当今社会的许多制度都倾向对话制度或者正在走向对话的制度。当我们说对话是一种社会制度，就是指这种制度具有内在的对话性质，无论立场、内容、形式还是程序，都不是独断的、专制的。民主的社会制度需要对话的教育制度来养育，民主是需要学习的，既然民主的实质是对话，那么民主历程中最需要学习的是如何对话。"学校即社会"，社会的民主制度需要学校具有对话性质的教育制度来复制和巩固。很难想象"独白式"的教育制度怎么可能使社会的民主制度得到巩固，也很难想象"独白式"的教育制度怎么可能为民主社会所容。在教育或学校里，对话还是不对话，许多情况下不是个人决定的，而是制度决定的。在对话的教育制度里——也就是说，在民主的教育制度里，我们能比较顺利开展对话；反之，则不然。所以，上升到制度的层面看对话，看得更宽，不会仅仅局限于个人之间寻找狭隘的原因而相互抱怨。

3. 制度是对话的保障

对话是一种社会制度，还表现在对话制度是对话顺利进行的有力保障上。对话制度和对话的关系类似于民主制度和民主的关系，在当下特定的历史环境中，没有制度做保障，民主只能停留在理念的层次上，落不到实践中。同样地，在现阶段，没有制度支撑的对话就如河道中扎根不稳的浮萍，很容易让湍急的河水将其冲走。因此，提出"对话是一种制度"不单是强调对话制度和当今社会的匹配性，还强调制度于对话本身的保障作用。

对话制度对当今社会的发展具有促进作用，因而符合制度演进的趋势。在教育领域中，学校制度也应当具有民主性和对话性。令人遗憾的是，在现实中，相当一部分的学校制度仍然是独白式的。以学校教学管理制度为例，备课制度只对教师备课做强制性要求，课堂教学制度只对教师控制课堂做强制性要求，教学评价制度也是由教师单方面完成。而事实上，我们可以建立集体备课制度，让若干教师和学生共同参与，在他们的相互探讨中，教师能更好地掌握课程的难点和重点，提高备课效果；类似地，我们也可以建立师生对话课堂教学制度、师生对话教学评价制度等。

（四）对话是一种群性文化

文化比制度更根本，文化孕育制度，文化养育制度，文化也会扭曲制度。制度只有"文化化"了，这样的制度才算实现了自身，完成了真正的社会化。因此，如果对话是好的，是我们所特别需要的，那么我们就必须使对话"文化化"。而所谓"文化化"就是生活化、习俗化、日常化、传统化，进入"鱼不知水"的存在境界。文化，还没有一个统一的定义。广义地说，凡属人类创造的一切，都可算作文化，也就是说，文化是人类所创造的一切物质文明和精神文化的总和。狭义地说呢？英国人类学家泰勒（E. B. Tylor）在《原始文化》一书中首先将文化定义为：包括知识、信仰、艺术、法律、道德、风俗以及作为一个社会成员所获得的能力和习惯的复合整体。[①] 后来美国人类学家巴尔诺（V. Barnouw）提出了一个综合性概念：文化是一群人的生活方式，即所有的习得行为和类型化的模式，这些模式是通过语言和模仿一代代传承下来的。[②] 泰勒和巴尔诺对文化的定义有利于我们深入阐明对话与文化特性的关系。

1. 对话是群体性的文化特征

文化具有群体性（从国家民族的角度看，文化具有民族性）。这有两方面的意思，一是"文化不是一种个体特征，而是为某个（些）群体所共有。如果只有一个人具有某种观念，这只能代表他的个人观念。一种思想、一种行为或一件事被认为是文化，它肯定为一群人或一个团体内的人们接受或共同享有"[③]。二是不同的群体具有不同的文化。对话是一种文化，在这里可以理解为，对话是某一群体的文化特性。从这个意义上，我们可以将所有群体划分为

[①]　参见苏国勋、张旅平、夏光《全球化：文化冲突与共生》，社会科学文献出版社2006年版，第3页。

[②]　参见严文华《跨文化沟通心理学》，上海社会科学院出版社2008年版，第8页。

[③]　同上。

"对话性群体"和"非对话性群体"。在"对话性群体"中，"对话"被群体中的所有成员或大多数成员所接纳和鼓励。美国文化人类学家博厄斯（F. Boas）从传播论的角度出发，认为"社会制度（社会生产技术、工具和社会组织）的变迁主要来自文化传播，而并非出自自我发明创造"①。这个研究结论直接表明，制度、方法、工具的更新是源于文化的更新。在教育领域，教育制度和教育方法的改革归根到底是一种文化上的改革，提倡对话式的教育制度和教育方法实质上既提倡对话文化，也提倡建立"对话性群体"。只有人们不再把"对话"看成一个形体怪异、着装怪诞、行为怪僻的外星来客，而把它看作我们身边一个平凡得几乎可以让人忽略掉的普通人时，对话才真真正正地融入了我们的文化中。这个时候，"对话"不再是一个新词，对话制度不再是一种新制度，对话方法也不再是一种新方法。

2. 对话是时代的文化趋势

文化具有时代性。文化的时代性也可以叫作文化的稳定性和变迁性，一方面，文化处于永不停息的发展和创造过程中，意识观念的不断更新和自然、社会环境的不断变化都会引起文化的革新，因此文化具有变迁性；另一方面，从一个大的历史环境看，文化在某一个时期又是相对稳定的，如钱穆先生曾将人类文化按时代顺序划分为游牧文化、农耕文化和商业文化，因此，文化在某个时代中具有稳定性。文化的变迁性给对话文化的产生带来了局部可能，文化的稳定性则使对话文化成为广泛事实。在中国传统文化中长期占主导地位的儒家思想是独白式的，因而中国传统文化具有强烈的独白意味。但随着社会变迁，尤其进入全球化时代，不同文化体系相互选择、相互渗透，民主和平等的观念日渐普及于中华文化圈，我们正走向交往与对话的时代。对话以摧枯拉朽之势攻占了人类生活的

---

① 参见苏国勋、张旅平、夏光《全球化：文化冲突与共生》，社会科学文献出版社2006年版，第5页。

各个领域，对话文化正在蔓延。① 教育必须对这一渐成强势的文化方向给予积极主动而乐观的推动，对话教育是当今社会发展的必然选择。

对话是一种文化，这既是基于当今社会现实的客观预测和判断，也是面向未来社会发展的主观期待。文化是一种力，它既是推动力又是引导力，它推动社会向前发展的同时引导着社会发展的方向。在此意义上，我们可以说，对话也是一种力，这里的对话力并不是对话能力而是对话作用力，倡导对话力也即倡导对话文化。学校基于社会又高于社会，如果对话是时代的趋势，学校教育就必须自觉引领这股趋势，使对话由教育文化进而生发为社会文化。

五　对话的人文教育方法论意义

对话毫无疑问是一种教育方法。在人类漫长的人文和科学研究史中，对话一直被认为是从谬误中分离出真理的核心方法之一。随着社会的不断发展，人类理性的不断增强，对话在当代也成了解决各个领域冲突的重要方法之一！宏观如政治上国家之间的磋商，经济上利益主体间的谈判，文化上文化主体间的沟通；微观至个体与个体之间的交往，对话都发挥了不可替代的重要作用。这个意义上的对话成为人类手中一种具有可操作性的工具，显示着它强大的实用功能。在本书中，我们并非在一般意义上理解对话作为一种教育方法的，我们将对话的"实然"和"应然"结合起来，在更宽阔的空间里，将理解建立在"对话是一种生存方式、一种生活态度、一种社会制度、一种群性文化"之基础上。只有在这样的基础上，对话才成其为真正的对话。

——"作为生存方式的对话"成为教育方法时，使用者主体会更加自觉意识到对话比其他方法更具本源性。在教育中，对话法应

---

① 叶澜："凡在教育思想和教育实践中产生深远影响的教育家和教育名著，都是时代精神在教育领域中的代言人，他们思想的光彩是时代精神的独特折射。"（叶澜：《时代精神与新教育理想的构建》，《教育研究》1994 年第 4 期。）

该是一种"元方法"。毋庸置疑的是，讲授法是教育中不可或缺的教学方法，但是由于对话是一种生存方式，因此对话法具有比讲授法更本源、更基础的地位。讲授法是从对话法中产生出来的，并且一直以对话法为依据。更具体地说，讲授的好坏与成败取决于讲授的时候主讲者心中是否真正有他人，唯有心中有着他人，在心中与他人进行着对话之后再从自己口中"说出"那些内容，才可能收到好的效果。在日常的教学活动中，讲授法一般应用于对"确定知识"的陈述，而对话法则常运用于对"互动性、互惠性知识"或"不确定性领域"的探索，教育要吸纳"已知"更要探求"未知"，因此对话法是更基础更根本的教学方法。

——"作为生活态度的对话"成为教育方法时，使用者主体会更加自觉强调相互间的平等尊重、宽容接纳以及积极介入，我们会更加注重一种精神而非一种形式。在谈判桌上侃侃而谈的谈判专家使用的正是对话法，但往往这时的对话法只是一种形式，和它相区别的是武力法或不作为法，它可能丝毫不带有对话态度。在教育中使用对话法时尤应注意这一点，形式化的对话（如简单的"问答"等）不是一种真的对话，只有师生间能真正地做到相互尊重、相互接纳、积极共享，对话法才具有本真的意义。

——"作为社会制度的对话"成为教育方法时，使用者主体会发现对话具有更强的生命力。教育方法的使用具有任意性，所以即便对话法非常重要，我们仍然可以绕开"它"不使用"它"。但制度则不同，它要求每一个成员都共同遵守，因而具有制度意义的对话法在实践中具有更强的生命力。其实，对话法因其处于弱势地位而需要制度的保障，这一点在当代极为重要。在教育领域，对话法和讲授法初始所处的历史地位前者高于后者，但自赫尔巴特以降，讲授法一跃成为强势的教学方法，对话法的地位一落千丈。讲授法虽然没有成为显性制度，但作为隐性制度的它一直压抑着对话法的重新兴起。这个时候，只有让对话法成为制度才能逐步实现其自身的复兴。

——"作为群性文化的对话"成为教育方法时，使用者主体会深刻意识到对话原来涵蕴着一种深厚的文化力量。人类开始进入对话纪元，对话对人类的当代生活具有非凡意义。教育方法的改革从根本上说是对文化传统的革新，当我们把对话作为一种文化，把对话作为重要的教育方法大力提倡，这就意味着我们的提倡和践行一定会受到来自传统文化习性的深刻阻挡而路途艰险。而与此同时，我们进行着的是伟大的文化引领的行动，我们在催生出一种好的文化变异。既然是文化的变异行为，那一定是持久的行动，不可毕其功于一役。这样"静悄悄"的校园里的文化革新，应该是弥漫的、滋润性的、接力式的、可持续的，最终不仅改造整个中国教育，更是改造整个中国社会，使中国社会成为对话的社会。

　　因此，只有基于对话是一种生存方式、一种生活态度、一种社会制度和一种群性文化的前提，对话才能真真正正地成为一种普遍有效的教育方法。否则，这种"对话"只能是一种"假晶对话"。"假晶现象"是地质学上的观念，特指一种岩石的熔岩注入它种的空隙和空洞中，以致造成了一种混生的"假晶"，即貌似乙种的岩石，实际包裹的却是甲种岩石。这个"假晶"的表层是"对话"，但"假晶"的内部却注满了"独白"。

　　作为一种教育方法，主体运用对话的过程会面对重重障碍。在人文领域，每一种方法的使用都是有能力、个性和品德要求的，这就是人文方法而非科学方法的特性。建立在"生存方式、生活态度、社会制度、群性文化"基础上的教育对话方法对主体的能力、个性、品德要求尤其高。因此，不是每一个教师都能很好地使用教育对话。教育方法与科技操作的不同是，科技的发展都以操作的傻瓜化为追求目标，超越能力、个性和德行的限制。教育方法似乎恰恰相反，越是好的方法，对人的智力、悟性、人品、耐心要求就越高，我们无法实现教育方法的傻瓜化。对话之道要"道成肉身"之后，运用之妙才能存乎于心，在这个意义上，与其说对话是"方法"还不如说对话是"功夫"。作为"功夫"含义的对话，不仅是指向他人、指向社会的方法，它首先是指向自身的"功夫"。对话，首先在于教师的成长，取决于教师自身"对话性成长"的状况。对话这样的"功夫"，是在我们肉身里培植和练就出来的精神和"道行"，对话就是这样一种具有精神挑战性的教育功夫。

第十章

问 题 性

　　知识的产生源于问题的激发，知识的价值归于问题的解释、解惑和解决。教育，无论人文教育还是科学教育，都必须使知识回到问题中去。脱离了问题的知识学习是无根的学习，学得越多，可能越愚蠢。无问题的学习不仅无法培养创造性，即便对现有知识也难以真正消化吸收。对于难以技术化、不可傻瓜化的人文知识，在教育教学中，更加要使之回到问题，源于问题，为了问题，在问题中。进入人文问题的人文教育才能体现本体功夫性。所以，人文教育在方法论上，必须整体性地从"非问题性教学"走向"问题性教学"。师生要带着体验，进入问题，领悟人文知识意蕴。

　　"问题性教学"不同于"问题教学"。这里所说的"问题性教学"是一种教育教学方法论，它不是指一种具体的教育教学方法，而是指所用教育教学方法具有"问题指向性"，让知识逻辑扎根于问题逻辑深处以复活其知识的生成魅力。因此，问题性教育教学指向所有具体的教育教学方法，凡是有问题意识的方法都是具有生成意义的教育教学方法，凡是没有问题意识的方法都阉割了知识的生成意蕴。在这个意义上说，任何一种具体的教育教学方法，都可能同时具有两面性——是问题性的，还是非问题性的。我们在具体运用中，如果在"问题性教学"观念主导下，一种教学方法，即便传统的诸如"讲授法"之类，也可以是十分有效而积极的"问题性"教学方法，使之具有复活知识生成的魅力。"问题性教学"在整个教育教学方法论体系中的地位是基础性的。在"问题性教学"中，所谓"隐喻""对话""体验""反思"等才能成为有的放矢的方法，并彼此贯通合一。"问题性教学"在人文教育和科学教育中具有相通的同等重要的基础地位。

一　"问题性教学"理论基础

（一）"问题性教学"引领学生深入人文底蕴

中国学生最大的问题就是没有问题，这几乎成为人们的一个普遍性判断。而学生没有问题，恰恰是教师在教学中过分沉浸于知识的"掌握性"教学而不能通过问题来引领学生思考。最应该具有问题意识的当然是大学的教学，在此，我们试图就大学的教育教学来展开对"问题性教学"的讨论。

按理，大学教学过程的特点决定了大学教学必须充分体现问题性的教学特点。潘懋元教授指出，大学教学过程一般具有三方面的特点："第一，高等教育是专业教育。就专业知识而言，完全可能使教师和学生都进入本专业领域的前沿状态，处于已知与未知的边缘地带。第二，高等学校的学生，大多数是年龄在 20 岁左右的青年，处于青年的中、晚期，他们的抽象思维能力比较强，已经具备了从事艰巨的抽象思维活动的能力；同时，他们已经受过了普通教育，有一定的知识积累，有相当的人生经验和体验，有一定的能力水平；他们的自我意识比较强，创造性思维活动正处于活跃的时期。因此，高等学校的教学，特别在进行人文教育的过程中，就应当特别重视激活学生的人生经验和体验来促进其自觉性、创造性和独立性的培养，在教学过程中，对他们的自觉性、创造性以及独立性应有更高的要求。第三，在高等学校教学过程中，可以也应该把研究引入教学之中。"① 大学教学过程的这三个特点之间，存在着"逻辑的"和"动力的"关系，其中第三个特点在前两个特点的基础上最集中地体现了大学教学过程的独特性。因此，在这里着重讨论它对大学教学的理论和实践具有什么意义。"研究引入教学之中"

① 潘懋元：《高等教育学讲座》，人民教育出版社 1983 年版，第 155—158 页。

作为大学教学过程的特点，要使大学教学过程既区别于纯粹现成知识的教学过程，又区别于研究工作者指向学术目标的研究过程。它是一个在教师指导下，学生的学习与研究相结合的过程。一方面，大学生要学习系统的知识（确定的内容）；另一方面，这个学习过程又渗透着研究的成分（涉及不确定的内容），即包括学术的发现、学术的精神及态度和方法，当然，其研究是限定在教学本质规定的范围之内的。因此，往往"过程训练的意义重于结果的获得"。它不仅服从于研究的逻辑，更追求教育的目标。我们可以把这种状况称之为大学教育过程的"双重性"特征。另外，从大学生心智发展来看，由教师指导下的现成知识学习发展到具有一定研究素质和能力，进入学术某领域的前沿，能在一定程度上独立地发展、分析、解决问题，有一个逐步转换的过程，我们可以把这种状况称为大学教学过程的"过渡性"特征。再者，大学教学面对的知识系统总是跟正在探讨的知识和问题对接，知识状态处于已知大陆与未知海洋的界面上，具有探测未知海洋中某些问题的指向性。即便是已知的，也常常是充满张力的，很可能随着对未知海洋的探测，变成需要修正的东西。因此，大学教师即使在传授已有知识系统时，也应该持"如履薄冰"的开放心态。在大学的知识性教学中，注重以问题为中心，培养学生提出问题、分析问题、解决问题的能力，引领其深入人文底蕴，实现"转识成智"，具有根本的意义。

必须指出的是，所谓大学教育教学过程的本质特点，并非自然而然如此这般的。其本质，依然是理想的、应然的，因此是"知行合一"的人文过程。只有按照理所应当的价值思维去努力实践，才能使大学教育教学的本质得以真正体现和显现。因此，充分发挥"问题"之教育教学的功能，是整个大学教育教学——包括科学教育和人文教育——实现其本质的根本途径。

（二）问题与研究"未知"和学习"已知"的关系

教育教学的研究，要以一般认识论为基础，大学教学研究当然必须遵循一般认识论所揭示的人类认识的基本规律。但是，鉴于大学教学过程具有"把研究引入教学之中"的特点，我们必须进一步将大学教学理论建立在"发现"和"创新"的认识论基础上。这里的"发现"和"创新"是广义的，既包含"科学"的，也包括"人文"的。我们可以把"发现"和"创新"两个词汇合二为一地称为"研究"，包括"科学研究"和"人文探索"。而"研究"的认识论在揭示研究过程的规律和机制方面有深刻的见解。因此，大学教育——无论科学教育还是人文教育——必须以"研究"的认识论为基础，根据研究的机制和规律组织教学，培养学生的探索精神和基本态度，使其掌握探索方法。从"研究"的认识论看，你是站在"未知领域"去探索，还是站在"已知领域"去掌握，其站位不同，指向不同，也将得出很不相同的教学论含义。这正是我们强调"问题"的教育、教学功能的意义所在。

"研究"的认识论极为重视问题在人类探索性的认识过程中的地位和作用。波普尔在他的"思想自述"中甚至指出：人或人类的全部历史都是问题情境的历史。1987 年，在莫斯科召开的一次有关"研究"的认识论的国际学术会议上，一批学者已敏锐地提出了要建立"问题学"（Problemology）的任务。学者们认识到：人类的一切活动都与问题有关，整个人类文明史，都可以归结为提出问题、认识问题和解决问题的历史。问题是人们认识活动的启动器和动力源，没有问题就没有人类的创造。问题是从未知到已知的过渡形式。问题是认识发生机制的核心，研究和思考从问题开始，而且围绕着问题展开和进行。对研究起作用的各种因素只有通过问题才成为实际的促进力量，它们如果不进入问题或问题情境，便只具有潜在的起作用的可能性。研究中，一切活动有效性的前提是与问题的相关性，而问题又"会以一种决定性的方式反过来作用于我们的思维世界"①。思维世界的发展在一定意义上就是不断摆脱疑问所带来的困惑。它是在问题的推动下通过发明概念，创造隐喻即理论和学说来完善和发展自己的。离开了问题，思维世界就失去了生气和活力，成为僵死的东西。永远处于记忆库而不涉足思维世界中问题的知识是没有现实价值的，只有在思维中才能体现知识的真正价值。

---

① 《爱因斯坦文集》第 1 卷，商务印书馆 2009 年版，第 4 页。

由此可见，问题性是认识不可分割的特征，思维则从认识的问题性中得到本源。因此，引起和推动思维的能动过程的最有效的办法就是让主体面对问题情境，永远在问题的海洋中遨游。在人文教育中，如果脱离了想象、经验或体验可企及的问题而大谈所谓理论、学说、思想，这样的教学或学习，更多的只能是记忆之教和记忆之学了，难以进入思维的空间。

"研究"的认识论还有一点极富教学论启示，即在实际的认识过程中，问题的支配性直接体现在为认知主题提供方法上的指导，把握住问题与问题解决活动的相关性，从而得到如何找到线索，如何进行研究的启示。因为只有问题而不是方法才是一切认识活动的中心和目的，它规定研究的路线，决定解答。与问题的相关性是衡量认识活动中每一种方法的引入是否必要的尺度，离开了问题，方法就失去了生气和活力，成为僵死的东西。从根本上说，不是方法决定问题，而是问题决定方法，问题的内部已经包含着指导解答产生的启发性和限制性方法论原则。因此，一个问题能否解决在相当程度上取决于研究者是否透彻地分析了各方面的细节，即他是否真正进入了问题之境。只有以问题为中心，从问题出发，才能在问题研究之中，真正知道需要什么方法，如何运用方法，怎样改造（转化）方法和创新方法。而且，也只有以问题为中心，才可能突破现有框架的局限，自觉地去借鉴框架之外的其他方法。因此，在大学教学过程中，要解决学生"如何学习""了解理论过程""掌握方法论和方法"等一些问题，脱离问题的教和学，就只能是表层的，甚至是隔靴搔痒。从根本上说，方法的掌握不能在问题之外，而只能在问题之中。

"问题"在研究过程中地位和作用的认识论观点，为旨在培养不仅能继承人类文化，而且能创造和发展人类文化之人才的大学教学提供了重要的理论指导。要培养出大学生的基本研究素质，首先要解决的就是养成学生的"问题意识"，并在发现和分析解决问题的过程中去掌握方法、养成创造精神。否则，在教学中，如果我们一味满堂灌，一味进行知识传授，或许能培养出学富五车、满腹经纶的"学者"，但却难以培养出促进"观念生产"和"知识拓展"

的思想家,更加不可能培养出"给力"的行动者或实践者。一个没有问题直觉和问题意识的人便似一口没有创造之源的枯井。他的所学不能进入"问题之境",知识再多也不能成为学术创造和实践应用的现实力量。爱因斯坦在自己研究经验的基础上深有体会地指出:"提出一个问题往往比解决一个问题更重要,因为解决一个问题也许仅是一个数学上的或实验上的技能而已,而提出新的问题,新的可能性,从新的角度去看旧的问题,却需要创造性的想象力,而且标志着科学的真正进步。"① 波普尔在把爱因斯坦提出相对论的研究活动作为典型案例进行了深入研究之后也同样得出了这一重要观点,他在著作中写道:"对于一个希望做出发现的年轻科学家来说,如果他的老师告诉他,'到各处去观察',那就是一个糟糕的建议,而如果他的老师对他说,'去了解了解科学界在讨论些什么,找出困难所在,把兴趣放在引起争论的地方,这些就是你应该从事研究的问题',那么,这是一个很好的建议。换句话说,你应该研究当时的问题状况,这意味着你要找寻并设法延续一条探究的路线。"② 这个认识,对于人文探寻和人文学习又何尝不是如此呢?这就是说,一个好的大学教师不在于他告诉了学生多少现成的知识,而在于他能结合自己的研究经验和体验,帮助学生形成有效的问题意识,进入问题之境。从世界著名大学的教学特点的比较来看,凡是在人类文化发展上领风骚的学府,无不把培养学生发现问题、解决问题的能力放在重要地位并在教学过程中予以充分体现的,其中著名的"导师制"就是通过导师引导学生在系统学习理论知识的过程中去发现问题、解决问题的很好方式。著名的幽默家 Stephen Lea‐cock 就曾很风趣地描述过牛津大学的导师在家里"随意"通过问题指导学生的佳境,他写道:

　　　　据说这层神秘之关键在于导师之作用。学生所有的学识,是从导师学来的。或者更好说,是同他学来的。关于这点,大家无

---

　　① [美] 爱因斯坦、[波] 英费尔德:《物理学的进化》,上海科技出版社 1962 年版,第 59 页。

　　② [英] 波普尔:《猜想与反驳》,上海译文出版社 1986 年版,第 182 页。

异论，但是导师的教学方法，却有点特别。有一位学生说，"我到他的房间去，他只点起烟斗，与我们攀谈"。另一位学生说，"我们同他坐在一起，他只抽烟同我们看卷子"。从这种及各种的证据，我了悟牛津导师的工作，就是召集少数的学生，向他们冒烟。凡人这样有系统的被人冒烟，四年之后，自然成为学者。谁不相信这句话，尽管可以到牛津去亲眼领略。抽烟抽得好的人，谈吐作文的风雅，绝非他种方法所可学得来的。……如果他有超凡的才调，他的导师对他特别注意，就向他一直冒烟，冒到他的天才出火。①

这段叙事所描绘的"抽烟风度"，从一个侧面揭示了牛津大学师生在一种平等、自然的氛围里进行"问题性教学"的情景。

作为个人素质，问题意识不仅是研究的重要条件，也是深刻、透彻地学习现成理论和学说的催化剂。英国学者布赖恩·马吉就曾谈到有无问题意识在学习哲学家的著作时其深刻程度是很不相同的情况，他说："如果谁研究某个哲学家的著作，那么他问的第一个问题是'他要解决什么问题？'这似乎是显而易见的，但在我的经验中，大多数哲学家的学生并未受到这样的教诲，没有想到问这个问题。反之，他们问的是'他试图说些什么？'因此，他们普遍认为自己弄懂了他所说的，但他们并没有理解他所说的要点。"② 也就是说，只有带着问题的学习才能使学习者深刻地把握著作的精髓。问题是思想继往开来的纽带，它不仅有利于创造和发现，也有利于学习和掌握。

综上所述，至少以下几点是大学教学理论和实践应予以高度重视的。

（1）问题是孕育新的理论的种子；

（2）知识只有通过问题才真正进入思维世界，从而由潜在的价

---

① 转引自林语堂《谈牛津》，载《林语堂选集》上册，海峡文艺出版社1988年版，第286—287页。

② ［英］布赖恩·马吉：《"开放社会之父"——波普尔》，湖南人民出版社1988年版，第77—78页。

值转化为现实价值；

　　（3）知识只有通过问题才转化为能力；

　　（4）方法论及其具体方法之获得与掌握，从根本上说，须以问题为中介；

　　（5）知识只有通过问题才转化为可操作性的东西；

　　（6）只有通过问题才能把握所学知识的精髓；

　　（7）没有问题就无所谓创造。

　　推而演之，还可进一步得出一个观点，即问题本身暗含着理论与实践相结合的因素，或者说，问题是大学教育教学中贯彻理论与实践相结合原则的重要中介手段。

　　问题性的教学正是立足于"研究"的认识论之基础上的教学理论，它的目的就在于通过发挥问题的教育教学功能，培养学生的问题意识，促使学生学习的深刻化，养成学生的探究素质，使大学教育造就出自主创造的人才。探究是最重要的素养，问题性的教学可以促使学生把"学问"当成接受大学教育的生活方式。

（三）　问题与语言文字教育

　　没有语言文字，就没有人类的文化史，就没有人类的文明进步。语言是人类的伟大创造。"人是符号的动物"，正表达了语言文字与人的本质间的极大相关性。然而，语言正像人类所创造的其他许多事物一样，是一把"双刃剑"，它在给予我们"诚实"的同时，往往也给了我们"欺骗"。具体地说，任何一位对客观事物和人间事情有深刻体认的哲学家，一旦要将他的思想通过语言文字的形式表达出来，从某种意义上说，他的表达，已经部分地筛选或遗漏了他的些许思想因素，他难以找到完全适切的词汇精确地、清楚明白地表达他所要说的东西，这一点在人文领域尤甚。正因如此，哲学家海德格尔常常感到"语言不够用"，"难以表达所想的东西"。然而，愈是艰难，作家愈要殚精竭虑地去表达，这正是文化创造的艰辛劳动，也是人文教育所处的难点。此其一。其二，语言文字通过一定的语法和逻辑，表达着某种思想、某个概念、某个原理、某个观点。相对学习者、接受者，则往往容易停留在"音响—形象"语言系统的表象，不能深入其底蕴。许多学生尽管对"对立统一""否定之否定""发展""整体"等马克思主义哲学观点在语言文字上几乎可以倒背如流，但却普遍还只涉其表而不入其里。普遍出现这样的情形：字都认识，却不明白说的是什么意思。这正说明：语言可以表达道理（真理），但是语言绝非道理（真理）本身。禅宗大师慧能说得很深刻，他指出："禅理"像天上的明月，而文字像人的手指。手指可以指出明月在哪里，但手指却不是明月。因此，看月亮也就可以不必透过手指。在慧能看来，语言文字只是帮你达到自悟佛性之舟车，是一种媒介，"佛经并非佛义"。正因为慧能从一个侧面感悟到语言文字的局限性，所以才提出了"不立文字，教外别传"的口号。当然，慧能并没有否定文字的作用，诚如他自己所说，"不立"二字亦为文字，他只是提出了一个尖锐的问题，提醒人类不要迷信文字，要谨防语言文字的异化作用，充分估计到其局限性。

无独有偶，西方的一些哲学家，乃至教育思想家也同样充分关注到了语言的局限性问题。比如德国教育哲学家雅斯贝尔斯就对"语言的欺骗作用"予以了高度警觉。[①] 雅斯贝尔斯对语言文字局限性的深刻认识，涉及了教育与语言文字的关系问题。既然语言文字本身可能存在欺骗作用，那么这就对教育家提出了一个问题：离开不了语言文字的教育该如何摆脱这种欺骗性和局限性呢？这难道不是教育家，尤其是人文教育工作者要予以重视的吗？

其实，早在古希腊时代，柏拉图在他的《理想国》中就已经注意到了这个问题，他指出，事实上，语言不可能把握对象，而是要经过长时间与对象进行"交往"，并在相应的生活团体中，"真理"才突然出现在灵魂中，犹如一盏被跳起来的火星点燃的油灯，然后

---

① 雅斯贝尔斯指出："通过语言，人可以创造一个世界，因此，在人与周围的存在之间增加了一个由语言所独创的世界。起初人们处心积虑地创造出来的语言，却在后人口中变成了惯用语而不知其意，那些深邃的表达方式也变成了实用性语言。结果一大堆空洞无物、歪曲原意的语言控制住人类，人就让这种语言操纵着，而忘记真正的自我和周围实在的世界。因此，他们的教育只是为了语言能力的获得而非对事物认识能力的提高；只是习得一堆习惯用语，而没有去探究事物的本质。实在的、粗糙的、未被照亮的种种现实性就遮蔽在习惯用语之下，而没有自我构造。语言的欺骗功能使非现实的情况存在，却让现存的现实性粉碎在绝望的深渊里。"（[德]雅斯贝尔斯：《什么是教育》，生活·读书·新知三联书店1991年版，第87页。）

再靠自己供给燃料。显然，柏拉图对文字传达的评价并不高，因为在他看来，文字恰恰不能传达出"真理"在相互思想的现实交往中于一瞬间突然亮相的事实。他主张，要通过人与人之间围绕着问题进行直接的对话，在对话的过程之中，相互间对"真理"做出一种"只可意会，不可言传"般的间接把握。正因如此，古希腊时代，对话和辩论深受人们的重视，甚至变成一种时尚，苏格拉底的"产婆术"就是为了解决语言文字的局限性。"本真的传达仅仅存在于人与人之间"[①]——雅斯贝尔斯断定说。这就说明，要谨防文字语言的欺骗性，超越其局限性，在教育上就必须将传统的人与书的关系，更多地变成人与人的关系。人文教育，尤其应该如是。

那么，怎样才能将人与书的关系更多地变成人与人的关系呢？那就是靠问题。通过问题将人与著作（教材）的关系变成人与作者（编者）的关系。——其实，这里的人与人的关系，实质上就是"心与心"的关系，我们可以称之为"人文心际"！因为，问题就像钉子一样，能在语言文字的表层，深深地扎入其底蕴，从而使学习者突破语言表层与本真世界合二为一。禅宗提出不立文字的主张以后，并非不用文字，恰恰相反，他们更有效地通过"平常语""机锋""公案""意象矛盾语""象征语"等，围绕或创设问题情境，使禅门弟子直指内心，感悟佛性。禅宗的这些做法，在理论上，慧能称之为"二道相因"，即为了摆脱语言文字的表面逻辑序列之束缚，用语言自身的对立矛盾关系，也就是通过问题所产生的疑惑，去打开语言逻辑的铁索。使逻辑与非逻辑统一起来，使理性与非理性统一起来。哲学家李泽厚先生对禅宗的这套教育方法亦颇为称赞。[②]应该承认禅宗的理论和实践，对旨在"传道、授业、解惑"的人文教育，尤其是地处"已知与未知间边缘地带"

[①]　[德]雅斯贝尔斯：《什么是教育》，生活·读书·新知三联书店1991年版，第18页。

[②]　李泽厚说道："有无、圣凡等等都是只用概念语言所分割的有限性，它们远非真实，所以要故意用概念语言的尖锐矛盾和直接冲突来打破这种执着。问无偏说有，问有偏说无。只有打破和超越任何区分和限定（不管是人为的概念、抽象的思辨，或者是道德的善恶、心理的爱憎、本体的空有……）才能真正体会和领悟到那个所谓真实的绝对本性。它在任何语言、思维之前、之上、之外，所以是不可称道、不可言说、不可思议的。束缚在言语、概念、逻辑、思辨和理论里，如同束缚于有限的现实事物中一样，便根本不可能悟道。"（李泽厚：《漫述庄禅》，《中国社会科学》1985年第1期。）

的大学人文教育，是极富启发性的。有着深厚修炼的禅师都是那些得到了人文教育精髓的了不起的人文教育家。

凭经验所及，大学校园里普遍存在的教学现象是：大学教学依然是信守传统的、刻板的、已经习惯化了的知识叙述性传授教学。这种仅仅以给学生传授现成的知识系统为其任务的课堂教学，在最好的情况下，也只能做到教师很有积极性而将学生束缚在语言的局限性之内，从而使教师的传授始终成为一种外在的压力或外在的输入。在许多情况下，由于教师试图用它去完成任何一种教学任务，这就可能使语言文字的教育变成一组组"无活力"概念，压住学生智慧幼芽的生长，教室则可能成为大学生如坐针毡的"监狱"。应该承认，如何破除语言文字表象之"执着"，实乃大学教育尤其是人文教育一项永恒需要解决的改革课题。从大方向来说，一种有力的值得探索、尝试的方法就是，从"非问题性教学"走向"问题性教学"。庄子说，"筌者所以在鱼，得鱼而忘筌；蹄者所以在兔，得兔而忘蹄；言者所以在意，得意而忘言"①。现代大学教育尤其是人文教育必须很好地使用语言文字的功能，但不能成为语言文字的奴仆。因此，唯有通过"问题"，才能防止和突破语言的束缚，引导学生由道理（真理）之表皮，渐入其肉，其骨，其髓。

应该说，叙述到这里，人们会比较清楚，为什么我们在"问题教学"这样一种看似普通的具体教学方法概念里，加上一个"性"字，就把"问题性教学"从根本上区别于进而超越于作为一种普通具体方法的"问题教学"。概念的变身，重塑为一种以全新姿态积极浸入诸多教学方法之中，又会使诸多普通的教学方法发挥神奇作用的应用性教学理论。

以下的论述将进一步加深我们对"问题性教学"之"性质"的丰富理解。

（四）问题与认知、思维和非智力因素

1. 问题与认知

皮亚杰的认知发展理论为指向"发展"和"创造"的大学"问

---

① （战国）庄周：《南华经》，刘玉香等译注，安徽人民出版社1994年版，第419页。

题性教学"提供了重要的理论依据。皮亚杰认为,人的精神和躯体不是彼此孤立地活动的,智力活动和生物学意义的活动是一个统一过程的两个面,在某种程度上,智力活动要受生物活动通常所遵循的规律支配。人正是在这个"统一过程"与环境的相互作用中,通过活动或动作(内部的和外部的)去适应环境和积累经验。在这一基本观点的基础上,皮亚杰建构了他的著名的认知发展理论。

　　他指出,人的心理结构非常类似于其躯体结构,就像动物的胃具有摄食和消化两种功能一样,人的智力结构——他称之为"图式"(Schema),也具有类似的功能,它是与适应环境的生物学意义的手段相对应的智力手段。图式是在环境的刺激下,在主体的活动过程中不断走向概括化、多样化和成熟化的。它是通过"同化"(assimilation)和"顺应"(accommodation)两个内部手段来促使自身的发展和变化的。同化是指把新的、感知的、运动的或概念的材料整合到已有的图式(或行为模式)之中,即主体使刺激"适合"于既有的图式。对于智力的增长和发展来说,图式如同气球,同化如同给气球打气,同化只能导致图式量的增加,而不会使图式发生质的变化。当遇到新的刺激(如问题情境)时,人总是首先试图把它同化到已有的图式之中,但是如果他的头脑中不存在与这种刺激(问题)相适应的现成图式,这时,其原有的认知结构就与需要认识和解决的问题之间构成了矛盾,形成了差距,主体为了"适应"环境,被迫改造旧图式,创造新图式以"适合"新的刺激(问题情境),这就是顺应过程。只有顺应过程才导致智力结构在质上的变化。皮亚杰关于同化和顺应在智力发展中的不同作用的观点对于人文教育的研究蕴含着重要的启迪性。从教学现状看,我们的大学教学过程过分倾向立足于学生认知发展的同化过程,因此出现智力发展"高分低能"的畸形状态。要改变这种状况,使大学教学真正促进学生智慧在质上的发展,养成其创造能力,那么我们的教学就应该更加重视指向认知发展的"顺应"过程,而"问题性教学"就是这种通过激发和促进学生认知结构顺应过程达到智慧在高水平上发展的"发展—创造性"教学方式。因为"问题性教学"的核心就是使学生原有的认知结构(概念和法则等)发生矛盾,从而有效地促进他们智慧上新的飞跃。尤其在大学人文教育教学中，由于大学生思维水平到了相当成熟的阶段，知识储备也相当丰富，有强烈的独立意识和批判意识，因此对他们来说，在教学中更多地遵循其认知发展"顺应过程"的逻辑就显得更具必要性和现实性。当然，正像皮亚杰强调的那样，同化和顺应过程在认知发展中必须保持平衡才能使智慧得到健全的发展，只同化不顺应和只顺应不同化一样都是畸形的、不健全的。因此，"问题性教学"虽然指向促进学生认知发展的"顺应过程"，但却并非无视同化过程。"问题性教学"的目标是通过"顺应过程"去达到更高水平的同化概念或理论。这就意味着"问题性教学"必须坚持一个至关重要的原则——选择具有概括性的问题（即能反映一般关系、特性等的问题）。只有在坚持这一原则的基础上，"问题性教学"才能通过打破同化和顺应两者之间的"平衡"达到新的高层次的平衡态。由于遵循这一原则，就使"问题性教学"从理论上保证了与系统的理论知识学习的统一协调，从而防止了使"问题性教学"误入像"典型产品组织教学"这样一种无视系统知识学习的危险。

　　为了使人们更加深入地了解问题在认知发展过程中的重要作用，有必要在这里叙述一下心理学关于认识过程中普遍存在的"标签化"（rabricizing）和"合理化"（rationalization）倾向的很有意义的研究，这些研究有利于更深入地理解"同化"概念的含义。

　　认知的"同化过程"在认识者的心理学意义上，是一个很容易形成习惯的或"惯性"的东西。我们在认识过程中总是本能地具有一种强烈的倾向，将某个新的问题或现实归类于已经获得的某个概念范畴之内，就像一位档案员只需查看几页档案，便可将它归入甲类或者乙类。马斯洛在一本书作的注释中说道："即使在它（指我们的认识或理性等——本书作者注）承认它不能认识呈现在自己面前的对象的时候，它也相信它的无知仅仅在于不知道那些经过时间考验的范畴中的哪一个适合于这一新的对象。在准备打开的抽屉中，我们把这一对象放进哪一个抽屉之中呢？在已经剪裁制好的衣服中，我们让它穿哪一件呢？它是这个东西，还是那个东西，还是别的东西呢？而'这个东西'、'那个东西'和'别的东西'是早就构想好了的，是已经知道了的。"① 人们之所以喜欢这么做，重要的心理原因是人们需要认识上的"安全感"，而不敢面对任何"突如其来"的事情，任何一个没有现成答案而需要有自信、勇气作为保证才能加以处理的问题都会给许多人造成严重的威胁。正因如此，"同化"就会转化为一种习惯，而"习惯起初是蜘蛛网，然后是钢丝绳"。在它的作用下，学习者，尤其主要以书本学习为主的学习者（包括大学生）便极容易"把具体事物简化归结为抽象概念的活动"，这就导致学习的"标签化"倾向，使所获得的概念演化为没有生气的、缺乏生动活泼内容的、没有血肉的"木乃伊"。由于存在这种近乎病态的心理倾向，就使得学习在"注意"中，在"感知"中，在"思想"中，都受到极大的影响。一方面，导致认识的文字表象化，不能深刻；另一方面，导致在认识所有遇到的问题和材料时出现"合理化"。即，人们事先就有一个现成的观念或不可逃避的结论，然后再进行大量的思想活动来支持这一结论，为它找出证据来。就像"我不喜欢那个人，于是我就为此去找一个正当的理由"一样，这种活动其实不过徒有思想的外表而已。它并不是严格意义上的思想，因为它不顾问题的本质得出了自己的结论。思想还没开始，结论就已经命中注定了。更有甚者，人们还常常连这种思想的外表都不要，他们甚至懒得去装作在思考，光是相信就够了，这比起"合理化"来更省事。

为了杜绝或防止这种倾向的普遍发生，在依然以现成理论体系为学习对象，以书本为主要传授方式的大学教学中，解决问题的最一般办法，或者说最有效的办法就是通过"问题"进行教学。"问题"是医治此病的绝佳良方，当然，凡良药者均苦口也，好的方法总是要对师生提出更高要求的。

2. 问题与思维和非智力因素

思维心理学研究形成的基本观点是"问题性教学"理论的依据之一。

辩证唯物主义认为：心理现象是在主体与周围环境的相互作用

---

① ［美］马斯洛：《动机与人格》，华夏出版社1987年版，第240页。

过程中产生的，主体的行动受制于主体的内部条件，主体的内部条件依赖于规定它的历史的外部影响而形成。在这一基本观点的基础上所揭示的思维的本质是什么呢？正像苏联学者鲁宾斯坦指出的那样，"思维包括在人同世界的相互作用的过程中，它是在人同世界的实在的相互作用的过程中产生的，并且是为完全符合地实现这种相互作用的过程服务的，而认识、思维的过程本身就是认识着的、思维着的主体同被认识的客体，同所解决的课题的客观内容之间的不断相互作用的过程"①。这就是说，思维在本质上是对不断变化着的外部世界及其本质属性和关系的反映，它具有高度的动态性，是一个不断活跃的、不断形成的、不断发展的、不断完善的过程。这一过程所必然导致的结果是：问题的发现、解决，概念、判断、智力动作的形成，动机、情感、能力的发展等，即智力因素和非智力因素高度统合的个性的形成。思维的过程与结果的关系是紧密联系、相互作用的。作为思维过程的结果的概念、原理等本身都产生于思维过程之中，随即，这些先前发生了的心理过程的全部结果又作为思维继续发展的前提而立即纳入思维过程的继续之中去，并成为分析的手段促进思维继续发展的内部条件。

思维在内外部世界的相互作用中得到变化和发展，其核心是创新。思维的基本功能是揭示某种未知的、新的东西。任何人的思维哪怕在最低限度内也总是对新东西的发现和探索。学生的思维与学者的思维在本质上是一致的，他们都是在思维过程中不断探索、发现周围世界中的新东西。只是学生的发现通常以认知主体自身的知识储备为参照标准，因此只对他本人的发展具有个人意义；而学者的发现则以人类科学知识的总体储备为参照标准，因此具有人类的意义。在揭示思维的能动与创新的本性的基础上，思维心理学进一步地阐述了知识与思维的关系。鲁宾斯坦指出：人们在解决一定课题的时候，其原有的知识在思维中的现实化并不单纯是记忆的再现，事实上知识的现实化正是以对课题的分析、综合为前提的，是服从于解决课题的需要的。在知识的应用原则上也是如此，知识的

---

① ［苏］鲁宾斯坦：《关于思维和它的研究道路》，上海人民出版社 1963 年版，第 8 页。

现实化与知识的应用实质上是一个统一的过程，该过程的结构是相同的，但却朝着相反的方向进行。由此，他得出了一条重要的教学论原理：知识的功能作用是以思维为前提的，也就是说，"永远处于记忆库而不涉足思维过程的知识是没有现实价值的，只有在思维中才能体现知识的真正价值"①。那么，怎样才能更好地引起和推动思维的能动过程呢？最有效的办法就是让主体面对问题情境。

思维心理学的理论中还有一个重要的观点是：思维是作为整体的具有个性的人的思维，是作为主体活动的思维。"在每一个具体的场合下，思维着的主体的个性特点，他对课题所表现的动机、他的见解、过去的经验和已获得的知识，他的能力也都包括在作为人的认识活动、理论活动的思维的内部条件之列。"② 也就是说，我们应该把思维看作具有一定动机、经验、知识、能力及个性特征的思维着的主体之具体的认识活动。这一原理对教学的理论与实践有重要的指导意义，它预示着我们在着力开发学生智力的同时，要高度重视对他们非智力因素的培养。

"问题性教学"就是根据思维活动过程的规律展开的，通过问题情境的设计和控制使教学服从创造性思维活动的逻辑，从而培养学生的创造能力，使他们达到更高层的思维水平。

（五）超越"知识"中心和"活动"中心

如何在教学过程中解决学习与发现、掌握与探索、理论与实践、知识与能力、已知与未知……之间的矛盾关系，一直是教学理论发展史的主题。在历史上，有所谓"传统教育派"和"现代教育派"完全对立的解决方法（指在理论立足点和着眼点上）。20 世纪初杜威的弟子克伯屈（W. K. Kilpatrick）曾将之高度概括为两类理论，一类理论他称之为"A 类学习理论"，另一类理论则称之为"B 类学习理论"。所谓"A 类学习理论"的基本特征是：（1）这种理论主要是一种从书本学习的理论；（2）这种理论典型地由学习别人的

---

① ［苏］鲁宾斯坦：《关于思维和它的研究道路》，上海人民出版社 1963 年版，第 139 页。

② 同上书，第 140 页。

话语或陈述组成；（3）这种理论预期，学习出现在从生活中抽象出来的情景之中，因而典型地以对学习者很少或者没有当前意义的内容为中心；（4）这种理论预期，学习主要（如果不是仅仅）通过重复而获得的；（5）这种理论认为，学习的应用一般（如果不总是）发生在学习发生时不相同的经验中，而且通常远在学习发生之后。[1]这种理论就是被称为以"教师为中心"或以"书本为中心"的传统教学理论。这套教学理论，作为那个时代的产物，有其产生和存在的必然性，因此，具有其合理性。然而，随着时代的发展，文化的进步，社会对人的要求也相应发生着变化，这种传统的教学理论，在完成了其历史任务之后，日益显示出其局限性。虽然在传统教学理论的思维框架内，人们也试图做出某些调整，因而在历史上就出现过所谓"形式教育派"与"实质教育派"之争。但是无论哪一派，在实践上都难免"捉襟见肘"，应答不了滚滚而来的时代对知识的直接有用性之呼声。这种历史背景，是人们熟识的，无须在此多费笔墨。

为应答时代的要求，首先在美国出现了以实用主义哲学为理论基础的"新"的教学理论，试图走出传统教学理论的框框，这套教学理论就是克伯屈所概括的"B类学习理论"。他从新的哲学原理出发形成了新的学习概念，即认为学习就是："我们学习我们经历的事情，我们接受我们经历的某件事，我们就学习了这件事，而且我们接受这件事的程度，就是我们学习这件事的程度。"[2]其理论特征是："（1）学习不是主要依靠书本进行的，行为活动是学习过程必要的组成部分；（2）学习不是主要依靠语言陈述进行的，学习主要通过人的活动进行；（3）学习不应在抽象的脱离现实的情景中进行，学习应与个体的具体的生活环境结合起来；（4）学习不是通过复习或以后的应用获得的，并且以后在类似的经验情境再现时可以

---

① ［美］克伯屈：《学习的现代理论》，载《现代西方资产阶级教育思想流派论著选》，华东师大教育系、杭州大学教育系编译，人民教育出版社1980年版，第50页。

② 同上书，第63页。

运用。"① 这类理论就是被称为"儿童中心"或"活动中心"的"现代"教学理论。显然，B 类学习理论是站在另一个极端点去批判 A 类学习理论的，因此，它一方面较充分地看清楚了 A 类学习理论的弊病，但另一方面又几乎全盘否定 A 类学习理论的合理因素，这就必然导致自己在实践上的失败命运。用"活动""经历"去代替书本知识的系统学习，以修正书本学习之偏颇，在方法论上是以超越教学本质的限定为代价去"解脱"传统教学所导致的困境，这是"矫枉过正"的。

随着新时代的到来，时代对教育提出了新的要求，一方面既要学习者掌握基本理论和概念系统，另一方面又要学习者学会怎样学习，了解理论知识的形成过程，掌握学习方法和研究方法。"不懂得如何学习的人才是真正意义的文盲。"这一新时代的教育观念，不可能在以"知识"为中心和以"活动"为中心的教学理论中得以充分体现。因此，教学理论的研究须在多学科的新成果的帮助下，去探索一条新的途径，逐步形成新的教学理论，以超越上述两种理论的局限。这一探索过程是艰辛而又富有成效的，形成了许多新的现代教学理论和学说。面对这些五光十色的教学理论和学说，我们认为，似有一个聚合点之存在，那就是，许多不同学说和派别都从不同侧面、不同角度汇集到教学的"问题性"上来，即围绕如何发挥问题的教育教学功能而展开研究，建立自己独特的理论。他们普遍坚持体现这样一条心理学原理：获得现成的知识的过程并不导致人的改观和造就，人的改观和造就仅仅存在于他亲自参加获得知识的过程之中。这一理论，一方面，不使自己陷入传统教学中死板的注入式教学方式，但却强调理论知识学习的重要性，强调学科的知识结构的根本性意义；另一方面，又不使自己陷入杜威式的使学习演变成活动过程中的问题学习。杜威也强调问题的重要性，但他的问题往往成为割裂系统知识的刀斧。大多数现代教学理论强调的是问题与系统理论知识学习的结合，这就防止了问题性的教学走向极端，使之不仅不否定教学的本质，反而在更深层的意义上体现出教

---

① ［美］克伯屈：《学习的现代理论》，载《现代西方资产阶级教育思想流派论著选》，华东师大教育系、杭州大学教育系编译，人民教育出版社 1980 年版，第 56 页。

学的本质特点，即创造性与系统性的结合。施瓦布的探索学习理论，布鲁纳的发现学说，根舍因的范例教学理论，赞可夫的教学与发展理论，以及诸如尝试教学法、学导式教学法等，都是在坚持系统知识学习的原则基础上强调发掘问题的教学论价值，试图通过不同方式使教学体现问题性，从而促进学生知识的掌握和创造性能力的发展。教学之问题性在这些理论中占据关键地位。我们可以说，教学理论的历史发展，从一个方面来看，似乎经历着研究重心的有规律的转移过程，即从以"知识"为重心转到以"活动"为重心再发展到以"问题"为重心。强调发挥问题的教育教学功能将日益成为现代教学理论研究所关心的课题。因为问题具有使教与学、知识与能力、直接经验与间接经验、学习与发现、理论与实践相互协调，在教学中走向统一的潜在可能性。由此可见，大学的问题性教学理论研究是合乎教学理论的发展趋势的。特别要强调的是，"问题性教学"尤其能在处理大学教学的"双重性"和"过渡性"特征所产生的矛盾中起到转化作用。它应该在大学教学，尤其是人文教育教学中占据足够分量的地位。

必须指出的是，就我们所掌握的资料来看，不少大学教学理论虽接触到"问题性教学"，但没有把它作为大学教学过程的本质性反映来认识，许多著述至多只把"问题性教学"作为一种普通的技术性教学方法来讨论，鉴于这种情况，我们试图从"理论到应用"的全环节对之进行初步探讨，诚如前文所论，我们不是把"问题性教学"作为一种方法，而是将它作为一种理论来研究的。

既然"问题性教学"不是一种具体的教学方法，而是一种教学理论，那么，它和许多教学方式方法就有着密切的关系。它可以渗透到人文教育的课程编制、讲授、讨论、实验、设计、论文、考试、课外辅导或第二课堂、显课程与潜课程等多方面中，这些都是"问题性教学"理论走向具体操作和应用需要逐一研究的。在这个"具体化"过程中，还会涉及其他学科的理论和观点，这些理论和观点是组织"问题性教学"的辅助性理论依据，比如：要在人文教育的课程编制中体现"问题性教学"的思想，就涉及课程编制的一系列理论和技术；要在考试中贯彻"问题性教学"的思想，又涉及考题设置的一系列理论、技术和功夫，等等。限于篇幅及个人能力，就不能在此做全面论述了。笔者在此主要结合课堂教学来探讨"问题性教学"理论，由于课堂教学中的"问题性教学"涉及群体性、社会性、合作性和交往性心理，因此有关的研究成果都是"问题性教学"展开的理论来源。

二　人文教育"问题性教学"运用分析

（一）　问题、问题解决及问题解决的心理素质

"问题性教学"就是通过问题情境的设置，围绕问题的展开，通过发挥问题的教育教学功能来达到教学目的的教学。因此，理论建构首先要探讨的就是问题的内涵及结构，解决问题的心理过程，以及成功的问题解决者应具备的心理素质等，从而为"问题性教学"的设置、组织、控制提供理论准备。

1. 问题与问题解决

虽然认知心理学和教育心理学都十分重视问题与思维关系的研究，但在我们所看到的这两个领域的有关文献中，很少有人对"问题"这个概念进行深入研究。由于科学、哲学家们敏锐地觉察到了"问题"在研究中的地位和作用，因而他们倒是对问题概念进行过比较深刻的揭示。

英国学者波兰尼（M. Polanyi）在其《解决问题》一文中就认为："一个问题或发现本身是没有含义的。只有当它使某人疑惑或焦虑时，才成为一个问题，发现也只有当它使某人从一个问题的负担中解脱出来时，才成为一个发现。一个下棋方面的问题，对黑猩猩或低能人来说，什么也不是，因为它并没有使他们疑惑。另一方面，一个高能棋手也不会被迷惑，因为他能轻而易举地解决它。所以，只有一个水平与之相当的棋手，才会被它所吸引，才会把对它的解决评价为一个发现"①，因此"一个问题就是一个智力上的愿

---

① 转引自林定夷《科学问题与科学目标》，《中国社会科学》1991 年第 5 期。

望"①。波兰尼关于问题的观点说明了以下几点：（1）问题是主观与客观的统一体，既非纯客观，又非纯主观，是主观对客观的反映形式；（2）问题是相对的而非绝对的，它是相对于不同认识主体而言的；（3）构成问题或可称之为问题的表征是引起了主体的心理紧张感（比如疑惑、焦虑等），用心理学术语说就是引起"认知失调"。因此，是否成为问题，相对不同认知主体而言，在难度上有一个上下限。从教学论角度看，最具教育教学功能的问题是那些认知主体经过努力"跳起来能摘到的'桃子'"，而选择和设计问题难度的理论基础就是苏联学者维果茨基的"最近发展区"理论，最近发展区是指在学生已有（显在的）心理水平的基础上产生的具有发展可能性的潜在区域。

　　除波兰尼之外，还有许许多多的学者对问题下过定义，如波普尔·图尔敏、宫原将平及我国学者林定夷等。从这些学者的研究来看，我们大体可总结出一些比较共同、一致的东西：（1）他们实际上都把"问题"看作与智能活动过程相联系的一个概念。自然界和自然物本身并不存在什么问题，只有当某种智能主体或智能机器以认识或改造对象为目标，进行智能活动，才会产生"问题"。（2）问题都是与智能主体所欲求的某种目标状态相联系的。根据以上认识，我们尝试给问题下一个"定义"：问题就是与智能主体的欲求目标相联系的，主体对认知对象已知状态与未知内容之间的差距、矛盾的主观反映。而问题解决就是主体设法消除认知对象已知状态与未知内容之间的矛盾、差距，将欲知转化为已知的求知、求解过程。

　　问题与解决之间既是一种逻辑的关系，也是一种"生物学"的关系，这种关系"在宇宙无机进化的历史中，或在宇宙的无机组织部分的历史中毫无作用"。② 但是，问题与解决的对立统一推动着人或人类的演变发展，正是从这个意义上说，人或人类"全部历史应是问题情境的历史"③。

---

① 转引自林定夷《科学问题与科学目标》，《中国社会科学》1991 年第 5 期。

② 《波普尔思想自述》，上海译文出版社 1988 年版，第 186 页。

③ 同上。

　　分析了问题的基本含义之后，接下来我们需要进一步了解问题的内部结构构成。根据认识论的研究，问题的结构就像两层楼，即楼上是问题的陈述，楼下是由一切明显和不明显的要素所构成的空间，这种空间可称为"问题境"。要理解和把握问题本身，就必须完整地掌握与问题相关的信息，所谓对问题的理解，其实就是对问题表述与"问题境"之间必然性的认识。了解问题的结构概念，对于认识问题性教学的意义很有帮助。通过问题进行教学，不仅能使学生灵活地应用记忆库中的已有知识（即"温故而知新"），有效地掌握新的知识，更重要的是，它有利于促进学生认知结构日益丰富而复杂，在整体上产生质变。

　　2. 问题解决的心理素质

　　问题解决过程不仅对认知主体的智力因素各方面提出了全面的要求，而且对其非智力因素（尤其是个性）也提出了相应的要求。问题性教学不仅要培养学生成熟的智力因素各方面，而且要培养其非智力因素各方面，以使学生作为一个整体的人成为成功的问题解决者。那么作为成功的问题解决者，其良好的个性表现有哪些呢？（这些表征性指标正是"问题性教学"要加以关注的。）

　　根据心理学家的对比研究，解决问题成功的人应该具有以下心理特点。

　　（1）倾向于遵循一条推理的思路达到逻辑的理论。

　　（2）较少错乱。他们在选择"从何入手的要点上"显得果断，在整个过程中，能较好地注意并理解问题解决的前进方向。

　　（3）善于应用已掌握的知识去解决问题，他们较清楚地看到已掌握的知识对问题解决的意义，较少由于词语和标记等形式的变化而不知所措。

　　（4）在进行探索时仔细、有条理，他们的努力具有较少的偶然性，乱猜结果的迹象更少。

　　（5）对于推理的价值所持的态度比较积极，很少听天由命。

　　（6）能集中注意力于所要解决的问题，较少注意那些与该问题无关的方面。

　　（7）显示出一种主动而有力的探索过程。他们的探索少有被动、肤浅以及凭印象办事的情况。他们也很少有机械地搬用以前的问题解答的倾向。

（8）能够较为轻易地克服由于某种起干扰作用的"心向"而引起的负迁移。

（9）在探索方式上比较客观，很少牵扯人事关系，他们不大会受到感情和主观考虑的影响。

（10）对于自己解决问题的能力显示出较强的自信心，很少因问题复杂而泄气。

以上10个方面，应该成为"问题性教学"追求的心理目标的参照。从这些心理因素中我们更为深切地看到，"问题性教学"并非限于智力的促进，它是一个智力与非智力因素、思维与个性相统一的教学过程。

从以上对问题解决模式及成功的问题解决者心理素质的概述中，我们更为深切地认识到："问题性教学"是一种对学生和教师均有高要求的教学，是指向发展的教学，组织和调控这个过程的教师应是涉足问题研究、有相当研究经验的研究者，并且应掌握基本的教育心理学和大学生心理学知识，否则"问题性教学"的开展就失去了基本条件。

（二）教学问题及问题情境

前文我们探讨了问题的一般概念，这对于我们理解"问题性教学"之中的问题——教学问题是有帮助的。但是，正像前文中已经提到过的那样，一般的问题概念及其解决过程并不完全等同于教学之中问题的概念及其解决过程。所谓教学问题就是为实现教学目标，根据学生现有的知识掌握程度和智能水平，以课题或任务的方式专门设计出来的逻辑形式，它是构成问题情境的核心，它必须满足教学论的原则和教学目标的要求。教学问题的关键是：所设计出来的，并要求解决的问题必须与学生以前所了解的该知识领域中的某种概念与事实之间存在内在的联系。如果问题所引起的"困窘"与学生过去的知识和实践经验没有内在联系，那么这就不是真正意义的问题性教学之中的问题。为使我们对教学问题及其问题情境等有更为深入的理解，我们在下文中试对几组概念进行比较。

1. 信息性问题与问题性问题

所谓信息性问题，就是教师为了了解学生掌握知识的程度而提出的问题，这类问题的目的是要学生用已有的知识做出回答，这样的问题一般不激起学生的积极思维活动，只要重视"大脑仓库"中的现成信息，不需紧张的脑力工作。信息性问题使学生的认识过程指向记忆过程（或主要是如此）而非思维过程。教学问题不指这种"信息性问题"。

所谓问题性问题，就是答案既不存在于学生以前的知识（认知结构）中，也不存在于所提供的信息之中，而能够引起学生的智力困窘的这样一些问题。问题性问题包含着认知矛盾、未知领域和一些新知识，为了获得这些新知识必须进行某种智力活动和一定的智力探索。面对这类问题，学生必须通过认知的"顺应"过程——即改造旧认知结构，创造新认知结构，才能解决。教学问题就是指这种"问题性问题"。

2. 问题情境与普通困窘

"问题性教学"就是通过问题情境的设置展开的，而问题情境的重要表征就是学生在头脑中发生了智力困惑——认知失调了。按照一般人的想法，问题性教学就是通过问题引起学生的困惑，学生为了解除困惑就产生探索问题的需要……这样，整个教学过程就全面展开了。然而，是否任何困窘都能产生问题情境呢？也就是说，是否任何困窘都能激发起智力探索呢？不，不是任何困窘。如果引起困窘的新知识与过去已掌握的知识和实践经验是无联系的，那么这种困窘就不会是问题性的。问题情境与普通困窘的区别在于：学生好像"感觉到"引起困窘的对象（概念、事实）同他以前所了解的（该知识领域中的）某种概念与事实之间存在着联系。比如，为了使学生掌握"资本"这一概念而设置问题情境，引起学生的困窘，只有当学生"感觉到"这一概念与"生产""流通资金"这些概念有联系，而不一般地把资本看作"蓄积的财富"时，这种困窘才是问题性的困窘。

3. 问题情境与课题

在学术研究中，研究性课题的确立主要考虑其"科学性"及价值，一般不把研究活动的主体包括其中，不与研究主体发生直接的联系，研究者则根据自己的各方面主客观条件决定是否"进军"这个课题或决定是否"投标"。课题是以"严峻"的面孔面对大家的，课题的目标指向只有一个（即学术目标）：解决问题——把某种起始的（给定的）情境改变为终结的（所要求的）情境。课题所表现的只是已知条件与要求发现的未知东西之间客观给定的关系，不考虑解题者的主体状态。而"问题性教学"之问题情境则不尽然，它所指向的目标是双重的：即探索并解决问题，又同时强调构成新的心理形成物——它不仅包括已知与未知的客观关系，而且要求主体参与这一关系，并反映出主体与客体相互作用的特殊类型。在这一过程中，随着主体对某种新的东西的发现，主体的心理状态也同时发生变化，并构成新的心理形成物。问题情境不是纯粹因课题本身的难度和复杂性而产生的，它产生于主体可能性与问题之间的一定关系之中。正因如此，问题情境必须表现为主体的一定心理状态。从问题情境与课题的关系看，它们是交叉的，问题情境需要课题，问题情境对课题具有选择性，其选择的理由是对认知主体当前状态的适切性。

4. 教学问题与学术问题

大学"问题性教学"之中的教学问题是以大学生（认知主体）的知识储备为参照标准，而学术问题则以人类知识的总体储备为参照标准。由于大学的教学内容（尤其是高年级和研究生阶段）具有前沿性、发展性、探索性等特点，因此，大学"问题性教学"之中的问题已有部分学术探索性问题，也就是说，大学的教学问题与学术问题的关系是交叉的，这是大学"问题性教学"的独特之处。

5. 解决课题的过程与在问题情境中探索未知的过程

研究者解决课题的过程与大学生在问题情境中探索未知东西的过程具有原则性的不同，如果混淆了这两个不同的过程就会使在问题情境中发现未知东西的过程被解决课题的过程所代替，从而导致"问题性教学"超越教学本质的限定，误入杜威曾走过的"歧途"，将教学过程完全等同于个体的研究、探索过程。可以说，大学"问题性教学"与杜威的"问题教学"的主要区别就在于将这两个过程进行了理论上的区分。

　　首先让我们通过比较进一步分析在问题情境中发现未知东西的过程的含义。在问题情境中发现未知的东西是与掌握新的知识（概念、原理、法则等）的过程相一致的。对"掌握"的理解，"问题性教学"理论与传统教学理论是不同的。传统教学理论倾向于把掌握作为目的，作为"名词"来解释，因此强调记忆过程，而"问题性教学"理论则倾向于把掌握作为过程，作为"动词"来理解，因此强调思维过程。这样就出现了两种迥然不同的态度和结果：前者把掌握视为"接受"过程；后者则认为，掌握的过程不是从给学生提供已知的模式开始的，而是从教师创设学习活动内部条件开始的，这些学习活动条件引起掌握知识的需要，而知识本身是未知的东西。在这种情况下，学生掌握知识不是因为教师向他传授知识，而是他本人产生了对这些知识的需要。因此，在教师的组织和控制下，"掌握"首先在学生的认识活动之中表现出来。"问题性教学"就是力图把掌握变成"发现""探索"。

　　这样一来，"问题性教学"理论就将"掌握"理解成了在其问题情境中发现或探索未知东西的过程。而保证学生能够发现前所未知的关系、特性和现象的意义的主要机制就是：形成新的联系，前所未知的关系、特性、规律只有通过与已知的东西建立新的联系才能被揭示出来（即通过所谓"顿悟""理解"等心理过程）。探求未知的东西常常就是把客体包括在所有的联系系统当中，通过这些联系揭露尚未显示出来的特性，在这个意义上，发现未知的东西是与人的思维的"产生"和发展的机制相一致的。在问题情境中探索和发现未知的东西的主要机制有一个重要特点，这就是不仅探索的过程是逻辑转换规律支配的过程，直觉思维的机制也在这个过程中发生作用并表现出来；诚如布鲁纳根据他对爱因斯坦学术研究的个案分析后所强调的那样，不仅要培养学生的逻辑思维，更要重视学生的直觉思维的培养，"问题性教学"也把对大学生直觉思维的培养作为自身追求的教学目标。

　　解决课题的过程则不然，我们可以把"解决"理解为在课题中获得未知的东西而非"探索"未知的东西的过程，当然这是相对而言的，这种区别是微妙的，却又有本质的不同。解决课题的过程的主要环节是学生通过适当的方式改变问题条件，从而得到所需的未知量和关系，这一过程是在反馈联系的基础上进行的。教师对这一过程的控制主要局限于教会学生合理的解题方式和推论方式方面，即在这一过程的控制上教师要解决"教什么的问题"。而问题情境中探索或发现的过程则不同，教师的控制不能归结为教授推论的方式或者解决某一类问题的方式，还包括如何解决"怎样教"的问题，这是一个比较复杂的过程，教师主要通过间接的影响去实现控制过程，也就是说，根据该过程的规律，创造决定过程进展的条件来控制这一过程。在大学课堂教学的条件下，一般来说，我们不应当把大学生置于独立发现和设计的研究者的地位，而主要通过模拟创造活动的过程和条件以使大学生在心理上产生或体验到研究者的感受。在最简单的情况下，主要条件是在学生掌握新知识的过程中教师创设情境并提供有关资料。但是在大学高年级阶段和研究生学习期间，由于要求学生掌握学术研究的方法，因此应该组织学生进行问题的探索和研究。显然，从逻辑上说，这里并无明显的界限，"问题性教学"的最终指向就是直接地逐步过渡到问题研究。这是由大学教学内容的前沿性、探索性、发展性特点以及大学生心智成熟化特点决定的。正因为"问题性教学"是促进学生从学习过渡到研究的合适的教学形式，因此在大学教学中具有不可忽视的地位。

在课堂教学中，为确保在问题情境中探索和发现未知东西的过程与系统知识的掌握协调统一，问题情境的设置必须坚持两个基本原则：（1）概括性原则；（2）连续性原则。所谓概括性原则就是问题情境中的未知东西应该反映一般的规律、方式、关系等。所谓连续性原则就是指在课程建构上要体现问题情境的体系。通过问题情境的连续性去促进学生的理论概括性水平连续不断地、螺旋式地上升。前文我们已经提到，强调概括性原则是由认知发展的规律决定的，即智力发展是顺应与同化两个过程由不平衡走向新的平衡（即平衡化过程）推动的，在问题情境中探索未知容易重"顺应"过程，而轻"同化"过程，为使两个过程统一于问题性教学之中，必须在设置问题情境时坚持概括性原则。再说，掌握一般原理、概念、关系等最有利于迁移，而迁移是各层次教学追求的共同目标之一。

通过如上概念的比较分析，我们对教学问题及问题情境有了更为深入的了解。概括地说，我们可以得出如下几条结论：

（1）教学问题须与大学生已有的知识、概念和观念有着逻辑联系；

（2）教学问题必须在认知上有适切的难度，难度的标准是大学生认知发展的"最近发展区"；

（3）教学问题应该能引起大学生积极的情感反应，使他们在将新的东西与以前掌握的东西进行对照时产生"不适"感；

（4）教学问题及其问题情境的设置要坚持概括性、系统性和连续性原则。

（三）问题情境的要素与类型、布设与掌握

1. 问题情境的要素

"问题性教学"是通过问题情境的设置展开的，问题情境是"问题性教学"理论的一个基本概念。深入和把握问题情境的内部结构是我们进行"问题性教学"的关键所在。根据前文的讨论，结合有关的研究，我们认为，问题情境的构成要素有如下三个方面：（1）未知的东西；（2）对未知东西的认知需要；（3）揭开未知东西在智能上的可能性。问题情境是要将学生整个的"人"纳入教学轨道中来的。"问题性教学"理论是建立在思维心理学的这样一个基本观点的基础上的：即无论是"发现"的过程还是"掌握"的过程，都不能单靠思维，而要靠思考着的"整个"的"人"来实现。问题情境的组成要素表现了思维的内部条件，只有思维具备一定的内部条件时，问题情境才能真正产生，同时，又只有通过问题情境才能最有效地建立起学生思维的内部条件。

2. 问题情境的类型

"问题性教学"理论一旦要走向实践过程，即刻就会发现只有多种多样的问题情境才能满足教学实践的需要。这就为理论研究提出了一个问题：能否对这众多的问题情境进行有序化的分类呢？笔

者初步研究认为：

（1）问题情境的类型划分，从不同的角度或根据不同的参照标准，可得出不同的划分结果。

（2）问题情境的类型划分应该结合教学实际，尽管我们可着力在理论上通过抽象建立起问题情境的划分模式，但一定要注意可操作性、简约性、典型性，比如马丘什金的研究在理论上可谓"深刻有余"，但由于联系教学实际方面不足，就很难真正在实践中具有可操作性。

（3）由于人文学科与自然学科和技术学科具有不同的学科性质和特点，因此，在问题情境的类型划分上，既要考虑一般性的类型模式，又要充分意识到其特殊的地方。正因如此，我们在理论研究的初期阶段，就有理由不强求一种统一的分类模式，应该根据第二点的要求，教师以完成教学目标为己任，从经验出发，结合实际，本着典型性和简约性等原则去创造地设置不同的问题情境。

（4）大学"问题性教学"虽然把课堂教学视为重要形式，但是，作为大学教学过程，它的实践性、独立性、自主性增强了，另外，大学"问题性教学"虽然主要在单学科内进行，但是超越一门学科，注重从多学科联合的角度设计问题情境对大学生的能力发展却显得更为重要。总之，大学"问题性教学"中问题情境的"创设"，应该根据大学教学目标的要求，根据大学生知识储备与智力发展的特点，在理论与实践的结合上，在学科与学科的统合上，在学习与探索的过渡上，多有体现。

当我们谈到"问题性教学"在大学教学中的地位和作用时，强调"问题性教学"在整个大学教学过程中有利于促进大学生从学习到发现、从掌握到探索、从"在教师引导下的学习研究"到"独立的自学、自研"的过渡。我们试图根据这个"纵向"发展的过渡过程，从垂直方向上将问题性程度（即难度）与学生认知活动独立性的程度结合起来，将问题情境大致分为四种类型。

（1）学生处于较高积极性和低自主性层次——学生在问题情境的条件下接受教师的讲解，掌握智力活动的方式，我们称之为"问题性讲授"。

（2）学生处于半独立性的层次——在新的情境中，学生使用以前获得的知识，参与寻求解决教师所提问题的办法。

（3）学生处于独立性的层次——完成"复现探索性活动"。在这个层次里，一部分知识的掌握是教师讲解的结果，一部分概念或知识由学生利用已获得的知识，查阅文献资料、手册、图表及脚注性信息资料等，通过独立分析和解决问题的途径来掌握。

（4）学生处于积极创造性层次——学生具有高自主性和高创造性，学生进行创造性想象、逻辑分析和推测，需要发掘新的解决问题的方法和独立证明等。

从如上问题情境的垂直方向划分的类型就可以看出，问题性教学可以建立系统的问题情境，逐步推动大学生向独立性、自主性、创造性方向过渡。在每一个层次的问题情境类型中，都存在众多有待研究、发现的"水平方向"的问题情境类型。我们可以根据大学教学的实际，有选择地应用前人的划分类型。

下面我们从问题起因的角度，结合大学教学内容的特点，对大学"问题性教学"之问题情境做一粗放的"水平方向"的分类。

（1）通过揭示一个理论内部的不协调设置问题情境。比如，教师在讲授西方人文主义思潮之前，就可先揭示出科学主义思潮在解释新事实方面所表现出的不协调性和矛盾性，从而设置出问题情境，这就使教师的"叙述性讲授"变成"问题性讲授"，由此达到更高级的教学目的。

（2）通过揭示两个不同理论的矛盾设置问题情境。比如，在《外国教育史》的教学中，当讲到杜威的实用主义教育思想时，教师就可以通过这样一个问题设置问题情境：即马克思主义一贯强调意识性和目的性是人类实践活动区别于动物活动的本质特征，而杜威却提出"教育无目的论"，我们怎样评价杜威的这一观点呢？

（3）通过发现理论与观察、经验或体验之间的冲突设置问题情境。比如，《教育学》的教学中，在谈到教育目的时，教师就可以通过这么一个问题设置出问题情境：即，社会主义的教育目的是以马克思的人的全面发展理论为基础，然而从现实性上看，目前无论是社会条件还是个人条件，都难以达到理想的全面发展，我们如何去理解马克思关于人的全面发展学说呢？

以上三大类型大致可以从一个角度包容或概括大学"问题性教学"过程中要涉及的问题情境类型。若要构成问题情境类型的体系，则有待进一步的经验概括和理论概括，如果条件许可，则要通过实验和调查做进一步的处理。

3．问题情境的布设与掌握

（1）教师应该具备什么

任何一种教学理论，从某种意义上说，都是一种对教师提出要求的理论。如果教师对某种教学理论不理解、不支持，教学理论就不可能转化为教学实践。一般来说，指向促进学生思维发展、能力培养（尤其是创造性能力的培养）的教学及其理论，相对于指向学生记忆过程的教学及其理论而言，对教师更富有挑战性，对教师也提出了更高的要求。因此，任何一种指向教学改革的理论都必须得到教师的理解和配合，否则它就会成为不着"实践之地"的风筝。为此，在我们讨论教师如何设置与控制问题情境进行教学之前，必须首先讨论问题性教学对教师提出的一些基本要求。在问题性教学中，教师除了应该具备教育学中已经提到的诸多条件之外，我们还要特别强调以下几点。

a：教师应具有作为一个学识渊博的专家的造诣，对本学科或本研究领域相当熟悉，应能了解或把握本学科研究的前沿状况、主要矛盾和困难。

b：教师应该具备作为一个学术研究者的基本心理素质，比如创新的思维方法、敏锐的问题意识等。教师应该具有一定的研究经验或体验，只有这样，才能把抽象的方法论及其原则或普遍性的方法变成教师个性化、内在化的东西。

c：教师应该懂得基本的大学教学论原则，善于总结教学经验，了解大学生的心智特点。

（2）问题情境设置必须遵循的基本原则

大学"问题性教学"如何进行操作？首先面临的就是问题情境的设置。在前述研究的基础上，我们试图概括若干问题情境设置要遵循的基本原则。

　　a：问题必须以学生现有认知结构中的知识储备、研究方法、心智技能为基础。

　　b：问题必须包括未知的东西，这一未知东西应具备一定的概括性，即学生必须掌握的是一般规律、一般智力动作方式或完成智力动作的一般原则。

　　c：必须激发起学生对所要探索、掌握的东西的兴趣（激发其认知内驱力）。

　　d：问题的难度既有挑战性，又有智力上的可能性。

　　e：要向学生提供或清晰地表述问题情境中不可缺少的信息。

　　f：问题应该是开放性的，而不是封闭性的，因为开放的问题才有利于问题情境体系的建立。

　　g：教师设置问题情境，不仅应具有教学论意义，而且应具有科学意义。

　　（3）问题情境设置的基本方式

　　从前文的论述中，我们可看出，设置问题情境的基本途径就是：促使学生原有认知结构与必须掌握的新知识或必须解决的问题发生激烈冲突，使学生意识中的矛盾激化，从而产生问题情境。这种以矛盾的冲突为基础的问题情境的产生和解决，将成为教学过程与学生发展的动力。

　　根据这一基本途径，结合笔者长期的大学教学经验，加之借鉴有关研究，我们大致提出以下几种问题情境设置的基本方式。

　　a：教师通过清晰地比较和介绍不同流派或不同学者对同一问题的不同观点之间的矛盾冲突，设置问题情境。

　　b：在分析某些典型的认识错误的基础上，设置有利于学生发展的问题情境。

　　c：利用讨论过程中学生对某一问题所持的不同看法引起的矛盾冲突设置问题情境。

　　d：将社会上、学界中产生的热点问题引入教学中，设置问题情境。

　　e：通过逻辑的方法，产生两难和悖论的理论问题，设置问题情境。

　　f：教师引导学生通过比较分析发现现象自身的矛盾，从而产生问题情境。

　　g：教师引导学生对各种矛盾的事实、现象、数据进行比较、分析，通过客观事实与学生原有知识的矛盾冲突，使学生产生探索性需要，从而构成问题情境。

　　h：通过对科学史中的趣味事实的叙述设置问题情境。

　　i：提出学生依靠已有知识不可能正确完成的实际作业，让学生在发现自己的错误时，感到惊讶，激化矛盾，产生问题情境。

　　j：教师通过当场试验或实际演示的方法设置问题情境。

　　（4）有关问题情境掌握的简略说明

　　问题情境的控制过程正像前文中所指出的那样，是一个比较复杂的"间接影响"的控制过程，因此涉及的主、客观因素，内、外部条件很多，在这里既有一些理论、观念的问题，又有一些技术性问题。笔者认为，为了达到教学目标，控制问题情境的过程之关键取决于：

　　a：教师能否激发并维持学生的认知内驱力；

　　b：问题的难度是否适当，这就要看教师对学生的心理状况、知识水平的了解程度。

　　在这两点的基础上，通过一定经验的积累，加之应用有关理论的帮助，教师可望能成功地控制"问题性教学"的过程。与"问题性教学"的控制有关的理论和观点可从教学论、学习心理学、教育心理学、群体心理学等的研究中吸取丰富的资料。还有一点要说明的是：因为"问题性教学"可渗透到许多教学方法和形式中，而不同的方法和形式有不同的控制方法，因此，要结合不同的教学形式来研究"问题性教学"的控制方法和技术，才有针对性和可操作性。比如在课堂教学中，问题性讲授和问题性讨论的"控制"方法和技术就各不相同，要分别加以研究。

（四）问题性教学的特点

　　"问题性教学"的主要特点是：利用思维过程的心理学规律，有效控制教学过程。"问题性教学"的独特之处在于：把人的思维理解为主体的能动活动和过程。"问题性教学"的理论认为，人生来就具有潜在的发现能力与创造能力。只有思考着，人才擅长发现现实世界中丰富的矛盾；只有思考着，人才有勇气承受矛盾冲突；只有思考着，人才能自觉以问题的方式认识矛盾、表述矛盾、解决矛盾。最终思维引领人的意志、热情和推理达到统一，智慧"出"，矛盾"决"。因此，思维与个性应该在"问题性教学"中得到完整的结合，"脑力"与"心力"务必在"问题性教学"中实现"和谐"。

传统的教学论似乎经常"把思维看作在获得知识过程中产生的附属物，而不是把知识的获得看作思维发展过程中产生的附属性"[1]，因此，就像在以"非问题性教学"去"应付"所有教学任务过程中所表现的那样，教师在向学生讲授教材时并不依据思维（尤其是创造性思维）的活动过程去创设问题情境，如果由于教材的逻辑或者教学过程的逻辑而自发地产生了问题情境，教师往往也不指明提出问题和解决问题的方式。对新知识和新操作方式的掌握，主要的是按照范式，以复现的途径进行的。虽然"非问题性教学"并不排除学生会有积极性，但这种积极性并不是通过问题情境激发起来的，而可能仅仅由于教材的新颖性和教师讲课的情感性而引起的。这种教学往往"结构简单"，目标单一，不像"问题性教学"所表现的那样，教学过程具有综合性质，结构比较复杂，表现为各项教学任务的整体化和它们的内部相互联系。总之，"问题性教学"在教学论上坚持的是"教学走在发展的前面"的基本观点，从而与"教学走在发展的后面"的教学论区别开了。

"问题性教学"是介乎教学的基础性理论和具体操作性方法之间的应用性技术理论。它试图承接现代教学论研究得出的基本观点，尤其是有关大学教学过程研究的基本观点，并努力寻找中间转换环节，即如何将这些基本观点通过一种方式贯彻到教学实践中去，变成具有可操作性的方法或功夫而进行理论研究。从大学教学过程的特点看，现代大学教学理论必须处理的一个矛盾就是：教师

---

① ［苏］鲁宾斯坦：《关于思维和它的研究道路》，上海人民出版社1963年版，第141页。

的指导与学生自我活动之间的关系。教学方法改革的目标应该是教会学生"如何学习""如何思维",直到"如何研究"。因此,最好的教学方法应当引导学生并给以充足的机会使之独立地进行学习,并激励和鞭策学生主动思考去解决问题。而"问题性教学"理论正试图成为使教学论的这个基本观点转化为具体操作的一个通道。根据研究认为,教学方法应具有两大心理功能:一是认知鉴别功能,二是认知策略功能,而判断教学方法优劣的标准就是看它能否充分发挥这两大功能。显然,"问题性教学"就是指向使教学方法充分地发挥这两大功能。

应该说明的是,我们强调"问题性教学"在大学教学过程中的地位和作用,并不是否定其他教学法的作用。当然所有的教学法都必须建立在正确的教育思想、观念和科学的教学论观点基础上,才能统一协调,相得益彰,共同服务于大学教学目标。另外,在大学教学中,存在众多不同的系科,而这些不同的系科(或学科)必然意味着各有其适合的教学方法,或同一种方法有不同的表现形式,这是大学教学法研究必须注意的特点。大学"问题性教学"与人文教育的"适切性",仍需进一步研究。

三　"问题性教学"重要形式:问题性讨论

我们已经认识到,"问题性教学"并不是一种独立的教学方法,而是一种教学基础理论走向具体操作的中介环节性质的理论。因此,"问题性教学"若要具体化到一系列的教学形式和方法中去,还要做进一步的研究。"问题性教学"是调动大学生学习积极性、主动性和创造性的主要手段,它可以渗透到大学教学的讲授、讨论、实验、考试、毕业设计和论文等一系列教学形式和方法之中。由于问题性讨论在大学课堂教学尤其是人文教育中是贯彻"问题性教学"的重要形式,因此,我们选择了这一形式进行进一步的研究,其他形式则将成为以后继续研究的课题。问题性讨论的研究意在贯彻"问题性教学"的基本观点和原则,并结合有关的辅助性知识（比如有关的心理学知识），构成一套促进学生发展的讨论方法。

从大学教学法的国际比较看，大凡著名的大学在其教学尤其在人文教育中都把问题性讨论作为重要教学法而放在突出的位置上，问题性讨论也是我国大学教学尤其是人文教育方法改革要加以提倡和应用的方面。为此，我们有必要在"问题性教学"理论的基础上，结合教育心理学、教育社会心理学的研究，对问题性讨论做一比较系统的探讨。

前文我们谈道：大学"问题性教学"很适合大学教学过程的"过渡性"特点，即从对已知的掌握过渡到对未知的探索。这种过渡性特点使问题性教学至少有两个层次：一个层次是通过问题情境的设置对已有科学结论的学习；一个层次是通过问题情境的设置对未知科学的探讨。这两个层次决定了问题性讨论也有指向两种目标的讨论类型，一种类型是有现成科学结论的讨论，称为"学习型讨论"，一种类型是旨在打开思路、寻找线索、没有现成结论的讨论，称为"发现型（或探索型）讨论"。在此必须说明的是，这种分法是相对的，我们并不是说在"学习型讨论"中就没有学生的"发现""探索"。这两种类型具有不同的特点，为进一步认识这种分类的合理性，我们在下文稍加论述。

美国心理学家林格伦比较深刻论述了讨论的类型问题。他指出："一类是教师指导（而且通常是以教师为中心的），旨在让学生通过提问来探索问题和争论问题的'苏格拉底问答法'；另一类是非常自由、没有结构、不受约束的'开窍反应'。"[1] 苏格拉底探问法经常（但并非必然）用来引导学生去发现教师所知道的一定的资料或概念，像在正式情境中大多数教与学的方法一样，这些教学法被称为"集中的方法"，因为它们集中于单一的"正确答案"。"开窍反应"则是提出问题并鼓励学生去寻找尽可能多的不同解答，而不是唯一"正确的解答"，我们称之为"分散的方法"。这样，倾向于"集中的方法"一端者，我们就定名为"学习型讨论"，而倾向于"分散的方法"一端者，我们就定名为"发现型讨论"。这两种讨论

---

① 〔美〕林格伦：《课堂教育心理学》，云南人民出版社 1983 年版，第 426 页。

类型，有不同的心理条件和控制、操作规则。

（一）"学习型讨论"：条件准备及运用规则

"学习型讨论"起始于问题情境的设置，要构成学习型讨论的条件，必须从根本上遵循问题情境设置的原则，结合讨论过程的心理学原理，学习型讨论应该具备的、符合问题情境要求的条件应是如下。

讨论的准备性。学习型讨论只有在参与者进行了一些准备和思考之后才可能达到效果。学习型讨论在于使个体独立探索与集体智慧相互交融起来。要使讨论能提出有意义的假设，学生必须具备与问题相关的、丰富的认知结构。倘若讨论成员人人都具备较充分的准备，讨论在问题解决上就会更加显示出优势来。

讨论的合作性。合作的关系能从多方面促成讨论的建设性结果：（1）有利于准确的信息沟通、有效的信息利用；（2）有利于"赞助力"气氛的形成；（3）有利于达成讨论的建设性信念，形成一致的社会价值；（4）有利于情感问题的处理，有利于达成对立面双方的共同性。任何讨论过程都必然存在观点的相互冲突，但在合作的关系中，冲突被"定义"为共同解决问题，而在"竞争"的关系中，冲突则被"定义"为确定"输—赢"的情境。因此，正确的讨论观念应该是：讨论不仅是为了证明自己的思路、观点是正确的，而且是为了与同伴共同探索问题；讨论中所犯的错误应该作为进一步思考和解决问题的信息，而不作为个人的耻辱，只有容忍错误才能使讨论群体保持一种"松弛的沉思态度"。可见，讨论应尽可能使成员具有平等地位，并且任何人都尽量不以比别人更有权威的身份出现，教师要学会淡化自身的权威。

讨论者必须对相互间的能力保持信任。研究表明，在讨论中，如果认为对方是没有能力的，那么就会增强对自己观点的坚持，而拒绝他人的观点；反之，坚信对方有才能的学生更愿意把他人的信息和推理过程吸收到自己对问题的分析过程中来。

讨论者在交流信息和观点的过程中，要把握他人想法。当个人与他人进行相互作用时，只有具备用他人眼光看待问题的能力，才能更准确地把握住对方的思想脉络，提高自己的语言表达能力，促进对方更好地理解自己的思路和观点。

讨论成员的人数。研究表明，一般地说，讨论的规模要尽可能小到足以使每个人都能有发言的机会，同时又要大到足以包含一定范围的知识和见解。研究表明，为得到最佳效果，人数应在4—8人，大班讨论应遵循这个原理，通过"组块"形式，避免零星的随意发言。

以上从教育心理学、教育社会心理学角度探讨了问题性讨论的类型之一——学习型讨论的条件，这些条件主要是从心理的角度概述的，与问题情境设置的原则相辅相成。在前文中，谈到问题情境的控制要结合具体教学形式加以研究，那么，在学习型讨论中，教师如何有效地驾驭、控制讨论过程中问题情境的展开呢？

下文将谈谈有关的规则和做法。

在讨论中，教师要善于提出问题，以使讨论沿着正确方向展开。康·德·乌申斯基就说过：善于提问题，并逐渐地提高问题所要求答案的复杂性和难度，是教师极重要的和极必需的习惯之一。一般地说，在学习型讨论过程中，教师主要通过三种类型的问题引导学生逐步深入：（1）对特殊事情进行分析的问题；（2）对各种关系进行分析的问题；（3）进行概括或进行最高归纳的问题。教师提出的问题应该是开放性的，而不是封闭性的，即这个问题的讨论有助于其他许多问题的理解，注意到问题之间的逻辑关联性。教师提出的问题要有启迪性，其启迪性主要体现在：究原因、寻依据、提异议、求异同、找规律。

善于对学生的提问或回答做出反应。面对学生的回答，教师应怎样"反应"呢？必须强调教师回答的目的性，这种目的性就是使反应有进一步启发引导功能。这是很有技巧的：（1）要使问题重新回到讨论的轨道上来，而不使讨论"离题"。（2）教师应表现出有较强的检索能力和概括能力，能帮助学生从杂乱的语言中理出头绪。（3）当所讨论的问题涉及的知识和信息比较广泛时，教师应停下来小结，然后继续讨论。（4）教师应避免学生过早地对问题做出不成熟结论，要善于提醒学生去寻求其他可能的解释。（5）凡需纠正学生的回答时，教师应尽可能让讨论群体其他成员纠正，将问题"扔给集体"，以使学生更大程度地"卷入学习"。如果教师要亲自纠正，应尽可能确保不损害学生的自尊心和他们参加讨论的热情。

（6）尽管教师应鼓励学生积极参与讨论，但有时必须保证学生的表述以可靠知识做基础，要设法帮助学生去证明他们的表述是否合乎逻辑。

为了淡化或部分地撤回教师作为"讨论领导者"的见解，方法之一是当集体成员提出重要观点时，教师给自己分配的工作是把重要观点写在黑板上，这能使学生感到贡献被承认；教师还可以指定一个学生当讨论的领导者，而自己坐到房间的一角去。

最好能使讨论者坐成圆圈或方阵，以便每个人都能看到其他的人，这样可加强讨论效果。对着某人后脑勺谈话，或听某人言而不见其面，对参与者有一种令人丧气的影响。

对讨论中无关宏旨或离题性的不休争论，教师可委婉地打断，并引导其他成员对同一题目各抒己见。

总之，要驾驭讨论，提示性评价和反馈性评价的娴熟对教师至关重要。

（二）"发现型讨论"：条件准备及运用规则

"发现型讨论"是"问题性教学"高层次的形式，它强调学生学习和探索活动的高自主性、高积极性、高创造性和高合作性。大学教学中的"发现型讨论"具有研究和发现的特点。有着不同于学习型讨论的许多地方，在条件和操作规则方面具有独特的要求。尽管学习型讨论的许多条件和规则对发现型讨论来说都是必要的，但还不够。

发现型讨论是指向高创造性的教学形式，那么，如何设计能增进高度创造性的条件？这是创造心理学研究的重要问题。在这个问题上，罗杰斯（C. R. Rigers）的研究很有见地，他认为，创造性活动的一般条件是"心理安全"和"心理自由"。当一个人在心理上感到安全时他就不怕发展和表现他的发散性思维。当有创造性的人能够与了解并欣赏其内心世界的人交往时，他就会感到舒适，进行发散而无须防御。罗杰斯指出了心理自由的特征：（1）他是什么样的人就承认是什么样的人，而不怕别人笑话或讽刺。（2）他至少可象征性地表现自己的冲动和思想，而无须压抑、歪曲、隐藏它们。（3）他可以游戏般地和用不同寻常的方式来运用他的表象、概念和语调而并不感到是一种罪过。（4）他把未知和神秘的东西既看作一种需要应付的严肃挑战，也看作一种好玩的游戏。发现型讨论正是意在设置出保证"心理安全"和"心理自由"的情境，促进学生创造性地发展。在讨论中如何保护这种创造性呢？美国心理学家阿历克塞·P. 奥斯本提出了著名的"头脑风暴"技术，这种技术对我们组织发现型讨论很有启发。奥斯本认为，在讨论中应遵循如下几条规则。

——"取消批评"。这可以造成创造气候，使大家怀有一种探索的愿望，持有一种开放的态度。因为思维定式总是自觉不自觉地影响讨论过程，而取消批评则成为一个发动和维持提出新观念的机制。

——"欢迎随心所欲——越放任自然越好"。创造性问题的最后答案是理性的，但寻找答案的过程却不是。因此，创造要求思想激荡，要求迫使思维定式按创造的需要发生变形，听任自己的思想不加限制地朝任何方向漂泊漫游。只有这样才可能不被一直缠在思维定式的坚固网络里，而把独特的设想当成荒谬的东西丢弃。

——"要求数量——想法越多，产生出好的结果的可能性越大"。这可迫使成员思维发散，从各种角度转向思考，从纵向、横向、正向、逆向……甚至把问题推向极端，从被他人忽视的空白中不断思考，在开阔的视野、变换的思路中去考虑多种可能的想法。提出想法的途径越多，越有可能提供出最好结果。

——"寻求相互结合并且给予改进"。只有在想法达到一定数量的时候，才能做改进的判断。这一阶段要求成员对多种设想进行反复比较，反复评价。为了保证得到最好答案，就要以逻辑规律进行十分严格的批评，仔细检验出哪些该筛选，哪些可结合，结合后又得做何改进。只有经过小心求证的批判思维，才能产生一个前所未有的优化设想。

第十一章

实践反思

　　无论教育技术、人工智能、大数据、互联网如何涌入校园，教育实践，关键依然在人。在新的技术背景下，教育将有条件更加人性，更加人文；教育将更加回归和凸显自身本真，那就是爱和智慧。爱和智慧的教育呼唤更多内在素养丰满的教师和管理者来担当。没有反省就不懂爱，没有反思就不出智慧。教育者要自觉超越，从"技术熟练者"走向"反思性实践者"。教育的实践性反思和反思性实践应该成为培养和成就教育者的核心能力。反思要成为教育的文化，反思要成为教育者的素养，反思要成为教育者的习惯。

一　人文教育"实践反思"诠释

（一）反省与反思

　　"反省"是中国文化自生的、内生的传统。中国传统重人文，注重"学以成人"。"成人"之事不可替代，人人得学之、行之、为之而"成人"。不"反省"，何以成人？在做事中学做人，把人做好了，就能做更大的好事儿。在做事中，不忘初心，不辱使命。心是本，事是炼；心是根，事是果。修心不能在事外，做事不能心外，心与事由"反省"而循环促进。做人与做事合一，"成人"又"成物"，是理想的"内圣外王"境界。中国传统从"天人合一"到"知行合一"，从"宇宙即吾心"到"吾心即宇宙"，都落在一个"心"上。"反省"就是本于"道"、归于"心"、成于"物"的"反身""反观"，不断追求身心合一，情理合一，道术合一。"反省"是"心思"对"心事"的处理方式,是内在成长机制,是中国人的"成人"之道。中国传统之"反省"跟西方文化的"反思"(reflection)有所侧重,但终极贯通。西方文化之"反思"注重认识事物的本质和规律,重在"脑力"养成,重在认知理性,以外求成"事"为目的,是站在主客二分立场上主体自觉走向"主客相应",是科学思维的延伸。比较而言,中国传统之"反省"出于人文追求,基于主客相融,侧重知与行合一;西方文化之"反思"则出于科学探索,基于主客对立,侧重思与事合一。"反省"与"反思",起点不同,重点有异,在今天这样一个科技理性日渐强势、人文道理日渐式微的时代,尤其需要把反省与反思这两种智慧结合起来,在"反省"的时候,把"反思"摄入其内,在"反思"的时候,把"反省"融入其中,这样才能实现既做好事又做好人的圆满追求。

在中国传统里,代表性人物如孔子、荀子和朱熹等都强调"省""自省"。在他们看来,"省"和"自省"就是通过自我意识来省察自己言行的过程,是自我道德修养的方法。"反省"是自觉的历练和煎熬,在追求成为君子、贤人乃至圣人的道路上,必须亲力亲为。《尚书》言:"知之匪艰、行之惟艰。"在中国古代思想里,"知"与"行"的关系怎么处理始终是个重点和难点。知行分裂容易,知行合一艰难,不仅对个人的实践是如此,在思想史的发展上也如此。思想形态的"知行合一"学说与实践形态的"知行合一"典范都来之不易。王阳明第一次提出了"知行合一"的思想,他认为,"知"和"行"是一个功夫的两个方面,两者是不可分离的,所谓"知是行之始,行是知之成"(《传习录》)。王阳明提出的"知行合一"思想,是基于其人生践履"知行合一"的经验。"知行合一"指导他成就"立德、立功、立言""三不朽",他的人生成就也验证了"知行合一"的可行性。可以说,"知行合一"是他成就人生的思想结晶,值得后人反复汲取其中的智慧和营养。王阳明所看到的"知"和"行"的关系,既指向道德意识和道德践履的关系,也指向思想意念和实践活动的关系,也就是说,既指向做人的"知行合一",也指向做事的"知行合一",以做人为本,以做事为显。这个意义上的"知行合一"既"心上磨",又"事上炼";既"反省"又"反思"。只有自觉反省反思,才能培养实践智慧,提升精神境界。

在西方哲学中,"反思"和"实践"有着密不可分的关系。

苏格拉底最早提出,未经省察的人生不值得一过。这一思想主题与孔子所说的"吾日三省吾身"是一样的。但苏氏开启的思想源头被亚里士多德赋予"实践"以"反思人类行为"的哲学意蕴所替代,反思逐渐成为西方哲学广泛使用的概念和重要传统。倪梁康教授认为,自笛卡尔以降,反思在近现代西方哲学中始终是一个备受关注的问题,是近现代西方哲学的基本问题。① 在西方近现代哲学中,反思主要指的是具有较高价值的内省认识活动。笛卡尔认为:"只有借助于自我观察,才能洞察意识这个内部世界。"洛克认为,反思是心灵内部活动的知觉。斯宾诺莎把自己的认识论方法称之为"反思的知识",认为反思是认识真理的比较高级的方式。康德提出了正确规定反思概念的问题。黑格尔认为,反思是把握发展的辩证概念,反思本身也有一个过程,具有不同的层次。

理论哲学是把人的思维活动作为客观对象,希望通过反思获得理论性的认识,现象学家则将"反思"作为一种"非对象性的自身意识",力图从实践哲学的意义上去揭示反思的本质。在埃德蒙德·胡塞尔(Edmund Husserl)的现象学中,反思作为一种意识,是对意识显现过程的觉察。胡塞尔认为,反思首先是一种对自身意识的觉察。他强调"每一种行为都是关于某物的意识,但是每一种行为也是我们意识到的"②。自身意识作为一种原初意识,伴随在人的实践的始终,而不仅仅是在实践之后。因此,自身意识是构成反思得以展开的基本前提。胡塞尔认为,反思还是一种"有预期的"意识。他说:"反思本身就是一种意识行为。"③ 反思作为一种意识,是具有"意向性"的,这符合意识的根本特征。意识活动具有"赋

---

① 倪梁康:《自识与反思》,商务印书馆 2002 年版,第 3 页。
② [德]埃德蒙德·胡塞尔:《内时间意识现象学》,杨富斌译,华夏出版社 2000 年版,第 145 页。
③ 同上书,第 400 页。

予意义"和"激活"能力。因此，反思总是能够有预期地、主动地、积极地激活和建构意识对象，引导反思行为。

现象学关于反思是一种意识的阐释，为我们理解反思以及反思与实践的关系提供了一个崭新的视角，这就是：如果把反思仅仅作为一种行为，那么，实践者就总是站在实践之外去反思自己的实践活动，这样的反思基本上都发生在实践之后，把实践物化为"对象"，站在实践之外去讨论、去研究；而把反思作为一种意识，实践者就不是处于实践之外，反思也就不仅仅发生在实践之后，而是自始至终伴随着实践者的实践活动。

把反思注入到实践之中，实践范畴作为哲学的意义才变得更加圆融丰满。主体缺乏自觉反思意识，这样的实践必定是"蛮干"，可能"做得越多，错得越多"，可能"总是重复犯错误"；有经验，没教训，不得成长和进步；这样的实践是浮躁的实践，是仓促的实践，是"形而上学"教条的实践，是真正盲目的实践，是不负责任的实践。唯有反思性实践，实践性反思，才能"超越对象化，回归本体性"。①

（二）教育与反思

教育的本质是实践性的，教育问题的解决，从根本上源于实践性反思和反思性实践。

西方哲学中的反思主要是一种理论智慧，侧重于"脑力"的磨砺。中国传统中的"反省"可以说主要是一种实践智慧，强调"心力"的磨砺。因此，从某种意义上来说，"反省"包含反思，"反省"是反思的深化。中国传统教育注重人文成长，现代意义的"教育反思"必须吸纳中国传统之"反省"精义。作为中国古代最早的教育论著，《礼记·学记》已经把"反省"与教育实践联系在一起，提出"学然后知不足，教然后知困。知不足，然后能自反也；知困，然后能自强也"。教育实践的过程既是"学"的过程，也是"教"的过程，是"学"与"教"相结合的实践过程，是"教学相

---

① 张祥云、刘献君：《人文教育：超越对象化回归本体性》，《高等教育研究》2014年第12期。

长"的过程，是"成己"与"成人"的互动和互惠。在这个过程中，"反省"的意义不言而喻。

在西方教育学研究领域，第一次对反思进行系统研究和阐述的是美国教育家约翰·杜威（John Dewey）。在他看来，反思是"对于任何信念或假设性的知识，按其所依据的基础和进一步结论而进行的主动的、持续的和周密的思考"①。显然，杜威所阐述的反思是一种思维方式的训练活动，强调通过思维习惯和态度的改变来培养"科学的思维方式"。后来的研究者基本上认同杜威的观点，认为反思是在实践之外的自我认识、自我检查的过程和外在表现，是形成思想、观念的手段与方法。真正把反思与实践直接联系起来的是唐纳德·舍恩（Donald Schon）。1983 年，舍恩提出了"反思性实践"（reflective practition）的理念，他反对仅仅把实践看成对理论的应用的观点，认为实践是实践者运用实践性知识与实践情境展开"反思性对话"的过程，是实践者通过对问题的解决来不断丰富实践性知识的过程。"行动中反思"是实践者必须具备的典型特征。因此，实践者不仅要成为问题的解决者，更要成为复杂情境中能动的探究者。② 他倡导要把教师培养成"反思性实践者"（reflective practitioner），而不仅仅只是"技术熟练者"（technical expert）。"反思性实践"的提出，引发了人们对反思与实践关系的重新思考，在学术界和教育界掀起了"反思"的热潮。但"行动中反思"这一创新性的观点也遭到了一些质疑。马克斯·范梅南（Max van Manen）认为，反思是对行动方案的思考和抉择，在行动中所蕴含的非认知性的知识是一种"智慧性行动"和"教学机智"。③"智慧性行动"与"反思性行动"是有区别的，其区别就在于"智慧性行动"是以智慧的方式深入情境中、关注行动，而"反思性行动"是从情境中撤出来

---

① ［美］约翰·杜威：《我们怎样思维》，姜文闵译，人民教育出版社 2005 年版，第 16 页。

② Donald A. Schon, *The Reflective Practitioner*：*How Profes – sionals Think in Action*，New York：Basic Books，1983，p. 39.

③ ［加］马克斯·范梅南：《教学机智——教育智慧的意蕴》，李树英译，教育科学出版社 2001 年版，第 131 页。

反思行动的办法和行动的后果。① 因此，从认知性的意义上说，"行动中反思"是不可能实现的。杜威、舍恩和范梅南关于反思的阐释，是基于理论哲学的思考，关注的是反思的外在的行为表现，因此，并未真正揭示反思的根本内涵。②

（三）人文教育"实践反思"

通过对反思的中西比较，并梳理学术界和教育界对反思的探讨，我们对教育实践反思的理解更深刻、全面了。我们认为，教育实践反思要基于教育之"道"，教师要自觉"求道""问道"，而"行道"过程是"反省"与"反思"的结合，是"事上炼"与"心上磨"的交融，是"成人"与"成物"的贯通，是"成事"与"成师"的实现。这个过程要始终体现知与行合一、思与事合一，增长实践智慧，提升精神境界，促进教育进步。

教育实践反思重点要处理好三个关键问题。

第一，要处理好对教育实践的认识问题。教育实践究竟是理论运用于实践的过程，还是在实践过程中形成理论、完善理论的过程。对问题认识的角度和视野，不仅决定了对问题反思的角度和视野，还最终决定了对问题反思的广度和深度。

第二，要处理好"成事"与"成人"、"做人"与"为师"的关系问题。教育实践反思不仅要增长实践能力，提高教育实践的有效性，更为重要的是，通过对教育实践的反思，在"成事""成人"的基础上"成师""为师"。反思是促进教师实现从"经师"到"人师"跨越的本体功夫。

第三，要处理好"反思行为"与"反思意识"的关系问题。反思不仅是思维方式的训练，不仅是外在行为的表现，更为重要的是，反思是一种自我意识，伴随教育实践的始终。唯有自觉关注内心省悟的人，才能促使自身从"技术熟练者"成长为"反思性实践

---

① ［加］马克斯·范梅南：《教学机智——教育智慧的意蕴》，李树英译，教育科学出版社 2001 年版，第 146 页。

② 胡萨：《反思：作为一种意识——关于教师反思的现象学理解》，《教育研究》2010 年第 1 期。

者"，让教师的职业生涯永远置身于成长无止境的魅力吸引之中，远离职业倦怠，不断创新发展。

由此看来，教育实践反思应该成为教师职业的存在方式，成为教育实践主体追求的精神境界和价值取向。教育实践反思基于教育之道，源于教育实践，成于教育目的，又归于教育实践。

二　人文教育"实践反思"的策略

在中国古代文化中，策略就是"计"，"计"是需要运筹和谋划的。好的策略是深谋远虑的结果，既需要深厚的理论支撑和实践经验积累，又需要根据形势的发展变化进行调整和修正。从方法论的角度上来说，策略是方法论具体实施的关键环节。① 因此，策略分析和研究具有重要的价值。

教育实践反思策略，就是要在教育理论和教育实践之间架起一座桥梁，解决教育实践反思中出现的问题，处理好"成事"与"成人、""做人"与"为师"的关系以及"反思行为"与"反思意识"的关系，最终实现培养合格教师的任务和目标。建立在深厚理论和丰富实践经验基础上的教育实践反思策略，对反思具有全局性和指导性的意义，是反思的生命。

教育实践反思策略是一个复杂的系统，以不同的视角为切入点和着眼点，可以构成不同的"策略集"。

（一）由反思主体构成的"策略集"

以反思主体为切入点和着眼点的反思策略，需要解决的问题是"谁来反思"，解决问题方案的核心是反思的主体，要达到的效果是明确不同反思主体的职责，充分发挥反思主体的主观能动性。反思的主体，指的是对反思具有认知能力和实践能力的人。参与教育实践的人，既是独立的个体，又是相互联系的群体。因此，反思的主

---

① 胡萨：《反思：作为一种意识——关于教师反思的现象学理解》，《教育研究》2010 年第 1 期。

体具有多元化的特征，既可以是个体，也可以是群体，不同的反思主体既在不同的程度上承担着教育实践的责任，也在不同的程度上承担着教育实践反思的责任，他们承担什么样的责任、以怎样的态度参与教育实践及其反思，对反思的层次和效果所产生的影响是巨大的。

因反思的主体是多元化的，教育实践反思的策略集主要由个体反思和群体反思构成。

（二）由反思动因构成的"策略集"

以反思动因为切入点和着眼点的反思策略，需要解决的问题是"为什么反思"，解决问题方案的核心是反思的动力和原因，要达到的效果是发现反思的动因，针对不同的动因，找到解决问题的思路和办法，化解分歧、凝聚共识，从而增强反思的有效性。反思的动因，指的是反思的动力与原因。反思的动因具有复杂性的特征，在教育实践反思的过程中，反思的动力与原因往往是不一样的，有的是来自内在的动力与原因，有的是来自外在的动力与原因。动因不同，反思的层次和效果也会不同。

因反思的动因是复杂的，教育实践反思的策略集主要由主动反思、被动反思和互动反思构成。

（三）由反思内容构成的"策略集"

以反思内容为切入点和着眼点的反思策略，需要解决的问题是"反思什么"，解决问题方案的核心是反思的内容，要达到的效果是防止反思内容的片面性、碎片化，实现反思内容的系统化。教育实践从内容上来说，是复杂的、相互关联的。因此，反思的内容具有系统化的特征。

因反思的内容是系统化的，教育实践反思的策略集主要由目标反思、行动反思和结果反思构成。

（四）由反思时机构成的"策略集"

以反思时机为切入点和着眼点的反思策略，需要解决的问题是

"什么时候反思"，解决问题方案的核心是反思的时机，要达到的效果是抓住反思的最佳时机，实现最好的预期目标。反思的时机，指的是反思的时间与机会。选择不同的时机开展反思，反思的意义和影响是不同的。因此，反思时机具有选择性的特征。

因反思的时机是具有选择性的，教育实践反思的策略集主要由实践前反思、实践中反思和实践后反思构成。

（五）由反思方法构成的"策略集"

以反思方法为切入点和着眼点的反思策略，需要解决的问题是"怎么反思"，解决问题方案的核心是反思的方法，要达到的效果就是针对教育实践反思过程存在的不同问题，找到正确的、合适的方法，从而提高反思的层次和反思的效果。反思方法具有多样化的特征。选择和运用不同的反思方法，反思的层次和效果是不一样的。

因反思的方法是多样化的，教育实践反思的策略集主要由自省式反思、交互式反思和综合式反思构成。

（六）由反思形式构成的"策略集"

以反思形式为切入点和着眼点的反思策略，需要解决的问题是"如何呈现反思的过程与结果"，解决问题方案的核心是反思的形式，要达到的效果就是通过合适的形式，更好地呈现反思的过程和反思的结果。反思形式具有灵活性的特征，选择和运用不同的反思形式，反思的层次和效果也是不一样的。

因反思的形式是灵活的，教育实践反思的策略集主要由内隐反思和外显反思构成。

（七）由反思层次构成的"策略集"

以反思层次为切入点和着眼点的反思策略，需要解决的问题是"反思的水平是怎样的"，解决问题方案的核心是反思的层次，要达到的效果是实现反思层次的不断提升。最早对反思层次进行探讨的是范梅南，他认为，反思层次具有递进性的特征，反思的过程是一个反思层次不断提升的过程。①

因反思层次是递进性的，教育实践反思的策略集主要由技术性反思、实践性反思和批判性反思构成。②

（八）由反思效果构成的"策略集"

以反思效果为切入点和着眼点的反思策略，需要解决的问题是"反思的质量是怎样的"，解决问题方案的核心是反思的效果，是要达到的效果是实现反思效果的不断提高。任何反思都会产生一定的效果，但不同的反思，其反思的效果是存在差异性的。

因反思的效果是存在差异性的，教育实践反思的策略集主要由非生产性反思和生产性反思构成。

三　人文教育"实践反思"的路径

研究教育实践反思的策略，解决方法论的问题，旨在为探索教育实践反思的路径提供理论支持和实践指导。有了方法论的指引，并不意味着就有具体的方法。教育实践反思策略明确之后，在具体实施的过程中，必须根据具体情况进行相应的调整，把反思策略的指导性与反思路径与方法的灵活性结合起来，反思才能真正实现其价值和目的。

（一）发挥多元反思主体的主动性和互动性

充分发挥多元反思主体的主动性与互动性，是教育实践主体多元化的必然要求，对于反思层次与反思效果的提升，具有决定性的意义。

任何反思都是主体的反思，任何反思都需要从个体开始，但个

---

① ［加］马克斯·范梅南：《教学机智——教育智慧的意蕴》，李树英译，教育科学出版社 2001 年版，第 96 页。
② ［加］罗博·麦克布莱德：《教师教育政策：来自研究和实践的反思》，洪成文等译，北京师范大学出版社 2009 年版，第 100 页。

体反思与群体反思必须有机地融合起来。这样，反思才不会陷入冥思苦想，才能更好地集思广益，才能更有广度和深度。反思最能体现主体的主观能动性，没有主体的主观能动性，就没有反思。因此，主体主观能动性发挥的程度，直接影响反思的层次与反思的效果。在教育实践反思活动中，两种现象必须引起高度重视：一是缺位，即主体不在场；二是失位，即主体在场，但没有发挥应有的作用。

第一种现象反映的问题，暴露的是参与教育实践管理和指导的主体在管理与指导上的缺位。教育现象学认为，认识教育世界的起点是我们身处教育世界中，教育的本质不是通过归纳、抽象形成的，而是从教育体验中直观而得到的，只有这样，才能从根本上保证教育认识的可靠性。[①] 教育实践反思也一样，脱离现场，何来体验，没有体验，哪有对教育实践本质的认识，教育实践反思又从何说起？

第二种现象反映的问题，暴露的是参与教育实践管理和指导的主体在管理与指导上的失位。因各种主客观方面的原因，学校放松了对教育实践的管理，"放羊式实践"由"无奈"而演变成了"趋势"，"放羊式"的管理和"蜻蜓点水式"的指导由"异常"演变成了"常态"。因此，对教育实践本质的认识是表面的，教育实践的反思是肤浅的。

教育实践管理和指导上的缺位、失位，造成的严重后果是，虽说教育实践反思的主体是多元的，不同的反思主体既在不同的程度上承担着教育实践的责任，也在不同的程度上承担着教育实践反思的责任，但在教育实践反思中，真正"在场"的往往只有学生这一个主体，教育实践和教育实践反思变成了学生专场表演的"独角戏"，其他主体与之无关或关系不大，不同的主体之间没有形成一个良性互动的有机的整体，所谓群体反思、互动反思大多流于形式。因此，必须充分发挥多元反思主体的主动性与互动性，才能为改变和扭转这种局面创造更加有利的条件，从而提高反思的层次和

---

① 王卫华：《我们如何认识教育世界》，《教育研究》2016 年第 9 期。

反思的效果。

发挥多元反思主体的主动性，实现反思主体的多元化，就是强调不同的反思主体都要回到教育实践的现场去，"回到事情本身去"。这样才有体验，体验才深。有了深刻的体验，才能触动反思、引发反思，最终在自己的内心世界形成一个灵动的"反思场"；发挥多元反思主体的互动性，就是强调要勇于开展自我批评，善于接受他人批评，营造既严肃认真又生动活泼的反思氛围，最终在多元反思主体之间建构起一个鲜活的"反思场"。两个"反思场"交织在一起，主动性与互动性交相辉映、相得益彰，提高反思的层次和效果才有真正的保障。

（二）　由消极无效反思转向积极有效反思

任何反思都是在一定的主客观原因驱动下而展开的。

教育实践反思的动因具有复杂性的特征。动因不同，反思的层次和效果也会不同。主动反思是由内在的动力与原因驱动的反思，这种反思最能体现反思主体的主观能动性，因此，反思也更为积极有效；被动反思是由外在的动力与原因驱动的反思，这种反思往往是因为在教育实践的过程中因出现问题导致他人批评而被迫进行的反思，因此，一般来说是消极的、效果较差的，甚至是没有效果的；互动反思是由不同的反思主体相互影响、相互作用而引发的反思，不同的反思主体对问题的认识和理解不同，解决问题的思路和办法不同，通过相互之间的交流和碰撞，化解分歧、凝聚共识，从而增强反思的有效性。

在中国传统文化中，"自省""内省"，说的就是反思，强调要从自己的内心进行反思。主动反思更能体现主体的主观能动性，是"自省""内省"，尽管在教育实践反思的过程中，许多反思都是被动而起的，是"他省""外省"，但如果能正确地处理好主动反思与被动反思之间的相互关系，把"自省""内省"与"他省""外省"结合起来，被动反思在一定的条件下也可以转化成主动反思。因此，要认真反思出现问题的原因，虚心接受他人批评，深刻吸取教训、总结经验，不断提高反思的自觉性。不同的反思主体对问题的认识和理解不同，解决问题的思路和办法不同，通过相互之间的批评和自我批评，变"他省""外省"为"自省""内省"，化被动反思为主动反思和互动反思，从而实现消极无效反思向积极有效反思的转化。

（三） 实现反思内容的系统化

教育实践从内容上来说，是复杂的、系统化的，这就决定教育实践反思在内容上必须是系统化的。

关于反思的内容，学者汤姆（Tom）认为大致包括四大问题领域：教与学的过程、学科内容知识、蕴含于教学之中的政治和道德伦理原则以及在广阔的社会背景下的教育制度。① 四大问题领域是目标反思、行动反思和结果反思的具体体现，是一个紧密关联而又相互兼容的有机整体。但在通常的情况下，教育实践反思的问题领域遭遇了严重的窄化处理，片面化反思的倾向越来越严重，从而导致反思的内容零散而不系统，这就严重割裂了目标反思、行动反思和结果反思之间的相互关系。在教育实践反思中，目标反思，重点要评价目标表达的期望高低与效价大小之间的相互关系，重新考量怎样的目标才是符合期望与效价的适切性的。因此，目标反思不仅是反思的开端，更是行动反思与结果反思的前提和基础；行动反思，重点要分析行动与目标之间的契合程度，评价行动对目标的实现是否有效。因此，行动反思是联结目标反思和结果反思的关键环节，直接关系着教育实践目标的实现和教育实践效果的达成；结果反思，重点要评价教育实践的结果与教育实践所期望达到的目标之间的契合程度，通过分析目标实现的程度，探讨其中的原因。因此，结果反思不是目标反思和行动反思的终结形式，而是新的又一个反思的开端。正确处理好目标反思、行动反思和结果反思之间的相互关系，尽可能做到既不挂一漏万，也不顾此失彼，这样的反思，才能体现反思内容系统化的特征，才不会导致反思的价值遗失和功能偏废。

---

① Tom，"A. Inquiring into Inquiry – oriented Teacher Education"，*Journal of Teacher Education*，Vol. 36，No. 5，1985，pp. 35 – 44.

（四）坚持反思过程的可持续性

教育实践从时间上来说，是具体的、连续性的，因此，教育实践反思在过程上必须是可持续性的。

在以往的教育实践反思中，我们更多关注的是实践后的反思，鲜有实践中的反思，更谈不上实践前的反思，反思的滞后性现象非常突出。实践前反思、实践中反思和实践后反思在过程上是一个密切相关、不可分割的有机整体。实践前反思是前瞻性的反思。通过反思以往教育实践的得失，总结经验教训，避免重蹈覆辙。这就是实践前反思的价值所在，是为了实践的反思。实践中反思，用舍恩的话来说，是与"具体的教育教学情景对话"，能否在瞬间意识到情景中的教育价值，把握住情景中的教育时机，是对主体的教学机智和实践智慧的极大考验。舍恩认为，这"不仅是问题情境的反思，而且也是对于'实施该活动的实践者自身的反思'"，"一个问题的解决又在实现着背后更大问题的展开"。① 范梅南尽管质疑"行动中的反思"的可能性，但却非常强调"教育情境中的智慧性行动"，认为"教学机智"蕴含着教育智慧。② 因此，实践中反思，就是一个通过"教学机智"不断激发和增长教育智慧的过程，是一个不断消除疑惑、避免问题积累的过程。实践后反思是对教育实践行动的反思。根据范梅南对行动的反思的理解和阐释，教育的时机不仅要求行动中的反思，更加要求对行动的反思。他说，对行动的反思总是在问"我本应该怎样做?"，通过对"我本应该怎样做?"的反复追问和全面反思，决定我将来想成为什么样的人，我可能的行动依据的是在回忆性的反思中获得的智慧。③ 因此，从深层次的意义上来说，实践后反思不仅仅是实践前反思和实践中反思在时间与过程上的延续，更是一种面向未来的反思。教育实践是一个循环往

---

① Donald A. Schon, *The Reflective Practitioner: How Profes - sionals Think in Action*, New York: Basic Books, 1983, p. 39.

② ［加］马克斯·范梅南:《教学机智——教育智慧的意蕴》，李树英译，教育科学出版社2001年版，第104—110页。

③ 同上书，第110、111页。

复的过程，因此，教育实践反思也是一个循环往复的过程。教育实践反思作为一种意识，伴随着教育实践的始终，教育实践反思作为一种行为，贯穿于教育实践的始终。在教育实践的过程中，要通过反思意识的引导，把握和珍惜反思的每一次时机，实现反思过程的可持续性，在持续不断的反思中提高反思的层次与效果。

（五）正确选择多样化的反思方法

从哲学的意义上来说，方法是人们认识和改造客观世界应遵循的某种方式、途径和程序的总和，黑格尔把它称之为主观方面的手段，主观方面就是通过这个手段来与客体发生关系的。①

教育实践反思，通过自省式反思、交互式反思和综合式反思等多样化的、多向度的手段与教育实践发生关系，但是，这些多样化的手段相互之间一定要形成互补，而不能各执一端、各执一词。自省式反思绝对不是单纯的闭门思过、面壁思过，否则就可能导致反思者无法从自己封闭而狭小的世界里走出来；交互式反思真正的价值在于不同主体之间的交流对话、共商共赢。因此，特别强调不仅要有批评与自我批评的素养，更要民主的气氛和包容的态度，否则，就有可能演变为形式主义，徒有交互的形式，难以实现反思的价值；综合式反思强调不同的主题要有共同的目标，如果不同主题之间互不相关甚至相互干扰，"综合"最终就可能演变为大杂烩，反思的目标就会发生偏移。

（六）灵活运用不同的反思形式

形式是事物内在要素的结构或表现方式。马克思在分析形式与内容的相互关系时指出，如果形式不是内容的形式，那么它就没有任何价值了。教育实践反思形式的价值，就在于它是教育实践反思内容的结构和表现形式。

杜威认为，从某种意义上说，反思既是一种内隐的思维活动，又是一种外显的探究行动，作为一种"考虑"，它是内隐的，作为

---

① 《列宁全集》第38卷，人民出版社1984年版，第236页。

一种"探索"，它又是外显的。一般而言，反思作为一种意识首先都是从人的内心开始的。当剧烈的内心活动积聚到一定程度的时候，需要通过一定的形式表现出来，这就是外显。内隐反思是外显反思的基础，没有内隐反思的存在，就不可能有外显反思的出现。外显反思是内隐反思的外在表现，外显反思中内含着内隐反思的内容和结果。内隐反思与外显反思是相互联系的，在一定的条件下可以相互转化。内隐反思主要在内心世界展开，外显反思需要通过口头语言或书面语言把反思的过程和内容表达出来。内隐反思与外显反思不是层次上的区别，两者之间仅仅是形式上的不同而已。在过去的教育实践反思中，我们过分注重了外显反思，尤其是书面反思，忽视了内隐反思的过程，导致反思形式单一、流于表面，缺乏灵活性。教育实践反思是一个内化于心、外化于形的过程。没有内隐反思的过程作为基础，外显反思，尤其是口头反思和书面反思，就只能是一种没有内容的形式。当然，我们也需要防止另一种倾向，内隐反思不能局限于内心的苦思冥想，要通过口头或书面这样的外显反思表达出来，让更多的人能分享、能受益，这才是反思的目的，这样的反思才有更高的价值。

（七）着力强化和培养反思意识

教育实践反思的过程是一个反思层次与反思效果不断提升的过程。

技术性反思尽管是一种层次较低的反思，但也是教育实践反思必须经历的一个过程，因此，不能简单地把它一概称为无效性反思。随着反思主体实践经验的积累，关注的重点逐渐从问题转移到问题背后的原因，探究和思考目的与结果本身的意义，技术性反思过渡为实践性反思。因此，实践性反思是把教师从"技术熟练者"培养成"反思性实践者"的关键环节，实践性反思所做的积累和铺垫，是批判性反思重要的前提和基础。批判性反思作为最高层次的一种反思，反思主体开始关注经济、政治和文化等社会背景，从更开阔的视野、用批判的眼光，理性地审视和评估教育实践的形式与方法、手段与目的，探讨解决问题的最有效的策略和办法。因此，对于反思层次的提升，既不可故步自封，永远在低层次徘徊，也不可操之太急，寄希望于一蹴而就。循序渐进，一步一个脚印，这才符合教育实践反思递进性的特征，符合教育实践反思的实际。

非生产性反思尽管不会产生新的教育思想和教育理念，但也不能简单地把它一概称为无效性反思，因为对事件与观念的罗列和描述，是对事件意义及其相互关系进行分析和思考的前提，新的教育思想和教育理念正是在这种前提下孕育和产生出来的。因此，不能把非生产性反思与生产性反思绝对地割裂开来，它们之间不仅有着一定的内在联系，而且在一定条件下还可以相互转化。反思的效果总是在经历了一定的过程之后，才会逐渐地显现出来，毕其功于一役的想法是不切实际的。

当然，反思层次和反思效果的提升并不是一个自然而然的过程。反思意识和反思能力的培养与提高，在反思层次和反思效果提升的过程中发挥着至关重要的作用。

反思意识是必须加以培养才能形成的。

现象学认为，反思意识是对自我意识的一种自觉和敏感，它既不是神秘而不可知的，也不是事先不被规定和不能明确定义的存在，并不代表一种空洞或虚无。① 实际上，反思作为一种意识，总是敏锐地觉察着四周，反思意识越强烈，教育意识就越清醒，教育实践就越有主动性、积极性和创造性，就越能捕捉到教育的时机并构建起教育情景与教育意识之间的意向性联系，激发和引导反思行动。杜威在阐释反思的意义时尽管没有把反思当作一种意识，但他关于反思也是一种思维习惯、一种态度和一种意愿的观点却具有深远的影响，它为反思意识的培养提供了极富价值的启示。杜威认为，反思的态度主要体现在反思主体的三大品质上，即虚心（open – mindedness）、专心（whole – heartedness）和责任心（responsibility），这些品质是必须加以培养才能形成的。

因此，提高反思意识，一是要强化虚心品质的培养。虚心是指排除偏见、派别意识等封闭观念，思考新问题、采纳新观念的良好

---

① 胡萨：《反思：作为一种意识——关于教师反思的现象学理解》，《教育研究》2010 年第 1 期。

习惯。① 杜威指出，培养灵敏的好奇精神和自主的追求意识，应该成为虚心品质培养的基本要求。

二是要强化专心品质的培养。专心是指当人们沉溺于某些事物时全身心投入的状态。杜威认为，专心致志对保持反思的持续性具有重要的意义，否则，对良好思维习惯的形成是非常不利的。

三是要强化责任心品质的培养。责任心是指敢于承受"按预想的步骤行事所招致的后果"②。杜威强调，责任心是一种道德的特质，它保证信念的连贯和协调，是引导反思进行到底或达到最终结局的动力。

（八）发展和提升教师的反思能力

反思能力的发展何以可能，如何提升？

反思能力是反思主体在进行反思活动时所应具有的心理特征及相关条件，③ 是影响反思层次与效果的关键性因素。参亚·T. 科利尔（Sunya T. Collier）通过对学生在反思性发展上的特征研究表明，反思能力是可以通过培养而得到发展的。④

根据反思能力的特征和教育实践反思过程中出现的问题，反思能力的发展和提升，一是要通过理论学习奠定基础。反思是一种批判性思维，而反思性理论则是批判的武器。理论学习旨在为实践提供宏观指导和行动规范，为反思活动和专业发展指明方向和路径，为实践智慧的理论化、系统化提供学理支持。因此，杜威指出，反思能力的培养应明确编入教育大纲并贯穿于整个课程体系和实践过程中。如果只注重实践导向，忽视理论指导，则可能导致实践与反思的盲目性和低水平重复。对此，西方一些教育发达国家予以了高度的关注并采取了许多积极的应对措施，如英国设置了集反思性与实效性为一体的教育实践课程，美国设置了侧重反思能力系统培养

---

① ［美］约翰·杜威：《我们怎样思维》，姜文闵译，人民教育出版社2005年版，第33页。

② 同上书，第35页。

③ 姚林群：《论反思能力及其培养》，《教育研究与实验》2014年第1期。

④ Sunya T. Collier, "Characteristics of Reflective Thought During the Student Teaching Experience", *Journal of Teacher Education*, Vol. 50, No. 3, May – June1999.

的反思训练专门化课程，澳大利亚设置了以问题探究为中心的教学智能培训课程。这些措施的共同特点在于，进一步夯实了理论基础，彰显了较高的实践价值。因此，非常值得学习和借鉴。

二是要通过专家指导掌握方法。卡尔哥瑞纳（Carlgrenar）认为，专家指导对于反思能力的培养与发展具有重要的意义，教育者必须帮助人们树立反思意识，掌握反思方法。从以往的教育实践反思来看，因为缺乏指导或指导不力，教育实践反思大多处于自发和盲目的状态，导致反思的层次和效果难以提升，反思能力的培养与发展失去了最可靠有力的支持和依托。

三是要在实践情景中体验。反思能力植根于实践情景，丰富的实践情景体验，是培养和发展反思能力的良田沃土。欧亚内（Ojanen）非常注重实践情景体验对反思能力培养的作用，认为通过实践情景体验获得的经验是培养反思能力的重要资源。杜威认为，对经验进行吸收和改造，不但能增加经验的意义，而且还能进一步提高指导实践的能力。[①] 因此，要主动深入实践情景、认真创设问题情景，深化实践体验，激发反思潜能，在不断变化的实践情景体验中增长知识和技能，优化和完善知识结构、能力结构。

四是要在对话反思中提升。凯利特和塞乐斯（Kellte & Sellars）的研究表明，对话反思是挑战现有理论和实践观念的有效形式。教育从本质上来说，是一种人与人之间的相互交流。"对话是一种建立在平等基础上的主体性关系，通常表现为人与人之间不求胜败的交流。"[②] 通过对话交流的形式，实现教育实践不同主体的自我呈现和相互之间的诘问，进而对自己的观点、信念、推理和假设展开反思、澄清和修正，弥补思维的盲点，打破固有的成见，纠正错误的行为，分享体验与经验，克服困惑与不足。实践证明，对话反思既为个人成长提供了发展空间，也为群体超越注入了能量与活力，是培养和发展反思能力的有效途径。

---

① ［美］约翰·杜威：《民主主义与教育》，王承绪译，人民教育出版社1990年版，第82、154页。

② 郭泳：《课堂中教学性对话的缺失与建构》，《中国教育学刊》2013年第1期。

下　篇

人文教育时代主题

第十二章

人文经典教育

　　人文经典教育是人文教育的核心课程。经者，径也。经典乃是路径，人文经典就是人文大道。经典教育，"惟精惟一"。人文不同科学，人文经典有其内在生命——返本开新，人文教师有其独特存在——道成肉身，师生关系有其理想境界——尊师重道、教学相长。学校如何进行华夏人文经典之教？经典之"道"乃是"大道"，是"人行道"。人文经典教育便是师者引领学者在大道上"行道"。路是人走出来的，有人走，路才不荒芜，走的人多，便成大道。人文道上之"行"，不可替代，却可启迪、导引。人文经典教育的实质是"转识成智"。中国传统教育智慧的基本方式是"我注六经，六经注我"，"注"，不仅仅是一种文字注释，更是用行动呈现，基本态度是敬重与真诚，具体功夫是问题导向下的体验、隐喻、对话、反思等。总之，教育要将人与经典的关系，变成人与人的关系、心与身的关系、思与行的关系。教是为了不教，经典之学，关键在读而行。读经心态，要"不指责、不急躁、不功利"。读经之法乃"心到正法"——用心、真诚、不偏。既要读懂"言内之涵"，又要读懂"言外之意"，读经要与人生难题互相"映照"，贯彻"知行合一"，最终建立起经典与自身生命的关系，实现"转识成智"。

一　人文经典教育的内涵："惟精惟一"

　　什么是经典？经典之所以为经典，是因为它涉及人之所以为人的这些深刻而根本的问题，是因为它对最根本的问题进行发问。这些问题，是每一个时代都要重新思考的问题，每一个时代都要重新审视的问题，是永恒的问题。中国人谈经典，终归都是强调复兴和复现鲜活的常理，常理就是"一"。西方思想家谈经典其实也差不多，比如黑格尔就认为，"经典"就是"一"，"惟一"，但是这个"一"可以不断对话，经典在不断被"拷问"又不断被解释的过程中获得永恒。① 可见，人文经典，惟精惟一，人文经典探索的问题具有永恒价值。"惟精惟一"，是饱满的"一"，是立体的"一"，是生动的"一"，有生命的"一"。"一"是"一脉相承"的"一"，强调继承，在继承中发展；"一"是"一门深入"的"一"，让人专心致志；"一"是"始终如一"的"一"，是一种坚守。人文经典教育即是反复切磋，不断深入理解。"精"指的是那些本质的、根本的、重要的、优秀的品质。经典就是"一"，人文经典教育，有"惟精惟一"之精神，是一种坚守的心境，是传统的重生、是经典的创发。

（一）何谓人文经典？

人文经典有其特有之含义。人文经典总是以高远境界直面人生社会基本问题和难题，不仅仅提供知识，更是以"穿透纸背"之力阐述、启发人生智慧。人文经典教育是一个"转识成智"的过程，当人文经典与生命体验合一，人文经典便散发出人文的魅力、智慧的魔力。在人生中的某一些时刻，曾经读过的人文经典会不经意蹦出来。如果我们正面临困难，它会告诉我们当下的困难意味着什么；要以何种心态、感情对待；跨越当下，等待的是一个怎样的未来。人文经典就是这样的一些作品，它是关乎人生、关乎人心、关乎人文的卓越文字。人文经典的阅读似在品一杯乌龙茶，每个人口感不尽相同，也不见得每个人都喜欢，而它最妙之处在于之后的回甘之味。这"回甘"便是人文经典阐述人生智慧的时刻，也是其他书籍无法给予的。人文经典关乎人文，何谓关乎人文呢？其实就是关乎人心。人文经典从科学经典的不同方向，从内在给人心以充

---

① 路强、陈婷华：《哲学诠释学的当代发展与前沿问题——洪汉鼎教授访谈录》，《晋阳学刊》2014 年第 4 期。

实。人文经典能够让人暂时走出现实世界，走出纷扰，让人能够感受到自己内心的宁静，而不是嘈杂。"经也，恒久之至道，不刊之鸿教也。"① 人文经典是可以经历时间洗涤的那一些著作。

人文经典有何特点呢？第一个特点，表现为外在的生命力，是其普遍贯通性的表现。事实上，世世代代千千万万的人在读《论语》，每个人都有不一样的理解；同一个读者，在自己人生的不同阶段去读《论语》，也会有不一样的体悟。然而此不同之"多"，随着视界拓展，境界提升，都将以"一"贯通。"缘"不同而归乎通，形不同而神相通。《六祖坛经》有言：一切修多罗，及诸文字，大小二乘，十二部经，皆因人置，因智慧性，方能建立。若无世人，一切万法，本自不有。故知万法，本自人兴。一切经书，因人说有。② 人文经典因人存在，为人存在，"因""为"每个时代的每个人的不同阶段和不同境遇而存在。人文经典为天下任何人、任何处境、任何生命节点所"设置"。它开放、包容、接纳、充满张力。它不似田径比赛，不设一样的起点，不定同样的终点；在"道"上，不与他人比赛，只求自己进步。

第二个特点，表现为内在的生命力，是其深刻本源性之所在。也就是"惟精惟一"中的"精"，精深之义；"惟精惟一"中的"一"，永恒之义。《论语》历经两千多年，与时俱进，从未过时，从未衰老，何以如此？因为《论语》中谈到的一些基本问题，涉及的是人之所以为人的最基本的一些问题。这样的问题，每个时代都存在，每个人都面临。《论语》第一句"学而时习之"，第一个字是"学"，学，是人类之所以能够进步之所在。相信"学"，用功"学"，人的生活才能更美好更幸福，"学"，是生命最根本的存在状态。"学而时习之，不亦说乎"，"学""习""说"三个字，点出了人的生命之本体功夫和意义之要旨。关于人之所以为人的最基本、最深刻的这些问题的探讨，没有最优解，却有着最具魅力的透彻而开放的见解——这就构成了人文经典之为旷世经典而存在的不可跨越之价值。人文经典非科学经典，不提供哪怕是阶段性的"毕其功

---

① （南明·梁）刘勰：《文心雕龙·宗经》。
② 徐文明注译：《六祖坛经》，中州古籍出版社 2008 年版，第 17 页。

于一役"式的"彻底解决"的标准答案。但它却为历代的人们面对那些不能不去探索、不得不去探索、不能停止探索的基本（或根本）问题提供了最有价值的方向和道路。正因如此，人文经典才具有内在的生命力。经典之所以为经典，它似平台或熔炉，以非凡的魅力凝聚着思想和精神精英进行跨时空的对话与沟通，从而"锻炼"出越来越纯粹的智慧结晶，指导人们在滚滚红尘的"涵义世界"里不断生发"意义世界"的勃勃生机。

（二）人文经典教育的内涵

人文经典教育，不是刻意复古，更非抱残守缺，而是在科学教育大行其道的今天，通过经典引领学生叩问诸如"生命之所以为生命""人之所以为人"的一些根本性问题。"人文经典教育"这个概念并不是舶来品，它源于我国数千年教育之传统，而在现代教育制度和课程系统中重新生根发芽。钱穆先生晚年《晚学盲言》中讲道："近代国人好言现代化，却似不好言传统。"确实如此，现代化、全球化是历史让我们必须走的一条路，可是，实现现代化难道不需要以优秀传统为根基吗？彻底否定传统就是彻底否定自身，这样凭空建设的现代化会有前途，会有意义吗？不加分析和选择就粗暴地直接抛弃传统，就似把一棵大树连根拔起而只顾枝叶花朵的改造，这种脱离中华大地本土文化滋润的现代化之树必将枯死。对传统抱着彻底"革命"和"打倒"的态度是错误的，对优秀传统抱着鄙视、轻视和忽视的态度是不对的。西方人文之对于国人的真正意义，在于以我为主，为我所用，理性选择，方能营养和滋润我中华人文大树之根茎枝叶，使之生机盎然不生畸变。

那么，中国传统人文经典教育中最宝贵的精神是什么？是基于"明德，亲民，止于至善"为宗旨，着力于"仁义礼智信"为内核的修养身心、知行合一、道成肉身的功夫！孔孟时代的儒学，是知行合一的儒学，是健全的儒学，有两条健全的腿。宋明时期的儒学兼容佛道，却渐变成了"瘸腿"的儒学，朱熹侧重"格物"之知，重"知"这条腿，"行"方面却瘸了；王阳明"龙场悟道"后重"致良知"，提出和践履"知行合一"，凸显"行"之意蕴，实现人生"三不朽"，但他却成"开门人即闭门人",其后学还是浮于言谈争论。而近百年来的新儒家,同样是瘸腿,瘸的是"行"的这一条腿,重学术探索,轻教育实践。新文化运动之后的中国教育,整体而言,重科技教育,重知识教育,重意识形态教育,轻人文经典教育。人文经典教育,贵在以人为重,贵在知行合一。人文经典教育,并不是为了让学生获得纯粹知识,而在于"得鱼忘筌","得兔忘蹄","得意忘言",以深刻的人文智慧滋润学生生命,转化学生生命,实现"转识成智"。

"夫天下之大患者,在失我也。"① 我们说经典之所以为经典,是因为它涉及人之所以为人的最根本的问题,因此,中华民族的经典之所以为中华民族的经典,正是因为这些人文经典涉及中华民族之所以为中华民族的最根本的问题!一个年轻人如果他内心对这个民族的人文经典、对这个民族的传统都是抗拒的,那么,他对这个民族还有多少文化认同?对这些传统人文经典的漠视、轻视、误解,背后是对中华民族的文化和民族精神的误解、污蔑。一个从未正视本民族人文经典的年轻人,也就丢失了作为该民族的年轻人该有的气质。天下之本在国,国之本在家,家之本在身。② 一个学生丢了作为中国人的这样一种气质,可能并不足以引起大家注意;而如果一个学校几乎没有人文经典教育,那就意味着很多学生丢失了作为中国人的这样一种气质;若大量的学校没有优秀的人文经典教育,那就意味着这个国家里大部分的学生都没有作为中国人的这样一种气质。这将意味着什么?这意味着一个民族的自我的丧失。一个丧失自我的民族,必定岌岌可危。天下之本,一国之本,实则在于无数一己之身,少年强则中国强。

二　人文经典教育特性:返本开新

(一) 中国人文经典教育的精神

21 世纪是人心不安的世纪。中国人文经典可以为人心提供一些

---

① 《庄子·胠箧》。
② 《孟子·离娄上》。

精神食粮，中国人文经典教育之精神，是修己以敬，修己以安人，修己以安百姓。梁启超先生在《要籍解题及其读法》这本书上说："《论语》如饭，最宜滋养；《孟子》如药，最宜拔除与兴奋。"① 人文经典如菜似饭，滋养精神。在国际化的今天，国人内在底子里有中国传统文化支撑，才不会无可依傍得"软骨病"，人云亦云成"墙头草"。一国之本，在于无数的一己之身。中国经济发展迅速，国民生活水平日益提高，许多国民或到国外旅游，或送孩子留学深造，甚至直接移民。渐渐地，我们都"喝洋墨水"，在"喝洋墨水"之前，如果我们能"先吃一点中国菜"，那么我们才不会"醉醺醺"地"找不着北"，以致迷失自我于闹市找不到"回家"的路。既然谈到要"吃一点中国菜"，那就要学习一点中国传统文化，学校要开展人文经典教育。中国传统文化的学问，主要是修己的学问，中国人文经典教育之精神，是向学于君子，修身而成君子。

子路问君子。子曰："修己以敬。"曰："如斯而已乎？"曰："修己以安人。"曰："如斯而已乎？"曰："修己以安百姓。修己以安百姓，尧舜其犹病诸？"② 天下之本在国，国之本在家，家之本在身。③ 中国人文经典教育的精神是教人做君子——是修己以敬，修己以安人，修己以安百姓。这样的君子，在 21 世纪的今天，依然是价值斐然的。今日之人文经典教育必须结合时代新课题，接续优秀传统，弘扬此做人之道。修己以敬，人文经典教育给人心以安顿；修己以安人，人文经典教育为人与人之间更加真诚、和谐而启迪智慧；修己以安百姓，一国之本在于每一个老百姓，在于每一个一己之身；一国之修己，能使近者悦而远者来。

1. 修己以敬

修己以敬。我们越是学习中国传统文化，越是读中华经典，我们就会越敬仰生命，敬仰世界。越是敬仰世界，内心、生命也就越能得到安顿。现代都市生活让大部分的年轻人远离家乡，生命没有得到安顿，大家成为失根的兰花，漂泊的浮萍。中国传统文化的学

---

① 梁启超：《要籍解题及其读法》，岳麓书社 2010 年版，第 45 页。
② 《论语·宪问》。
③ 《孟子·离娄上》。

习，是一种修己、修身、修心的过程。在这个自媒体时代，太多的人时时刻刻关注着外界，关注着别人，却很少关注自己的内心。城市制度是西方的制度，中国的制度原本是家庭制度。我们从生活在家里，变成生活在城市，这种过渡的状态让很多的中国人无所适从，让很多人怀念故乡，却回不去遥远的故乡。故乡，不仅仅是一个地理的概念，更是文化的范畴。我们能不能找到这样美丽的"乡间"，我们的精神"原乡"，一个能让人心灵宁静的"家园"？某种程度上说，我们的社会、我们的教育、我们的哲学、我们的文化正"瘸着一条腿"——科技昌盛，人文式微，所以我们才无力走回"那个能让心灵宁静的'家园'"。《传习录》上说：知善知恶是良知。良知是天理之昭明灵觉处，故良知即是天理。天理就是知善知恶。今人看王阳明，觉得阳明先生的主张未免太笼统、太简单。但这恰恰是王氏心学的血脉所在，中华优秀气脉所系，正因为简单，所以是脚踏实地的学问。这学问是可以化作血液，流进身心的。是道成肉身的学问，是修己以敬的学问，是关乎人心的热乎乎的智慧，而不是冷冰冰的"唯概念"的知识。

2. 修己以安人

修己以安人。沟通自我与他人的关系其实也是自我身心修养的过程。自我人格品性的养成并不是由自己一个人决定的，自我与他人的关系恰恰是自我人格养成不可缺少的途径、方法，关系积极和谐更是"修己"之归宿。己不修，绝对无法安人。但只修己而不顾"安人"之责，最多只做到了"洁身自好"，还算不得是位"仁者"，所谓"仁者无敌"就是自觉主动把"安人"作为价值导向去对"人"主"事"，这才有了"化敌为友"的精神前提。自我与他者关系的处理，在不同文化传统中有不同的"设计路数"。西方文化自启蒙以后，自我成为一个觉醒的主体。康德在《论什么是启蒙》中，认为启蒙就是从价值和自己的愚昧中醒来，凸显主体地位，强调个人权力、自主能力、自由精神。西方文化比较崇尚"浮士德精神"，以征服他人、征服自然、戡天役物为价值和荣耀，当然，在此基础上也发展了理性、法律、上帝和平等文化观念，使人与人之间得以和平相处。印度文化认为，人最初的心是"无明"，所以释迦牟尼鼓励大家要舍弃无明。《菩提道次第广论》里谈到说自我被心控制，心却不会被自我控制，人的心常常被很多烦恼左右。只要舍去"无明"，破了执着，去掉烦恼，人就得到解脱，人人都这样去做，世界也就太平。中国传统与西方文化、印度文化都不一样。孔子以入世的人间态度强调培养人的"仁爱"精神，从家中最原始的父子、母女、兄弟、姐妹关系为起点，以情动人，以理服人，培养人与人之间彼此理解、和谐相处的"入世"之道。修己以安人，安人须修己，没有强有力的榜样示范和经典引领，此"修"之过程容易疲乏，容易迷茫，所以中国人文教育就特别强调通过立功、立德、立言"三合一"的典范来持续不断地培养人。

3. 修己以安百姓

修己以安百姓。修己以安百姓之"修己"，是儒家思想的逻辑起点，由"己"而"家"而"国"而"天下"，是延续的，是扩展的，是开放的，是高远的。"修己"之"修"，绝不仅仅是"修"一己之身，而是"修"一国之本；"安"，绝不囿于"安"一方之百姓，而有"安"一国之百姓，"安"天下之百姓的胸襟。"修己"就是要修出一个大格局的"己"、大境界的"己"，是"大其心"的"己"。从国家的层面来讲，中国今日之强大是世界瞩目的，全世界在思考强大起来的中国会走怎样的一条道路，最好的道路，应该是一条"近者悦，远者来"的道路。改革开放，经济腾飞，中国已成世界第二大经济体，民族国家之经济的巨大发展，需要有伟大的思想和精神来支撑。21世纪，世界是平的，地球已成地球村，国际化、全球化已成必然之大趋势。全球有各种各样的结盟，有各种各样的阵营，中国有中国的"理"，美国有美国的"理"，阿拉伯国家有阿拉伯国家的"理"，这些"理"与"理"之间并不都是和谐的，道并行而不相悖仍然是一种理想，仍未到达。如何化解所谓国际文化冲突？中华传统之"天人合一"哲学，"万物一体"思想，"协和万邦"理念，"民胞物与"观念，为大国和平崛起，世界和平发展提供了人文基础。现代中国之人文教育必须汲取中国传统伟大智慧。促进国家繁荣稳定，促进世界文明进步。培养既有创新精神，又有人文情怀；既有中国心，又有世界情的现代中国人。

（二）人文经典教育的特性

人文经典如司马迁所云，是"究天人之际，通古今之变，成一家之言"的旷世之言，是经受历史大浪淘沙之后留下来的真言，是对本根问题、本源问题的开创之言、智慧之音。人文之本源、本根问题具有永恒性、永在性，历代人们无可回避，所以，不得不"返本"，自觉"返本"，回到本源问题之中。人文经典是对本源问题的开创智慧，历代人们重读经典，势所必然，要自觉"返本"。本是根源，本是源发；本是本源问题，本是本源智慧。本是开放的"源"，在历史的长河中汇聚支流，形成"流域"，兼收并蓄，而成大江大河。大江大河之"流"是包容的"流"，是融会的"流"。但支流就是支流，不是主流，不是"源头"。流域广大，支流繁多，有容乃大，鱼龙混杂，泥沙俱下，容易浑浊。所以要"正本清源"而"返本开新"。以"物理"隐喻"人文"，不尽合适，这里的重点只是想揭示人文经典一直以来所经历着人间沧桑之"意象"。返本是为了开新，怀古是为了释今，温故是为了知新，继往是为了开来。人不可能离开"现在的视域"看待过去，"现在的视域"与"过去的视域"结合为一"大视域"，[①] 是为人文之"历史意识"。五四新文化运动之后，反传统的声音压倒了传统的呻吟，导致后起的人们要断了跟传统的血脉联系。然而，传统是母亲，是依靠，是家，是来时的路，她决定去时的途。"返本"不是复古，更不是开历史倒车。有些人见到"本""根""源头"一类的字眼，就感到不舒服，以为用这些词就表示顽固守旧，故步自封。这是国人丧失文化自信之后，心态失衡，自卑敏感的反应。返本开新，温故知新，怀古释今，继往开来，"问渠那得清如许，为有源头活水来"。"本"是根本问题，"本"是人之本，民族之本，国家之本。经典是对"本"的深邃智慧之回响。

如何实现返本开新？青年马克思在《关于费尔巴哈的提纲》最后一条是这样说的："所有的哲学都是为了解释世界，可问题是，

---

① 张世英：《哲学导论》，北京大学出版社 2005 年版，第 282 页。

如何改造这个世界!"是的,为了改造现实世界,我们才要返本开新。在历史发展中,我们常常会沉迷、陶醉、困惑于光怪陆离的眼前功利,而忽视、无视乃至鄙视对所谓"遥远的""不切实际的"根本问题的关怀和责任。不撞南墙不回头,人们往往要到根本问题已然生死攸关、迫在眉睫的关头,甚至快到不可收拾的地步,才愿意回过神来关心和想办法。一旦事态沦落到了这样的节点,解决起来一定代价惨重,甚至再无回天之力。一如空气和水对我们如此根本,我们却为了眼前的经济利益而肆意破坏,结果环境污染,直到治理无望。如此本末倒置的犯错案例,在人类历史中比比皆是,历历在目。因为人类容易遗忘根本,忽视根本,所以特别需要通过教育扩大格局,提升境界,不忘根本,胸怀根本去处理事务。重回人文经典,就是引导人们着眼根本问题感悟智者、圣者的深邃智慧,扫除迷雾,守正创新。返本开新的实质就是守正创新。"守正"就是不入歧途,"守正"就是不走邪路,"守正"就是坚守"正道"。守正为创新提供了真理的合法依据。创新基于"正",依于"正",源于"正";创新也就基于"本",依于"本",源于"本"。返本开新不可替代地要落到人的本体内在,他是人发自本体的愿力,也是人发自本体的能力。返本开新既是本体,也是功夫。返本开新、转识成智、知行合一,构成中华人文经典教育的本体论和功夫论的基本点。返本开新是理想与现实的统一、是形上与形下的统一,是本体与功夫的统一。极高明而道中庸,不离日用常行内,直到先天未画前。"颜渊问仁。子曰:'克己复礼为仁。一日克己复礼,天下归仁焉!为仁由己,而由人乎哉?'"① 什么是"仁"?"克己复礼"就是"仁"。如何实现"仁"?"一日克己复礼,天下归仁焉!""仁"是形上理想,"克己复礼"是形下呈现;"仁"是本体,"克己复礼"是功夫。无论是理想还是呈现,无论是本体还是功夫,都要落于人心,体用不二。因此,功夫即本体,本体即功夫。

总之,"返本",就是回到根本问题,回归本根智慧。"开新",乃守正之创新,有恒有变,有坚守有变通;因正道之恒而常,因时

---

① 《论语·颜渊》。

事之变而通。人心是本，智慧是宗，人文经典教育是返本开新的教育。

三　人文经典之教：转识成智

"转识成智"与"转染成净"原是佛教用语，"转识成智"为"菩提"，"转染成净"为"涅槃"。"转识成智"是"转染成净"的基础和枢纽。"识"是"心识"，"智"是"智慧"。换一个角度看，不少对佛学深有心得的大师都认为，佛教实际上是一种人文教育，在人们千百年的修行践履中凝聚了非常丰富、深邃、系统的人文教育实践智慧。这些智慧对于世俗人文教育富有方法论上的深刻启迪。我们借用"转识成智"一词讨论人文经典之教，便是受到佛学启发所得。所谓"转识成智"之"识"是指"人文经典知识"，"智"是指师生的"生命智慧"。人文经典教育就是促使人文经典知识转化为师生内在生命智慧的过程。

王阳明曾有"成色分两"说，"盖所以为精金者，在足色而不在分两；所以为圣者，在纯乎天理而不在才力也。故虽凡人而肯为学，使此心纯乎天理，则亦可为圣人；犹一两之金比之万镒，分两虽悬绝，而其到足色处可以无愧"①。阳明先生的"成色分两"说对于人文经典教育具有两点重要启示：一是人文经典教育不在数量之多，分量之重，而在质地之纯；二是人文经典教育是大众的教育而非少数精英的教育。即便是大众凡夫，只要肯学习精进，哪怕学得一两"足色"之"纯金"学问，亦可让自己拥有"圣人"品质。科技可替代，人文须"亲历"，圣人及其智慧言说不可替代老百姓修身养性。世间靠一个圣人哪里够，诚如阳明先生说，要"满街都是圣人"！这实在是道出了人文进步之奥秘——修身养性，文明涵养，人生智慧，都是每个人自己的事儿，自己不作为，圣人也拿你没办法。人文经典教育，是无声的内生成长，是每颗心灵的自我觉

① 《传习录·薛侃录》。

醒，在"足色"，而不在"分两"。人文经典教育不能以掌握大量的"人文知识"为追求，而以"转识成智"为目的；少而精，精而一，一而多。人文经典教育要"慢"，要"磨"，要"悟"；要"问题"导向，要"譬喻"摆渡，要"对话"拓展，要"体验"落实，要"反思"精进；要循环，要反刍；要学一点，"是"一点；真诚而真实，内在而实在。人文经典教育要以生活为情景，以"世间"为境域，将经典置于历史，又置于当下，构成教师、学生、经典三者的关系；以"转识成智"为旨归，形成课程，体现人文特性，形成良性互动。

　　人文经典教育绝非止于"脑"的学术，而是扎进"心"的学问。教师、学生、经典，构成三重重要的关系："师书关系"，"师生关系"，"生书关系"。三重关系，"师书关系"决定"师生关系"，"师生关系"决定"生书关系"，三重关系循环互动，推进课程教学展开。理想的三重关系当为如下。一谈"师书关系"。人文师者，务必用"心"做学问，用"心"读经典，内化于"心"，外化于行，教学语言，鲜活灵动，人文魅力，彰显其中。二谈"师生关系"。人文师者务必用"心"对待学生，用"心"引导学生，用"行"示范学生；不仅因材施教、因时因地制宜，用本体功夫引导学生进入经典意境，尤其以现实师生关系当成人文践履之"道场"，实现知行合一；学生须以"诚"待师，尊师重道，既学师者学问，亦学师者做事为人。三谈"生书关系"。若是凡夫俗子，学者要进入经典境域，必须良师引领。以诚待师乃至"拜师"是学好经典的不二法门。得良师指点迷津，学者面对经典，即便艰辛，亦可慢慢咀嚼，获得信心，得其甘味，自主精进。以"诚"待师，以"敬"待"经"，是学经典的精神基础，"诚者，天之道也；诚之者，人之道也"。以上理想，当牵挂于师者学者胸中，虽不能至，心向往之；高山仰止，景行行止。放弃理想，何谈人文经典教育。

　　以上阐述还主要囿于学校制度化现实场景下的教师、学生、经典三者的关系。基于人文经典教育的独特性，理解"师书关系""师生关系""生书关系"绝不能仅仅囿于现实时空里在场存在的三重关系之理解。这三重关系在人文教育的世界里，必须超越现实学校制度安排下的当下关系，必须超越现实时空里的人际关系，必须跨越到超时空的"心际关系"。也就是说，真正的人文经典教育之三重关系，不再局限校内，也跨向校外；不再局限眼前现实世界在场存在，尤其要跨越到不在场的"历史存在"和不在当下的"场外存在"。超越时空，才可以与人文大师相遇。人文之师重在"精神导师"，是"心心相通""心心相印"的心际相遇。理想的"师书关系""师生关系""生书关系"一定是化"书本"存在为人的存在，将人与书的关系化为人与人的关系，心与心的关系。因此，人文经典教育的三重关系一定要包含现实师者、学者与故去的大师之间的心灵际会，即与经典背后站立着的那位"隐在"的圣人贤者构成对话和沟通关系。

基于如上理解，我们进一步就人文经典教育中两个最关键的节点做更具体的阐释。

（一）人文之师的理想状态

人文经典是人的学问，是"生命的学问"，是"心志""心思""心情""心智""心力"的熔铸一体，是在根本问题激发下涵养心灵深处能量的"喷然而出"，是"一吐为快"的智慧隽语，是智者在对话交往中心田里自然外溢出的"涓涓细流"。内心的智慧一旦外化为物质载体上的语言符号系统，它将因为脱离本体人心"温度"和"湿度"而冷却凝固为"智慧的结晶体"。人文经典就是这样的一种冷却凝固了的智慧结晶。人文之师作为人文经典教育的主导者，他是经典里智慧宝藏的开启者、激活者、复活者、"解冻者"。理想而言，人文之师要担当起经典教育的使命，其"心志"须聚精会神，其"心思"须深入底蕴，其"心情"须温暖持久，唯如此，方能不滞留于"表层解冻"，而能"深度解冻"，乃至"整体解冻"。化凝固的智慧形态为鲜活的生命形态，以使得身边的学生感受和领悟到心灵的点化和滋润。可见，人文经典之师者，非一般功夫者所能为也，非优越乃至卓越之师不可善为之也。人文经典教育应该面向普罗大众，人文经典之师者必须是精英标准，当代通识教育倡导者务必谨记。

　　经典，榜样，故事，三合一，构成中国人文信仰。有榜样和故事支撑，经典才不会空虚；有经典的阐释，榜样和故事才有根基。经典是基石，是根基，是核心。中国传统人文信仰的范型在人间而不在天边。历代人们如何传承中华人文经典实乃国人信仰之所系。人文经典之师，使命可谓大亦，地位不可不高也。

　　人文经典之师，不止于脑子的聪明。一己之私者，格局太小，聪明只能变得精明。自身陷入人间功利洞穴，精明者难以对人文经典进行"正解"和"深解"，往往只能"解歪"和"解表"。人文经典之师所担当的是"为天地立心，为生民立命，为往圣继绝学，为万世开太平"的使命。勇担大使命者，必能扩大格局，提升境界，超越"洞穴"，聪明蜕变，耀出智慧之光。理想的人文之师，就是在境界高处那盏发光的灯。

　　理想的人文经典之师应对人文世界的思维模式是超越唯概念思维者，他不崇尚"建构"，而强调"生成"；他不相信"抽象普遍性"，而强调"具体贯通性"；他遵循"水的逻辑"，而超越"岩石的逻辑"。做"生命的学问"，用"生命的逻辑"；教"生命的学问"，崇"生命的意蕴"。在教育中，他懂得以凡常的经验为起点引起体验，提出不可回避的问题触发思绪，用譬喻的话语化解概念的冰冷，在对话和交往中点化心灵，静待花开，春风化雨。他虚怀若谷，开放包容；他知行合一，把教学当成"道场"。

　　人文经典教育是"筑魂"的教育，是关乎中国人"自身"者，是关乎中国人"心灵"者，是向"内求"的；科学技术教育是"塑体"的教育，是关乎中国人"成事"者，是关乎中国人"成物"者，是向"外求"的。在当今世界，中华复兴，二者缺一不可，要相互依存，彼此尊重，体用贯通。要以中国之"魂"去"成事""成物"。在教育制度设计上，人文之师要与科技之师平等相待，不可偏废。

（二）人文经典教育的基本方式

　　"我注六经，六经注我"由南宋陆九渊明确提出，深刻界定了中国传统学人与人文经典之间的理想关系，描绘了学人与人文经典交互方式之理想状态。"注"，不仅仅是一种文字注释，更是用行动呈现。"我注六经"，不仅仅是"注"之以文字，更是"注"之以言行，"注"之以身心，"注"之以生命；"六经注我"，"注"我以经典之智慧，"注"我以圣贤之理想。"我注六经，六经注我"不是一种单向的、被动的"我"之注解人文经典，不是为了"注经"而"注经"，而是一种互动，一种"我"与人文经典来来回回地"交往"，是与人文经典的作者超越时空的对话。

　　从内在本性而言，"中国文化的核心是生命的学问"（牟宗三语），生命是彼此不可替代的，"生命的学问"是人人必须亲自为之才能化为自己"生命的学问"，不可由他人替代。"我注六经，六经注我"揭示了人文经典作为"生命的学问"之方法论的内在奥妙。"我注六经，六经注我"实际上是千百年来中国人文学者的最正派的治学方式。中国传统文化之所以两千多年能继承与创新合一，既绵延不断，一脉相承，又返本开新，大开大合，正是与中国传统知识分子"我注六经，六经注我"的本体功夫密不可分。孔子"述而不作"，整理《六经》；魏晋少年奇才王弼注有《老子注》《道德经注》《论语释疑》《周易注》；宋代理学的集大成者朱子留下《四书章句集注》；明代王阳明先生留下《传习录》；熊十力先生有《读经示要》；钱穆先生有《论语新解》《庄老通辨》《庄子纂笺》等。冯友兰先生说："我已经提到过郭象，它是《庄子》的大注释家之一。他的注，本身就是道家文献的经典。他把《庄子》的比喻、隐喻变成推理和论证，把《庄子》诗的语言翻译成自己的散文语言。他的文章比庄子的文章明晰多了。但是，庄子原文的暗示，郭象注的明晰，二者之中，哪个好些？人们仍会这样问。后来有一位禅宗和尚说：'曾见郭象注庄子，识者云：却是庄子注郭象。'"（《大慧普觉禅师语录》卷二十四）①"注"，究竟是"我注六经"还是"六经注我"呢？真正的"注解"，"我注六经"与"六经注我"是合一的，似生命里的两条腿，一前一后，一进一出，交替互惠。"我"以生命的方式"注入""六经"底蕴，"六经"意蕴得以复活并凝聚新

---

① 　冯友兰：《中国哲学简史》，北京大学出版社2013年版，第13页。

的智慧；"六经"以生命的方式"注入""我"的"心神"和实践，"我"的智慧得以充裕，"我"的精神得以强劲。跨时空的"我注六经"，使得中国经典凝聚历代"智者"和"行者"的智慧，经典日益"历久弥新"，智慧容量越来越巨大，智慧纯度越来越透彻；历时空的"六经注我"，使得历代学人之"我"不断在返本守正中复兴智慧，呈现精神，开创新局，创新未来。"我注六经，六经注我"的实质就是"继往开来"——有继承，有积淀，有创新。汉治之隆，至今为历史辉光，岂偶然哉？① 其中奥妙，在于中国文化是人文的学问，是生命的学问，是人之为人的根本学问，是每代人必须不可替代去亲自"问""答"的学问。因此要不断返回经典，向历史的圣贤讨教，经典实际上成为中国文化的"宗教"，而历史便成为中国文化人的"信仰"。这与西方文化之"空间超越"路数不同，中国文化由此实现了"时间超越"。一种来自生命内在规定的现世而历时的超越！这就是作为"生命的学问"主导的中国文化的最大特性。

因此，现代人文经典教育既然无法逃脱生命内在的规定性，那就应该自觉复兴"我注六经，六经注我"之传统智慧和本体功夫。

四　人文经典之学：知行合一

（一）"三不"原则：不指责、不急躁、不功利

读经典是一件有原则的事情。

今日之学子，应该以开放的态度阅读人文经典，第一个原则就是"不指责"。梁启超先生在《读书指南》一书中直接指出，年轻人读书，最容易犯的错误就是"先入为主"。中国文化是生命的学问。今日学子，工作生活匆匆忙忙，既要学科学，学技术，学社会，学管理，还要学人文和人生的学问，要学习古今中外的学问，精力分散，难有古人那么专心致志探索于人文人生之大学问的心

---

① 熊十力：《读经示要》，岳麓书社 2013 年版，第 8 页。

志，所以关于生命的学问我们不得不向古代经典求教。中华五千年之不朽，几度繁华，难道仅仅是偶然？其中必有其"生生不息"之智慧在焉。我们唯有放下"成见"，保持"空杯"心态，以开放之心，诚敬求教之态，才可以接近古代人文经典，汲取智慧。朱子指出："敬字功夫，乃圣门第一义，彻头彻尾，不可顷刻间断。"今日吾等虽然常常不能做到"彻头彻尾敬字功夫不间断"，但也绝不能上来就是胡乱指责。不指责，是中国传统人文经典阅读原则的第一条。

不急躁，是第二条原则。王立新在《圣者凡心》里这样对学生说："大家读《论语》，不要太心急，今天理解不了还有明天。尽管《论语》亲切，但毕竟说的是人生至真至切的道理，一下子明白不了很正常。我读了这么多年也还有很多读不懂、读不透的地方。只要你经历多了，人生体会深了，就会不断理解其中深含的道理。"[1]是啊，今日之学子心态"躁"矣。"今之学者，直与古异。今人只是强探上去，古人则逐步步实做将去。"[2]人文经典乃生命学问的凝练，是生命的精神脚印，是一步一步走出来的，是生命之流的"水到渠成"。今日之教育是竞争式的教育，本来人文经典的学习是为了自身的成长，每个人有自己的心理成长节奏和宽幅度，人与人之间可以参照、对话、互动、互助，结果竞争却成为经典教育的主旋律，就打乱了每个人自身的内在"心序"，都急躁起来了。带着得高分、拿证书的心态学习人文经典，内在效果可想而知也。慢下来，静下来；专心起来，体验起来，是人文经典教育的基本精神前提。这就涉及第三个原则，不功利。

若要问当下国人，读书的最大敌人是什么？是过分功利化！牟宗三先生在教学的时候有学生说他："老师您说的都对，可就是没用。"牟宗三先生是大智者，当即回给那个学生一句话："你说的都有用，可就是不对！"那些所谓"有用"而"不对"的，如果不断流布、长久流传，人人都学之用之，这个世界怎么得了！人间正道是沧桑，"对的东西"就成效而言未必立竿见影，可能反而会让人

---

① 王立新：《圣者凡心》，载《王立新讲〈论语〉》，岳麓书社 2010 年版，第 18 页。
② （宋）黎靖德编：《朱子语类》，文津出版社 1986 年版，第 40 页。

吃苦受罪，考验耐心，考验承受力，这正是人们觉得"都对"而"没用"的原因。实际上，那些人文经典中的"大道理"，不仅"都对"而且"有大用"，因为人文经典里的"理"是对根本问题的探索之理，具有根本的用处。而人们在世俗生活中，往往容易只顾当下，避重就轻，舍本求末，本末倒置。人文经典教育实际上是维护人类社会免除欲望、短视、野蛮过度侵蚀的文明机制。牟宗三先生回应学生的主要意图，显然在于消解他的狭隘功利心态。① 要人们抬起头，展格局，升境界，成为人之所以为人的样子。莎士比亚《仲夏夜之梦》第 4G 第一幕开头是这样说的："To show our simple skill, that is the true beginning of our end." 是的，玩弄简单的技巧，是真正末日的开始！而学习人文经典在于启迪智慧。钱穆先生在《论语新解》序中第一段便强调"但问耕耘，莫问收获"的学习心态。② 诚则恒，恒则成，"不功利"方得上等智慧。"不功利"应该是中国传统人文经典学习的原则，是最重要的原则。

（二）方法："心到正法"

虽然人文经典的学习讲究方法，但方法总是与心态和动机融在一起，所以我们称之为"功夫"。读书，首先要用心，心到。"人心惟危，道心惟微；惟精惟一，允执厥中。"出自《尚书·大禹谟》尧舜"十六字心传"，又名"中华心法"，"中华十六字心法"，有几千年的历史。当年尧帝把帝位传给舜，舜又把帝位传给大禹，所托付的是天下，是守护百姓的重任。作为华夏文明的火种，谆谆嘱咐代代相传的便是以"心"为主题的这十六个汉字。③ 心，是最重要的。天下之本在国，国之本在家，家之本在身，身之本在心。心

---

① 王立新：《圣者凡心》，载《王立新讲〈论语〉》，岳麓书社 2010 年版，第 14 页。

② 《钱穆作品系列·论语新解》，生活·读书·新知三联书店 2012 年版，再版序。《论语》二十篇开始即曰："学而时习之，不亦说乎。有朋自远方来，不亦乐乎。人不知而不愠，不亦君子乎。"孔子一生为人，即在悦于学而乐于教。人之不知，亦当指不知此上两端言。故又曰："若圣与仁，则吾岂敢！抑为之不厌，诲人不倦。"又曰："十室之邑，必有忠信如丘者焉，不如丘之好学也。"则孔子之自居，在学在教，不在求为一圣人。《论语》书中岂不以明言之。

③ 申荷永：《中国文化心理学心要》，人民出版社 2001 年版。

是身之主体，身之灵明、身之主宰，身之内在；身就是心，身是心的形体，是心的运用，是心的外在，是心的具体显现。所以，身心是不可以分开的，体用不二，身心合一。中国传统人文经典，是"修齐治平"的智慧，起点是要修身，修身在于要正心。心不正，心不静，心无敬，是无法修身的。人心容易迷失，容易走错道。道由人而生，由人而走，道心依靠人心而成。人心不古，道心式微。想要成为君子，就要坚守本心，惟精惟一，不偏不斜，允执厥中。中国传统人文经典上所承载的中华传统智慧，就是道心。道心的领悟在于心正，心正而传承与创新，才能把握精髓，不误邪途。

朱子说："余常谓读书有'三到'，谓心到、眼到、口到。心不在此，则眼看不仔细。心眼既不专一，却只漫浪诵读，决不能记。记亦不能久也。'三到'之法，心到最急。心既到矣，眼口岂不到乎？"①阅读中国传统人文经典的动机一定要纯正，不要想着那些旁门左道。用心，动机纯正，然后才有读书的好方法，所以暂且称之为"心到正法"。

人文经典之阅读，首先是读之以文字，然后是读之以身心。读之以文字有三重层次：言内之意，言外之意，言后之意。读之以身心就是将人文经典还原为处于那个时代的人物之生命历程和故事的表达，并将人文经典中的思想与读者自己的身心相印证。体悟精髓，接续价值。不读之以身心而停留口耳之学，只是装饰，玩的是聪明和精明，得不到人文经典里的精神智慧。

1. 读言内之涵——读人文经典文字的内涵

汉字是音、形、义三结合的表意字，汉字主要有六种形式，即象形、会意、形声、指事、转注、假借。方块繁体汉字是中华文化基因，智慧密码，每一个汉字都承载着特定的文化信息，具有丰富的文化内涵，可以说"字字珠玑"，需要读者耐心"咀嚼"方得其中灵秀与奥妙。人文经典的阅读，一定要读之以文字——读字，读词，读句，才能领会书中深沉的内在逻辑。"愈细密，愈广大；愈谨确，愈高明。"②读中华古代经典首先就要把字面意思好好琢磨，

---

① （清）陈宏谋：《养正遗规》，中国华侨出版社2012年版，第16页。
② （宋）黎靖德编：《朱子语类》，文津出版社1986年版，第42页。

"如切如磋，如琢如磨"。读经会意。会意了，就好像与古之智者交了心，做了朋友。心遇见了心，虽浪迹他乡，却像安顿在家园。于是一人之心，化成了一家心。一家之心，化成了一国心。一国之心，化成了天下心。到此时，心遇见了神，而它会感觉到，神还是他自己。① 读书，会意，就是自己的心遇见古之圣贤的心。世上有这样的体验，只可意会不可言传，无法形容，却可用心真真切切感受到，这就是心与心的"相会"，这就是会意。

2. 读言外之意——历史背景、生命体验

像《论语》这一类的书，要结合古今学者的注解去学习，要不然可能看不懂。因为我们已经远离了历史，不只是在自然的时间意义上，更主要是在心理的意义上。现代人在心理上跟历史已经有了难以贴合的疏隔，觉得古人好像不是自己的祖先似的。②

雅斯贝尔斯曾经以三条康德的"命令"为基础，来说明如何能从哲学史的研究中，去把以往的哲学变成我们自己的。这三条命令是：第一，为你自己而想；第二，在你的思维中，把自己摆在每一个其他人的位置上（去思考）；第三，与自己的目的一致地去想。③韦政通先生对这三条命令有精彩的解读：第二条是"为学日益"的过程，第三条是与"为道日损"的境界有些相似，只是这里所"损"出来的，是别人的思想，以便把自己的见解在损除的过程中逐渐凸显出来。④ 想，想出故事，想出情节，结合自己的生命体验去想，站在每一个角色的位置上去想。想象，让学问变得生动、活泼，不再那么枯燥无趣。坐着不动，就能够在精神世界里驰骋，这种好处只能来自书本。但是，坐着不动就能够遨游驰骋，需要一种想象力，一种思考力，一种探索精神。拿起一本书，读到某一处，常常会接着想起另外一本书与这一本的相互映照，这个时候应该继续探索，而不是想到之后没有行动。

---

① 钱穆：《钱穆作品系列·人生十论》，生活·读书·新知三联书店 2012 年版，第101 页。

② 王立新：《圣者凡心》，载《王立新讲〈论语〉》，岳麓书社 2010 年版，第 17 页。

③ ［德］雅斯贝尔斯：《智慧之路》，周行之译，台北：志文出版社 1969 年版，第200 页。

④ 韦政通：《中国思想史·上》，吉林出版集团有限责任公司 2009 年版，第 4 页。

3. 读言后之意——知行合一

正如熊十力先生所说的，中国的传统人文经典是关于人生的学问，不可不力践，不可不读。读人文经典要与人生互相"映照"，贯彻"知行合一"，最终建立起经典与自身的生命关系，实现转识成智。中国的传统人文经典不仅要读，不仅要激荡思想，还要导引行动，用生命去体验和践行。凡是人文学问，必须致力于"知行合一"的本体功夫。"To be is to do"，人是做出来的。但是，当下许多人文学者崇尚"我发表固我在"的原则，"追求发表"挤兑着"重在践行"，距离"知行合一"何其远矣！陈平原先生于《大学何为》一书也提及"老一辈学者说话谨慎，甚至可以说是木讷，这不妨碍我们对他的尊敬。现在不一样了，新一代学者大都变得伶牙俐齿，能说会道。不能说没有做过努力，但是很明显，说的比做的好"。实际上，就人文而言，学、思、行、知、言，彼此是交错在一起难分难舍的。学是基础，不学，人生仅囿于狭隘的当下经验所构成的"洞穴"，所以，学能拓展主体进入不在当下、不在场的世界；但"学而不思则罔，思而不学则殆"，学与思要交替并行。而言之重点不在证明自己，而在启迪他人，要证明自己只能显示"学思行"的贯通。如果不是出于教育的需要，做学问，真不需要伶牙俐齿。才华与道德的不搭配，正是知与行的不搭配，正是"转识成智"的未完成。中国传统人文经典的学习一定要"知行合一"——结合自身生命体验、激荡思想、积极行动。这就是"返本开新"，这就是真正读懂中国传统人文经典"惟精惟一"的本体功夫。

第十三章

创新的人文基因

当今世界，知识社会，创新是其主要动力；中华复兴，创新已成国策。创新及其教育是一个系统，系统问题的解决之道须"循其本"，创新之本在文化。全球化时代，创新及其教育面临多元文化语境，中西比较已成关键主题。一般认为，西方文化具有创新天性，中国文化是否适合创新，则众说纷纭，其中认为压抑创新的观点颇有市场。其实这两种文化各有其自身的文化逻辑和与之相对应的创新特点、机制。本部分立足教育，着眼创新，试图深入解读中西文化之创新问题，追求在转化和融合中兼收并蓄，逻辑自洽。所谓转化，即任何一种文化对于创新而言都是利弊并存的，故要善于转化，因势利导。所谓融合，即任何一种文化要直接移植或嫁接到另一种文化之中都不容易适应，故须在全球化和多元文化大语境中，尤其在与西方文化的互动交融中，立足自身文化特质生发更加适合创新的文化—教育大系统。

一　本立而道生：创新之本是文化

如何理解创新，直接影响我们在实践上如何探索创新和进行创新教育。我们既要就创新谈创新，又要不就创新谈创新，对创新的研究需要开放而系统。在系统之中，处于深层次的是文化，文化是问题产生及其解决之本根。

（一）创新理解之整体观：个人—社会，显性—隐性

美国著名心理学家罗伯特·斯滕伯格系统研究了创新的诸多影响因素，他总结为智力、知识、思维风格、人格、动机和社会文化环境六大点。[①] 这里既涉及个人层面，也涉及社会层面；既涉及智力、知识等显性因素，也涉及人格和文化环境等隐性因素。现实中，影响创新的各种因素表现为复杂、多样、多层，它们相互勾连、浸染、盘错。为了更清晰地揭示其整体性并凸显其纵深度，我们以"个体—社会"为横轴，以"显性—隐性"为纵轴，将诸多复杂的因素划分为以下四个象限。（见图 13—1）个体方面有知识、方法和思维等能力因素，还有情绪、个性、价值观等态度因素；社会方面有利益、制度和机制等条件因素，还有习俗、传统和文化等深层因素。从可持续发展的长远战略高度看，诸因素的重要程度，按照制度条件—个人能力—个性态度—社会文化的内在秩序，逐步由第一象限深入第四象限（见图 13—2）。

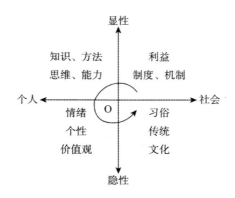

图 13—1　影响创新的各种因素

通常，我们更为注重显性层面而忽视隐性因素。个体创新绝不仅在于个人能力层面的聪明灵动，还取决于个性态度等非智力因

---

① ［美］罗伯特·J. 斯滕伯格：《创意心理学》，曾盼盼译，中国人民大学出版社2009 年版，第 2—8 页。

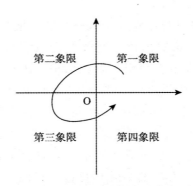

第二象限　　第一象限

第三象限　　第四象限

图13—2　诸因素的重要性趋向

素——我们的思想观念、心性功夫和人文底色，直接决定能力、智力会朝哪个方向，能走多远；社会关怀、自然关切为创新的意义定调；潜心笃志、诚心敬意，凝聚创新智慧的纯度和力度；人格特征、个性特点，决定课题开展和合作研究的持续性……可见，创新意味着一种生活方式、价值观念和人格特征的养成。个人能力和个性态度常属心理学分析视域，而"心理学就是一种文化，它们均以特定的方式建构出自己的世界观"①，个体创新的心理分析，即是文化分析。鱼不知水，我们往往难以意识到日益习俗化的文化之无形作用。另外，个体的创新心理特征也由文化所浸润。当创新人格得到环境的理解、宽容和鼓舞，个体的创新性心理结构就会不断成长和丰盈。因此，创新还意味着一种价值认同，一种习俗传统，一种文化氛围。总之，个体的创新活在文化中，文化使我们形成一种人格，形成集体无意识。文化润"物"细无声，不重视文化生态的营造，创新之"花"终将难以不断盛开，"累累硕果"的局面也就不可持续。

（二）创新驱动之三境界：利益—制度—文化

何以驱动创新，无非三种方式：利益、制度和文化。国家、社

———————

①　［美］罗杰·沃什、法兰西斯·方恩编：《超越自我之道：超个人心理学的大趋势》，胡因梦、易之新译，中华工商联合出版社2013年版，第8页。

会和学校为了促进创新，利益驱动往往最立竿见影，却如一剂猛药，治急而难以持续。一旦项目、课题需要长期的艰辛，且结果难以预料，唯利是图者则将或避之不及，或讨价还价，利益驱动只能"浅层治表"。因此，创新驱动"必须扩展为创新机制所依托的社会制度变革与文化建设"①。制度需要根植于深厚的文化土壤，没有适切制度生长的文化，文化就将"变形"制度。播下去的是"龙种"，长出来的可能是"跳蚤"。忽视文化观照的制度驱动，往往"欲速则不达"，最多只能"中层治标"，深耕软性文化，才能符合长远战略。着力文化驱动，才能促使利益驱动和制度驱动形成内在的、持续的逻辑自洽动力，所以文化驱动才能"深层治本"。三种驱动方式分开说就是三种不同境界，唯有文化驱动才能使创新将器物层面、制度层面和观念层面融为一体，构成理想的驱动系统。

二　中西文化逻辑及其创新特点比较

　　发源于农耕文明的中国文化和以海洋文明、游牧文明为主要类型的西方文化有其各自不同的基因、起点和逻辑。漫长的历史形成了各自强大的文化惯性，以至于克罗齐（Bendetto Croce）说到"一切历史都是当代史"②，他要揭示的正是文化在当代和未来发展与历史之间不可割裂的"路径依赖"，即便像日本那样曾一度推行"脱亚入欧"文化战略的国家，也无法割断其骨子里的东亚儒家文化"血脉"。钱穆先生曾说："你不自信自己能做好一个中国人，难道你准自信自己能象样地做一个外国人？"③ 这一直击人心的有关人与文化关系的震撼问句，启迪出这样一条文化理解思路：我们须立足自身文化本位，追本溯源、正本清源，揭示两种文化的问题之源、

---

　　① 尤西林：《知识创新教育机制的当代转型——芬兰教育与中国通识教育的对话》，《陕西师范大学学报》（哲学社会科学版）2017 年第 3 期。

　　② Benedetto Croce，"Ognistoria e la Storiacontemporanea"，Teoria Estoriadellastoriografia，Laterza，Roma – Bari，1976，pp. 3 – 54.

　　③ 钱穆：《中国历史研究法》，九州出版社 2012 年版，第 135 页。

逻辑进路和创新机制，为全球化时代处理文化与创新的关系提供切实可靠的关键依据。

（一）"西学"①：自由—理性—真理

"西学"立足个人主义，如何以理性支撑个体成为自由之人，是其核心问题。个人主义、自由主义和理性主义，是古希腊以来西方理想人之设计的三根支柱；真理面前人人平等、法律面前人人平等和上帝面前人人平等，是其理想社会之设计的三大观念基石。成为自由独立的个体，需要理性作为支撑，理性向内形成爱智传统，向外探索科学真理。自由—理性—真理，乃"西学"创新之逻辑结构。因此把握"西学"创新，必须基于真理，着眼科学。"西学"逻辑及其创新命题，本根于求真的逻辑，科技的创新，理解到它的科技特性，我们再去对比"中学"之人文创新，才能够厘清二者之间的差异和关系。

1. 个人主义——以自由彰显个性

"西学"对理想人之设计基于个人主义，与之相配套的整个社会体系，是使人成为独立的、自由的个人而生成的。如古希腊的思想传统、古罗马的政治法律制度和中世纪的基督教；这是其社会设计的三大来源，三者分别为西方理想社会的早期设计奠定了在真理、法律和上帝面前人人平等的三大基石。

古希腊时期，在已经具备民主社会雏形的城邦中，强调每一独立个体首先应该是自由的，没有自由即为奴隶。个人主义和自由主义是其文化天性；自由的个体必须具有理性能力。到了古罗马时期，日益完善的政治法律制度和日渐深入人心的法治精神为西方文明的发展提供了世俗生活的保障，以至于私有财产权和知识产权等最根本的个人权利在现代市场社会中逐步得到了法律的确立。而中世纪的基督教，为个人的精神生活确立了信仰。基督教信仰恰恰为

---

① 为行文简洁，故将中国传统文化和西方文化简写为"中学"和"西学"。考虑到空间上"西—中"对比的实质是时间上的"今—古"对比，先分析"西学"逻辑及其创新命题，然后我们再回过头去对比"中学"，既符合先今后古的分析顺序，又适合从熟悉到陌生（相对于"西学"，传统文化对于我们而言反而更为陌生）的认知心理。

古希腊的自由精神、理性精神和古罗马的法治精神之绵延提供了坚实的后盾。即使到了文艺复兴时期，"上帝趴下了"，"人站起来了"，宗教依然担负着道德教化的重要责任，而从未退出历史舞台。如伏尔泰所言"即使没有上帝，也有必要捏造一个上帝"①，卢梭也强调要"把道德上的'良心'等同于宗教上的'上帝'"②，康德的《纯粹理性批判》从理论上赶走了上帝，却在《实践理性批判》中又为了道德之故请回了上帝。

　　求知崇尚高度理性和真理，世俗生活遵循法律规定，信仰生活诉诸上帝，自由、平等、求真，逐步成为西方人的精神秉性。诚如尤西林所论证的那样，"强势个体自由"是科技创新所需要的个性差异文化条件，西方逻辑自洽地形成了有利于科技创新的文化条件，而"这些现代化文明积累与现代性文化背景在中国尚无对应的成熟形态"③。如何在中国文化的观念系统、制度系统和操作系统中内在和谐地转化出自由的文化基因，是时代的文化使命。

　　2. 理性文化——以理性探索真理

　　每一个自由的个体如何生活和相处呢？亚里士多德提出"唯有理性的人才配享受自由"，他说："我们身上所存在的最优秀的品质……就是以理性为根据的生活，因为它才使人成为人。"④ 苏格拉底亦有"未经审视的人生不值得过"的经典判断。"人是理性的动物"，"西学""强调的是个人对自己的理性组织，为了这个目的，就必须将人情的因素相对地减弱"。⑤ 具有西方精神源泉般影响的古希腊神话中，"铁面无私"的神王宙斯"不近人情"地推翻了父亲的不义统治，诸神之间不受人情约束。"真理大于情理"的理性至上精神直接塑造了西方人勇于探索真理的文化人格，成为西方科学进步技术创新的必杀器。

――――――――――

①　周辅成编：《西方伦理学名著选辑》下卷，商务印书馆 1987 年版，第 143—144 页。
②　同上书，第 146—147 页。
③　尤西林：《知识创新教育机制的当代转型——芬兰教育与中国通识教育的对话》，《陕西师范大学学报》（哲学社会科学版）2017 年第 3 期。
④　苗力田主编：《亚里士多德全集》第 7 卷，中国人民大学出版社 1993 年版，第 31 页。
⑤　[美] 孙隆基：《中国文化的深层结构》，中信出版社 2015 年版，第 172—175 页。

探索真理是科学活动的全部旨归，科学精神源于人类在追求真理的过程中形成的理性思维与实证传统，竺可桢先生概括为：只问是非，不计利害，① 这样一种超脱的理性精神对于创新的作用毋庸赘言。中华传统从人文视域也孕育了自身特有的理性精神：对己——"毋意，毋必，毋固，毋我"②，孔子在讨论问题时不主观，不武断，不固执，不唯我独尊；对人——"当仁不让于师"，可谓是人文德性版本的"吾爱吾师，吾更爱真理"；对物——"物格而后知致"的理学精神等。如何融合"西学"之科学理性与"中学"之人文理性，是当今创新教育必须兼顾的。

3. 个人的自由权和爱智传统

人生而自由，这是西方理想个人设计的文化前提和传统，乃至17、18 世纪以来自由被逐步确定为一种"天赋人权"。自由既是理想，也是权利。为了实现这一个人理想，为了个人合理地运用这一权利，人必须拥有理性智慧，唯有理性才使人成为创造者和立法者（为自然和人类立法），使人成为自觉、自主和自由的主体。这就意味着，自由权利必须得到自由能力的保障。早在古希腊柏拉图的《理想国》中，就把人归纳为三种："爱智者、爱胜者和爱利者。"他系统地推论出"爱智者"是"理想国"中最理想的个人，逻辑地，富有最高理性能力的"哲学王"确立为"理想国"国王。③ 因为这样的人才能最明智地享用和使用自由权。古希腊的爱智传统，使他们势必钟情于科学这样一门"自由的学问"，因为科学具有自由的本性——它"自己为自己立法"。循着这样一个传统，"西学"形成了"为科学而科学，为艺术而艺术，为真理而真理"的自由探究精神，从而超越片面、狭隘的功利目的。现代西方大学精神承继了这一主要内核。"西学"的文化逻辑和科技创新的内在机制，由此形成。近代以来，怎样使"赛先生""德先生"扎根吾国，"安居乐业"呢？陈寅恪先生强调"独立之精神，自由之思想"的培

---

① 田正平：《"只问是非、不计利害"——从"竺可桢日记"看一位大学校长的精神》，《高等教育研究》2016 年第 4 期。

② 《论语》，张燕婴译注，中华书局 2007 年版，第 118 页。

③ 《柏拉图全集》第 2 卷，王晓朝译，人民出版社 2003 年版，第 595 页。

养，可谓得"西学"之真谛也！然而，如何尊重"中学"传统，转化和融合出此种文化，依然是一个时代命题。

（二）"中学"：仁—诚—道

"中学"的文化设计由关"心"而"关系"，人心之间、人与世界的关系是其"颠沛必于是，造次必于是"①的主要问题。以立心—立命，治国—平天下为己任的儒家思想主导着正统。儒家思想的核心范畴着眼人伦，以仁义为第一关系原则。"仁者，人也"②强调君子必须要有仁德（仁），"仁，人心也"③强调的是君子要有诚敬之心（诚），君子以诚意正心传承经典、学习圣人，知行合一、修行得道（道）；仁—诚—道乃"中学"之逻辑结构。因此，理解和把握"中学"之创新特点，必须基于"人文"，着眼"传承"。"中学"逻辑及其创新命题，本根于人文的逻辑，人文的创新。我们须把握其人文特性，方能更好地探索、解决当代社会之整体创新——即人文创新与科技创新——问题。解决之道不是简单"取舍"，而是"转化""融合"。

1. 关系主义——以仁德重塑君子

对"仁"字的把握是理解"中学"之关系文化的一把钥匙。"仁"乃人字旁一个二，"必须用'二人'去定义'一人'才符合天理"。④传统时代的人际原则主要体现为"君臣、父子、夫妇、兄弟、朋友"五伦观念，到了现代社会，扩大为社群与集体关系。如果说"西学"是由自我去定义外铄的关系与角色，那么"中学"则是由各种关系与角色来定义自我。在"中学"传统中，一个不受人伦与集体关系定义的个人常被认为是"不仁的"——太有个性、不合群、特立独行、我行我素、一意孤行、自由主义、个人主义等词往往都是负面标签。从这个意义上说，"中学"传统看似难育个性，而个性却是创新人格的重要方面。如何从"中学"里转化出利于个

---

① 《论语》，张燕婴译注，中华书局 2007 年版，第 42 页。
② 王国轩译注：《中庸》，中华书局 2016 年版，第 105 页。
③ 方勇译注：《孟子》，中华书局 2015 年版，第 226 页。
④ ［美］孙隆基：《中国文化的深层结构》，中信出版社 2015 年版，第 58 页。

性培养的文化要素，是创新教育的文化命题。

心理学家朱滢的实证研究认为："东方亚洲文化培育了互依型的自我（interdependent self），而西方文化培育了独立型的自我（independent self）。"① 此研究表明，文化意义上的中国人，独立型自我先天缺位。在面对这一劣势时，人们的惯性思维往往是倾向于"引进"西方的个人主义文化设计来培养"独立型自我"，这势必在根本上与"中学"传统发生不可调和的冲突，"水土不服"。我们主张在文化上，要"因地制宜"地从一般意义上的"互依型自我"中提升出"大其心"的自我境界——心中有他人，胸中有担当的"大我"。朱滢先生比较了他所确定的两种自我的行为动机差异，他指出，"拥有独立型自我的个体在拥有自主权时内在动机最高，任务完成得最好。而拥有依赖型自我的东亚人却不尽然，关系取向使他们对于他人做出选择的情景下也表现出较高的动机"。例如由"权威人士、领导者、父母"等为其做出选择时，"表现出最高的内在动机，任务也完成得最好"②。这项研究从另外一个视角提示我们，如果我们的教育系统地从君子文化、德性文化去培养人，将"君君，臣臣，父父，子子"的传统伦理转化为相互尊重、理解包容、各司其职、共谋事功的现代人际关系，那么就能将"小我"意义上的"互倚型自我"上升为君子意义上的"大我"。

只要构成一种关系，关系主导方就会决定关系的性质和发展方向。在"中学"关系文化传统中要推进创新，我们必须首先强调"权威人士、领导、父母、带头人"等的君子品质的重要性。唯有当社会关系或具体人际关系中处于主导地位的一方具备君子德性，他懂得爱护、包容、提携处于被主导的一方，创新生态才能形成。如果处于主导地位的主体不担当、不引领，创新生态就会恶化。创新的文化氛围一旦破坏，大型课题、集体项目的团队合作就难以顺利开展。关系主导方缺乏君子品质就会严重压制创新。君子往往以德服人，能够激发团队成员的积极性，甚至会激起"士为知己者死"的情怀，这对创新会产生难以估量的巨大力量。总之，关系主

---

① 朱滢：《文化与自我》，北京师范大学出版社 2007 年版，第 83—86 页。
② 同上书，第 88—90 页。

导方如果具有君子品质，在中国文化背景中也能产生独特的创新优势。

2. 心性文化——以诚敬修行得道

与"西学"讲人是理性的动物不同，"中学"将人设计为一个以"心"为主导的动物。① 正如钱穆先生所说："东方人尚心，西方人尚物"，"中国历史，乃一部人心的历史。中国人认为物后必有人，人与人交必以心"。② "中学"之核心"仁"，实际上是落实为"心"。所谓"仁，人心也"③，从某种意义上来说，"人际"关系就是"心际"关系，一句"仁者无敌"道尽了中国心性文化的奥秘。政治上，历代统治者深谙"得人心者得天下"之道，尧舜禹王位禅让的"十六字心传"——"人心惟危，道心惟微，惟精惟一，允执厥中"，④ 就开启了源远流长的心性文化。在哲学上，"心"甚至被当作宇宙的本体，所谓"吾心即宇宙，宇宙即吾心"⑤，……绵延数千年的心性文化成为"中学"传统的主体。所以诚意正心、修身养性，就成了传统中重要的"养成"内容。

心性文化势必首先重视人的德性，在"立德、立功、立言"三不朽的圣人标准中，"立德"居于首位、重于其余。所以中国传统常常"重视人之德性，更过于其人之事业"⑥。这种内在德性重于外在事功的文化设定，稍有偏废就容易导致中国人重"道"轻"术"。心性文化重视内在"志""气"的养成，所谓"养浩然之气"⑦；所谓"志不立，天下无可成之事"⑧；所谓"知止而后有定，定而后能静，静而后能安，安而后能虑，虑而后能得"⑨；所谓"士不可以不

---

① ［美］孙隆基：《中国文化的深层结构》，中信出版社 2015 年版，第 35 页。
② 钱穆：《晚学盲言》上，生活·读书·新知三联书店 2016 年版，第 108—110 页。
③ 《孟子》，方勇译注，中华书局 2015 年版，第 226 页。
④ 《尚书·大禹谟》《尚书译注》，李民、王健撰，上海古籍出版社 2004 年版，第 32 页。
⑤ 《陆九渊集》，中华书局 1980 年版（2008 年重印），第 273 页。
⑥ 钱穆：《晚学盲言》上，生活·读书·新知三联书店 2016 年版，第 30 页。
⑦ 《孟子·公孙丑上》《孟子》，方勇译注，中华书局 2015 年版，第 49 页。
⑧ 《王阳明全集》，上海古籍出版社 2015 年版，第 828 页。
⑨ 《礼记·大学》《大学中庸》，王国轩译注，中华书局 2016 年版，第 6 页。

弘毅,任重而道远"①;——这种"志在必得"的精神是创新不竭的动力。心性文化强调"诚敬"之心的涵蕴。在《大学》八条目——"格物致知诚意正心修身齐家治国平天下"中,"诚"具有核心的本体论和方法论地位。所谓"先天之学主乎诚,至诚可以神通明,不诚则不可以得道"②;所谓"诚者,天之道;敬者,人事之本。敬则诚"③;所谓"至诚如神""不诚无物";④ 所谓"敬是圣学一字诀"⑤ ……"诚敬"是心性养成的本体功夫,"由诚而成","诚敬"是激发和凝聚智慧的人文原理。

3. 关系的主导方和君子品质

容易重关系和谐而轻个人独立的关系文化,容易重内在德性而轻外在事功的心性文化,如若没有人之"仁心"的践行和坚守,关系势必失衡,抑制做事创业。德性之"仁",是对每一个人的要求,人人都要"求仁"才能"得仁"。然而,在关系互动中,关系主导方起着关键作用。所以,我们必须首先强调和重视养成关系主导方的君子品质,这样才能引领关系各方走向积极"和谐",形成良好的心性生态,使人能够把更多精力集中到干事创业上。

作为中华文化原型的远古传说,列居"二十四孝"之首的虞舜的案例值得分析。舜生活在"父顽、母嚣、弟傲"的家庭环境里,因才干过人、威望日盛,引起家人嫉恨。舜明知父亲、继母和弟弟几次三番设计谋害自己,依然践行孝举,甘冒性命危险(杀身、舍生)也要与家人处理好关系(成仁、取义)。"其孝感如此。帝尧闻之,……遂以天下让焉。"⑥ 舜为王之后依然一如既往孝顺父母、友

---

① 《论语·泰伯》《论语》,张燕婴译注,中华书局2007年版,第109页。

② (北宋)邵雍:《皇极经世书·观物外篇衍义卷九》,郭彧整理,中华书局2010年版,第171页。

③ 程颢、程颐:《河南程氏遗书》卷第11,载《二程集》上册,中华书局1981年版,第127页。

④ 《礼记·中庸》《大学中庸》,王国轩译注,中华书局2016年版,第122页。

⑤ (明)吕坤:《呻吟语》,叶玉泉译,崇文书局2015年第2版。

⑥ 详见《二十四孝》之"孝感动天"。原文:虞舜。瞽瞍之子。性至孝。父顽母嚣。弟象傲。舜耕于历山。有象为之耕。有鸟为之耘。其孝感如此。帝尧闻之。事以九男。妻以二女。遂以天下让焉。系诗颂之。诗曰对对耕春象。纷纷耘草禽。嗣尧登帝位。孝感动天下。

于兄弟。

从这个故事可以看出：第一，"中学"传统首先看重人之德性，君子之德往往要在"人中魔"和"事上磨"中得到升华，[①] 彰显人格魅力，赢得广泛认可。德性唯有成为信仰，践行者才能坚定不移。如果德性仅是一人之信仰，践行者最多成为孤单的"殉道者"，而无力于外在事功。因此这种文化设计，特别需要通过教育去培养更多的君子。第二，如果教育不注重培养人们的君子品质，人们将无法避免人和人之间沉重复杂的关系博弈，大部分精力都将陪葬在与小人的内耗之中，从而无暇于事业创新。第三，我们要特别警醒的是，这一文化原型容易启示小人全力钻营所谓"做人的学问"——只顾做"人"不顾做事，而走向厚黑学、酱缸文化等邪门歪道，污染社会风气。

总之，在以"仁德"为核心的"中学"文化设计中，如果教育与之匹配培养君子，那么创新生态就易进入良性循环。否则，整个社会小人当道，创新生态必将陷入恶性循环中。教育倘若不重视君子德性的培养，以儒家文化为主体的中华优良传统就将无所依托。

（三）中西文化导致不同的学习取向

不同的文化有不同的学习模式和创新机制。心理学领域已有学者关注到东西方两种文化影响下的学习方式差别，李瑾在大量实证研究的基础上，提出 Western mind model 和 East Asian virtue model 两个概念。[②] 其中，"virtue 取向"与"mind 取向"，跟我们前文所分析的中西文化之"行道"与"求真"差异基本一致。该学者通过调查比较"美国及华人成人认为的与学习最具相关性的前 20 个词汇"的差异（见表 13—1），这为我们比较中西创新机制提供了切实可鉴的实证基础。

---

① 《王阳明全集》，上海古籍出版社 2015 年版，《传习录》下册，第 183 条。

② Li Jin, *Cultural foundations of learning*：*East and West*，Cambridge University Press，2012.

表 13—1　　　　　　由美国及华人成人评选出来和学习
最具相关性的前 20 个词汇①

英文语汇（中译）	中文语汇
1：Study（研读）	活到老，学到老
2：Thinking（思考）	博览群书
3：Teaching（教学）	刻苦学习
4：School（学校）	看书
5：Education（教育）	勤奋（学习）
6：Reading（阅读）	博学多才
7：Teacher（老师）	读书
8：Books（书）	发奋读书
9：Critical thinking（批判性思考）	如饥似渴地学习
10：Brain（大脑）	学无止境
11：Discovery（发现）	专心学习
12：Understand（理解）	好学
13：Information（信息）	苦心攻读
14：Knowledge（知识）	求知
15：Motivation（动机）	读书人明理
16：Library（图书馆）	留学
17：Students（学生）	勤勉自学
18：Learn by doing（做"中学"）	学而不思则罔，思而不学则殆
19：Applying ideas（运用所知）	学然后知不足
20：Communication（交流）	书山有路勤为径，学海无涯苦作舟

　　从列表中可以明显发现，西方人学习的"mind 取向"与东方人学习的"virtue 取向"实际上就表现为西方人的学习重"科学"能力的培育，东方人的学习重"人文"情怀的养成。文化传统的惯性导致身处各自文化的学习者以"潜意识""集体无意识"的方式，在学习中普遍保留着各自文化的印记。东方人（在此主要指中国

　　① 李瑾：《文化溯源：东方与西方的学习理念》，华东师范大学出版社 2015 年版，第 70—71 页。

人）如果在"科技学习"中依然按照"人文学习"的方式去应对，很可能会存在"先天不足"和"不对路"的情形，影响逻辑能力、实证能力、创新能力的发展。

三 形成逻辑自洽的创新教育大系统

前文围绕创新比较了中西文化、人文科技的不同特点，意在全球化背景下整合古今中西、科技人文，坚守价值引领，形成创新文化，开展创新教育。然而，在文化碰撞和交汇中，我们依然处于充满碎片化、矛盾性的文化紊乱境地。时代召唤我们要立足传统本根，创新与守护协调，科技与人文并重，会通中西以求超胜，形成逻辑自洽的、合乎生态要求的创新教育文化大系统。

（一）创新教育面临紊乱的文化系统

诸多文化矛盾紊乱的情况之间盘根错节、异常复杂。为了更清晰地认识混乱的现状，我们试图从中西文化各自内部的碎片化到中西文化相互交错的不兼容，再到人文科技整体失衡三大层面进行梳理。

1. 只要自由不讲理性，想做君子却无诚心

"西学"强调人生而自由，"中学"儒家强调"仁者人也"，在各自文化的内部设计中，自由和仁具有观念的先决性而被不劳而授。但它们绝非不劳而享，故西哲曰"唯有有理性的人才配享受自由"[1]，孔子云"克己复礼为仁"[2]。可见，自由是一种个人权利，也是一种理性能力，没有足够的理性能力，就罔论自由权利；仁是一种人格理想，需要后天教育的培养，君子由诚而仁，没有诚意正心，势必沦为伪君子。然而我们的当下现实，许多人却立足个人私欲只要自由不讲理性：孩子要无条件的自由、个性，却不讲责任和能力，出现诸多任性骄纵的"熊孩子"和"巨婴"现象；家长望子成龙心切却呵护过度不让孩子"事上磨"，或严厉要求子女而家长

---

① 吴国盛：《自由的科学》，福建教育出版社 2002 年版，第 15 页。
② 《论语》，张燕婴译注，中华书局 2007 年版，第 171 页。

却不以身作则。想得君子之名却不讲修身养性：如德育中重言传轻身教，重字面考试轻道德践行；把评为"三好学生"或"先进分子"等具体的荣誉称号当成品德标杆；把表面化的规范遵守当作道德尊重，漠视道德自律和自觉内省，甚至在学校中还设置"纪律委员"让学生之间互相监督和举报，这样的德育必然使人们严于责人、宽于律己，道貌岸然、阳奉阴违、说一套做一套。

2. 仁德与自由不兼容，诚敬和理性成两难

在中西文化的外部交错中，以仁、诚为核心观念的"中学"系统分别要与以自由、理性为核心观念的"西学"系统相互发生磨合，有以下四种情况。[①]

其一，仁—自由。仁德以关系和谐为导向，而自由以个人主义为指归，二者相遇常常难以兼容。比如，同样是面对着反面角色的父亲，虞舜孝感动天重仁德轻自由，宙斯大义灭亲重自由轻仁德。我们传统所欣赏的"听话的乖孩子"往往缺乏主见、缺少棱角、四平八稳、凡事顺从，那些被认为"调皮捣蛋的野孩子"有着敢闯敢拼的自由人格，反而在自主创业中成绩突出。诸多偏才、怪才和鬼才见容于"西学"环境，却难以生发和成长于"中学"背景，民间俗语流传"枪打出头鸟""出头椽子先烂"，古代大哲亦云"圣人不敢为天下先"[②]，"中庸"也逐渐被理解为"平庸"。

其二，仁—理性。仁重在求善，理性重在求真，我们常常使求真和求善各执一端。比如，孔子讲"父为子隐、子为父隐"[③]——情理先于真理；亚里士多德讲"吾爱吾师，吾更爱真理"——真理先于情理。只讲理性在"中学"传统中被认为是"太较真儿了"，

① 本部分主要探讨四种情况，更多相关情况可见于 2017 年 8 月 13 日杜维明教授在第 24 届世界哲学大会启动仪式暨"学以成人"国际学术研讨会上所做的题为《儒家的普世价值》的报告。为说明儒家思想与西方价值的互补，他讲道："没有同情的理性会成为一种冷酷的计算，同情而无理性会成为一种溺爱。没有正义的自由会成为自私自利，正义而自由会成为一种强制。没有礼仪的法律会成为无情的审判，礼仪而无法律会导致腐败。没有责任的权力会成为掠夺的借口，责任而无权力会成为一种压迫。没有社会和谐的个人尊严会孤立无援，社会和谐而无个人尊严会成为控制的手段。"视频资料见于网址 http：//live：sina：com：cn/zt/l/v/news/ty20026372/。
② 《老子译注》，陈剑译注，上海古籍出版社 2016 年版，第 223 页。
③ 《论语》，张燕婴译注，中华书局 2007 年版，第 195 页。

"得理不饶人";而只讲仁就会导向人际关系而无法执着真理,尤其是在面对领导长辈、专家权威时,容易盲目屈从——"谁强谁说了算",人微则言轻,而不是"谁对谁说了算",英雄不问出处。

其三,诚—理性。诚敬是一种态度,理性是一种能力,态度和能力常处两难境地。比如,人们对孩子的肯定大多在意"真聪明",而不是"很懂事",导致孩子恃才傲物;家长和老师为了顾及孩子的情感态度,一味吹捧"开心教育",不敢批评指正只准表扬鼓励;许多教师趋向"经师"资格而非"人师"榜样,重视专业能力水平却漠视教书育人的真诚之心。

其四,诚—自由。诚敬重在尊重,自由重在平等,我们常常把诚和自由对立起来。要么太过自由而有损诚心,比如学生片面强调师生间自由平等的地位,而无视对教师应该予以起码的诚敬尊重;要么以诚的名义漠视基本自由,比如家长单方面要求教师尊重孩子的个性,但家长自己却无视教师教育教学的自由权。

3. 以科技标准衡量人文创新,令价值理性趋从技术理性

近代以降直至今日,诚如杜维明先生所言:"我们的传统文化已经异化了,我们的文化传统之中,传统文化的因素越来越少了,而且断裂的情况非常严重。我们的文化积累是以西方文化为主……这种积累不是一种地质学的积累,而是一种化学的积累。"[①] 在"唯物"、实用和效率观念主导下,欧风美雨,西学东渐,传统断裂,文化形成独特化学畸变。重技术轻科学的科技文化日益强盛,人文文化日渐式微,科技成为话语霸权。忽视人文价值,轻视人文思维,扭曲人文特性,用衡量科技成果的标尺测度人文探索成果,用管理科技的办法管理人文,科技范式及其知识标准独步天下,鸠占鹊巢。人文学术评价,只顾认知与表达,不顾体验和实践,以不断发表字面成果为标准,只看三五年内的研究论文,迫使学人只重不断制造论文而轻践行和育人。这种不顾人文"螺旋积淀"机制而代之以科技的"线性递进"机制去促动片面求"新"的做法,使得高

---

① 详见 2008 年 5 月 26 日杜维明教授在"吉林大学社会科学名家讲座"所做的题为《现代中国的文化认同》的报告。视频资料见于网址 http：//v：youku：com/v_ show/id_ XMzU4MjIwMzI =：html。

校和科研部门的人文学者难甘寂寞而去"十年磨一剑"。俯拾皆是的现象是：以科技之"衣不如新"的态度漠视人文之"人不如故"的特性；人文"创新"削足适履，一改初心，自我放逐，由"屈从"而"趋从"；不敬历久弥新之经典，不重返本开新之智慧，为创新而创新，文字泛滥，信息爆炸；过度创新，"成果""丰硕"，智慧退转——技术理性横扫人文疆域，价值理性几乎有家难回，历历在目，不一而足。

（二）立足传统本根，会通以求超胜

面临着中西冲突、古今无续等文化系统的紊乱，我们试图着眼创新，整合文化的"系统程序"以兼容教育的"应用程序"，针对上文三个不同层次的紊乱情况，分别寻求相应的解决之道。"科技无国界"，"西学"中适合科技创新的文化基因要为我所用；"人文有疆域"，我们必须坚守本土情怀，立足传统本根。

1. 整合碎片：观念系统，逻辑自洽

自由和理性，仁和诚，这是中西各自文化设计中成套配对的关键范畴，不能只取其一端不顾其余，而应该整合各自文化系统内部诸多的观念碎片，形成一个逻辑自洽的观念系统。就"西学"内部而言，要追求理性就必须要尊重人的自由。比如学校评价学生时要从整齐划一走向个性多样；家长要给孩子独自选择的空间，而不是凡事包办做主；"有恒产者有恒心"，[①] 要尽可能保障创新者的财务自由以免除其斤斤计较利害得失，形成"为科学而科学、为学术而学术"的探求秉性。就"中学"内部而言，君子由诚而仁，道德教育重在内求。比如"没有教不好的学生，只有不会教的老师"是用于"内求"自我激励的理想表达，而不是"外求"用于绑架别人。

2. 创造条件：培养君子，情理合一

要协调中西文化交错中出现的种种不兼容，我们须相应地创造以下条件（如表13—2所示）。

---

① 《孟子》，方勇译注，中华书局2015年版，第90页。

表 13—2　　　　　　　　　　协调中西文化不兼容的条件

	自由	理性
仁	①仁—自由：从心所欲不逾矩	②仁—理性：审美境界；关系理性
诚	④诚—自由：各美其美，美人之美	③诚—理性：以专注态度促专业能力

其一，仁—自由。唯君子能"从心所欲不逾矩"①，君子与君子之间相处，必然是积极融洽的：当关系主导方是君子时，他会尊重和包容手下每个人的自由个性；当关系非主导方如下属、晚辈和学生等人的个性和自由"不逾矩"而妨碍他人时，其言行就不再显得那么"离经叛道"或"特立独行"了。因此，整个社会必须重视德性养成，恢复中华传统智慧培养人人成为君子。

其二，仁—理性。张世英先生基于中西文化融合研究阐述了人生的四种境界——"欲求境界、求知境界、道德境界、审美境界。审美为最高境界。"② 求知境界求真（理性），道德境界求善（仁），二者可在"审美境界"中达到融会贯通，创新教育必须重视美育。再者，巴赫金（Mikhail Bakhtin）对话理论认为"存在就意味着进行对话的交际"③，也启示我们要在"关系理性"④ 中实现仁与理性的结合。因此，要重视"积极对话"以培养合作精神。

其三，诚—理性。不诚无物，至诚如神，态度决定一切——我们应在教育中强调以专注态度促专业能力，兼顾能力训练与态度养成，兼顾创新成果与探索过程，既欣赏成功又善待失败。

其四，诚—自由。费孝通先生在处理不同文化关系时总结出"各美其美，美人之美，美美与共，天下大同"⑤ 十六字箴言，彰显出这样一个深刻认识——自由个体之平等的内在意蕴恰恰在于相互尊重，由此为我们指出了一条平衡诚意正心与自由个性二者关系的

① 《论语》，张燕婴译注，中华书局 2007 年版，第 13 页。
② 张世英：《哲学导论》，北京大学出版社 2008 年版，第 78—79 页。
③ 《巴赫金全集》第 5 卷，钱中文等译，河北教育出版社 2009 年第 2 版，第 335 页。
④ 贺来：《"关系理性"与真实的"共同体"》，《中国社会科学》2015 年第 6 期。
⑤ 1990 年 12 月，在就"人的研究在中国—个人的经历"主题进行演讲时，著名社会学家费孝通先生总结出了"各美其美，美人之美，美美与共，天下大同"这一处理不同文化关系的十六字"箴言"。

解决之道。

3. 尊重差异：人文科技，分立相融

我们应充分尊重人文与科技的差异，二者之间的关系应是既分立又相融。所谓分立，即二者相互区别，各有各的规律、特性和标准，不能越俎代庖，要分立而成。在人文创新及其教育中必须遵循人文道理特性，以对抗唯科技的话语霸权，使人文创新机制获得不可替代的独特地位。人文创新的评估标准和体系要改变当前的追求发表论文论著数量、比拼课题数量级别等做法，要特别注重对研究成果长久影响力的评估——若强加三年五年的保质期，则势必导致大家都不再追求塑造经典，而频繁地制造大批短、平、快的速效论文。人文创新不仅在于"立言"，在评价中还要注重"立德"与"立功"。因此，人文评估还要看其道成肉身的程度以及在实际的文明进程之中改造人心、改造人性、改造社会的贡献。所谓相融，即二者之间相互影响，相互作用，相互支撑。理性在一定阶段内有利于追求真理和科技创新，但也已经逐步逼近其"天花板"，如"阿尔法狗"（Alpha Go）能够打败围棋世界冠军，这表明仅就理性而言，人能够做的必然也都会被机器（人工智能）[1] 所替代——理性对于创新的作用必然也是有限的。因此必须要有灵性、有感性、讲仁德、讲诚敬的人文，来进一步扛起人类继续创新的大旗，人文要发挥对科技的引领、导航作用。当然，科技创新的进步对于传播人文知识、深化人文实践等技术支撑，自是众所熟知，在此不必赘述。

（三）创新教育的突破点：问题中心和重整家学

逻辑自洽的创新教育文化大系统不只是一个理论问题，更是一个实践问题。在实践中我们如何突破创新教育，本部分强调两点。一是以问题为中心，这源于文化的启示。如理性文化从小就将个体置身于"问题荒原"从而砥砺其自由独立的理想人格，心性文化重视在"事上磨"中锻炼诚敬而"大其心"的君子境界，这恰是一种

---

① 详见［以］尤瓦尔·赫拉利《未来简史》，中信出版社 2017 年版，第 1 页，"人工智能时代催生新的阶层——无用阶层的出现"。

创造心理学的视域。二是重整家庭文化，这基于"中学"特点。不同于西方"原子式的个人"，家庭在"中学"设计中地位尤其重要，家是中国文化的始发地，创新教育须尊重"中学"传统，回归家园。我们须从社会文化学视角整合当今混乱的家庭文化，形成合力突破创新人才培养的文化"瓶颈"。

1. 扭转教育方式：从知识桃源走向问题荒原①

"科学仅仅从问题开始"，科学哲学家波普尔（Karl Popper）指出："每一个方法的引入，每一个概念的发明等等，都要落实到问题上，不能落实到问题上的一切活动都不能对科学认识发生作贡献。因此，科学认识中一切活动有效性的前提是与问题的相关性。"② 科学认识论是创新教育的理论基础，同时，所有指向创新的教育理论都把问题作为其核心构件。当下教育念着知识中心的"分数魔咒"，重"理解已知"轻"提出未知"，重"解答试题"轻"解决问题"，扼杀了好奇心与想象力。因此，我们必须扭转教育方式，课程改革要从知识"桃源"走向问题"荒原"。问题是孕育新思想的种子；知识只有通过问题，才能真正进入思维世界，才能具备可操作的诉求，才能转化为能力；方法论及其具体方法之获得与掌握也须以问题为中介。只有跨越知识中心、超越知识逻辑，走向问题中心、遵循问题逻辑，才能培养创新能力。我们要主动引导学生走出安全舒适但充满限制的"知识桃源"，跨入危机四伏困难重重但充分自由的"问题荒原"，接受挑战，独立探索，事上磨炼，形成自由创造的秉性。

2. 培根创新文化：回归家园，重整家学

早在 1993 年的联合国大会上，欧洲学者就力推其西方的"人权和民主主义的普遍性"。然而，亚洲国家却普遍坚守"维持秩序与和谐"，其核心是"家庭的价值"。③ 梁漱溟先生早在 20 世纪 20

---

① 张祥云：《由"非问题性教学"走向"问题性教学"》，《高等教育研》1995 年第 5 期。

② ［英］波普尔：《猜想与反驳》，上海译文出版社 1986 年版，第 222 页。

③ ［日］落合美惠子：《21 世纪的日本家庭，何去何从》，郑杨译，山东人民出版社 2010 年第 3 版，第 225 页。

年代就分析指出"中国人的家庭特见重要",相比之下,"团体与个人,在西洋俨然两个实体,而家庭几若为虚位",他还特意作图表示(见图13—3)。①

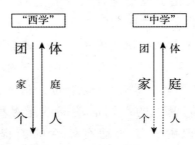

图13—3 中西社会结构对照②

在"中学"传统里,家庭是社会结构的核心,是文化生长之根基,所谓"家—国—天下"。中国传统倾向以处理家庭关系的方式处理社会关系,而西方则倾向以处理社会关系的方式处理家庭关系,所以,我们应该比西方更加重视家庭文化之重建。自古以来,中华民族都极为重视家学传承,如《颜氏家训》《朱子家训》《曾国藩家书》《钱氏家训》等,今天看来,虽存不合时宜之处,但积极影响依然深远。所谓"养不教,父之过",批评一个人没有良好的教养就是"没家教",家庭成为中国人之仁爱之德、诚敬之心、良好习惯、规矩礼貌养成的根源之地。创新需要深厚强大的精神品质支撑,如果忽视家庭文化对人的培植,片面强调学校教育的单方面作用,那将有悖文化国情。然而,毋庸讳言,由于种种原因,优秀家学传统毁之久矣。今日家庭文化出现的诸多乱象,致使青少年成长的家园环境令人担忧。许多家长本末倒置,只重视儿童知识和技能的学习,而轻视习惯、德性等养成,娇生惯养、养尊处优、专

---

① 梁漱溟:《中国文化要义》,上海人民出版社2005年版,第70—71页。
② 对原图做了微调。原图图例注释如下:(1)以字体大小表示地位之轻重;(2)以箭形线一往一复表示其直接互相关系;(3)虚线表示其关系不甚明确。

横跋扈、心理脆弱、任性随意、贪图享乐、胸无大志等现象司空见惯;[1] 许多家长或认为教育是学校的责任，无视家庭影响，或以工作繁忙为由推卸教育责任。政府、社会，尤其是媒体，对家庭教育重视不足，普遍存在把教育的责任完全交给学校去承担的倾向，学校几乎成了"无限责任公司"。学校常常被希望满足人们对教育的所有合理不合理的要求，不堪重负，担惊受怕，左右为难。"安全第一"原则使学校不敢对学生进行挫折教育、社会实践，最终导致学校无法承担起"促进学生发展"的最大责任。政府要引导社会各界共促"家校合作"、共创家庭文化，唯有化解对学校的束缚，复兴中华传统优秀家学，才能为学校的创新教育营造宽松和谐的大环境。

---

[1] 欧阳鹏、胡弼成：《家庭德育：为人一生的发展奠基》，《大学教育科学》2018年第4期。

第十四章

为机器立心

　　科技发展并非意味着人类安全和精神进步，科技发展甚至会导致人类灾难和精神堕落。科技的潘多拉魔盒早已打开，科技越发展，教育的人文使命越迫切。环顾现实，人工智能技术的侵略性、不可逆性、毁灭性以及极致单一性等特点日益突出，它正在改变物质世界和人类的精神世界，正在导致社会结构的重新洗牌，人类的道德与伦理生活将会遭遇新兴事物未知的深刻挑战，人类的命运日益取决于教育的精神方向走向何处。智能时代教育的人文性不仅是社会发展的灯塔，更是社会存在的基座。"为机器立心"是教育的时代使命，为未来预警；"为生民立道"是教育的社会责任，为未来运思。

　　1956 年达特茅斯会议，"人工智能"（Artificial Intelligence）"这一术语被提出，标志着人工智能作为一门新兴学科出现，此次会议被认为是全球人工智能的起点。经历两次漫长的寒冬，AlphaGo 的出现再一次将人工智能推向了风口浪尖，2016 年被称为人工智能的发展元年，人工智能技术的发展从此走上了高速公路，我们即将步入智能时代。

　　每一次历史上的重大技术飞跃，都注定会带来一系列的人文和伦理挑战。[①] 技术越发展，教育的人文使命越迫切，人类的命运日益取决于教育的方向性选择。智能时代教育的人文性不仅是社会发展的灯塔，而且是社会进步的基座。我们常常认为机器是对人的能力的延伸，例如车辆是对人类行走能力的加强，交通工具的升级换

---

　　① 陈跃红：《发展人工智能的未来焦虑》，《人民论坛》2018 年第 2 期。

代，使得行动速度越来越快，帮助人类越走越远。由此我们能够推断，若干年以后，人类总能够制造出在各方面都超越人类自身的"超级智能"，同时也存在着脱离人类掌控的威胁。所有的智能、机器都是出自人类之手，善良的人能够制造出善良的机器，邪恶的人则有可能制造出邪恶的机器。那么，为机器"立心"不仅仅是让机器怀有一颗良善之心，更重要的是要为人"立道"。为机器"立心"担负着为未来教育预警的时代使命。

一 历史轨迹：潘多拉魔盒的打开

技术的进步并不意味着人类精神世界的进步，甚至也可能会导致人类精神的萎靡、道德的堕落。技术的潘多拉的魔盒早已被打开，这一问题是一再被人们提出来热烈讨论的、有意义的重大问题之一。卢梭在《论科学与艺术的复兴是否有助于使风俗日趋纯朴》中讲道：由于我们荒诞的好奇心造成的恶果是古已有之的。海水每天的涨落之受夜里照亮在我们头上的月亮的影响，也远远没有风俗和道德的命运受科学进步的影响这么大。我们发现，随着科学的光辉升起在地平线上，我们的道德便黯然失色了。①

这种现象在各个时代和各个地方都可以看到。19 世纪中期，现代工业文明的迅猛发展使得科学这一要素在社会发展过程中占据了有利位置，一切有利于科学技术发展的要素被看得过于重要，人文主义受到冷落，工业化发展使得工具理性被看重，在一定程度上导致科学技术的地位要高出人的地位，人文与科学之间出现了裂痕。到了 19 世纪末 20 世纪初，由于第二次工业革命的催化，社会对技术的渴望越来越强烈，科学技术的主导地位被进一步提高。然而到了 20 世纪中期，科学技术高速而不加节制地发展，使得生态、环境、安全等领域的问题日益突出，严重阻碍了人类自身健康发展和社会的可持续发展。由于人文主义的弱化，人们在享受科学技术所

---

① ［法］卢梭：《论科学与艺术的复兴是否有助于使风俗日趋纯朴》，李平沤译，商务印书馆 2015 年版，第 14 页。

带来便捷的同时也感受到了自身的异化发展。在这种背景下，人文主义重新被人们拾起。

从人文主义、科学主义二者之间分裂与融合的过程来看，只有二者的紧密相连，才能使社会的发展不至于走向某种极端。技术越发达的时代，科学主义越容易占据主导地位。人工智能技术的快速发展创造了全新的智能时代，正处于跨向智能时代的我们更应该警惕这种情况的重演。

二　现实特点：技术的悖谬

技术的力量在于改变世界。我们在探讨未来技术发展的同时，有必要了解其发展特点，人类可能会因为对技术了解不够或者应对技术带来的改变而准备不足，不知不觉被技术牵着鼻子走，且朝着一个我们未知的方向高速发展。如果这个世界的发展远远超出了我们的想象，完全不受人类的控制，我们怎么能够找到稳固、安定的发展根基呢？

（一）技术发展的侵略性

花旗银行与牛津大学发布的一个研究显示，到2040年左右，在中国，现有工作岗位的77%要被淘汰或被智能机器人所代替。这不仅包括流水线上的工人，也包括会计、律师、记者等目前看来高大上的职位。信贷员、前台和柜台服务员、法务助理、做零售的销售员被机器人"夺走饭碗"的概率超过90%；出租车司机、保安、做快餐的厨师失业的概率均超过80%；程序员和记者的失业率分别为48%和11%。[①] 根据上述报告，人工智能在就业领域的普及化将指日可待。但是，人工智能在社会上的广泛使用是否能为大众所接受，人工智能衍生出来的新产业所增加的就业率能不能弥补被人工智能取代的岗位，被机器取代了的工人与职员在不同专业领域进行

---

① 伏彩瑞、关新、朱华勇等：《"人工智能与未来教育"笔谈（下）》，《华东师范大学学报》（教育科学版）2017年第5期。

岗位转换是否具有可行性，被人工智能取代了的工人、职员的生活何以为继？科技革命可能很快就会让数十亿人失业，并创造出一个人数众多的"无用阶级"，带来现有意识形态无法应对的社会和政治动荡。[①] 因此，人工智能本身不仅仅是一个技术层面的问题，它具有极强的侵略性，更是一个涉及人类命运的存在论问题。

（二）技术发展的不可逆性

目前，人工智能是高速发展的，我们不能准确预测未来人工智能将会发展到哪种地步，正如尤瓦尔·赫拉利在《今日简史》中谈道，一旦人们意识到我们正以如此高速冲向未知，而且还没法指望自己死得够早，常有的反应就是希望有人来踩刹车，减缓我们的速度。但我们不能踩刹车，而且理由很充分。首先，没有人知道刹车在哪儿。专家各有所长，他们精通人工智能、纳米技术、大数据或基因遗传学，但没有人能成为一切的专家。因此，没有人能真正把所有点都串联起来，看到完整的全貌。不同领域之间的影响错综复杂，就算最聪明的头脑也无法预测人工智能的突破会对纳米技术有何影响，反之亦然。没有人能掌握所有最新科学发现，没有人能预测全球经济在 10 年后将会如何，也没有人知道我们在一片匆忙之中将走向何方。[②] 人工智能发展的主导力量是资本，加之政府的辅助，使得人工智能的发展不可能停下来。

一项新技术被引入社会时，将会引发一长串其他变化，这些变化大部分是不可预见的。历史经验告诉我们，技术进步给社会带来新问题的速度远比它解决旧问题的速度要快。人工智能技术在社会中的应用，对社会政治、经济、法律、道德、交通、教育、就业等各个方面都会造成不同程度的影响，技术一直处于发展的状态，那么我们的生活就一直处于主动或者被动地接受改变的状态，不断变化成为人类生活的常态，唯一不变的就是"一直在变"。

---

① ［以］尤瓦尔·赫拉利：《今日简史》，林俊宏译，中信出版集团 2018 年版，第 16 页。

② 同上书，第 45 页。

（三）技术发展的毁灭性

人工智能一开始可能是一个知识论问题，在不远的未来将要升级为一个涉及终极命运的存在论问题，一个或许将危及人类自身存在的问题。① 目前看来立意全然良善的程序，也可能带来令人恐惧的后果。常见的情节就是，某家公司设计出第一套真正的人工智能，对它进行了一个毫无恶意的测试，比如计算 π 值。但就在任何人意识到之前，人工智能已经接管整个地球、消灭人类、发动攻击征服整个银河系，把整个已知宇宙转变成巨大的超级计算机，花上几万亿年的时间，只为了算出更精确的 π。毕竟，这正是它的创造者交给它的神圣使命。② 这仅仅是一个无独立意识的机器可能做出的事情。当人工智能输入了危害人类、危害社会的程序，其后果是可想而知的。2017 年，联合国在特定常规武器公约会议上发布了一段"杀人机器人"视频，"杀人机器人"配备有广角摄像头、战术传感器、面部识别技术，并且在其内部装有 3 克炸药，类似杀人蜂的小型人工智能机器人通过面部识别系统辨别射杀对象，迅速敏捷将其击毙。

依靠电力，人工智能可以永不停歇做一件事，也足以产生毁灭性的力量。更进一步说，当人工智能的发展达到了强人工智能的阶段，机器出现了独立的意识，完全脱离了生产者和使用者的控制，它将会怎样看待人类生活的世界？是将创造出人工智能的人类视为上帝还是异类，机器能否理解人类所创造的极为丰富的物质及精神产品，它能否明白鲁迅在《故乡》中所写的"其实地上本没有路，走的人多了，也便成了路"的内涵，能否接受人类社会所创造的价值观及社会道德规范？

（四）人工智能的极致单一性

AlphaGo 几乎"吃掉"了所有的围棋棋谱，了解了围棋的各种

---

① 赵汀阳：《四种分叉》，华东师范大学出版社 2017 年版，第 93 页。
② ［以］尤瓦尔·赫拉利：《未来简史》，林俊宏译，中信出版集团 2017 年版，第 294—295 页。

布局，成为顶尖的围棋手。Google 公司研发的自动驾驶汽车，能够在其之前扫过路的路段稳健地行驶，原因在于该路段的所有信息都存在于 Google 的数据库中。在强大的数据和计算能力的支撑下，人工智能够做到精准地、高效率地、毫不含糊地实现现有计算的最大化，具有极致的计算能力。在人工智能能够胜任的领域，人类基本上没有能超越机器的可能，充分体现出了人工智能的极致性。

其单一性主要体现在人工智能系统的单一，现阶段的 AlphaGo 只能是一个围棋高手，在其他程序、数据没有被输入之前，它永远也只能是一个战无不胜的围棋手。

人工智能威胁论伴随着人工智能技术的发展一直出现在我们的视野中，对于技术发展特点的认识尤为重要，平衡技术的工具性和价值性，教育要做到未雨绸缪。

三 未来已来：急迫的挑战

由于资本的大量投入和政府的大力推动，人工智能技术的发展走上了一条不归路，智能时代的到来指日可待。人工智能将会在未来社会扮演着重要的角色，其影响慢慢渗透到我们生活的各个方面。

（一）蓝领、白领、金领被毫不留情地替代

世界经济论坛创始人克劳斯·施瓦布在其著作《第四次工业革命》中指出："第四次工业革命可望提高全球收入水平，改善人民的生活质量，也有可能加剧不平等，特别是颠覆劳动力市场，扩大资本回报与劳动力回报的差距，甚至引发社会动荡。"① 人工智能的大力发展，对劳动力市场的颠覆可想而知，我们曾经历过的成功的劳动市场的转型——农业，就是一个很典型的例子。19 世纪时，农

---

① ［德］克劳斯·施瓦布：《第四次工业革命》，李菁译，中信出版集团 2016 年版。

场仍然雇用了80%的工人。① 但是到了1900年，这个数字就下降了一半，达到40%，而今天只有1.5%，包括无报酬的家庭自有农场和非法入境的工人。② 如果技术带给劳动力市场的改变是平缓的，市场自身的弹性会消化掉相应的冲击。但是改变的速度过快，超出市场的自我调节范围，就会变得一片狼藉。那么，在接下来的10年里，有多少职业会被自动化侵略呢？上面的问题不容易回答，但是来自牛津大学的一组研究者已经勇敢地尝试用定量的方式给出答案，他们把近期的技术匹配到美国劳工统计局描述的702种职业所需的技能上。研究者们极其详尽而且富有洞察力的分析报告指出，美国47%的工作极有可能会被高度自动化的系统所取代，这些职业包括了很多领域的蓝领职业和白领职业。③ 在黑暗中工作的机械工人、完全不输给人类的仓库管理员、阅读量大于人类律师的法务助理、更强大的机器人医生……不管你的领子是什么颜色，就业空间都会被毫不留情地挤压。

无人驾驶汽车、智能家居机器人、法律机器人等智能技术的应用，会使劳动力得到一定程度的解放，使人们有更多的闲暇时间。那么，与现在相比，多出来的"人生"应当何去何从。人类是会感到快乐还是感到厌倦呢？在这种情况下，人类的精神世界更加应该得到关注，智能时代人文教育的重要性由此体现出来。

（二） 交出你的掌控权

如果你是亚马逊的常用客户，你就会注意到你的购物车中的商品价格会莫名其妙地随着时间变动，有时变量又很不明显。这种看似随机变化的特征说明这些价格都是自动化处理的结果。密歇根大学在2000年夏天进行的一个价格研究中发现，根据用户的浏览器

---

① Dorothy S. Brady, *Output*, *Employment*, *and Productivity in the United States After 1800*, National Bureau of Economic Research, 1996.

② Employment Projections, Table 2. 1：*Employment by Major Industry Sector*, *last modified December*, Bureau of Labor Statistics, 2013, p. 19.

③ ［美］杰瑞·卡普兰：《人工智能时代》，李盼译，浙江人民出版社2016年版，第147页。

和账户的不同，亚马逊上同一款 DVD 的价格差额能够达到 20%。[1]
各种各样的智能系统，小心谨慎地记录着我们的生活习惯和兴趣爱
好。你是那种收到一张优惠券就会购物的人吗？愿意在周末上午看
经典电影的人是否更愿意在 Kindle 上阅读浪漫故事而不是侦探小
说？研究生是否愿意在书籍上花费更多？这些问题，一般的市场营
销人员很难准确地估算出，但智能系统却没有这方面的短板，它们
可以毫不疲倦地在混乱多变的环境中记录你生活的点点滴滴，尽管
这些数据的获取权限是通过一张 5 元的优惠券而交换得到的。有了
大数据作为基础，智能系统能够及时准确地知道下一个你可能愿意
接受的条件，当相关的机会送到了我们的眼前，你可能无法抗拒，
鬼使神差地完成了这笔交易，就这样你生活中点点滴滴的决策权在
你毫不知情的情况下已经转交给了机器。

（三）　谁来为机器行为埋单

中世纪时，动物会接受刑事审判。记录在案的包括对鸡、老鼠、
田鼠、蜜蜂、小飞虫、猪的起诉。那个时代和今天大不相同，人们
会认为动物能知道是非对错，也能依照原则行事，他们相信动物拥
有所谓的道德能力。[2] 我们经常会看到××公司被起诉，最终，该
公司赔偿××元平息了这场诉讼。在我们现有的法治系统中，一家
公司需要承担道德责任，而且负有刑事责任。现代法律理论接受了
这个概念，人和公司都可以是道德行为体，所以可以被指控犯罪。
那么人工智能呢？它也能满足承担道德责任的要求吗？是的。如果
合成智能有足够的能力可以感知周围环境中与道德相关的事物或者
情况，并且能够选择行为的话，它就符合作为一个道德行为体的条
件。[3] 这个问题在我们生活中并非遥不可及的，自动驾驶汽车能够
轻而易举地陷入道德困境中去，而这种产品将不可避免地出现在我

---

[1]　Janet Adamy, *E - tailer Price Tailoring May Be Wave of Future*, Chicago Ttibune, September 25, 2000.

[2]　E. P. Evans, *The Criminal Prosecution and Capital Punishment of Animals*, 1906.

[3]　Janet Adamy, *E - tailer Price Tailoring May Be Wave of Future*, Chicago Ttibune, September 25, 2000.

们的生活中。你的自动驾驶汽车在马路上撞伤了一条狗，它是为了救你，很明显，在这种情况下你是希望它这么做的。但是如果把狗换成一群正在过马路的小孩呢？如果要你杀死其中一个呢？是左边的还是右边的？面对"苏菲的选择"①，你会怎样做？

除了人工智能是否具有道德判断能力、能否成为一个道德主体的问题外，还有一个棘手的问题——当决策出现问题时，谁应该为此负责？回到我们刚刚讨论的这个问题上来，一辆被售出的自动驾驶汽车在行驶的路上发生了事故，这个责任该由谁负呢？是由自动驾驶汽车的程序设计员还是制造商，是由自动驾驶汽车的拥有者还是自动驾驶汽车本身？于是，我们需要一套新的法律来衡量新的事物、应对新的挑战、适应新的时代。

人工智能一定会丰富我们的生活，但却不能掩盖一个重要的事实：人工智能会作为独立的道德行为体出现在我们的生活中，兢兢业业地完成着自己特定的工作，但是总体上它们不会考虑自己的行为对他人和社会造成的后果。在这种情况下，我们更加需要利用法律的武器来保护自己。

四　教育使命：向技术伸展人文"掌心"

技术的发展与齐天大圣孙悟空一样有七十二般变化，但一翻就是十万八千里始终也翻不出如来佛的手掌心。"人文"正如如来佛的手掌心"hold"住"技术"的千变万化、日行万里，避免"大闹天宫"的"悲剧"再次发生。"为机器立心"是教育的时代使命，为未来教育预警，"为生民立道"是教育的社会责任，为未来发展运思。

---

① 出自美国著名作家威廉·斯泰隆（William Styron）的作品《苏菲的选择》（1979）。苏菲在第二次世界大战中被关进了奥斯维辛集中营，她总会面临艰难的选择，第一次选择是让哪个小孩活下来；战后，她面临的选择是选择与她共患难但精神失常的内森还是选择对她满腔爱意的文学青年斯汀戈——她选择了内森，最终却双双服毒自杀。"苏菲的选择"用来指代无法抉择的选择、不能选择的选择。

教育活动的基本要素包含教育者、受教育者和教育中介，前智能时代技术发展对教育的影响主要作用在教育中介这一方面。而智能时代，以人工智能技术发展为支撑，引发了经济、政治、法律、伦理、社会治理等社会生活各个领域的巨大改变，以点带面覆盖全社会。智能时代人工智能技术的发展对于教育的影响不仅仅集中在教育中介上，教育者与受教育者这两个要素也发生了相应的改变。智能机器加入课堂，发挥了教师的部分职责，"教""育"分流，"教"交给了机器，"育"留给了教师。这样的发展趋势使得为机器立心更为重要与急迫。

人类的技术文明虽然在探索与研究中稳步前进，却也在发展过程中出现过偏离轨道的现象。为机器立心，即为机器注入人文关怀，让机器学会关心，在技术进步过程中实现工具理性与价值理性的贯通；为机器立心，立的既是机器之心更是人心，在技术研发过程中对于人的心性的培育是关键因素。为生民立道，涉及"安身立命"的问题，人类的命运越来越取决于人类自身行为，作为人必须坚守为人的伦理道德标准。

（一）为机器立心：技术进步融入人文关怀

历史上许多著名的人物都是文理兼修的，在他们身上可以很好地体现出人文与技术的联合。伯特兰·罗素，不仅在数学、逻辑学、哲学上取得了巨大的成就，同时在教育学、社会学、文学上也颇有建树，还获得过诺贝尔文学奖。可见，技术与人文是不可分割的。

1. 工具理性与价值理性的贯通

著名的存在主义哲学家雅斯贝尔斯在其著作《*Jaspers Origin and Goalof History*》中讲道："技术在本质上既非善的也非恶的，而是既可以用以为善也可以用以为恶。技术本身不包含观念，既无完善观念也无恶魔似的毁灭观念。完善观念和毁灭观念有别的起源，即源于人，只有人赋予技术以意义。"[①] 技术是中性的，但技术的使用却

---

① 刘文海：《技术的政治价值》，人民出版社 1996 年版，第 45 页。

暗含着人类的政治、经济、文化和伦理的内涵，体现着当代社会的价值观。也就是说，人类的主观能动性对于技术的研究与应用有很大的影响，并不是人类所有的思考和行为都是合乎伦理的。

随着技术革命的不断升级，技术在我们生活中的物化功能日益强大，人们越来越关注技术带来的物质上的便利，工具理性被无限放大而忽视技术的价值理性。法兰克福学派代表人物马克斯·韦伯在批判工业文明过程中提出了工具理性与价值理性的思想，认为人与社会实践的完整理性由二者共同构成。科学技术从其诞生开始，就是为了使人类更好地了解世界本源，掌握世界发展规律，带有明确的目的性和方向性。[1] 在科学技术飞速发展的现代化进程中，科技文化中工具理性与价值理性的互动与平衡是科技文化的应然状态，二者相互依存、相互作用、和谐统一。工具理性是人类利用的手段，价值理性是人类安身立命的依托。它们就如同人类的双眼，只有在视力平衡时，才能看到一个合理的世界——物性与人性统一的世界。[2] 人文教育与科学教育的并重才能使工具理性与价值理性得以平衡。

缺少人文关怀间接导致了第二次世界大战这场悲剧，快速发展的技术沦为了相互残杀、相互报复的工具。现代技术解放了劳动力，使人们的生活变得更加舒适、更加轻松。但是，技术的发展在二战时期给人们带来的幸福却是很少的，人们成为机器的奴隶而毫无乐趣地劳动着。这种情况的根源在于人们并没有认识到技术的工具性，人们要把控技术的用途，不能让技术主导我们的生活。因此，技术的发展要具有价值维度，若要避免悲剧再次发生，人文教育起到了至关重要的作用。

2. 技术研发与心性培育的结合

人工智能时代的到来为中国传统文化的复兴提供了契机，中国传统文化中的心性文化为人工智能时代的人文教育提供了坚实的理

---

[1] 邓环：《科技文化：工具理性与价值理性的冲突及融合》，《科技进步与对策》2013 年第 19 期。

[2] 李振纲、方国根：《和合之境：中国哲学与 21 世纪》，华东师范大学出版社 2001 年版。

论基础。尧舜禹王位禅让的"十六字心传"——"人心惟危,道心惟微,惟精惟一,允执厥中",①开启了中华民族源远流长的心性文化。

心性文化强调"诚敬"之心的意蕴。②《大学》的八条目"格物致知诚意正心修身齐家治国平天下"中,③"诚"具有重要的地位。二程也讲道:"诚者,天之道;敬者,人事之本,敬则诚。"④"由诚而成"⑤,"诚""敬"是心性养成的重要途径,是技术研发过程中的本体功夫。

朱滢先生在其著作《文化与自我》中讲道,"中学"将人设计为一个以"心"为主导的动物。⑥正如钱穆先生言:"东方人尚心,西方人尚物","中国历史,乃一部人心的历史。中国人认为物后必有人,人与人交必以心"。⑦绵延数千年的心性文化成为中国传统文化的主体。心性文化一方面重视人的德行,在"立德、立功、立言"三不朽的圣人标准中,"立德"居于首位,重于其余。⑧朱熹认为:"人心者,气质之心也,可为善,可为不善。"⑨当人心受到道德与理性控制的时候,可以表现出为善的道心;但是,当其摆脱道德与理性的约束,其表现为恶的私欲。同时朱熹也说:"道心之说甚善。人心自是不容去除,但要道心为主,即人心自不能夺,而亦莫非道心之所为矣。然此处极难照管,须臾间断,即人欲便行矣。"⑩道心为主,道心安则人心安,为机器立心也就是为从业者立

---

① 李民、王健:《尚书译注》,上海古籍出版社 2004 年版,第 32 页。
② 张祥云、綦玲:《创新及其教育的文化意蕴》,载陈秋明主编《文化育人》第 7 辑,商务印书馆 2018 年版,第 34—55 页。
③ 王国轩译注:《大学中庸》,中华书局 2016 年版,第 7 页。
④ 程颢、程颐:《二程集》,中华书局 1981 年版,第 127 页。
⑤ 蔡洁钒:《以"诚"为本贯通物我——人文教育本体功夫论》,硕士学位论文,深圳大学,2015 年,第 58 页。
⑥ 朱滢:《文化与自我》,北京师范大学出版社 2007 年版,第 88—90 页。
⑦ 钱穆:《晚学盲言(上)》,生活·读书·新知三联书店 2016 年版,第 108—110 页。
⑧ 张祥云、綦玲:《创新及其教育的文化意蕴》,载陈秋明主编《文化育人》第 7 辑,商务印书馆 2018 年版,第 34—55 页。
⑨ 黎靖德编:《朱子语类》卷 78,中华书局 1986 年版。
⑩ 朱杰人、严佐之、刘永翔:《朱子全书》第 23 册,安徽教育出版社 2002 年版,第 2677 页。

心，立的是"人心"也是"道心"。

3. 传统人文与当代伦理的建构

儒家人文精神具有源远流长的历史沉淀，具有博大精深的思想内涵。虽然儒学是农业时代的产物，但在我国文化发展过程中长期占有主导地位。我们试图从儒学中汲取一些有价值的东西为人工智能时代的发展保驾护航。儒学中的"人文精神"指人文精神的关怀或人道主义的关怀，就是满足人的基本需求、尊重人的个性发展、服务人的幸福生活，其核心是重视人、尊重人、关心人、爱护人、完善人。儒学中的人文精神具有积极的思想与内涵，对于人工智能时代的发展具有引导作用。天人合一，儒家认为宇宙由"天""地""人"三部分构成。正是这三个部分的有机组合、巧妙融合，我们所处的世界才更加和谐、美好。①"天人合一"的含义指的正是人、自然、社会处于和谐统一的状态。这一理念对于智能时代的人机关系、人人关系有较大的调和作用。人与机器、自然与机器、社会与机器这些伴随着人工智能发展所产生的新的关系模式，需要借鉴天人合一的理念来处理。儒家的传统思想对于构建现代全球伦理、社群伦理、工作伦理、新型的人机关系等方面都具有积极的指导意义。

（二）为生民立道：通过教育实现真、善、美

为生民立道，冯友兰在其著作《中国哲学史新编》（下卷）中讲道："为生民立道"，这个"道"字可以理解为"为人"的道理。② 在人机协同的智能时代，"为人"显得更为重要，人类拥有了真、善、美，机器才可能拥有真、善、美。在帮助人们成为智能时代的公民时，我们没有多少可以借鉴的历史经验，这些角色都是全新的，是史前年代和传统时代无法预知的，并且正快速地变化着。教育作为先行者不得不承担这一重任——为生民立道，帮助人们实现真、善、美。

---

① 龚平：《儒家人文精神的现代意义》，《西华师范大学学报》（哲学社会科学版）2004 年第 4 期。

② 冯友兰：《中国哲学史新编》下卷，人民出版社 2004 年版，第 159 页。

1. 教育回归真、善、美

我们的传统美德受到了当今时代发展的剧烈冲击。近几十年的西方,"真善美"的概念出乎意料地受到来自两个不同方面的干扰。一个是所谓的后现代社会,另一个是以史无前例的速度快速膨胀、并且具有空前力度的数字媒体。① 人工智能技术的发展及落地给社会带来的挑战更是空前激烈。自媒体的发展,使得我们所面对的是相互矛盾的知识和观点;人工智能技术的应用,使得我们对人机社会的伦理道德看法毫无章法,没有依据,而且绝大多数的观点都是没有经过检验的。机器创作出来的作品与人类创作出来的作品难以区分,那么我们所谈论的"真"还有什么意义呢?智能手机里的软件可以任意美化、修改图片,"美"的尺度又在哪里呢?网络暴力、舆论影响充斥着我们的生活,各大公司对于用户数据的泄露、对于个人数据的违法收集在人工智能时代将会愈演愈烈,"善"又从何说起呢?在当今技术快速发展的时代,过去人们几乎一致认可的道德、伦理等观念都面临着空前的挑战。

真、善、美是人类的终极精神追求,是人类精神追求的最高价值目标。② 作为社会子系统的教育必须回归真、善、美,担负起培养人、塑造人、转化人、发展人、完善人的责任,关怀人的心灵成长、提升人的德行境界,在人工智能时代始终关注人类对于真、善、美的价值追求。新人文主义教育思想认为,古希腊人身上集中体现出来的自由理性和对真、善、美的追求对代表着公民与国家以及个人与社会统一的良好典范具有普遍意义。③ 毫无疑问,真、善、美的标准在随着时代的变化而变化,并且在当今时代遇到了巨大的挑战,但它们仍然是人类情感的核心,甚至是人类生存的必需,现在和未来都不能抛弃。在技术发展和创造的过程中我们必须带着一颗真、善、美的心灵去引导未来的方向,通过教育的方式,将真、善、美的价值观传递给社会、传递给学生、传递给千千万万的人工

---

① [美]霍华德·加德纳:《重塑真善美》,沈致隆译,中国人民大学出版社 2012 年版,第 3 页。

② 王东莉:《论德育人文关怀的真善美价值体现》,《中国德育》2010 年第 5 期。

③ 单中惠:《西方教育思想史》,中国人民大学出版社 2017 年版,第 195 页。

智能行业的从业者，传递给人机共存模式下的公民……

　　2. 教育唤醒人文精神

　　斯坦福大学人工智能实验室的一位女教授李飞飞，在美国的高中生中开展"Humanistic AI"的教育。她特别强调，要让更多的女生参加人工智能的学习和研究。在她的调查中发现，"要吸引一个男孩子，你只要说这件事很酷就行了；而女生更关注这件事是否能让她的亲人生活得更有尊严"。在李飞飞教授看来，科技领域的主导主要还是男性，要是有更多的女性能够进入科技研究领域，这不仅仅是实现了性别的平等，同时也能够让女性把不同视角的、丰富的人文关怀带到科技发展中来，使科技的价值导向得到更多保障。李飞飞教授举了一个例子：她外婆95岁了，离她很远，不能尽孝是她的一大遗憾。因为外婆，李飞飞教授十分关注人工智能在陪护、医疗领域的应用，她希望外婆可以使用上自己的科研成果。[①] 每一项技术的发明和应用都或多或少地暗含着发明者的价值观，我们希望未来的技术能够符合人类的可持续发展。新技术的研发，应该尊重男性视野，也应该重视女性立场，要让不同种族、不同行业、不同需求的人介入其中。技术改变世界的趋势已经无法逆转，不管你处在什么位置，都一定要积极主动地参与进来。参与的深浅、远近、方式不重要，重要的是要怀抱着一颗真、善、美的心去关怀技术的进步和应用。

　　人工智能技术发展的状态将长期处于现在进行时，对于人工智能技术发展的人文把控和价值拷问应长期萦绕吾心。尽管有很多人对人工智能技术抱有乐观态度，认为人工智能技术将会造福于社会，提升我们的生活质量，但是，这并不代表人工智能技术不可怕。人工智能改变世界，谁来改变人工智能呢？未来到底往什么方向发展，取决于我们如何设计、管理和应用人工智能。至少，在现在这个阶段，我们大多数人的目标还是通过技术的发展给人类创造一个美好的世界和未来。我们期望人工智能发展要走向具有人文精神的"人"。

---

　　① 杨澜：《人工智能真的来了》，江苏凤凰文艺出版社2017年版，第67—68页。

　　在人工智能时代，技术伦理应该与生态伦理拥有同等重要的位置。"绿水青山就是金山银山"的绿色环保理念保障的是人类生活的自然环境，"为机器立心，为生民立道"的技术伦理保障的则是人类生活的精神世界。技术伦理教育具有重要的时代特性和使命，必须成为学校德育的重要组成部分，特别是处于技术研发前沿的高等教育，在人才培养的过程中，"技术伦理学"必须成为高校学生的必修课。对于技术伦理的监管也显得格外重要，学校、研究所、研究院等科研机构都应该设置相应的技术伦理监管机构，对研究选题进行过滤与兜底，避免"基因编辑婴儿"这类违背道德伦理与技术伦理的事件再次发生。

　　在人工智能时代，技术高速发展，人类的命运日益取决于教育的方向性选择。教育一方面要为人工智能时代的到来做好准备，不仅要为人工智能技术的发展培养相关的技术人才，而且还要培养能够适应人工智能社会的人；另一方面要为社会的发展点亮一座灯塔，指引社会的发展方向。智能时代教育的人文性不仅是社会发展的灯塔，而且是社会进步的基座。因此，人文教育的重要性再一次被强调。一位没有人文精神自觉意识的人，即便满腹的技术"锦囊"也只是个知识和技术的储存器；而人文知识的学习也只有在人文精神的层次上，其价值才能得以复活，达不到精神层次的"人文教育"就不是真正意义上的人文教育。[①] 人文教育必须帮助学习者从理念层面提升对人性关怀、情感表达的理解，以弥补其素质缺失，以促进其营造健康良好的精神生活，从而保障人工智能时代人的生活质量、精神层次。

---

①　张祥云：《人文教育特点新探》，《高等教育研究》1999 年第 6 期。

第十五章

大学意志

　　学校是人文道场，大学是文化殿堂。人文由价值引领，文化要理想普照。大学所为是文化"创世"，大学理想须淬炼意志。为此，我们试图尝试把"大学意志"（the will of a university）作为高等教育基本理论的重要范畴提出并加以探讨。大学是一种要人去"不断做事"（doing）的存在。不"做"（Do），大学就不"是"（Be），当大学不再"做事"了，大学就只能成为历史传说和文化遗产；而"任意"或"随意"做事，大学就可能由大学之"是"而变成大学之"非"。可见，大学理想（the idea of a university）和大学精神（the spirit of a university）只能在做事中显现和"变现"。大学若有理想地做事，就必须要有意志地坚守。这是提出大学意志范畴的朴素逻辑——没有大学意志的大学精神只能是口号，没有大学意志的大学理想只能是幻想。

一　为何提出大学意志？

（一）大学意志与大学理想共同构成大学精神

1. 精神包含"思"（mind）和"心"（heart）

　　大学，"非大楼之谓也"——不只是指物质存在，"乃大师之谓也"——更加是知识、思想、精神的存在方式。精神包含"思"（mind）和"心"（heart），其中，思侧重"世界观"向度，心侧重"价值观"向度，心思互动生成"人生观"。

思和心的关系是复杂的。止于"纯思",则主要体现为客观化、对象化思维,是为脑力。"思"替代不了"心"。"走心"或"上心"了,此心便含着"思",所谓"心思"。"心思"孕育"信念",信念生成心力,这样的心力就是"意志力"。大学精神源于思和心,常常表现为两种不同性质的力——脑力(mind)和心力(heart)。脑力侧重事实分析和逻辑论证。心力指向实践探索和经验总结。人们用"思"去研究"大学是什么、应该是什么、为什么是"等问题,从而形成系统理论认知,我们称之为大学理想①,这是一种脑力性质的大学精神。赵汀阳说:"即便所有思的分歧都在知识论或伦理中得到了解决,心的问题依然没有被触及。"② 这一观点正揭示了大学理想作为"纯思"而存在的一种孤危处境。那么如何才能触及大学之"心的问题"呢?我们认为,须凸显心力性质的大学精神,这正是大学意志这一范畴所要揭示的。朱九思在实践中深刻意识到:"关于管理工作,通常的习惯首先总是研究领导体制问题、组织机构问题、规章制度问题等等,这些问题都很重要,但是就当前情况来看,我认为重要的问题首先在于要有良好的精神状态。"③在大学发展中,如果不能扭转人们侧重脑力而轻视心力的惯性思维,大学发展就会陷入"理性计算"的泥潭,事业就难有大起色。

2. 大学意志是大学精神的心力表达

国内外诸多学者和校长,都各自表达了关于"大学理想"的真知灼见。这些文献,有些是基于纯思的理论论证,有些是基于在场的、扎根实践的心力表达。二者区别在于:纯思的理论论证往往容易不自觉地遵循"主客二分"的思维模式,把大学作为客观对象来研究并获得纯理性认知(毫无疑问这是很有价值的)。比如,布鲁贝克的《高等教育哲学》、雅斯贝尔斯的《大学的理想》、纽曼的《大学的理想》等,这些文献主要揭示了作为理论理性的大学精神。而基于实践的、行动者的心力表达,则是普遍遵循"主客相融"的

---

① 亦翻译为"大学理念",本书统一用"大学理想"。

② 赵汀阳、[法]阿兰·乐比雄、王惠民:《你是利玛窦那样的人吗——关于一神论的系列通信之一》,《江海学刊》2017 年第 2 期。

③ 王炳华:《朱九思评传》,华中科技大学出版社 2011 年版,第 177 页。

思维模式，它是一种如何把大学理想变现为大学事实的实践理性。比如洪堡、赫钦斯、蔡元培、梅贻琦、马相伯、竺可桢、朱九思和刘道玉等人，他们对大学理想的表达往往充溢着富有心力的实践智慧。他们的思想是理想的、信念的，也是实践的、行动的，他们的语言往往是"肉"长的，是体现"大学意志"的经验表达。事实上，大学的实践，经验总是远比逻辑更有力量。当然，"脑力指向"的文本范式与"心力指向"的文本范式，其价值轻重只是相对的，它们各自有所侧重，关键在于是否相互贯通。

　　大学意志是大学精神的心力表达，大学理想和大学意志共同生成大学精神。它们是阴阳互动、虚实关联的生态关系，这样的关系可以用中国传统文化图腾的动态太极图①来比拟。

（二）有意志方可成就大学之事

1. 大学是人为之事

　　大学不是自然之物（things）②。我们不能仅仅以纯粹主客二分的姿态把大学作为一个纯粹客观外在的认知对象而居高临下、冷眼旁观地谈论它、研究它。自然之物永远是其所是，并永远如其所是地存在着（…is），因此根本就不需要意志。大学也不是人造之物，大学是人为之"事"（facts）。③人造之物——比如人造的机器，机器一旦成型便能无意志地自行运转，机器自身不能变为"非机器"；而大学一旦不受大学理念之支配而做事，就会变成"非大学"；机器可以是身外之物，大学却永远都是人自身——不仅是"一人"自身，更是"众人"自身；机器停转依然是机器，大学停止做事就意味着要消失。

---

　　①　感谢王伟廉老师的读后诗作："高教理论几多谜，意志理想求对齐。交织密码寻解药，辨识大学借太极。"

　　②　Things 和 facts 这一对概念见于维特根斯坦的《逻辑哲学论》英文版 *Tractatus Logico - Philosophicus*，Wittgenstein，1922。

　　③　事即我们的所作所为。"事"这个中国概念的定义是"所作所为"，非常接近西方的"fact"。如《淮南子·氾论训》："所由曰道，所为曰事。"转引自赵汀阳《天下体系：世界制度哲学导论》，中国人民大学出版社 2011 年版，第 38 页。

"to be is to do"①，存在就是做事；不做事，事就不存在，因此，大学要通过创"事"实现创"世"。大学不是"固定"之物，而是"变动"之事，大学存在的本质表现为大学理念支配下的意志行动——不断做事，把事做出来，把事做下去。牛津大学 800 多年，成就了一路的故事，培养了历代的人才，推动了学术不断进入新天地，它完成了自身吗？依然没有！如果牛津大学的领导者和师生员工不能继续努力地好好办这所大学，大学的声望就可能日薄西山，每况愈下，甚至消失或"死亡"。大学之事整体上无法一劳永逸，只能永远有意义地劳作，正如古希腊神话中西西弗斯推石头上山的工作，是一件知行合一、驰而不息的工作。办大学就是永远在事中，永远在路上，正所谓"道，行之而成"。大学之道，身在其中，行之方可成。大学意志就是"知道"并"行道"的知行合一。

2. 有志者，事竟成

办大学未必总能做到知行合一，唯有"有志者"才能克服"不知而行""知而难行"和"知而不行"等情况。"不立志，天下无可成之事！"《传习录》在大学理念之光的照耀下，办大学必须立志。以高等教育界尤其特殊的人物纽曼为例：他既是大学的剧作者，也是剧中人，虽因《大学的理想》一书而负盛名，其本人却并不算是一位成功的大学校长。他于 1852 年受命担任都柏林天主教大学的校长，苦撑六年，最后惨淡收场。被评论为"无疑是一段失败的经历"②，梅雅德利在他为《大学的理想》所写的序中评价道："纽曼见长于思想，而不见长行动。"纽曼的自我评价是"有能力教育一个民族，但是无能力对其进行治理"③。思想力不同于行动力，要治理好一所大学，不能光是"有智"，还必须"有志"。不仅要立个人之志，还必须有能力激发大学内部众人之志，"众志"才能"成城"。办大学就是"要下决心，敢于竞争，敢于向好的方面转化。只有有了这种精神，我们才能把一所学校、一个系、一个专业

① 赵汀阳：《一个或所有问题》，《社会科学战线》1997 年第 1 期。
② ［英］约翰·亨利·纽曼：《大学的理想》，徐辉等译，浙江教育出版社 2001 年版，第 5 页。
③ 同上。

办好"①。念念不忘，久久为功；精诚所至，金石为开。有志者事竟成，大学发展终究能够"别开生面"。

（三）办大学就是意志的较量

1. 大学意志的"是与非"

大学理想是方向，是指引，如果我们不能朝着大学理想而"做事"，不能基于大学的"应然"而行动，理念不对；我们就很可能把大学办成"非大学"：大学就可能成为以牟利为主导的公司，以权力为追逐的衙门，以科研为指向的研究机构；或者把大学办成工厂、办成中小学，甚至变成"大街"。在中国文化背景里办高水平大学，很可能比西方文化背景更具挑战性，因为大学理想有所不同。西方的大学理想重在"为科学而科学、为学术而学术"，理念相对单纯；而中国的大学则要承担起"为天地立心，为生民立命，为往圣继绝学，为万世开太平"的重大责任。比较而言，我们的大学所担当的相当于西方之"教室"加"教堂"的使命，我们的教师要担当的相当于西方之"教师"加"牧师"的责任。所以，在中国办大学更加需要大学意志。

好大学不是"说"出来的，不是"写"出来的，而是"办"出来的。我们可能嘴上说着大学理想、笔下规划大学蓝图，但是遇到具体情况，尤其一旦涉及个人利益，就开始打自己的小算盘，置高等教育理念于不顾，置大学发展战略于不理。这样的个人意志我们称之为"非大学意志"，甚至是"坏大学意志"。《论语》里面说："君子无终食之间违仁，造次必于是，颠沛必于是。"大学的发展就是要提倡这样一种颠沛流离坚守大学理念而做事的精神。在复杂多变的环境中，能立足正确大学理念，把握大学定位，遵循教育内外部关系规律，做出取舍、做出选择、做出决定，这就是大学意志。守得住，就是大学意志，是好的大学意志；守不住，方向偏了，就是"非大学意志"。办大学，充满着大学意志与非大学意志之间的较量。如原震旦大学校长马相伯不能接受教会利用震旦大学传教的

---

① 王炳华：《朱九思评传》，华中科技大学出版社2011年版，第177页。

"非大学意志"，一气之下出走后白手起家重建"复旦"。

2. 大学意志的"强与弱"

杨国荣在分析"意志软弱"现象时指出，"行动境域中所蕴含的相关可能性与各种偶然性构成了意志软弱的本体论前提"，[1] 面对可能性和偶然性，大学发展要保持清醒的头脑就须不忘初心，才能知道该取还是该舍，该进还是该静，意志软弱，智慧不足，境界不到，势必在战略上"下昏招"。环境愈是恶劣，意志愈要坚强，如朱九思不论华工面对怎样的现实挫折，"凡是他认准的事就必须办，而且必须办成功"[2]。单是"有好心"并不保证就能成"好事"，只有坚强的"大学意志"才足以对抗强劲的"非大学意志"，是非之判断往往需要行动的强弱来诠释，必须"当仁不让，全力竞争，志在必得"。[3]

意志出智慧，意志强大者，办法总比困难多；意志薄弱者，困难总比办法多。意志坚强，则"至诚如神"（《中庸》），意志强大者往往"知其不可为而为之"（《论语》），超越理性计算，愿力强烈，矢志不渝、守正出奇，往往把"不可能"变成现实。且看朱九思在办学中如何"逢凶化吉"。

当年，他独领潮流，率先在工学院办文科，这比办理科更困难，因为教育部这一关过不了。但是朱九思一旦认准的事，他就有毅力有办法做成：先办研究所，这不用向教育部报批，等条件成熟后，把所转为系（如哲学、中国语言、经济学和社会学等）；另外还借助人脉资源，向教育部疏通关系，直接办系（如外语系和新闻学系等）。[4]

古今中外几乎所有的著名大学都是研究型大学，朱九思不仅在中国最早提出研究型大学的理想，而且领导华中工学院向研究型大学转型。1977年10月，朱九思以学院党委的名义"越级"给邓小

---

① 杨国荣：《意志薄弱及其克服》，《思想与文化》2012年第00期。
② 王炯华：《朱九思评传》，华中科技大学出版社2011年版，第168页。
③ 同上书，第177页。
④ 同上书，第154页。

平写信，谏言高等教育改革，后来被传为学院的"经典故事"。①

他绝不轻言放弃，而是抓住每一次机会，有一次教育部的主要负责人来武汉开会，朱九思就用国际学术界大量采用数学理论来解决工程领域内的诸多问题等事实说服这位领导，最后取得了"允许试一试"的口头承诺，终于在举办应用数学专业上取得突破。②

（四）提出"大学意志"的意义

从理论上看，大学意志这一范畴的提出，或许将为高等教育学拓展出一个新的理论生长点。大学意志是相对于大学理想这一"阴性"大学精神而言的一种"阳性"大学精神，是相对于大学理想这一"脑力"性质的大学精神而言的一种"心力"性质的大学精神。沿着"大学理想"的逻辑，或许可以拓展开一条"理学"意义的高等教育学发展范式；沿着"大学意志"的逻辑，或许可以拓展开一条"心学"意义的高等教育学发展路径。

从学科发展看，如果大学意志这一范畴成立，就意味着"大学就是人自身！"——大学作为人为之事，实际上便是"心力之事"。这也夯实了高等教育学作为一门综合性的应用型学科存在的基础。高等教育学理应强调行动研究、叙事研究、个案研究和院校研究。科学性和人文性的融合，脑力与心力的贯通，是高等教育学科的题中应有之义。这样的高等教育学科，越是理论的，就越具有实践性；越是实践的，也就越具有理论性。高等教育学科不仅要培养富有学科知识的"有智者"，更要培养富有大学理想的"有志者"，心、脑、志、智等能力集于知行合一人才之一身。我们不仅要坐而论道，还要"做"而行道。高等教育学科队伍，即使不能与大学管理者、多学科教授们合而为一，至少也应尽量亲密接触。

从实践上看，当高等教育强国目标已经成为国家意志的新时代，作为具体大学的发展就更加取决于"大学意志"。提出大学意志概念具有现实针对性。大学意志是一个具有本土情怀和时代指向的范畴。

---

① 王炯华：《朱九思评传》，华中科技大学出版社2011年版，第168页。
② 同上书，第180页。

二　大学发展：谁的意志？

　　大学是人为之事，发展大学既是个人之事，又是众人之事。大学意志既是个人的意志，又是组织的意志；不仅是单数的，也是复数的。其中，关键人物的意志极为重要，几乎所有大学在发展的某些关键时期都是因为关键人物发挥了灵魂作用，他们因时而出，把握机遇，谋局造势，将个人的意志变成多人的意志，将少数人的共同意志，变成多数人的共同意志，最终凝聚了强大的组织意志，推动了大学的勃兴。基于如上考虑，我们把大学意志界定为：在大学的发展过程中，那些富有大学理想的关键人物，无论身处常态还是非常态的大学境况，都能胸怀信念，因时造势，引领方向，确定目标，身体力行，一以贯之，凝聚共识，群策群力，持续推动学校不断发展的精神状态。以下我们从不同角度列举诸多具有代表性的案例来说明关键人物意志对大学的生存和发展所起的不可替代之重大作用。

（一）关键人物的意志

1. 开创时代，民族功臣

　　没有洪堡就没有今日的德国。在当年德国四分五裂、亡国灭种的危难关头，洪堡作为内阁当中的重要人物做出了一个改变整个德国历史的决定，亲自建立柏林大学。没有哈佛也没有今日的美国。美国的历史是从五月花号轮船上的 103 名清教徒上岸写起的，这些新教徒上岸后仅仅 16 年还没立定脚跟时就建立了北美最早的大学，第二年以最大捐赠者名字命名为哈佛大学。以色列在它还不能建国的时候，犹太智者们就先建立了希伯来大学，建校校长正是后来以色列的开国总统魏茨曼。日本近代"教育之父"福泽谕吉，因创办了日本第一所大学庆应义塾大学，而作为现代日本民族的灵魂人物被印于日本钞票最大面额一万日元上……在中国，亦有孙中山在广州创立黄埔军校，毛泽东在延安创办一所所类似于军政大学的准大学，从此改写了中华民族的命运。① 这些关键人物秉承着教育救国的意志创校办学，把大学的命运与民族的存亡荣辱紧紧相连，他们是创校的伟人，也是民族的功臣。

2. 乱世英雄，恪守初心

"英雄概括来说，就是伟大人格，确切点说，英雄就是永恒价值的代表者或实现者。"② 如孔子被围困之时依旧"弦歌不辍"，精神不倒，砥砺前行，薪火相传。孔子的英雄表现成就了他守道传道意志的楷模形象。在烽火硝烟的抗日战争时期，中华民族的英雄们的伟大意志在大学的持续发展中彰显得更加熠熠生辉。"国家都要完蛋了，大学还能办吗？当时有很多人说，大学就不要办了，年轻人还呆在学校干什么？赶紧打仗去。"③ 可是，民族精英却能固守"战时须作平时看"的远见卓识——大学该怎么办还怎么办，在穷山恶水的大后方续办战时大学，西南联大、武汉大学、中央大学、交通大学、浙江大学等却能在国家面临极大危机、物资条件极度匮乏的条件下，成就了在当时堪称具世界级水平的大学。抗战期间的大学发展史，留下了太多彪炳千秋、可歌可泣的人物和故事，比如竺可桢，1936 年时任中央研究院气象研究所所长的他，在意识到"办好浙江大学有助于'使我们国家能建设起来成为世界第一等强国'的大局之后，毅然受命于危难之际"④。他经年累月地努力把浙大办成可与清华、燕京、南开齐名的著名大学，被誉为"东方的剑桥"。在抗日战争烽火连天的时局下，他改变了只做一年校长的初衷，领导浙大数次大搬迁，几经周折不仅没有使浙大损伤元气，而且还有所发展。颠沛流离中，儿子病死、原配夫人去世，但他都顾不上，把自己的精力全然奉献给了浙大……

3. 临危受命，创造奇迹

在一所大学的发展过程中，往往要在某个困难时期、低迷时期

① 参见姚国华《一个民族需要关注天空的人》，《21 世纪经济报道》2006 年第 8 期。
② 贺麟：《文化与人生》，商务印书馆 1988 年版，第 76 页。
③ 参见姚国华《一个民族需要关注天空的人》，《21 世纪经济报道》2006 年第 8 期。
④ 田正平：《"只问是非、不计利害"——从〈竺可桢日记〉看一位大学校长的精神境界》，《高等教育研究》2016 年第 4 期。

得到逆转和蜕变，都仰赖于一位关键人物意志之力挽狂澜。以北大的蜕变奇迹为例：从诞生之日就飘摇在风雨中的京师大学堂，在民国成立之初由严复当校长。他试图进行一个体制性的改造，但是很快就因为被人攻击而离开。之后京师大学堂便又堕为"官僚养成所"的喧哗状态。蔡元培临危受命，使北京大学变成了一所真正的大学。在他前后执掌北大十年之间，高达八次请辞，从他的频繁请辞中不难看出当时的艰难险阻和环境之恶劣。他不惜个人代价，以退为进，用其无人匹敌的行动能力和强力意志数度保卫北大穿越乱局、坚守学术自由，贯彻"兼容并包"的办学方针、使北大成为"囊括大典，网罗众家"的理性殿堂。蔡元培是一位当之无愧的世界级大学校长，诚如美国哲学家杜威所说："哪怕拿全世界的大学校长做比较，以一个校长身份而能领导一所大学对一个民族、一个时代起到转折作用的，除蔡元培之外恐怕找不出第二个。"

（二）组织共同意志

"独行快，众行远"，大学不是个人之事，而是众人之事，个人之志必须转化为众人之志。如果不能达成共识、凝心聚力，形成组织共同意志，大学发展难以持久。

1. 个人意志关键而局限

阿拉伯文学中有这样一个故事：在一个地方，其他人都喝了某条河的水，而变成了疯子。可是国王知道，所以他没有去喝，可是全国上下的人都把他看成疯子。最后逼他喝了河水，于是大家一起疯了，大家都觉得这样才是最正常的。国王就是关键人物，然而"智力孤危"，终于没能逃脱被"乌合之众"同化的命运。这则寓言表明，众人皆醉我独醒的"个人意志"在不能引领和激发群众意志的方向和能量的情况下，是不可能成就事业的。前叙纽曼之失败的办学经历，原因很多，但其中一定亦是因为他"意志孤危"未能达成组织意志所致。

2. 文化、习俗、传统和无意识

个人意志尤其是关键人物的意志之意义在于他能以中流砥柱的气象因势利导地使其大学意志能在空间上辐射，在时间上传承，进而转化为一所大学的集体意志、组织共同意志。如果仅仅停留在英雄人物的个人意志上，大学意志就无法灌注于大学有机体中得以持续延展。如果局限于个人的强权意志，一旦个人"不在其位"不发挥作用，其事业就很可能前功尽弃、化为乌有。个人意志终究只是一种单数的、孤独的意志。"办大学就是办一种文化氛围"，要把个人意志实现为整个大学的意志，关键个人就必须带动和激发集体意志，并且要最终把大学意志变成文化、习俗、传统。一旦大学理想和精神变成文化共识，大学组织里的平凡人的大学意志就将成为大学健康发展的基础，成熟的大学文化的传统化才使大学成为真正意义的大学，成为具有意志免疫力的大学。社会心理学家勒庞在分析群体心理学时提出："传统代表着过去的观念、欲望和感情。支配着人们的是传统，脱离了传统，不管民族气质还是文明，都不可能存在。"① 因此，大学意志的理想实现，就是大学理想和精神变成了大学有机体的传统、习惯和习俗，乃至使大学意志成为大学里具有主体意识的群众的"集体无意识"。历史一旦步入这样一个阶段，即使关键人物不在，其理想、意志却永存，并体现在"在场者"们的自觉行动之中。正所谓："一粒麦子不落在地里死了，仍旧是一粒；若是死了，就结出许多子粒来。"②

三　大学意志何以可能？

　　大学意志是所有大学之人的意志，广布于学科专业教育教学体系、行政管理体系、后勤保障体系和运行支持系统的主体之中。所有系统主体的意志最终都要落实为人才培养和发展科学的意志，即学科专业建设意志、课程教学意志，也就是说，教学科研人员的大学意志是核心。那么大学意志究竟何以实现呢？我们试图从时空维度概括性地探索大学意志落地的可能性，并以中华文化视角出发总

① ［法］古斯塔夫·勒庞：《乌合之众》，载《大众心理研究》，冯克利译，中央编译出版社 2014 年版，第 56—58 页。
② 何怀宏：《独立知识分子》，重庆出版社 2013 年版，第 241 页。

结出几点方法论。

（一）空间上：辐射与凝聚

1. 有"共同利益"而成"共同事业"

如果每个人都仅仅是考虑个人利益，那么个人意志永远无法凝聚为大学组织的共同意志。大学的发展是大学中所有人的"共同事业"，因而有其"共同利益"。关键人物为何成其为大学的灵魂，恰恰是由于关键人物能够超越一己私利，站在组织的战略利益、站在民族国家的长久利益，乃至站在人类的视角，去形成立足时代、立足当下所处境遇之理想。这种意志能够把声音辐射到每个人的心里，又把力量凝聚到每个人的心里——利益具有辐射性，力量具有聚集性，这是能够形成组织共同意志的重要基础。

中国大学的精神，有必要返本开新，学习北宋哲学家张载的"横渠四句"："为天地立心，为生民立命，为往圣继绝学，为万世开太平"的精神。"为天地立心"，做什么事情要对得起天地，这是宇宙的责任。"为生民立命"，做事情要对得起百姓，这是人类的责任。"为往圣继绝学"，强调文化的传承，不能永远活在现在，要传承那些精华、经典的东西，这是历史的责任。"为万世开太平"，追求和谐和平，这是社会的责任。中国古代之"士"的精神，登高望远，这已经远远超越了个人利益。能够去站在宇宙、人类、历史、社会等高度，形成大学发展所必需的"大视野、大胸怀、大格局、大境界、大智慧"，构成所有组织成员之意志能够统一、整合到一起来的精神之"场"。联合国教科文组织 2015 年出版的《反思教育：向"全球共同利益"的理想转变》①一书，亦强调"共同利益"并将教育视为一项全人类的共同事业。

2. 有"共同信仰"使"大学代宗教"

大学作为培养人才的地方，是创造的源地、理性的殿堂、社会的良心。大学既是知识的仓库，又是智慧的集大成之场域，"有一

---

① UNESCO, 2015：Rethinking Education：Towards A Global Common Good？，Paris，UNESCO.

种东西，它对于智慧的信念变成了本质上是宗教的东西"①。由于在大学中，人们都无一例外地崇拜理性、信仰智慧，并在理性精神的基础之上，担当起民族、国家乃至人类的命运重责，形成了一种宗教般的情怀。人们有信仰，大学才有力量——"蔡元培提出要以美育代宗教，之后冯友兰提出以哲学代宗教，他们看到在一个缺乏宗教情怀加之传统文化又遭遇严重破坏的国度里，民族的精神信仰不能找不到依傍……信仰是文化的维他命，是人心的凝聚力量"②。所谓以"大学代宗教"，正是在强调理性的力量，强调责任的担当，这是大学意志得以可能的重要精神因素。

"星星之火，可以燎原"，关键个人的意志变成大学中每一个组织成员的意志，形成一种思想的"场"，引起思想共鸣，形成"人同此心，心同此理"的共同信仰。大学意志最后落实为一种共同的文化氛围，有了这种文化认同、价值认同，在行为上就会相互理解并支持。到了那时，我们的大学意志才会真正的有可能落地。

（二）时间上：传承与积累

1. 传承

大学意志是由大学理念主导的意志，是关键人物的意志，是组织里的共同意志，是世世代代传承的意志。如朱九思正是高中毕业后出于家境困难没有报考大学而来到浙大做了一名小职员，青年朱九思虽然在这所大学上班只待了短短一年的时间，但耳濡目染、深刻地被这所名校的氛围感染，实质上恰是对竺可桢大学意志的传承。又如芝加哥大学，作为后起之秀为何能迅速成为居哈佛大学之后的世界超一流大学呢？有学者通过分析芝加哥大学自第一任（1891 年）到第八任（1975 年）的八位校长的理想得出以下结论："八位校长的基本理想具有高度的一致性、连贯性。其中最著名的赫钦斯也是承前启后的。……校长的大学理想要有稳定性。……当

---

① ［美］约翰·S. 布鲁贝克：《高等教育哲学》，王承绪等译，浙江教育出版社 2001 年版，第 141 页。
② 张祥云：《教育的人文反思》，《教育发展研究》2004 年第 1 期。

理想成为一种传统时，其力量就是其他因素难以比拟的。"① 由于中国尚未建立起完善的现代大学制度，因此中国的大学是尤其需要强调传承的，否则每次大学中的"改朝换代"都是一次"西西弗斯之石头跌落谷底"的重演，一起从零开始，又势必造成诸多不必要的内耗，既不能一脉相承也无法一门深入。

2. 积累

"如有王者，必世而后仁"（《论语》），大学意志要得以根深蒂固变为大学的精神图腾，也不是短期内能够一蹴而就的。近年来，大学校长的任期成为研究热点并引起了广泛的关注。"大学的可持续发展必须要有相当长的校长任期作保证。历史上美国大学校长的平均任期是 15 年。就我国的实际情况看，由于我国高校普遍存在着管理水平比较低，规章制度不规范等问题，大学校长的任期最好保持在 15—20 年，这样才能使校长有足够的时间实现其深远意义的改革。"② 试想朱九思若没有 31 年之久的付出，何以成就后来的华工？被誉为清华的"终身校长"的梅贻琦到他去世为止都一直服务于清华，才使得清华从一所颇有名气但无学术地位的学校一跃而跻身于国内名牌大学之列。

（三）立足传统文化：复兴中华行动智慧

大学意志不是"硬而脆"的，而是"坚而韧"的，因此它充满了实践理性、实践智慧。在中国办大学我们必须借鉴和复兴中华传统智慧——以出世的精神做入世的事业，不失大节、不拘小节，至诚如神、道成肉身，把握机遇、顺势而发——以练就促进大学发展的道器贯通的本体功夫。

以出世的精神做入世的事业。大学不是"大街"，大学人也不是"大众"，因此大学既要立足现实，更应批判现实、超越现实，从而引领社会走向未来。"引领性"决定了大学必须要有"超越性"，精神若不出世便无法超越当下。但大学人又不能"两耳不闻窗外事"或"躲进小楼成一统"，行动若不入世便容易消极避世。

---

① 张楚廷：《高等教育学导论》，人民教育出版社 2010 年版，第 422 页。
② 黄明东、刘永、郭梅：《试论大学校长任期》，《教育研究》2005 年第 5 期。

大学的这个特点，恰是道和佛的"以出世的精神做入世的工作"，反映在高等教育哲学中，则是"认识论"与"政治论"之间的调和。

不失大节、不拘小节。中国的大学意志体现的是"韧性"，是"不失大节"与"不拘小节"的外圆内方之处事智慧。要使大学意志在中国的大地上生根发芽，就要借助道家"造势和顺势相结合"的智慧，不是硬碰硬，不是蛮不讲理，不是"硬而脆"的，而是"硬而韧"的。《老子》的"曲则全""柔弱胜刚强"讲的正是有弹性的处事智慧。如朱九思讲："作为一个学校，对于中央的路线、方针、政策，对于教育部、省委的指示，我们都要坚决执行（不失大节），问题是如何坚决执行（不拘小节）。马克思主义要求我们必须把上级的指示和自己的情况相结合，这不是对上级指示有什么意见，而恰恰是对上级指示最好的执行、最坚决的执行。"①

至诚如神、道成肉身。中国智慧讲"诚"，《中庸》所谓"至诚如神""不诚无物"，意志就是"诚"。"诚"必源于"发心"，《华严经》："菩萨于生死，最初发心时，一向求菩提，坚固不可动。"《优婆塞戒经》："若有菩萨初发无上菩提心时，即得名为无上福田。"所以菩萨应确认自己是否已经发起菩提心，只有"发心"才有诚之源头。"诚"必贵在坚固不动，大愿地藏王菩萨之所以能够成就佛教中一位愿力深厚的菩萨，因他"安忍不动如大地，静虑深密似秘藏"。子曰："知及之，仁不能守之；虽得之，必失之。"（《论语》）守仁，是儒家智慧中的坚固不动，故又有孟子的"我四十不动心"。有了这样的愿力，玄奘跋涉十八年亦可取回真经，红军两万五千里长征亦可最终胜利，十字军在全无粮草和装备的情况下依旧一腔热血地东征讨伐异教徒……孔子讲"我欲行不言之教"（《论语》），王阳明说要"事上磨练""化口耳之学为身心之学"（《传习录》），古人"立德、立功、立言之三不朽"均体现了道成肉身之本体功夫。

把握机遇，顺势而发。大学若对时局缺乏正确的认识而判断失

---

① 王炳华：《缅怀朱九思先生》，《高等教育研究》2015 年第 6 期。

误、盲目行动，便会得不偿失。时机若不成熟，再急也要蛰伏，最好规划现在，不断积累以为未来发展创造机会。机遇来时，把握机遇，顺势而发。厦门大学能在抗战期间迅猛发展成为"南方之强"，很大程度上要归功于"舍身治校"的萨本栋校长能够审时度势招揽一流人才，把握大局，深耕质量；外国亦有卡内基—梅隆大学于二战后寻找到"风口"而成功实现院校转型发展的案例。

　　大学的未来发展依赖于大学的历史过往中留下经典故事和传说，因此大学中人要有未来历史传说的主人公意识，用刚毅卓绝的大学意志去创造故事，使自己的人生以故事的方式印刻到大学的历史中。而当前外部客观条件皆优越，也许正是需要我们每一个组织成员发挥大学意志的时候了。

余　论

教育学的人文反思

第十六章

回归人文性：教育学师生关系视角

　　教育学的人文性涉及诸多问题，我们试图从教育学内部师生关系的研究视角来讨论这个问题。

　　师生关系问题是教育领域里恒久不变的热点，一切的教育活动均围绕教师与学生这对主体展开，良好的师生关系才使教育教学活动得以顺利进行。教育学中的师生关系是"教"教育学的人、"学"教育学的人、"研究"教育学的人所共同面临的专业问题。教育学师生关系出现的诸多问题，主要根源在于教育学师生没有认识到教育学知识具有怎样的特性。只有充分认识到这一点，教育学的师生才能以"专业性实践"的自觉精神，把师生关系的处理当成教育理论与实践相结合的"人文道场"。缺乏这样的自觉性和反思性，则势必造成"教育学的教师教不好课、处理不好师生关系，甚至教不好自己的孩子；教育学的学生则缺乏教育情怀，仅仅将教育学的学习当成拿文凭的手段"等诸如此类"自我否定"现象。教育学师生若想突破这样令人尴尬的困境，首先就得从师生关系入手进行"反思性实践"和"实践性反思"，促使教育学的师生自觉成为教育理论与教育实践相结合的"知行合一"主体。教育学必须成为"知己"之学，"成己"之学，"心际"之学，"成人之学"。当然，这取决于教育学能否成为师生主体的"反思"之学。所以，教育学内部的师生，要在教育理论的学习和研究中进行教育实践，又要在教育实践中学习和研究教育理论。从这个意义上说，师生关系是教育发展的"问题之源"，师生关系是主体变化的"人文之场"，师生关系也是教育研究的"方法之维"。

一   教育学科的现实：知行合一与知行分离

教育学之科学与人文，不是数量上的比重关系，而是不可比的不同维次上性质各异之存在的相互耦合关系，犹如躯体之于灵魂。教育学科之人文性如若不能依附于科学性，就像灵魂失去躯体，最终成为游荡飘零的幽灵。反之，教育学科之科学性一旦离开了人文性，就可能或者变成"僵尸"，或者变成"植物人"，或者变成"空心人"。教育学科完全无视人文性，就像围棋棋局只顾棋子塞得满满的，失去最起码的"两口气"，终将成为死棋。所以，要使教育学科鲜活灵动，必须在科学性中灌注人文之魂。师生关系是教育之"学"和教育之"行"相互关系的聚焦点，是教育学是否具有人文之魂的集中体现。

（一）教育学科的现状：师生关系的分析视角

我们通过对 S 大学教育学科数十位师生进行深度访谈与观察，了解到当前教育学科师生关系存在这样一些典型现象。[①]

现在的学生普遍缺乏教育学情怀，因为不热爱教育学，他没办法自始至终地去坚持，很多时候都是随波逐流，没有自己的立场，到最后可能轻易地就跳出教育学领域。（访谈 C 老师）

我觉得教育学专业和我没什么太大关系，教育学科对我来说就是一个学术领域或者学术生活的重要组成部分，它是我的工作。（访谈 W 老师）

导师给我布置了一个任务，但是我没有完成好，没想到他

---

① 我们访谈了 7 位教育学科教师，10 位教育学专业的学生，3 位哲学专业的学生，4 位物理学专业的学生，结果发现教师普遍将教育学科当作外在工作，学生则把教育学当作外在知识来学习，教育学只是师生"为稻粱谋"的外在工具。受访者均未认识到"师生关系是教育学的专业内容"，出现了"集体无意识"的现状。原本应该富含人文关怀的教育学科师生关系与哲学、文学等其他人文学科的师生关系相比较，人文性却并未得到凸显，甚至与理科师生关系相比，也未表现出更优。

竟然在师门微信群里公开发信息批评我，当时看到那条批评信息后，我的脸唰的一下子红了，隔着手机屏幕就委屈得哭了，太丢脸了。（访谈 L 同学）

　　刚来读研那会儿，导师让我报账，一次报账出了错，他当着全班同学的面骂我，没有一句话友善，隔着门都能听到他骂人的声音，我明明身在教育学，可是接受的却是理科性质的教育，遇到这种导师让我讨厌这所学校，讨厌这座城市！（访谈 X 同学）

　　……

　　在目睹耳闻这一系列的真实事件后，不禁引发我们的思考：是什么原因使得教育学科教师仅仅将教育学科看作谋生的工作，在师生交往中没有遵循教育理论的要求，出现了不尊重学生的情况。又是什么原因令教育学学生缺乏教育情怀，没有自己的学科立场与坚持，仅仅将教育学科当成自己拿文凭的工具。按照常理，不同学科的师生关系多少会受到所在学科特性的影响，比如在物理学科中，教师与学生主要跟公式、实验以及器材打交道，"人—人"交往模式就容易被"人—物"相处模式所引导而替代，物理学科的师生在处理和应对师生关系时可能会出现不擅长甚至缺乏人文关怀的情况，教育"情商"可能偏低。但是，这种教育"外行"的情况出现在教育学科师生关系中便在"逻辑上"令人费解。"师生关系"难道不是教育学科的"专业内容"吗？教育学科的教师与学生在面对"师生关系"这一教育枢纽时，难道不应该更具备专业意识和专业能力吗？

　　钟岚雨在研究中还指出了高等师范院校公共课教育学教学中不如人意的师生关系现状：《教育学》的教材中主张和推崇的平等民主的师生交往并未在现实教学中出现——教育学课堂中的师生关系仅仅是一种"知识授受型"的存在，教师一味地使用讲授法灌输知识，学生变成储存知识的容器；教《教育学》的教师一方面向学生讲述着"因材施教""循循善诱"等教育学理论，而实际上自己却并没有依据这样的教育理论开展教育教学活动。① 这样一种用"被否定了的观念和做法"去提倡"被肯定的观念和方法",确实令人困顿。试问,这些教育理论只是教育学者"生产"给除自身以外的其他人去运用的吗?这种典型的"知行分离"现象,源于无视教育学存在深刻的人文性。

师生关系本是一种教育关系,是教育学科里的重要专业内容,本来我们的教育学师生在处理师生关系时应该更具有这份专业意识和能力。可某些教授和学习教育学的教师和学生却把关于"师生关系"的理论当成脱离自己工作之外的一种知识,把它当成"口耳之学"去记忆和传授,未能认识到教育理论与其自身工作的密切关系。我们时常会看见这样的现象,一些教育学专业的教师和学生不具备教育专业精神,在处理师生关系时显得极其外行,出现了"冷漠型师生关系""功利型师生关系""老板员工型师生关系"……本应极具人文色彩的教育学科师生关系却演变出这样一些异化类型。其实,人文学问如此严重的"知行分离"状况自古就存在。明朝理学教育极盛,但却出现了学者们坐而论道的空谈之风。王阳明全力倡导和身体力行"心学",逆风而动,边为官边做事边讲学,"知行合一""致良知","心学"声望鹊起。但王阳明之后,"心学"又回到脱离自身修为和社会实践的"坐而论道",又循"知行分离"老路,明朝后期"心学"由此走向衰落。如若我们的教育学科只一味地注重教育理论的建构和言说,只陶醉于"说给别人听",而忽视自身每天的教育教学如何践履自身的教育理论,不幸的历史轮回就会重现。

(二)教育学科存在方式:"六经注我"与"我注六经"

"六经注我,我注六经"出自宋陆九渊《语录》:"或问先生何不著书?对曰:六经注我,我注六经。""六经注我"是指读经者运用"六经"的智慧,来指导自己的思想和生活;"我注六经"是指读经者运用自身的经验和人生体会并且借助其他典籍的学习来深入

---

① 钟岚雨:《论公共课教育学教学中师生关系问题》,《江苏教育学院学报》(社会科学版)2003年第1期。

洞明"六经"的智慧，既对"六经"有"复活"，又对"六经"有"创新"。教育学科之存在方式就如陆九渊的"六经注我，我注六经"，① 它包括两层含义：教育学科的师生一边学习和研究教育理论，一边通过师生交往践行教育理论。教育理论与教育实践的关系，就学习和研究主体而言，只有自觉以"六经""注""我"，在认知层面才能实现"知行合一"；只有自觉以"我"的践履去"注""六经"，在实践层面才能实现"知行合一"；而这双重的"知行合一"贯通，才能实现"全然"的"知行合一"。以师生关系为枢纽，是实现教育理论与教育实践贯通合一的最佳方式。

教育学科师生交往与教育理论的关系存在以下四种情况。

第一种，有的教育学科师生双方深刻意识到"师生关系"乃教育学的"专业内容"，并且双方自觉把"现实的师生关系"当成践行和领悟"理论的师生关系"的"道场"，实现内化，知行合一——这是最理想的师生关系"试验田"形态。第二种，有的教育学科师生双方都有这份专业意识，然而却不主动在"现实的师生关系"中"落实""理论的师生关系"，知行分割。第三种，有的教育学科师生双方一方有"理论的师生关系"转化为"实践的师生关系"的自觉意识，另一方则缺乏这样的专业自觉，那么就会分别出现两种情形：如果教师有这样的自觉意识，教师就可以主导和引导学生增强这样的专业自觉意识，走向"知行合一"状态，如果只是学生有这样的专业自觉意识，学生就可能会拿"理论的师生关系"去评价教师的所作所为，学生将纠结而迷茫，师生关系也难以和谐。第四种，有的教育学科师生双方都忽视"理论的师生关系"这项"专业内容"，但师生交往顺畅和谐，这可能是一种经验状态，未必能体现"师生关系"的"教育性"导向。

通过以上师生交往与教育理论的多种关系形态的简单描述，我们就会进一步发现，师生关系集中地反映了教育的这样一个本质特征：教育从来不是"单主体"可以完成的事情，要实现教育，"独奏"不行，必须是"双主体"乃至"多主体"的共同"协奏"。这

---

① 《陆九渊集》，中华书局1980年版，第399页。

就不仅要求任何一个主体必须自觉践行"知行合一"，还必须实现"双主体"或"多主体""间"的共同"知行合一"，也就是"主体间性"的"知行合一"。所谓"没有爱就没有教育"是立足"主体间性"视域对教师主体提出的"通向"另一主体的前提；所谓"没有兴趣就没有学习"是立足"主体性"视域激发学习者"走"向"知行合一"的提示。决定性的教育理论都是"主体间性"理论，要实现这样的理论，必须让"主体"们"走"到一起，"共行"，"共情"，"共鸣"。教育不是"独善其身"的事情，而是"相善而群"的事业，所以特别不容易。

师生关系的理论要走向师生关系的实践，在实践上"呈现"，不仅是"单主体"的"六经注我，我注六经"，还是"双主体"或"多主体"构成"主体间性"的"六经注我，我注六经"，具有远比"单主体"的理论与实践相结合更高"维次"的复杂性。这里不仅存在"单主体"的理论与实践相结合的问题，作为教育，还是"主体间"相"通达"的问题。这样的问题之解决，只能在"共行"中实现，所以我们才说，"师生关系"这个"问题"只有靠"师生关系"这个"方法"去解决。要实现"师生关系"的理论与"师生关系"的实践相结合，只能靠建立"诚心"，彼此敞开；教师以"行"示范，学生以"心"体悟，读书"读"人，言传身教。

（三）教育学科"知行分离"原因分析：师生关系视角

王道俊在《教育学原理》一书中指出："教育是有目的地培养人的活动。"[①] 这句话揭示了教育的本质，即培养人是教育的立足点，是教育价值的根本所在，是教育的本体功能。教育学科领域里的教育过程是由教育者、受教育者、教学内容和教学活动构成，师生关系是教育的核心。教育学科师生关系出现"知行分离"的一个关键原因是，教育学科师生没有充分意识到师生关系是教育学科的重要专业内容，以"主客二分"的心理定式，过分把教育学科当作一种客观知识来教和学，教师将教育学科当成维持生计的工具，学

---

① 王道俊、扈中平：《教育学原理》，福建教育出版社1998年版，第20页。

生将教育学科作为自己获得学历文凭的途径，双方都过度外在功利化。教育学者把具有很深人文性质的教育学科当成纯粹的科学学科来对待，教育学科师生关系之人文性的理想追求由此遮蔽。（见图16—1）

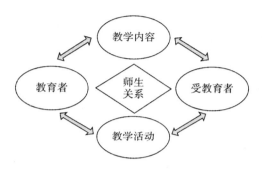

图16—1　师生关系交互模式

　　师生交往是教育实践，只有当教师和学生在教育理论的指导下，共同践行教育理论才能真正地完成教育。当代著名教育家魏书生在接受访谈被问及"班主任、校长和教育局局长，最喜欢哪一个角色？"时，魏书生回答自己最喜欢做班主任。在众人看来校长和教育局局长远比班主任的主动权更大，魏书生却不这么认为，因为他认为一个人管理的事情越少，其主动权也越大，受外界因素干扰也就越少，因此实施的力度才会更大。[①]魏书生作为一位教育家，具有很深的教育理论和丰富的教育实践，他意识到教师只有在直接面对学生的过程中才能够真正地发挥他作为教育家的不可替代的作用，才能施展他的教育理念，发挥他对学生的直接影响。在教育学科师生关系中亦存在着类似问题，一些师生交往频率低，导师疲于忙科研与行政，学生只能在同伴中学习，少了导师这样一个重要的学习资源。梅贻琦以"大鱼"喻指老师，用"小鱼"比作学生，

─────────

　　① 王珺：《相信教育，相信未来：14位中外名家访谈录》，华东师范大学出版社2017年版，第49—50页。

"大鱼前导，小鱼尾随"。① 教师以其言传身教影响学生，生动、形象地刻画出学生跟随老师学习的场景。梅贻琦对师生关系的描绘揭示出了师生关系的本质是一种近距离的教育关系。尽管梅贻琦不是学教育学的，但是他作为具有教育思想和教育影响力的教育大家，深刻认识到了师生交往是师生关系的核心。康德在其《什么是启蒙？》一文中开门见山地称述："启蒙就是人从他咎由自取的受监护状态走出。受监护状态就是没有他人的指导就不能使用自己的理智的状态。"② 在师生关系里面，对待不成熟的学生，教师要担负起对学生的指引与启蒙作用，这是教师的使命。由此可见，师生关系特别强调教育性，放之教育学中师生关系更应体现之。（见图16—2）

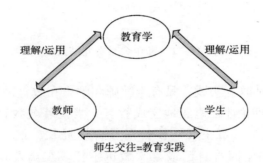

图16—2　理想型教育学科师生关系"三角互动模型"

思想上的"所知非真"和价值上的"个人本位"是理想型师生关系难以发生发展的内因。王夫之曾言："知者非真知也，力行而后知之真。"（《四书训义》卷十一）我们教育学科师生又何尝不是如此？我们以为自己对教育理论知识烂熟于心，实际情况却是此时的"知"未能上升到"悟"，更未上升到"行"，知的只是皮毛，这样的"知"实乃"伪知"。只有在师生交往中去践行教育理论，

① 现代著名教育家梅贻琦用隐喻的方式对师生关系做了这样的描绘"学校犹水也，师生犹鱼也，其行动犹游泳，大鱼前导，小鱼尾随，是从游也。从游既久，其濡染观摩之效，自不求而至，不为而成"。出自梅贻琦先生《大学一解》一文，详见杨东平《大学精神》，辽海出版社1999年版，第72页。

② 参见《康德政治哲学文集》，李秋零译，中国人民大学出版社2016年版，第159页。

在行的过程中去深刻体验、反思，才有可能达到真知的境地。教育学科师生"个人本位"的价值取向也是导致知行分离的原因。这种"个人本位"主要体现在教育学科师生对"什么是重要的？""什么是有意义的？"这类话题的价值判断或价值选择方面。当教育学科教师把自我利益看得最重要，自然会将学生当成实现自我私利的工具，就会忽视学生的成长与发展。同样，当教育学科学生只顾自己评奖、就业这类功利世俗的追求时，导师作为各种资源的掌握方，学生对待导师自然会"别有用心"，理想的师生关系样态也就无从谈及。重"事"轻"人"的制度导向和外在条件的客观限制，是理想型师生关系样态难以实现的外因。在高校，普遍重视科研，且绝大多数教师还得承担行政事务，做学问需要闲暇，教书育人亦需要闲暇，如此一来，师生交往的时间大大减少。① 在现有的学校环境中，因为经费、场地、设备等条件有限，校方无法为教育学科教师与学生的更好发展提供物质支持，便会使理想的师生关系缺乏实现的基础。

二　师生关系决定教育学科的人文性

教育学科是一个学科丛，其根归一，都是基于教育学原理和教育哲学，虽然呈现出多彩的生态系统，但其"家族"的根本基因不变，那就是指向"教育性"，呈现"人文性"。（在这里，教育性就是人文性，人文性必具教育性。）失去教育性主导的分支学科，已然是畸变，是变异。教育学科内部包含自然知识、社会知识和人文知识，但人文性却是教育学科"家族之魂"。具体到学科丛里面不同的学科，这三种知识的比例亦有所不同，比如教育技术学偏工

① 我们的访谈验证了高校重"事"轻"人"情况的存在。"我们两点半去找他，要等到五点他才理我们，他要把手头上的行政事务做完。"（访谈 X 同学）"每当我去他办公室的时候，他办公室总是有人，我们聊了没一会儿，三分钟没到，就有人进来找他办事。导师不仅带学生，还有科研，还有行政，还有社会工作，一个人一天只有 24 小时，这些事务阻碍了我与导师的交往。"（访谈 D 同学）

科，教育心理学偏理科，但它们都包含了这三种知识，人文知识的成分再少，人文性却仍是"魂"之所在。犹如下围棋，需要留有空位，这空位便是人文性，若全部被纯粹的科学技术填充，则全盘皆死。

（一）　不同性质的知识对教育学科师生关系类型的影响

在教育学界，有关教育学科的类别归属问题一直以来存在争议，张楚廷先生认为教育学属于人文科学，① 王洪才先生认为教育学属于社会科学，② 余小茅先生则从学科史的角度出发，提出教育学是一门以人文学科为学科原点的社会科学。③ 众所周知，知识与教育的联系十分紧密，在很大程度上，知识观影响着教育观进而影响着教育实践。教育学科里同样具有三种知识——自然知识、社会知识和人文知识，教育学科师生对这三种知识的不同强调，会出现不同的师生关系类型。

当教育学科师生把教育学仅仅当作自然知识时，教育学科师生就会将教育学当作客观知识来对待，人与知识的关系往往呈现出"主客二分"，这种情形下的教育学科师生关系容易被认知关系主导，容易出现类似理工科里的"老板员工型"师生关系。当教育学科师生把教育学科仅仅当作社会知识时，那么也会容易导向"只见社会不见人"，容易把教育仅仅当成社会现象，而忽视关注具体的单独的鲜活的人，这种情形下的教育学科师生亦容易漠视彼此，人的概念依然被抽象化。当教育学科师生把教育学科仅仅当作人文知识时，教育学科师生交往因为缺乏自然知识与社会知识的科学性和规范性的影响，极易导致过分经验化、随意化的情况发生。

教育学科知识的三种成分是有机结合的，就像人一样，有骨骼、肌肉、血液、气、思想、魂，共同构成了一个鲜活的人。在教育学

---

① 张楚廷：《教育学属于人文科学》，《教育研究》2011 年第 8 期。

② 王洪才：《教育学：人文科学抑或社会科学？——兼与张楚廷先生商榷》，《教育研究》2012 年第 4 期。

③ 余小茅：《教育学：以人文学科为学科原点的社会科学》，《山西大学学报》（哲学社会科学版）2014 年第 6 期。

中，人文性是"魂"，只当作自然知识或社会知识的教育学是一具木乃伊或植物人。然而"人文性"是有科学依据与社会规范的，教育学科的"人文性"是建立在坚实的自然知识与社会知识基础上的。没有自然知识和社会知识，就意味着教育学科中的人文知识会"魂不附体"，变成游荡的魂，充满无序性与随意性。在教育学科的三种知识里，人文知识处于主导地位，社会知识与自然知识处于辅助地位。尽管教育学科是同时包含着三类知识的学科，但没有突出"人文性"的教育学科是"空心化"的教育学科，不重视人文性的教育学科师生就会失去自身的学科阵地，沦为科学技术的奴隶。总之，教育学科要以完全的"人"的姿态去呈现"人"一般的存在方式。

（二）人文性的重要意义

当前教育学科师生关系之所以会出现种种异化类型，[①] 原因在于教育学科师生各自诱惑中没有坚守"人文性"这一教育学科之魂，才会导致"知行分离"的情形。唯有我们将"人文性"这一教育学科之魂牢牢地抓住，才不至于在纷繁复杂的多学科研究范式中迷失自己。丢了学科特性，就将丧失学科阵地。教育学是"成人之学"，诚如著名的现象学教育学家马克斯·范梅南所言："教育学就是迷恋他人成长的学问。"[②] 教育学科师生在"成人"中"成己"，在"成己"中"成人"，循环往复，螺旋上升，彼此成就。

德国哲学家海德格尔曾提出关心是人类的一种存在形式，对每一个个体的需要予以恰当的反应是关心伦理的最基本的思想。夸美纽斯亦在《大教学论》中提出教育是从人出发的，是以人为根基的，这就确立了教育过程中教师与学生的重要性。人文性落实到教育学科的师生交往中，首先表现在教师主动地对学生进行人文关怀。昆体良在其著作《雄辩术原理》中提出要想做好教育、教学工

---

① 我们通过访谈与观察，发现当前教育学科师生关系呈现出几种异化类型，主要为冷漠型师生关系、功利型师生关系和老板员工型师生关系等。

② ［加］马克斯·范梅南：《教学机智：教育智慧的意蕴》，李树英译，教育科学出版社2001年版，第18页。

作，教师至关重要。教师应该是"公认为有学问的人"①，"教师要以父母般的感情对待学生"②，教师既要具有学识，又要关爱学生。"教师不仅需要建立一种关心的关系——教师在其中成为关心者，教师也有责任帮助学生发展关心能力。"③ 能够自觉呈现人文性的教育学科师生关系都往往极具感染力、吸引力、凝聚力，而且多以民主平等和师生对话的形式出现。高等教育学的学科创始人潘懋元先生创办数十年的家庭学术沙龙所彰显的浓烈人文色彩和深刻理智力量，给许许多多亲历其境的师生留下了难以磨灭的温馨记忆。这样的家庭学术沙龙所散发的气息，滋润着师生阳光健康，滋润着师生的共同成长，滋润着学科长足发展。④ 潘先生每年过年都会请没有回家的学生吃年夜饭，并且会为每位学生精心准备新年礼物，以至潘先生的儿子戏称"我父亲把学生当作自己的孩子，把自己的孩子当作学生"。⑤ 教育学家黄济先生在北师大执教期间，他担心南方来的学生无法适应北方严寒的冬天，冒雪为他们送去被子御寒。⑥ 这些真实事例充分彰显了潘先生与黄先生不仅是学问颇高的"经师"，更是爱生如子的"人师"，他们发自真情实意流露出对学生的关怀，令人感动。

某位有影响力的中国当代教师在回答记者的提问"是什么令他如此地爱护学生？"时，他说道："不是我爱学生，是学生爱我。"在他工作的第二年，因为劳累过度患上了神经衰弱症，必须进行住

---

① 昆体良：《雄辩术原理》，任钟译，华中师院教育出版社 1982 年版，第 6 页。

② 同上书，第 38 页。

③ ［美］内尔·诺丁斯：《学会关心——教育的另一种模式》，于天龙译，教育科学出版社 2003 年版，第 27 页。

④ 每周六晚在潘懋元先生家的客厅定期举办的学术沙龙，是一个将生活与课堂融合为一体的活动，参加沙龙的师生一边吃着潘先生为大家精心准备的茶水饮料和各种零食，一边在轻松愉悦的氛围里自由漫谈。在沙龙上，求学在外的学生们感受着来自潘先生的关爱，老师学生们通过对问题的共同探讨，让身处其中的人感受到了"做人，做事，做学问"的真谛，不仅培养了学生奋发上进之心，还培养了学生的心怀天下的社会责任感。详见肖海涛《家庭学术沙龙：潘懋元研究生培养理论与实践的创新》，《山东高等教育》2015 年第 12 期。

⑤ 陈武元、丁彧：《行者无疆 止于至善——谈潘懋元之为学、为师、为人》，《山东高等教育》2015 年第 10 期。

⑥ 任婧、木青、马卉：《永不消逝的师格魅力》，《西部素质教育》2015 年第 11 期。

院治疗。在他住院的一个月里，所带学生分批次地来看望他，为久卧病床的他带来了欢声笑语，他深刻地感受到了来自学生们的关爱，心中时刻想着回报这份爱。[①] 著名教育家陶行知在其著作中讲道："先生创造学生，学生也创造先生，学生先生合作而创造出值得彼此所崇拜的活动。"[②] 在教育学科师生关系中，关心者与被关心者的角色并不是僵化存在的，两种身份可以相互转化，在循环不竭的关心暖流中，人的人文性、教育的人文性、教育学科的人文性融为一体，产生神奇的教化力量。

三　教育学科师生关系之理想形态

教育学科中的人文性不是"天然而成"，是教育学科师生共同"人为而行"。人文性的内在含义是在"成己"的同时"成人"，这就意味着教育学科师生在精神上、思想上、心理上要自觉向着更成熟、更丰富、更理想、更高境界的目标去成长，因此，就需要共同去思考，去行动。要想参悟"知行合一"之道，实现自我，成就他人，教育学科师生关系必须"同道"，朝一个方向，走一条路上，一起行动。

（一）"道"的中国文化意蕴

"道"，作为中华民族的哲学概念，它的内涵复杂且丰富，在不同情况下，"道"的含义也不尽相同。"道"的最初释义是道路，甲骨文的"道"由"人"和"道路"两部分组成，意为人在道路上行走。在《说文解字》中，"道"，引导义。首，始也，表示行走中的领头人。《庄子》说："道行之而成"，韩愈在《原道》篇里说："由是而之焉之谓道。"钱穆先生一脉相承，用现代汉语进行阐释，认为"道，必由我们之理想而确定，必又由我们之行动而完成"。

---

① 张彦春、朱寅年：《16 位教育家的智慧档案》，华东师范大学出版社 2006 年版，第 45—46 页。

② 《陶行知谈教育》，辽宁人民出版社 2015 年版，第 178 页。

钱穆先生对"道"的理解充满人文意味。他进一步深入阐释，认为"道"属"多"，因此"道"是可以选择的，既然"道"属"多"，"道"不同则不相为谋，"道并行"也可以"不相悖"。他深刻地将"理"结合起来理解"道"，认为"理"属"一"，得出的结论是："道"属"多"，创生一切；"理"属"一"，规定一切。通俗地说，人们一旦选择了一条"道"，在那"道"上就得讲那"道"上的"理"。这就是所谓的"道理"。讲"道理"，要以科学为基础，以人文为主导。我们一旦成为"同道"，我们就得讲同一个"道"上的"理"，这样才能"走在一条路上"。① 我们认同钱穆先生的见解。

教育学科师生对"道"的领会不能仅仅逗留在言语表述中，还应设法去践行。任何道路都指向目的，都从脚下延伸，都需要人去行走才能呈现"道"。因此，"行道"就是与"道"的合一。所以孔子说"人能弘道，非道弘人"（《论语·卫灵公》）。"道"因人的践履而呈现出来，显出意义。理想的师生关系形态是"目的"，不能天然呈现，而要我们教育学科师生共同努力成为"同道"，一起朝向那个方向，踏踏实实地身体力行去走（走的时候当然不能"蛮横无理"）。走的人多了，小道就变成大道，所谓"人能弘道"，最终实现理想。

（二）"知道—悟道—践道"

"知道"有如牛吃草，仅仅是牛肚子里有了草的事实，然牛尚未吸收草之精华，此时牛与草是主客二分的关系。"悟道"则相当于牛反刍，牛反复咀嚼草，使草的养分更易吸收，此时牛与草的关系是主客相容。教育学科师生与教育学科知识亦如"牛"与"草"的关系，在历经"知道"而"悟道"后，最终在"践道"中"道成肉身"。

1. "知道"——主客分离

"知"有明白、懂得和知晓之义，表示对某一件事物的认知程

---

① 钱穆：《中国思想通俗讲话》，香港：求精印务公司 1955 年版。

度。"道"本义为道理，后引申为方法、途径。"知道"顾名思义是指知晓一件事情发展过程及结果，明白其中的方法或道理。"知道"的主体是人，在主体与事实之间产生一种认识关系，这种关系本质上是"主客二分"的。在"知道"层面上，教育学科师生对教育理论的掌握仅仅停留在认知层面，师生只是站在"旁观者"的角度冷峻客观地看待教育理论知识，"无意识地"将之视为与教育学科师生交往的无关之物，尚未进入内在领会和实际运用。这个阶段的教育学科师生往往注重对知识的理解而讲述和理解而记忆，师生交往尚未进入对教育理论的有意识实践，往往呈现"知行分离""主客对立"的状态。

2. "悟道"——主客融合

"悟道"是主体领悟知识，自身与知识融合。这就意味着教育学科师生开始"觉悟"到"师生关系理论"要与"现实的师生交往"贯通，并自觉将"师生关系理论"融入实际的师生交往之中去领会。中国古代人文经验强调通过"感通"来实现知识与主体相"融合"，"感通"是"融合"之道。所谓"感通"就是主体"向对方开放自身，并使自身受到对方的影响"。[1] "感通"不再是"纯思"而是"情思"。也就是说，当我们"思"处"知识世界"的时候，我们却能自觉浮想联翩，让"生活世界"里的相关事实和事件如同放电影一般历历在目；当我们"身"处"生活世界"的时候，我们又能自觉普遍贯通，让"知识世界"里的相关概念和理论如同读著作一般跃出纸面。"悟道"状态就是，读理论，就想到了丰富的现象；观现象，就悟到了深刻的理论。在"悟道"者的心里，越是理论的就越具有实践性，越是实践的就越具有理论性。对"师生关系"的"悟道"，取决于教育学科的师生在实际的交往中一旦被"问题"触动心弦，就会回过头去体悟"师生关系理论"的内在智慧，促进外在"知识"转化为主体"意识"，这种"意识"在主体

---

① 在中国古代文本中，"感通"一词拥有广泛的含义，主要用以描述人与人之间或人与神之间、人与自然事物之间的各种相互作用与交流。详见 Wang Huaiyu， "Ren and Gantong: Openness of Heart and the Root of Confucianism"， *Philosophy East & West*， Vol. 62， No. 4， 2012， p. 464。

内的存在类似于波兰尼的"集中意识"（focal awareness）和"隐附意识"（subsidiary awareness）状态。① 实现师生关系"悟道"的态度在于"开放"或"敞开"。主体既向师生关系的"知识世界"开放，又向师生交往的"生活世界"敞开，并进一步"向周遭世界开放自身"，"就好像所有其他存在物和自身都作为一体在发生作用"。② 在这样的情形中，教育学科师生便开始消除自身与知识、自我与他人、主体与世界的阻隔，实现"内外""主客"的融合，从而逐步达到"心明眼亮"的"悟道"境界。"悟道"是一种"心无挂碍"的"通透"感，是"转识成智"的状态。这个过程，是师生共修的艰苦砥砺。内心"坦诚"，"敞开心扉"既是走向"内外""主客"融合的精神条件，也是处于"内外""主客"融合的基本状态。这个过程是"本体功夫"的过程。教育学科师生对"师生关系""悟道"的基本条件和主导状态就是在"问题"导向下，师生之间的"我—它"关系模式向"我—你"关系模式转化，最终呈现理想的师生关系模态。

3. "践道"——道成肉身

"践道"的最终目的是使"道""体身化"，"体身化"意味着教育学者所获得的知识应当成为身体的一部分，即"道成肉身"。当教育学科师生通过"交往—对话"这一身体力行（bodily practice）的方式去"消化"教育理论时，意味着身体也参与到了认知过程中，主体既非被动地接受知识，也非仅用理智进行推理，而是经由身体的参与去体验，依靠身体的倾向和感受去体会、体察。对于那些仅从理智层面追求学识，却又将其作为理论话语来追求的人，是极难理解究竟是何故使得孔子及其弟子颜回能够在穷困潦倒之时仍不改其乐。儒家认为，道与人的关系不是对立的，因为人身上具备的德性正是道的显现。"君子之道，辟如行远必自迩，辟如登高必自卑。"（《礼记·中庸》）教育学科师生对"道"的把握，

---

① ［英］迈克尔·波兰尼：《个人知识：迈向后批判哲学》，许泽民译，贵州人民出版社 2000 年版，第 88—89 页。

② Wang Huaiyu, "Ren and Gantong: Openness of Heart and the Root of Confucianism", *Philosophy East & West*, Vol. 62, No. 4, 2012, p. 465.

要设法践行于日常，最"平凡"的师生交往恰恰是最好的教育实践。若教育学者只一味埋头在书斋做研究，脱离日常师生交往，最多也只能成为"学术家"而不可能成为合格的教育者，如果合格的教育者都不是，又怎么可以做出动人心弦的教育学术呢？所以，立足"师生交往"，基于"师生交往"，是每位教育学者做教育学术的起码教育经验。"没有交往就无主体可言，只有在交往中主体认知能力才能显现、存在和发展。"① 教育的本质不是技术的规定而是人的活动，师生交往是基本的教育活动，唯有在师生交往中实现教育之道的"肉身化"，以此为基础做出来的教育"学术"才是人性的、主体性的教育"学问"。

（三）师生同道是本体功夫

本体功夫是知识内化为智慧，智慧外化为能力的状态。一位功夫大师的学说体系需要通过修行、实践导向以及对环境的回应而形成。当教育学者仅仅停留在对教育理论的理解、把握和建构，而不将其运用于师生交往中，则永远无法获得真正的功夫。缺乏教育功夫的教育本体，就不是真正的教育本体。王夫之认为"知能同功而成德业"②，人的认知能力只有与实践能力相互作用，才能成就一个人的德行事业，这是由教育之人文性不可替代特点所决定的。历史上具有长久影响的著名教育思想家往往都同时是教育家，单纯的、缺乏教育实践体会的所谓教育学术家，其价值总是相当有限的。要求主体"立功""立德""立言"，实际上是教育学问之人文特性的内在逻辑使然。因此，教育学科师生需要练就"知行合一"的功夫。轻松照搬理论教条的教育实践，从来都是不可能成功的。参与实践的每一个主体都不得不"不可替代"地要自己去"内化"理论，创造性地将"理论"转化为自身的"思想"而为"我"所用。以理论的名义获得的实践上的成功，未必可以简单归结为理论的成功和理论的正确；以理论的名义遭遇的实践上的挫败，也未必就可

---

① 刘顺厚：《绩效与评价：研究生德育探究》，甘肃人民出版社 2006 年版，第 3 页。
② 王夫之在《周易外传·系辞上传》中讲道："夫天下之大用二，知、能是也；而成乎体，则德业相因而一。"凸显了"知能同功而成德业"的价值机制。

以简单归结为理论的失败和理论的错误，主体在理论与实践之间处于的中介地位十分微妙，其不可回避的"过滤"作用和不可控的其他因素的"涉入"解构了理论与实践之间的"线性逻辑关系"。因此，师生交往要变成好的本体功夫，双方或多方主体之间，务必"惟精惟一""致诚不息"地"知行合一"，成为"同道"，方可达到理想境界。如果我们只在文章中奋笔疾书、振臂高呼"知行合一"对于教育学科师生关系的内在价值，而自己却在装睡，那谁又能唤醒"装睡的人"呢？

1. 准备是"得道"的前提

对于教育学者们而言，要想获得"知"，充分的准备工作是必不可少的，教育学者需对教育理论进行充分扎实的学习。一个没有经过训练的耳朵，不会注意到一段音乐的错综复杂；一个没有经过长期训练的味蕾，无法具备品尝红酒所需的敏感性。如果我们尚未掌握一门语言，自然也就无法知晓使用该语言的人在说什么；① 如果你从未练习过花样游泳，你也就无法成为花样游泳的裁判。中国有句俗话，"内行看门道，外行看热闹"说的就是这类情况。当我们在访谈中询问教育学科学生"你所学的教育理论对你与导师的交往有没有起到作用？"时，90％的教育学科学生表现出了茫然，② 这说明教育学科师生交往中学生缺乏教育理论意识，往往按照一种经验和常识来进行。当教育理论储备不足，教育学科教师与学生在处理师生关系时容易陷入经验惯性，很难自觉依循理论来指导实践，不利于师生关系建构及其教育性的显现。

我们强调教育学科师生要加强专业理论知识的学习，但同时也要做好"弃知"的准备。依据求真的普遍要求，"知"是好的，而"不知"是不好的。《老子》第七十一章中这样讲道："知不知，上；不知知，病。"也就是说，"知道自己的无知，是最好的；原本

① Jennifer Hornsby and Jason Stanley, "Semantic Knowledge and Practical Knowledge", *Proceedings of the Aristotelian Society*, Vol. 79 (2005, Supplementary Volumes), p. 125.

② "我不是很关注这个问题，突然想不起来，我脑海中所有的教育学知识都好像忘掉一样。好像没有学过专门指导师生相处的教育学知识。"（来自个案 G 同学）"教育学知识与我和导师之间的相处，我很难把它们两个建立很好的连接。"（来自个案 S 同学）

无知却自认为有知，则是一种恶疾"。"知无知"最重要。这里的"弃知"，主要是指摒弃那些限制主体的习惯性经验和成见。"弃知"是一种"空杯"心态，是一颗"尊重"之心，是"谦虚"的态度，这才是恰当的"得道"准备。

2. "信"是"知"的必要条件

研究表明，我们大多数的信念都有赖于天生的轻信。在我们出生以后明白什么是谎言和什么是欺骗之前的时段里，我们不凭借任何证明，而是完全依赖于父母和教师的权威和证词，便接受了大量的信念。笛卡尔会认为这是十分不幸的，但"轻信"这一看似负面的东西，却有其存在的合理性。正如托马斯·里德所言，"轻信"是来自造物主的恩赐，否则我们将因为缺乏知识而消亡。"信"是"知"的必要条件，具有显著的"启动""诚心"积极探求的前期意义，在人文教育中尤其重要。这样的情况在中国传统教育中随处可见——中国的孩子刚开始总是被要求先背诵经典，而后理解经典。在人文教育中，当学生对教师和理论从一开始就保持质疑或挑战的态度时，尽管这或许有利于发展学生的批判性思维，但却会影响学生在教师和理论那里获得正知，甚至会阻碍学生自我成长。在具有人文性的教育学科里，教师、学生、理论三者之间必须首先建立起码的"信"的关系，教师与学生之间必须有信任和尊重，教师对理论、学生对理论必须要有起码的"信"，有了"相信"，才能有"信心"去准确传递"信息"和真诚领会知识，从而走向实践，面向问题，获得新知。"信"才能推动"师—生—知"三者进入良性循环运动，积极进入"实践"状态，在解决问题的过程中领会、验证、改变和提升，最终形成"实事求是"的"求真"精神。这个过程可以粗略描述为"轻信—真信—信真—自信"的"求真"过程，也就是从"知其然"到"知其所以然"、从被动"他见"到独立"我见"的过程。我们教育学科的理论及其有效性备受质疑，原因不仅在于理论本身，教育学科内部"师—生—知"三角关系在起始阶段就处于"互不信任""互不尊重"的状况也在极大程度上消解着学科的魅力。因此，首先建立起教育学科师生关系的"信任"以及对自身理论的"信心"，是振兴教育学科的精神条件。师生互信，才能"诚意正心",才能全力以赴,领悟理论,走向实践,真诚质疑(建设性的而非破坏性的),勇于探索,实事求是,取到真经。"信"是本体论,也是方法论——即是本体功夫论。苏联电影《教育的诗篇》中有一个令人难忘的情节,马卡连柯让一位有过偷窃历史的学生帮学校去取钱,因为他对这名学生表现出的信任,使得这名学生洗心革面,后来这名学生成了马卡连柯的得力助手。① ——这是教育心理学里的"皮格马利翁效应"的典型案例。教育学科的师生亦要向马卡连柯学习,只有当教师欣赏并信任学生时,师生交往才能更好地进行,这也是教育教学教师主导性的重要体现。

　　3. 模仿"师傅"或楷模

　　功夫之知不仅仅是关于"真理"的学问,它更是关乎"道"的统称,我们学习功夫之知的一个重要方法是模仿师傅或楷模。在师傅或楷模的示范之下,你通过观察和模仿,便可以在不知不觉中学会技艺的方法,甚至包括一些连师傅或楷模本人也尚未觉察到的技艺规则。教育学科师生若想构建良好的师生关系,师生交往不能仅仅依靠言语表达与说服的方式,也应该通过仿效典范,即向掌握师生相处之道的楷模学习。这种对师傅或楷模模仿学习还在中国武侠电影中常见。② 禅宗说:"担水砍柴,无非妙道。"功夫就在日用常行之内,可以从担水砍柴做起。在教育学科师生关系中,我们亦可树立楷模。只要我们善于发现,楷模就在身边。湖南师范大学前校

―――――――――

　　① 故事讲述了教育家马卡连柯让一个有过小偷经历的学生帮学校去银行取钱,这名学生在接到任务后十分吃惊,但见马卡连柯如此笃定,于是便冒着暴风雪一路狂奔到银行,当这位学生拿着钱袋赶到马卡连柯的办公室时,马卡连柯面对气喘吁吁的学生只说了一句话:"你回来了?"然后没有清点钱币,而是直接将钱袋放进了抽屉。这一举动让这名学生感到意外,他问马卡连柯为什么不数一下钱币,马卡连柯回答道:"你在银行一定数过了,我没有必要再数。"该故事参见《马卡连柯教育文集》,人民教育出版社2005年版。

　　② 在一些武侠电影中,常常会有这样的故事情节:一位佛教高僧会打发他的新弟子去做杂活,如扫地劈柴,很长一段时间也不教授他真功夫。诚然扫地或劈柴与得道之间没有直接的逻辑联系,但真实情况却是烦琐的体力劳动能够帮助一个人戒骄戒躁。不过仅仅如此还远远不够,一个人在戒骄戒躁的同时,极可能缺乏实现更高目标的抱负。此时,师傅便会在必要时刻使弟子理解到众生皆有佛性、人人皆可成佛的道理。当弟子误将扫地和涅槃当作完全分离的两个阶段时,师傅则需要进一步教导弟子明晓日常行为亦可立地成佛。教育学科教师在教育其学生过程中,亦需要教育智慧,或称先抑后扬。

长张楚廷先生在做报告时多用聊天式的方式进行，氛围轻松愉悦，张先生认为正是这种聊天式的教学方式使自己从高高在上的教育者角色转变为叙述者的身份。① 张先生的这种看似自由随意的教学方式实则尊重与爱护着每一位学生。

向楷模学习还存在一个困难，即怎样做到既模仿却又不机械复制楷模。② 理解与实践下的模仿是教育学科师生获得能力、艺术或功夫的过程，它应与单纯的机械重复相区别。在人文领域，模仿往往是使人获得创造力的必经之路。模仿作为一门功夫，教育学科师生在对楷模进行模仿时，必须对文化、历史及其他特定的具体条件，以及某些特定典范所具有的局限性进行反思并保持对它们的敏感度。如若我们放下了警戒心，就有出现危险的可能，因为一旦内化了不良影响，教育学科师生关系之理想形态便无从谈及。

4. 反思与觉醒——构建师生同道机制

镌刻在德尔斐的阿波罗神庙墙上的三句箴言中，其中一句是"认识你自己"。陆九渊指明了"道"在心中，不必向外，只需"内求诸己"的真谛。③ 教育学科师生应将反思作为自我的日常修行。当教育学科师生关系出现问题时，教育学科教师和学生要自觉以"专业的态度"把它当成"专业问题"去寻求解决问题的锁钥。一方面，要重拾教育学理论；另一方面，师生双方还要自觉学习反思，在发生问题中反思，在反思中解决问题。苏霍姆林斯基曾说过："真正的教育是教师能够激发学生去进行自我教育。"④ 教师作

---

① 张楚廷先生认为，"当受教育者感到站到自己面前的并非教育者的时候，他接受着最好的教育；并且，教育者因此而做出了最好的教育"。详见赵雄辉、古舍《张楚廷和他的教育人生》，《当代教育论坛》（校长教育研究）2007 年第 3 期。

② 孟旦把这种"机械复制"称作"问题解决模型"（problem solving models），不同于"品格楷模模型"（character models）。前者是不顾条件变化地机械复制同一种方法，后者才是楷模学习的适当方法。参见 Donald J. Munro, *A Chinese Ethics for the New Century*, Hong Kong: The Chinese University Press, 2005, pp. 35 – 37。

③ "理宗绍定三年（1230 年）己丑，夏四月，江东提刑赵彦悈重修象山精舍。云：'道在笃行，不在空言，道在反求，不在外务。'"详见《陆九渊集》（年谱卷36），中华书局 1980 年版，第 522 页。

④ ［苏］瓦·阿·苏霍姆林斯基：《给教师的建议》（修订版），杜殿坤编译，教育科学出版社 1984 年版，第 341 页。

为师生关系的主导方，应做到"常自省"，时刻询问自己在教育教学过程中是否遵循了教育规律和教育原理，在与学生相处中有无按照教育理论来进行，并主动积极引导学生进行反思。反思是一种由内而外的诊断法，教育学科师生通过对事物进行慢慢梳理，先从自身寻找问题的症结所在，反求诸己，而后向外探究。反思的意义正在于此，教育学科师生双方想要获得发展与进步，反思是促使其走向"新我"的极佳路径，教育学科师生要不断反思，在反思中构建良好的师生关系。

总之，人文性是教育学科之魂，教育学科师生相处之道是无形的功夫，而非外显的技艺，人文关怀应时时刻刻浸入教育学科师生关系之中。在教育学科师生关系中，"思"与"行"同等重要，教育学者不仅要注重"我思故我在"，还要坚守"我行故我在"，"思""行"并驾齐驱，方能"知行合一"。何以同道？反求诸己！教育学科师生应自觉地将人文性置于师生交往中，"同道"是构建教育学科之人文性与教育学科师生关系双螺旋结构的关键所在。教育学科学生不仅要追求由"知道"向"悟道"的转变，亦要追求从"悟道"迈向"践道"的提升。而教育学科教师不仅要做学生的"人师"，更要做学生的"道师"，要追求从"经师—人师—道师"之层层递进。教育学科师生不仅应成为师生关系处理的专家，还应成为专业理论知识最为扎实的群体之一。当教育学科师生自觉地把师生交往当成自身的专业课时，教育学科的人文性之魂便已然注入了我们的学术共同体里。

参考文献

著作

［奥地利］胡塞尔：《欧洲科学危机和超验现象学》，张庆熊译，上海译文出版社 1988 年版。

［奥地利］维特根斯坦：《逻辑哲学论》，商务印书馆 1996 年版。

《巴赫金全集》，白春仁，晓河译，河北教育出版社 1998 年版。

［巴西］保罗·弗莱雷：《被压迫者教育学》，华东师范大学出版社 2001 年版。

《柏拉图文艺对话集》，朱光潜译，人民文学出版社 1963 年版。

《波普尔思想自述》，上海译文出版社 1988 年版。

［波］沙夫：《人的哲学》，生活·读书·新知三联书店 1963 年版。

［德］恩特斯·卡西尔：《人论》，甘阳译，上海译文出版社 2004 年版。

［德］恩特斯·卡西尔：《语言与神话》，生活·读书·新知三联书店 1988 年版。

［德］费迪南·费尔曼：《生命哲学》，李建鸣译，华夏出版社 2002 年版。

［德］费尔巴哈：《基督教的本质》，商务印书馆 1988 年版。

［德］伽达默尔：《真理与方法》，洪汉鼎译，上海译文出版社 2004 年版。

［德］海德格尔：《存在与时间》，陈嘉映、王庆节合译，生活·读书·新知三联书店 1999 年版。

［德］海德格尔：《人，诗意地安居》，部元宝译，广西师范大学出版社 2000 年版。

［德］卡西尔：《人论》，上海译文出版社 1985 年版。

〔德〕卡西尔：《语言与神话》，生活·读书·新知三联书店 1988
　　年版。

〔德〕兰德曼：《哲学人类学》，阎嘉译，贵州人民出版社 1988 年版。

〔德〕韦伯：《经济与社会》，林荣远译，商务印书馆 1997 年版。

〔德〕雅斯贝尔斯：《什么是教育》，生活·读书·新知三联书店
　　1991 年版。

〔德〕约瑟夫·皮铂：《闲暇：文化的基础》，新星出版社 2005
　　年版。

〔俄〕尼古拉·别尔嘉耶夫：《精神与实在》，中国城市出版社 2002
　　年版。

〔法〕埃德加·莫兰：《方法：思想观念》，北京大学出版社 2002
　　年版。

〔法〕保罗·科利：《活的隐喻》，汪堂家译，上海译文出版社 2004
　　年版。

〔法〕卢梭：《爱弥儿：论教育》，李平沤译，商务印书馆 1987
　　年版。

〔法〕皮埃尔·布迪厄：《实践与反思》，李猛等译，中央编译出版
　　社 1998 年版。

陈嘉映：《哲学科学常识》，东方出版社 2007 年版。

杜时忠：《人文教育论》，江苏教育出版社 1999 年版。

冯俊等：《后现代主义哲学讲演录》，商务印书馆 2003 年版。

冯晓虎：《隐喻—思维的基础篇章的框架》，对外经济贸易出版社
　　2004 年版。

《冯友兰论教育》，人民出版社 2010 年版。

冯友兰：《中国哲学简史》，北京大学出版社 1996 年版。

复旦大学哲学系中国哲学教研室编：《中国古代哲学史》，上海古籍
　　出版社 2006 年版。

耿占春：《隐喻》，上海东方出版社 1993 年版。

〔古希腊〕柏拉图：《理想国》，郭斌和等译，商务印书馆 2002
　　年版。

〔古希腊〕亚里斯多德：《诗学》，罗念生译，人民文学出版社 1986

年版。

郭齐勇：《中国哲学史》，高等教育出版社 2006 年版。

郭永玉：《精神的追寻——超个人心理学及其治疗理论研究》，华中师范大学出版社 2002 年版。

胡壮麟：《认知隐喻学》，北京大学出版社 2004 年版。

季广茂：《隐喻视野中的诗性传统》，高等教育出版社 1998 年版。

［捷克］夸美纽斯：《大教学论》，傅任敢译，人民教育出版社 1985 年版。

解思忠：《国民素质忧思录》，作家出版社 1997 年版。

金生鈜：《理解与教育——走向哲学解释学的教育哲学导论》，教育科学出版社 1997 年版。

梁漱溟：《人心与人生》，上海人民出版社 2011 版。

梁漱溟：《中国文化要义》，上海世纪出版集团 2005 年版。

《林语堂选集》，海峡文艺出版社 1988 年版。

刘鸿武：《人文科学引论》，中国社会科学出版社 2002 年版。

刘惊铎：《道德体验论》，人民教育出版社 2003 年版。

刘力红：《思考中医》，广西师范大学出版社 2006 年版。

刘铁芳：《走向生活的教育哲学》，湖南师范大学出版社 2005 年版。

刘献君：《大学德育论》，华中科技大学出版社 1996 年版。

刘献君：《大学之思与大学之治》，华中科技大学出版社 2000 年版。

刘献君：《专业教学中的人文教育》，华中科技大学出版社 2003 年版。

鲁宾斯坦：《关于思维和它的研究道路》，上海人民出版社 1963 年版。

陆扬：《德里达·解构之维》，华中师范大学出版社 1996 年版。

《马一浮集》第 1 册，浙江古籍出版社、浙江教育出版社 1996 年版。

［美］M. H. 艾布拉姆斯：《镜与灯》，北京大学出版社 1989 年版。

［美］艾伦·布鲁姆：《走向封闭的美国精神》，中国社会科学出版社 1994 年版。

［美］爱因斯坦、［波］英费尔德：《物理学的进化》，上海科技出版社 1962 年版。

［美］杜威：《民主主义与教育》，王承绪译，人民教育出版社 1990 年版。

［美］杜威：《我们怎样思维——经验与教育》，人民教育出版社 2005 年版。

［美］理查德·尼斯贝特：《思维的版图》，中信出版社 2006 年版。

［美］理查德·舒斯特曼：《哲学实践》，彭锋译，北京大学出版社 2002 年版。

［美］理查·罗蒂：《哲学与自然之镜》，李幼蒸译，生活·读书·新知三联书店 1987 年版。

［美］林格伦：《课堂教育心理学》，云南人民出版社 1983 年版。

［美］罗伯特·迪尔茨：《语言的魔力》，世界图书出版公司 2008 年版。

［美］马斯洛：《动机与人格》，许金声译，华夏出版社 1987 年版。

［美］马斯洛：《人的潜能和价值》，林方主编，华夏出版社 1987 年版。

［美］斯通普夫、菲泽：《西方哲学史》，匡宏、邓晓芒译，世界图书出版公司 2008 年版。

［美］梯利：《西方哲学史》，商务印书馆 1979 年版。

［美］约翰·S. 布鲁贝克：《高等教育哲学》，郑继伟等译，浙江教育出版社 1987 年版。

蒙培元：《情感与理性》，中国人民大学出版社 2009 年版。

《蒙田随笔全集上卷》，潘丽珍等译，译林出版社 2002 年版。

［摩洛哥］扎古尔·摩西：《世界著名教育思想家》，梅祖培等译，中国对外翻译出版公司 1994 年版。

牟宗三：《生命的学问》，广西师范大学出版社 2005 年版。

《潘光旦文集》，北京大学出版社 1995 年版。

潘懋元：《高等教育学讲座》，人民教育出版社 1983 版。

《潘懋元文集·卷二·理论研究》上、下，广东高等教育出版社 2010 年版。

裴娣娜等：《发展性教学论》，辽宁人民出版社 1998 年版。

钱穆：《中国思想通俗讲话》，香港：求精印务公司 1955 年版。

邱鸿钟：《医学与语言——关于医学的历史、主体、文本和临床的语言观》，广东高等教育出版社 2010 年版。

［日］沟口三雄：《中国的思想》，中国社会科学出版社 1995 年版。

［日］佐藤学：《学习的快乐——走向对话》，钟启泉译，教育科学出版社 2004 年版。

石中英：《教育学的文化性格》，山西教育出版社 2005 年版。

石中英：《教育哲学导论》，北京师范大学出版社 2002 年版。

石中英：《知识转型与教育改革》，教育科学出版社 2001 年版。

舒可文：《美是幸福的时刻》，广东教育出版社 1997 年版。

束定芳：《隐喻学研究》，上海外语教育出版社 2000 年版。

思勤编著：《奥修故事》，海峡文艺出版社 1997 年版。

宋志明：《中国传统哲学通论》（第 2 版），人民大学出版社 2008 年版。

苏国勋、张旅平、夏光：《全球化：文化冲突与共生》，社会科学文献出版社 2006 年版。

孙周兴选编：《海德格尔选集》，上海三联书店 1996 年版。

腾守尧：《文化的边缘》，作家出版社 1997 年版。

《涂又光文存》，华中科技大学出版社 2009 年版。

《陀思妥耶夫斯基诗学问题》，白春仁、顾亚铃译，生活·读书·新知三联书店 1988 年版。

瓦西留克：《体验心理学》，黄明译，中国人民大学出版社 1989 年版。

汪海东：《综合思维方式论》，人民出版社 1999 年版。

王树人：《传统智慧再发现》，作家出版社 1996 年版。

王树人：《回归原创之思——"象思维"下的中国哲学》，江苏人民出版社 2005 年版。

韦政通：《中国的智慧》，吉林出版集团 2009 年版。

韦政通：《中国思想史》，吉林出版集团 2009 年版。

吴国盛：《让科学回归人文》，江苏人民出版社 2003 年版。

《现代西方资产阶级教育思想流派论著选》，华东师大教育系、杭州大学教育系编译，人民教育出版社 1980 年版。

肖川：《教育的理想与信念》，岳麓书社 2002 年版。

谢地坤：《走向精神科学之路——狄尔泰哲学思想研究》，江苏人民出版社 2003 年版。

辛继湘：《教学价值的生命视野》，湖南师范大学出版社 2006 年版。

熊培云：《重新发现社会》，新星出版社 2010 年版。

Karl Jaspers：《雅斯培论教育》，杜意风译，（台湾）联经出版事业
　　公司 1983 年版。

严春友：《西方哲学名著导读》，北京交通大学出版社 2008 年版。

严文华：《跨文化沟通心理学》，上海社会科学院出版社 2008 年版。

杨传珍：《人文补课——20 世纪西方文论概览》，中国工业出版社
　　2003 年版。

杨九俊、吴永军主编：《建设新课程：从理解到行动》，江苏教育出
　　版社 2003 年版。

《杨叔子教育雏论选》，华中科技大学出版社 2010 版。

［意］维柯：《论人文教育》，上海三联忆书店 2007 年版。

殷鼎：《理解的命运》，生活·读书·新知三联书店 1988 年版。

［印度］奥修：《春来草自青》，虞莉、顾瑞荣译，东方出版中心 1996
　　年版。

［英］爱德华·德·博诺：《我对你错》，山西人民出版社 2008 年版。

［英］波兰尼：《个人知识——迈向后批判哲学》，许泽民译，贵州
　　人民出版社 2000 年版。

［英］波普尔：《猜想与反驳》，上海译文出版社 1986 年版。

［英］布赖恩·马吉：《"开放社会之父"——波普尔》，湖南人民
　　出版社 1988 年版。

［英］戴维·伯姆：《论对话》，王松涛译，教育科学出版社 2004 年版。

［英］伽达默尔：《论理解的循环》，王志伟译，上海远东出版社
　　2003 年版。

［英］伽达默尔：《哲学解释学》，上海译文出版社 1994 年版。

［英］伽达默尔：《真理与方法》，洪汉鼎译，上海译文出版社 2004
　　年版。

［英］克林伯格：《社会主义学校（学派）的教学指导性与主动
　　性》，德国科学出版社 1962 年版。

［英］马丁·布伯：《人与人》，张健、韦海英译，作家出版社 1992

年版。

［英］马丁·布伯：《我与你》，陈维刚译，生活·读书·新知三联书店 2002 年版。

［英］泰伦斯·霍克斯：《隐喻》，穆南译，北岳文艺出版社 1990 年版。

［英］约翰·洛克：《教育漫话》，杨汉麟译，人民教育出版社 2005 年版。

张楚廷：《教育哲学》，教育科学出版社 2006 年版。

张传开等人主编：《西方哲学通论》，安徽大学出版社 2003 年版。

张奎志：《体验批评：理论与实践》，人民出版社 2001 年版。

张其成：《中医哲学基础》，中国中医药出版社 2006 年版。

张汝伦：《坚持理想》，上海人民出版社 1996 年版。

张世英：《境界与文化》，人民出版社 2007 年版。

张世英：《哲学导论》，北京大学出版社 2008 年版。

张维迎：《大学的逻辑》，北京大学出版社 2004 年版。

张祥云：《大学教育：回归人文之蕴》，中山大学出版社 2004 年版。

赵汀阳：《一个或所有问题》，江西教育出版社 1998 年版。

赵祥麟、王承绪编译：《杜威教育论著选》，华东师范大学出版社 1981 年版。

郑金洲：《教育通论》，华东师范大学出版社 2000 年版。

钟启泉、黄志成主编：《美国教学论流派》，陕西人民教育出版社 1993 年版。

《周国平论教育》，华东师范大学出版社 2009 年版。

邹进：《现代德国文化教育学》，山西教育出版社 1992 年版。

朱红文：《人文精神与人文科学——人文科学方法论导论》，中共中央党校出版社 1992 年版。

朱小蔓：《情感教育论纲》，人民出版社 2007 年版。

论文及其他

安延明：《狄尔泰的体验概念》，《复旦学报》（社会科学版）1990 年第 5 期。

曹晶：《论走向生命的体验教育》，硕士学位论文，河南大学，2004 年。

陈春霞：《教育与生活——从隔离到融合》，《宿州教育学院学报》2008 年第 1 期。

陈国栋：《大学人文精神的建构》，《南昌大学学报》（哲学社会科学版）1998 年第 3 期。

陈敏：《朱子论诚敬》，《福建师范大学学报》（哲学社会科学版）2001 年第 2 期。

陈佑清：《体验及其生成》，《教育研究与实验》2002 年第 10 期。

邓晓芒：《苏格拉底与孔子的言说方式比较》，《开放时代》2000 年第 3 期。

杜时忠：《论人文教育的价值》，《清华大学教育研究》1998 年第 2 期。

杜时忠：《人文教育及其概念辨析》，《教育研究与实验》1995 年第 4 期。

杜维明：《杜维明教授谈东西方价值观》，《联合早报》1995 年第 4 期。

杜维明：《关于"文化中国"》，《现代与传统》1995 年第 2 期。

杜维明：《开发中国传统文化的人文精神》，《二十一世纪》1995 年第 10 期。

杜维明：《人文学科与公众知识分子》，《自然辩证法研究》1999 年第 1 期。

冯骥才：《人文精神是教育的灵魂（新语）》，《民主》2008 年第 1 期。

冯苗：《论教育场域中的对话》，博士学位论文，东北师范大学，2008 年。

高万祥：《人文教育就是人心教育》，《基础教育参考》2010 年第 3 期。

高文、裴新宁：《试论知识的社会建构性——心理学与社会学的视角》，《全球教育展望》2002 年第 11 期。

顾明远：《人文教育在高等学校中的地位和作用》，《高等教育研究》1995 年第 4 期。

郭文安：《教育学教材编写的思考》，《课程　教材　教法》2011 年第 1 期。

郭文安：《论当代教育对于人的独立个性的追求与探索》，《教育研究与实验》2000 年第 4 期。

何杰明：《杜威"教育即生活"思想发微》，《宿州教育学院学报》2007 年第 5 期。

惠曦：《人文教育涵义》，《泸州医学院学报》1998 年第 6 期。

贾冬梅：《概念隐喻理论与隐喻教学》，《教育理论与实践》2008 年第 1 期。

贾永堂：《高等教育中科学教育与人文教育的整合研究》，《高等教育研究》1997 年第 1 期。

贾永堂：《我国大学专业教育批判》，《学园》2008 年第 1 期。

金耀基：《人文教育在大学的序位——香港中文大学校长金耀基教授在华东师大的讲演》（节选）。

康念菊：《〈行道树〉课堂实录及评点》，《中学语文教学参考》2002 年第 6 期。

李宝庆：《对话教学初探》，硕士学位论文，曲阜师范大学，2003 年。

李楠、朱成科：《教育关怀人的生活———对杜威"教育即生活"思想的解读》，《西南科技大学高教研究》2008 年第 1 期。

李乔：《大学科学教育与人文教育融合的政策研究》，硕士学位论文，山西大学，2008 年。

李山林：《人文精神的内涵与人文教育的实质》，《湖南科技大学学报》（社会科学版）2006 年第 1 期。

李霞，李宁辉：《体验，教育的转向》，《兰州大学学报》（社会科学版）2008 年第 2 期。

李晓红：《隐喻性思维与中西文化认知》，《江苏社会科学》2007 年第 1 期。

李英：《体验：一种教育学的话语——初探教育学的体验范畴》，《教育理论与实践》2001 年第 12 期。

刘庆昌：《对话教学初论》，《教育研究》2001 年第 11 期。

刘铁芳：《教育的沉沦与教育哲学的使命》，《教育理论与实践》
　　1999 年第 3 期。

刘为开：《专注的境界》，《湖北招生考试》2009 年第 252 期。

刘献君：《知识经济呼唤人文教育与科学教育的融合》，《高等教育
　　研究》1999 年第 2 期。

刘哲玲：《论科学教育与人文教育的发展融合过程及其途径》，《天
　　中学刊》2008 年第 1 期。

鲁洁：《教育的原点：育人》，《华东师范大学学报》（教育科学版）
　　2008 年第 4 期。

陆玉珍：《冯契智慧论———基于古代中西方智慧的理论创新》，
　　《长春工程学院学报》（社会科学版）2010 年第 1 期。

蒙培元：《中国哲学的方法论问题》，《哲学动态》2003 年第 10 期。

孟耕合：《北宋〈中庸〉之“诚”思想研究》，硕士学位论文，复
　　旦大学，2009 年。

慕君：《阅读教学对话研究》，博士学位论文，华东师范大学，
　　2006 年。

庞振超：《1949—1998 中国大学人文学科变革研究》，博士学位论
　　文，厦门大学，2006 年。

裴新宁：《建构主义与科学教育的再探讨》，《全球教育展望》2006
　　年第 51 期。

彭茂红：《隐喻与教育》，硕士学位论文，云南师范大学，2004 年。

任彦钧：《感受和体验：两个亟待重估的关键词》，《语文教学通讯》
　　2003 年第 12 期。

邵严毅：《哲学与隐喻的不解之缘》，《社会科学家》2008 年第
　　4 期。

沈建：《体验性：学生主体参与的一个重要维度》，《中共宁波市委
　　党校学报》2001 年第 4 期。

沈晓敏：《对话教学的意义与策略》，博士学位论文，华东师范大
　　学，2005 年。

石雷山、王灿明：《大卫·库伯的体验学习》，《教育理论与实践》
　　2009 年第 10 期。

石中英：《简论教育理论中的隐喻》，《北京师范大学学报》（社会科学版）1997 年第 2 期。

石中英：《知识性质的转变与教育改革》，《清华大学教育研究》2001 年第 2 期。

舒海英：《论隐喻及隐喻思维》，硕士学位论文，黑龙江大学，2005 年。

宋哗：《隐喻语言的教育学意义》，《教育评论》2003 年第 1 期。

孙利天：《21 世纪哲学：体验的时代?》，《长白学刊》2001 年第 2 期。

唐斌、尹艳秋：《科学教育与人文精神——兼论科学的人文教育价值》，《教育研究》1997 年第 11 期。

童恒萍：《交往与现代性——哈贝马斯交往理论述评》，《华南师范大学学报》2001 年第 2 期。

童庆炳：《经验、体验与文学》，《北京师范大学学报》（人文社会科学版）2000 年第 1 期。

涂又光：《论人文精神》，《中国哲学史》1997 年第 1 期。

万书元：《论审美体验》，《江苏社会科学》2006 年第 4 期。

王嘉毅、李志厚：《论体验学习》，《教育理论与实践》2004 年第 12 期。

王庆节：《真理、道理与思想解放》，《哲学分析》2010 年第 6 期。

王树人：《中国的"象思维"及其原创性问题》，《学术月刊》2006 年第 1 期。

王松鹤：《隐喻的多维研究》，博士学位论文，上海外国语大学，2009 年。

王玉娥、史萌：《从"言"走向"人"——关于隐喻的人文教育价值的思考》，《当代教育论坛》2007 年第 1 期。

韦政通：《我治中国思想史的经验》，《华中师范大学学报》2007 年第 4 期。

文辅相：《我对人文教育的理解》，《中国大学教学》2004 年第 9 期。

文理平：《关于"人文精神"讨论综述（上）》，《文艺理论与批评》1995 年第 3 期。

吴敏：《体验教育模式研究》，硕士学位论文，江南大学，2009 年。

肖川：《教育的隐喻》，《人民教育》2004 年第 12 期。

辛继湘：《体验教学研究》，博士学位论文，西南师范大学，2003 年。

徐玉珍：《科技教育与人文精神》，《华东师范大学学报》（教育科学版）1998 年第 4 期。

许宁：《马一浮的本体功夫论》，《西安电子科技大学学报》2004 年第 3 期。

杨德广：《加强人文教育，提高人文素质》，《教育研究》1999 年第 2 期。

杨寿堪：《实体主义和现象主义》，《中国人民大学学报》2001 年第 5 期。

杨叔子：《人文教育现代大学之基》，《南京农业大学学报》（社会科学版）2001 年第 1 期。

杨叔子：《是"育人"非"制器"——再谈人文教育的基础地位》，《高等教育研究》2001 年第 2 期。

杨叔子：《现代大学与人文教育》，《高等教育研究》1999 年第 4 期。

叶澜：《时代精神与新教育理想的构建》，《教育研究》1994 年第 4 期。

余东升：《质性研究：教育研究的人文学范式》，《高等教育研究》2010 年第 7 期。

郁振华：《波兰尼的默会认识论》，《自然辩证法研究》2001 年第 8 期。

曾伟、陈昌贵：《新时期的人文精神与高等教育的作用》，《高等教育研究》1996 年第 6 期。

张爱红：《大学生人文精神现状及构建研究》，硕士学位论文，华中师范大学，2005 年。

张华龙：《体悟教育研究》，博士学位论文，西北师范大学，2008 年。

张华：《体验课程论——一种整体主义的课程观》，《教育理论与实践》1999 年第 12 期。

张家：《故事性教育，隐喻性教育》，《湖南涉外经济学院学报》2007 年第 12 期。

张岂之：《我们的大学需要什么？——简论大学人文教育的几个问题》，《中国高教研究》2002 年第 10 期。

张书义：《论当代大学生科学精神和人文精神的培养》，《中国成人教育》2008 年第 24 期。

张新颜：《人文教育的含义和基本要求》，《北京青年政治学院学报》2003 年第 4 期。

张应强：《论科学教育与人文教育的整合》，《高等教育研究》1995 年第 3 期。

张再林：《中国古代"体知"的基本特征及时代意义》，《西安政治学院学报》2008 年第 4 期。

张志泉：《体验教育——当代教育的呼唤》，硕士学位论文，曲阜师范大学，2004 年。

张增田：《对话教学研究》，博士学位论文，西南师范大学，2005 年。

赵汀阳：《关于命运的知识》，载《论证 1》，广西师范大学出版社 2001 年版。

赵联：《体验与教育——体验的教育学意蕴初探》，硕士学位论文，江西师范大学，2004 年。

赵汀阳：《共在存在论——人际与心际》，《哲学研究》2009 年第 8 期。

赵维森：《试论隐喻思维与教育的关系》，《社科纵横》2008 年第 8 期。

郑金洲：《若干教育隐喻探源》，《上海高教研究》1997 年第 9 期。

钟锦：《人文学科及其现代意义》，《陕西师范大学学报》（哲学社会科学版）1996 年第 2 期。

周远清：《挑战重理轻文推进人文教育与科学教育的融合》，《中国高教研究》2002 年第 1 期。

邹诗鹏：《人文教育怎样成为"做人之学"》，《高等教育研究》2004 年第 4 期。

外文文献

Andrew Wright, *Spirituality and Education*, London and New York：

State University of New York Press, 2000.

Aristotle, *Rhetorie and Poeties*, New York: The Modem Library, 1954.

Bernard Cohen, Edited, *The Natural Science And The Social Sciences – Some Critical and Historical Perspectives*, Cluwer Academic Publishers, 1994.

Brownhill R. J. , *Education and the Nature of knowledge*, London & Canberra: Croom Helm, 1983.

Bruner J. , *The Culture of Education*, Harvard University Press, 1996.

Carnegie Foundation of the Advancement of Teaching: *Missions of the College Curriculum: A Contemporary Review with Suggestions*, San Francisco: Jossy – Bass Publishers, 1997.

Charles Silberman, *Crisis in the Classroom*, New York: Random house, 1970.

Clark Kerr, *The Great Transformation in Higher Education*, State University of New York Press, 1991.

Comte, A. , *The Crisis of Industrial Civilization: The Early Essays of Auguste Comte*, London: Heinemann Educational Books Ltd, 1974.

Crick F. , *The Astonishing Hypothesis – The Scientific Search for the Soul*, New York: Charles Scriber's Sons, 1994.

C. A. Bowers, *Education, Cultural Myths and the Education Crisis: Toward Deep Changes*, Albany N. Y. : State University of New York Press, 1993.

David H. Jonassen, "Toward a Design Theory of Problem Solving", *Educational Technology Research and Development*, Vol. 48, No. 4, 2000.

Derek Bok, *Beyond the Ivory Tower: Social Responsibility of the Modern University*, Cambridge, Mass: Harvard University Press, 1982.

Dewey J. , *Experience and Education*, New York: Siman and Schuster, 1997.

Doll, W. E. , "Foundations of a Post – modern Curriculum", *Journal of Curriculum Studies*, Vol. 21, No. 3, 1989.

Edmund Husserl, *The Crisis of European Sciences and Transcendental Phenomenology: An Introduction to Phenomenological Philosophy*, Northwestern University Press, 1970.

Ernst Cassirer, *The Logic of the Humanities*, Yale University Press, 1961.

Feyerabend, P. K. , *Against Method; Outline of an Anarchistic Theory of Knowledge*, Redwood Burn, 1997.

Freire F. , *Pedagogy of the Oppressed*, London: Penguin Books Ltd, 1970.

Jean – Francois Lyotard, *The Post – modern Condition: A Report on Knowledge*, Manchester University Press, 1984.

J. V. Wertsch & Chikako Toma, *Discourse and Learning in the Classroom: A Sociocultural Approach: Constructivism in Education*, New Jersey: Lawrence Erlbaum Associates, Inc. : Publishers, 1995.

Kolb D. A. , *Experiential Learning: Experience as the Source of Learning and Development*, New Jersey: Prentice Hall, 1984.

Leish K. ed. , *Guide to Human Thoughts*, Bloomsbury publishers, 1993.

Melaren, P. , *Life in schools: An Introduction to Critical Pedagogy in the Foundations of Education*, New York: Longman, 1989.

Michael Polanyi, *Personal Knowledge: Towards a Post Critical Philosophy*, Chicago: University of Chicago Press, 1962.

Polanyi M. , *The Study of Man*, London: Routledge & Kegan Paul, 1957.

Polanyi M. , *The Tacit Dimension*, London: Routledge & Kegan Paul, 1957.

Proctor R. E. , *Defining the Humanities*, Indiana University Press, 1998.

R Rorty, *Philosophy and the Mirror of Nature*, Princeton University Press, 1979.

Resniek, L. , *Education and Learning to Think*, National Academy

Press: Washington, D. C. , 1987.

Richards I. A. , *The Philosophy of Thetoric*, Oxrord University Press, 1936.

Roger Trigg, *Rationality & Science – Can Science Explain Everything?* Blackwell, 1993.

Rogers, C. R. , *On becoming a Person*, Boston: Houghton Miffiin, 1961.

R. S. Crane, *The Idea of the Humanities*, Chicago: The University of Chicago Press, 1967.

Saffin N. W. , *Science, Religion and Education*, London: Cowden Publishing co, 1973.

See Pinar, W. F. , et al. , *Understanding Curriculum*, Peter Lang, New York, 1995.

Stephen Cole, *Consensus in the Natural and Social Science*, *from Making Science*, Harvard University Press, 1992.

Sutieh, A. J. , *Some Considerations Regarding Transpersonal Psychology*, Journal of Transpersonal Psychology, 1969.

Wain Kenneth, *Philosophy of Lifelong Education*, Croom Helm Ltd, 1987.

后 记

在 路 上

2021 年 8 月 21 日，是我儿子的生日，大家正在为晚餐做准备的时候，我接到了恩师厦门大学资深教授、学界泰斗潘懋元先生的电话（先生出生于 1920 年 8 月 4 日，今年 101 岁）。他话语清晰而有磁性，说他看了我刚刚发表的论文《教育学的"人文道理"范式及其特性》，对我的文章和长期"一以贯之"地立足人文立场做教育研究，给予了肯定和鼓励，还说我是"教育的人文主义者"，当然，也不否认我的研究是充分考虑科技与人文关系的。接到这个电话，我很震撼，心情难以言表。随着潘先生的年龄越来越高，我越不敢打扰他，怕影响他休息，近些年来我极少给他打电话。对他的牵挂和祝福，向他汇报我的生活和工作状况，都是通过发信息简洁表达。真没想到已逾百岁的他却给我打电话来鼓励我！潘先生是位忘我工作的人，从不懈怠地关注时代，关心教育，关怀学生。阅读、交流、研究、写作、指导、演讲就是他现在主要的生活。潘先生令无数人不得不折服，他在众人眼里是"神一般的存在"。我在潘先生身边学习工作了七个年头，自 1995 年底离开厦门大学之后，我们也一直保持着深刻的思想和精神联系。遇到这样的大先生，自然成了我研究教育的人文性和人文的教育性问题的鲜活案例和经典例证。他如何能做到"把学生当儿女，把儿女当学生"，既把那么多学生培养成了德才兼备的优秀人才，也把自己的四位儿女培养得那么优秀？他如何能做到把百岁当少年站立讲台清晰、准确、简练、深刻地做学术报告？他如何能做到百岁之年还能坚持研究发表深刻而具前瞻的学术论文？思考并试图能够解读这位大先生，伴随着我开展人文教育研究的整个历程。在我的心里，在我的研究中，潘先生就是经典的、道成肉身的人文课程。自从 2007 年开始，我们深圳大学高等教育研究所每年都会组织全所教师带领每届研究生去厦门大学拜见潘先生，去参加潘先生的周六家庭学术沙龙，让我们的学生近距离感受潘先生的风采，体验潘先生家庭学术沙龙那浓郁的人文气息。这堂每届学生的"必修课"，一直持续到新冠肺炎疫情肆虐全球才不得不停下来。如果以 1999 年《新华文摘》全文转载本人的论文《人文教育特点新探》作为起点，我之所以能默默坚持这个主题的研究二十多年，其中重要的原因是遇见了潘先生这样神奇的生命存在。

一

教育的人文研究和人文的教育研究，不仅是理论的探索，更是生命的学问。超越生命的季节和节奏，超越人生的经验和体悟，无法真正做好这样的研究。孔子的《论语》，不是孔子的学术研究成果，而是他漫长教育人生的副产品，是他众多弟子们的回想和分享，是孔子精神生命扎根弟子们心灵世界的结晶。正因为如此，我无意于自己可以超越生命的体验去快节奏地建立起一套逻辑框架，然后不断搬用相关的学术之钢筋水泥和砖块去有序堆砌。生命的学问，不是建构的，而是生成的。需要时间，需要经历，需要体验，需要对话，需要反思，需要咀嚼，需要凝练。所有的这类研究，都应该真诚地将自己投入其中，融入其里，用"心"对待，拿"命"践行。从这个意义上说，眼前这本书，算是在我三十多岁人生阅历基础上，又经过二十多年持续不断的"且行且研究"——在生活中，在工作中，在阅读中，在交往中反复琢磨和切磋而成。在路数上，这应该算是符合人文之要的人文之事。当然，水平有限，但态度应该算是真诚的。

鉴于教育的人文性和人文的教育性之理论和方法所具有的生命性特征，我在研究中，把自己的受教经历——家庭教育和学校教育——作为不断咀嚼和反思的精神资源，把自己的教育教学工作作为研究对象而不断反省。其中，我经常观察到这样一些问题促使我思考：为什么我们许多从事教育理论研究和教学的教师，自己的教学却效果不彰，受人诟病？自己在教学中不断讲授"启发式教学原理""情景式教学原理""因材施教原则"，诸如此类，可自己的课堂却一点生气都没有，学生们处在云里雾里，昏昏欲睡？从事教育学研究和教学的许多教师高调大讲教育要"立德树人"，可为什么许多教育学科的教师在处理师生关系方面并没有显得比管理学、法学、物理学、生物学等学院的师生关系更加和谐？这样的教育学，这样的教育学者，存在的意义到底在哪里？难道讲授教育学仅仅是要告诉别人应该怎么做，而与自己会不会这样做，愿不愿意这样做完全切割吗？教育学者在教育教学中的所作、所为、所成难道不应该是教育学的真理性、价值性和合法性理所应当的、最有力的证明吗？

带着这些疑惑，我渐渐觉悟到，教育的人文研究，具有双重目的——学术的目的和教育的目的，既要成就学问，也是成就主体。人文教育的研究者不应该只做个人主义的、书斋式的"学术独行侠"，坐而论道、闭门造车。而应该且行且思，知行合一；师生互动，共同成长。我在教育研究和教学实践中，对己对人都强调两点。（1）学习教育的学问，越是遇到理论的，就越要强调实践性；越是遇到抽象的和概念的，就越要强调案例和故事性；反之，越是遇到实践的、具体的、现象的，越要强调其背后的抽象性、概括性和理论性。（2）教和学教育学的学人，要把师生关系作为学科重要范畴和实践重要道场，反思和对话是在这样的道场里成就内在自我的基本功夫。教育的本质就源于师生关系，教育之所以是教育，即便没有教材，没有教室，没有设备，没有教具，哪怕没有一切的物质条件，只要师生在，师生关系还在，教育就依然在。没有师生关系就没有教育，就不是教育，而是别的。师生关系才是教育的本质所系，是教育的中心所在。师生关系的重要性决定着教育本质的人文性。师生关系是教育的问题源，更是教育的方法论。

基于以上认识，我开展的"人文教育"研究，——既是"人文的"又是"人文地"教育研究，既追求学术目的，也追求教育目的，两个目的合二为一交融会通。由此构成了我二十多年人文教育探索工作的"教—研"主题。就教育实践而言，我把师生关系当成人文教育实践反思的道场。我强调学生问题意识养成的重要性，我第一学期的课程就是重点培养学生提出问题的能力，要求学生在学习中提出问题，在问题探索中展开拓展性学习。训练理论思维，掌握研究方法，积极师生互动。研究生的三年历程，我既要引领他们学习做学问，也会自觉引导他们学习做人。学生当然要完成好硕士论文，但学生不是学术的工具，学生的自我成长也是学术的目的。学生自我内在成长了，这样的学术训练才具有根本意义。——对于教育学科的研究生培养来说，这应该是学科的内在要求。我强调学术训练过程要不断自我反思，获得内在收获；我强调内在成长的人文方向是不断走向"大视野、大格局、大胸怀、大境界，大智慧"。我对学生说，格局小，境界低，聪明就会走向精明；格局大，境界高，聪明才能走向智慧。当然，这不是三年研究生历程可以完成的，是要一辈子自觉追求的。我跟学生一样，虽不能至，心向往之；念念不忘，终有回响。我们会不断超越自我，做更好的自己。现在这本书稿，是伴随我的教育教学实践过程而逐步形成。许多思想的"临现"都是在我亲身投入的教育教学实践中涌出，又在这个过程中，在师生共同成长中得到印证。在问题探索的过程中，我作为主体和主力——这项研究系列问题的提出者，每个部分主要观点和结构的形成者，主要资料的收集者，每个部分研究推进的主导者，研究内容反复修改的定稿者，一路都有我一届一届的研究生接力式的参与和努力。这个过程，我的思想不断精进，理论不断完善，学生也得到很大思想提升与精神成长，而作为"人文教育学"的体系似乎也就越来越成型而丰满。在整个体系的形成过程中，我历届研究生中的以下同学分别做出了很有意义的工作：罗绍武（第九章），陈莉（第八章），巫国云（第四章），蔡洁钒（第三章），陈丹琳（第十二章），綦玲（第十三章、第十五章），柳蔚（第十四章），李俏丽（第二章），龚彦滇（第五章），姚安宁（第十六章）。另外，我的中学同学，在广东韶关学院工作的叶逢福教授与我一起讨论过多年的"教育反思"问题，思想成果变成了第十一章，这个过程让我们彼此都深化了"反思"作为人文教育理论和教育的人文品性重要性的领悟。

二

师生关系是推进这项"人文教育学"研究的重要方式和理论性实践。师生关系是多重、多维的，有自己作为教师角色与学生的关系，也有自己作为学生角色与教师的关系。在研究这个主题的过程中，作为学生，我与包括潘懋元先生在内的许多老师有着深刻的思想交往和精神交流。他们给我很多鼓励，很大启发。清晰我的思路，增强我的信心。他们的人文品格和气韵更是滋养着我精神的甘露。

我的博士研究生导师，华中科技大学资深教授刘献君先生，他是把教育工作和研究工作当生活方式的老师，笔耕不辍，惜时如金。是我遇到的又一位人文楷模。刘老师对我非常温和、尊重和包容，他同意我以人文教育研究为主题，精心指导我完成了《超越对象化 回归本体性——人文教育本体功夫论》的博士论文。在指导我学术研究过程中，给了我很多提醒、启示和教育，其中的许多话语让我铭刻在心，比如他说："概念是生成的"；"人文教育起于知识，止于境界"；"办大学就是办人文氛围"；"有多少资料做多少东西"；"写一篇博士论文不等于写一本书作，写一篇博士论文就是解决一个学术问题"；等等。现在的书稿，是在博士论文基础上进一步研究而成，其中包含着他智慧的启迪。在博士论文答辩过程中，郭文安教授、张应强教授、贾永堂教授、余东升教授对我的论文给以优秀评价的同时，还诚恳地、有针对性地提出了不少需要进一步研究的问题。这些问题使我思考研究了很长时间，到现在才算得到一定的解决。这也是我一直没有将博士论文出版的原因。

在开展人文教育理论与方法研究中，我不仅关注现实，也有意识着力于探索"中国优秀传统文化创造性转化的教育机制"问题，以使自己的研究能体现文化自觉。非常荣幸能遇见台湾著名哲学家韦政通先生（1927年12月至2018年8月5日），他的《中国思想史》在海峡两岸受到广泛关注，也是我的案头书。他曾四次来到深圳大学讲学，使我有机会聆听他的演讲，与他当面求教和讨论。他极度睿智，发现问题敏锐，分析问题精到，充满人文情怀。跟他的交流使我对"转化"问题念念不忘，有了逐步深入的领悟。他的著作《中国文化与现代生活》给我极大吸引力，可读性强，又深刻透彻，是一本经典的人文教育著作。这本书作基于这样的探索路径和问题意识：以现代生活为一动态坐标，并把传统文化投射到坐标上来，看它在这一动态过程中的影响、反应，以及出现的种种问题。现代中国人的主要问题之一是生活失调，生活失调导源于中西文化之间的冲突，百年来我们一直在冲突中求适应，失调表示原有的生活方式难以适应新处境，于是造成个人解组。当一个社会个人解组的现象逐渐普遍时，就显示它的文化和社会结构都出了问题，围绕这些问题的解答构成全书主线。这是 1974 年 6 月完成和出版的书，现在读来依然灵光闪烁。

促使我决心从人文的方法论视野研究教育问题，源于我在厦门大学学习和工作期间（1989—1995 年）所处的学术共同体很关注和讨论"大学精神""大学理念""大学理想""大学使命"等重大理论问题。思考这些问题，我当时选择了两个切入点，一个是"知识论"视角，因为大学是传承和创造知识的殿堂，要明白不同知识的特性及其与人构成的不同关系；另一个是"人论"视角，因为精神、理念、理想、使命都得靠人来担当。与此同时，我读到哲学家李泽厚先生的一个观点，他说，进入 21 世纪，所有的人文社会科学都将汇聚到教育学，教育学将成为综合性的主体性学科。这个观点让我很受震动，增强了我对作为教育学分支学科的高等教育学研究的信心，同时也给了我研究教育问题必须跨学科的启示。围绕以上两个切入点，我在跨学科广泛阅读学术著作的过程中，遇见了中国社会科学院哲学研究所的青年哲学家赵汀阳的《论可能生活》，我被他的书吸引，于是反复咀嚼，此书重重拓展了我对教育理解的新思维。我把我从教育的角度阐述他著作价值的思考写成了一封学术信件寄给了他，他很快很认真地回复了我的信件。其中说道，我的学术信件是他当时收到的来自教育学界关于《论可能生活》的第一个回应，很认可我的理解。在 1995 年前后，我从厦门大学工作调动到深圳大学期间的三年，我与赵汀阳先生来回通了五封学术信件，这个过程使我更加有意识地深入思考"知识的人文性何以能教？或者人文的知识何以能教？"的问题。在思考"大学精神何以呈现？大学使命何人担当？"这样的问题过程中，我遇见了陕西师范大学尤西林教授的《阐释并守护世界意义的人》，此书使我豁然开朗，大学的精神和使命不就是那些"阐释并守护世界意义的人"吗？我认真研读了尤先生的著作之后，完成了一篇《走出象牙塔之后——论"象牙塔精神"在现代高等教育发展中的命运》的论文。论文发表之后，我写成了一封学术信件谈我对尤先生著作的学习心得，并将我的论文一并邮寄给尤先生。他很快就回信了，对我的论文和学习心得给以充分肯定。从此以后，我们成为神交十年之后才见面的"忘年交"。尤先生现在是陕西师范大学文科资深教授，他的《人文科学方法论》和《通识教育文献选辑（三卷本）》是我研究人文教育主题的重要思想资源。

在厦门大学学习和工作期间奠定我研究人文教育主题者，还得提到我与厦门大学教授易中天先生的结缘。因为他太太在我们研究所工作，我们就有机会近距离向易先生请教和交流。易先生是充满人文气息和人文魅力的老师。我们很爱读他的书，很爱听他的课，很喜欢去他家讨论问题。他对中西文化差异、对日常生活细节背后的文化根源的透彻诠释让我们醍醐灌顶，常常有"惊醒梦中人"之感。我作为旁听生，系统听了他一个学期的《西方美学思想史》课程。这些思想滋养，毫无疑问对我的人文教育研究产生了基础性影响。

同时，我在厦门大学读研究生的专业老师王伟廉教授一直对我的身体、生活和研究工作十分关心。在新冠肺炎疫情期间，他远在澳洲还一直关注关心我的研究工作，他不厌其烦地及时回应我通过信息方式向他提出的学术请教，阅读我的书稿章节，跟我深入探讨问题。我经常收到他长长的、表述严谨的学术信息，不断得到他的启发、提示和提醒，也经常受到他的思想挑战。当然，也不断得到他的真切鼓励。这些宝贵的思想信息我都下载收藏着，现录下一段他给我的微信，以证明王老师是多么认真地与我分享他深刻的思考："'人文性的教育学'与'教育学的人文性'应该不是一个概念。前者很容易找到例子，如卢梭的《爱弥儿》、马卡连柯的《教育诗》，都属于文学性质的教育学著作，可以视为人文教育学。而后者，好像举不出例子。所以如果要讨论后者，可能在适当地方也有必要提一下前者。因为我们可能要回答的一个重要问题是：为什么我们不去写一本与中国传统文化和智慧相匹配的中国特色《人文性的教育学》？而却强调教育学回归人文性？那回归的特征又是什么？——供参考。"类似这样充满学术深刻性的信息很多，我往往要反复琢磨很久才能有所消化，有所回应。我现在的处理方式是把王老师认为不一样的概念时而分开，时而融合，因为我在有些地方实在受不了想去融合的思想诱惑，意识之流强过了逻辑之渠。

我强调人文教育的哲学基础是"人文道理"范畴，我尽管研读过华东师范大学资深教授杨国荣先生和首都师范大学特聘教授陈嘉映先生关于"道理"的哲学研究，但都无缘面对面跟他们讨论。香港中文大学哲学系王庆节教授对"道理"也有深刻研究，有幸在深圳遇见了他，并就"道理"问题做了深入的学术交流，他促使我加深了对"道理"的理解。从此我们一直保持学术交往。他的著作《道德感动与儒家示范伦理学》结合中西哲学相关理论，重新解释了儒家哲学的当代意义，富有创新，令人更深刻理解了儒家哲学的问题意识和方法价值，给我的研究很大启示。有一次我们微信讨论"如何从中国传统思想中提炼现代教育学概念和原理，使现代教育学更具有中国文化意蕴"这个问题的时候，他提示我说道："我一向认为中国哲学背后有教育学，就像西方哲学后面是数学一样。只是国人真正明白这一点的不多。"这一见地洞若观火。在我的研究思考过程中，我还与台湾大学哲学系杜保瑞教授有过三个多小时面对面的学术讨论，他的著作《中国哲学方法论》和《中国生命哲学真理观》帮助我加深了对中国哲学的理解。他认为，中国哲学儒、道、墨、法、佛各家各派无一不是对准人生的意义与生命的发展目标而建立的理论，各家各派既可谓之皆是生命哲学，亦可说都是人生哲学、价值哲学与实践哲学。它不单是客观的研究之作，而是主动的实践之作。重于价值自觉，要求自我实现。他从宇宙论、本体论、功夫论、境界论四项维度去理解和诠释中国哲学，他的研究让我更清晰地意识到，从某种意义上说，中国哲学就是人文教育哲学，我的人文教育学研究务必把"知行合一"纳入教育的根本原则之中。

当然，影响和鼓励我持续研究人文教育问题的老师很多，限于篇幅，无法一一叙述，只能放在我的心里，以别的方式去表达我的感念之情。

三

教育的人文性和人文的教育性所具有的生命特性是深刻而实际的。教育是人做的事不是神做的事，是人就要受时空的局限，人文教育研究者必须自觉到生命存在的限度，并尊重这个限度。因此，研究者务必放弃幻想，回归现实，扎根所在场域去实践、观察、体验和思考。生命性意味着属地性，场域性，情境性，生活化。要跨越时空恰恰要立足当下时空。唯有扎根当下而飞升到历史与未来，人才能提升境界；唯有扎根"在场"而超越"不在场"，人才能扩大格局。人文教育研究必须在具体的生活世界和教育实践之中展开。在我工作了二十多年的深圳大学，那些跟我相关的人与事，都构成我思考和研究人文教育的问题源和思想源。我跟我的同事杨移贻教授、肖海涛教授、李均教授、王燕华副教授、王晓芳副教授、孟繁雁老师、陈晔副教授、李鹏虎博士等一起以高等教育研究所为道场，持续探索"如何在教育实践中体现味道纯正的人文品性"。迄今为止，共同做了15年的有效坚持和坚守。研究生培养中形成了独树一帜的人文系统方式，100多期学术沙龙营造了浓厚的学术交流氛围。能够自觉将学术与教育融合、理论与实践会通的这个共同体持续为我的人文探索提供了基本条件。深圳大学人文学者景海峰教授、姜安教授、王立新教授、刘志山教授、问永宁教授、傅鹤鸣教授、王双印教授都跟我有着十分友好而坦诚的学术互动和交流，使我对当今人文学者的工作、生活和思想状态有了直接的观察和共情，让我受益匪浅。深圳大学著名文科教授魏达志先生则以他几十年来一面跟恶魔般的疾病顽强抗战，一面在人才培养、学术研究、社会关怀、艺术创造等多领域取得卓越成果的惊人事例，在我身边生动鲜活地彰显出他强大的生命力，他让我相信精神的灵丹和思想的妙药比低俗的贪图安乐和狭隘的利益追求更有力量。

教育的人文性和人文的教育性所集中表现的生命性，意味着生命可以共情却不可替代。生命的学问不是可替代的技术，而是独特的灵肉。具有人文自觉性的教育，需要成千上万的教育家遍布各级各类学校的课程中。不同于科学和技术专家，教育家再多都不嫌多。"人文教育学"是"成己、成人、成物"的实践之学，是"知行合一"之学。在探索人文教育问题的过程中，不仅要与学问大师、学术专家对话交流，读他们的书，与他们对话；还要走出"思想的象牙塔"，走出书斋，走进基础教育、学前教育、家庭教育，走近校长，走近教师，走近学生，走近家长。在这个过程中，我要特别感谢深圳那么多的中小学校长、园长、优秀班主任和优秀教师，他们给我机会，让我近距离观察、了解、理解、体会一线教育者的工作状态、生活状态和生命内在质量，让我对基础教育既能"同理"又能"共情"，让我真切感受到了众多教育者的人文情怀和实践智慧。

1920年6月28日，美国教育哲学家杜威先生在中国苏州发表了一个著名演讲，题目叫《再论教育者的责任》，他指出，"教育者的责任就是做领袖的责任"，做教育者就是在做领袖，关于这个"领袖"，他具体描述为，"知识技能的领袖"，"人格的领袖"，"社交同情的领袖"。显然，杜威所谓的"领袖"，不是政治的、权力的含义，而是文化意义的、人文意义的、精神意义的含义。做教育者要担当起做这样的"领袖"，这是教育的理想也是教育的理论。这是教育者不可推卸的责任，是教育者绕不开的宿命。我们一线的教师、班主任、校长就担着这样的责任。是否意识到教育者角色的人文意义，直接影响教育者的工作状态和生命活力。如果说教育者是领袖，那么校长一定就是教育者的领袖。在与校长们的交流互动中，在参与他们的实践中，在零距离观察他们在学校办学理念、发展规划、管理改革、教师成长、课程建设、学生培养等方面开展的工作中，我深深感受到，好的校长都是极有人文情怀和实践智慧的。他们执着教育使命，燃烧教育热忱，在现实诉求与理想追求之间不忘初心，谋定后动，知行合一，久久为功，以凡人的生命释放超凡的能量，以"道成肉身"的方式将精神的气场化为学校浓郁的人文氛围。在个人所及的有限范围里，我深度接触过部分深圳特区教育的拓荒者、深圳早期那批著名校长乔树德、龚国祥、陈难先、李先启、禹明等先生。他们倾心办学，立德树人的风范为深圳基础教育的发展深深播下了优秀的人文基因，要参透他们的历史价值和现实意义，唯有自觉的人文解读。他们激励着我去探索教育的优秀人文传统何以延续的奥秘。与此同时，我深度接触过的在岗部分校长，例如曾宇宁校长的"习性教育"理念与实践，王德久校长的"厚植沃土，营造生态"理念与"躬行培根，无人不才"的实践，李唯校长的"生命自觉"理念与实践，尚强校长的"玉汝于成，自强不息"理念与实践，张云鹰校长的"开放式教育"办学理念和"开放式语文教学"实践，冯振怀校长的"仁、智、勇"理念和"恒则成"实践，罗朝宣校长的"育之以爱，学以成人"的理念和"教育着眼未来"的实践，陈铁成校长的"幸福教育"理论与实践，罗超海校长的"荷美教育"理念与实践，王小洪校长的"无边界学习"理念与实践，宋如郊校长的"传统与现代对接，科学与人文并重"的理念和"科研兴校、特色发展"实践，姚晓岚校长的"回归学科育人"理念与实践，朱群霞校长的"缤纷教育"理念与实践，陈转英校长的"润心启智，知行合一"理念与实践，谢慧平校长的"共生共长，日进日新，臻美臻善"理念与实践等，不一而足，都给我留下深刻触动。让我深切感悟到，在学校发展的历史中，他们都是"西西弗斯式"的人物，必须全力用教育真情和行动智慧才能去推动手中的文明之石向上攀越。学校在创建、发展、传承、创新的每个阶段，任何好学校的存在都不会是理所当然、自然而然、顺理成章的，都首先需要校长自觉而艰难的人文选择和社会担当去呈现。学校即便有好的传统，也是需要每任校长用情、用慧、用力带领教育者们去继承发扬的。传统是在有肉身的灵魂间接力式的默认，否则，传统只会存在于历史的传说中。有好校长才能有好学校，在中华大地上，这是一条教育的人文法则。

"教育者是领袖"，只有自觉到教育的人文价值和意义的教育者，才能真正理解杜威的深意。否则，教育者就容易自卑、自贱、自虐，只把自己当成"教书讨生活的"。我在基础教育界的观察中，发现凡是优秀的教师都是"自带光芒"的。他们普遍的特点是自觉学习吸收，不断追求成长，愿意自我反思；成熟而透亮，自信而坦诚，理性而共情。在与近些年评选出的部分深圳年度教师孙立春、杨征、肖永合、孙道国、邓玉琳、刘倩等的深度思想交流和合作中，让我切实感受到现代卓越教师的人文内涵是多么重要！又多具魅力！

在深圳这片生机勃发的教育热土上，我还长期保持着与基础教育界的部分优秀班主任接触、交流和活动。我经常有幸受邀参加市区班主任专业能力大赛，有幸受邀担任市名班主任工作室的学术指导专家。我接触到的许许多多班主任都是热爱教育、热爱学生、追求进步的优秀教师。由于时间和精力所限，作为工作室指导专家我重点参与了深圳市李元琳名班主任工作室的系列活动，我把这个工作室的活动当成自己研究教育人文性的实践案例去对待。在跟他们这些年轻班主任们打交道过程中，我自觉带着学习者的情怀、欣赏者的目光、交流者的心态去接近他们，理解他们，一起讨论问题和分享心得。在与这个班主任学习共同体的互动中，与其说是我指导了他们什么，还不如说是他们教会了我很多，启发了我很多。他们这个共同体富有活力，乐于互相学习，互相欣赏，互相鼓励，感受得到他们在不断成长的节奏。他们"聚是一团火，散是满天星"，个个在自己的岗位上干得有声有色。他们强化了我对教育人文研究的价值信念，促进了我对中国文化背景、社会背景下学校教育中班主任地位和作用的理解。我以为，在基础教育界，从不愿意当班主任的一线教师是注定不能真正理解教育、做好教育的。做班主任是一线教师懂教育的必由之路。只有通过做班主任工作，他才能更自觉超越学科教学的局限，真正形成教育的大境界，从教书者变成育人者；只有通过做班主任工作，他才能切实懂得为什么学科教学要注重不同学科的交叉和融合，以及如何交叉融合；只有通过做班主任工作，他才能切实懂得为什么要促进学生德智体美劳全面发展，以及如何发展；只有通过做班主任工作，他才能切实懂得班级管理也是教育，是学科教学不可替代的人的社会化教育；只有通过做班主任工作，他才能深切体会学校教育与家庭教育不可相互替代，必须彼此合作才能提高教育效益和教育质量；只有通过做班主任工作，他才切实懂得自己的学识远远不够，自己的能力远远不足，自我的成长远不完美；只有通过做班主任工作，他才能在更广阔的视野里成为研究型教师，接受挑战，永不倦怠，不断进步。实际上，通过做好班主任工作，教师最终是成就了更大、更好的自我。因为他们有了更大格局、更高境界、更通达的智慧，成为广受学生和家长欢迎的大写的人。

　　教育教学研究是促进教育高质量发展，促进教师消除职业倦怠不断走在成长路上的重要方式。尽管深圳教育科研基础薄弱，起步较晚，但市、区、校三级构成的教育科研共同体却形成了一股"仰望星空，脚踏实地"、开放、包容、互学、共长的大气象、大生态。研究者自觉深入实践原野，实践者自觉进入理论丛林，两者彼此互动，彼此尊重，彼此启迪，合作成事，共同提升着深圳教育的新境界。作为长期介入其中的一员，在参与指导基础教育界一线教师和中小学生做课题研究的过程中，我有不少观察和思考，形成了一些体会和认识，促进了我对教育的人文反思。我以为：（1）一线教师如果能养成教育研究的眼光，锻炼出教育研究的能力，形成教育研究的习惯，就会不断提升教育工作的思想境界，做研究型教师才能成为优秀教师、卓越教师、教育家型教师。（2）一线教师做教育研究，过程比结果重要，内在收获和成长比文章发表更重要，实践上的体现比纸面上的呈现更重要。（3）一线教师做教育研究，既要扎根教育教学真实实践，又要促使自己不断学习理论文献，带着问题阅读、思考、对话、交流，在实践中运用和印证。（4）课题研究终归要结题，但结题不是结束，要以课题研究的外在成果和内在收获为起点，为支点，不断向深处，向宽处，向高处去拓展，——因为教育世界是普遍联系的，牢牢扎根于某个问题并以此为门径，最终必能窥教育之堂奥。（5）一线教师做教育研究，其成果的表达方式应该是多样的、丰富的，学术论文不应该成为一线教师科研成果的主要的或者唯一的呈现方式，叙事型的，戏剧型的，现场型的，都可以成为其成果的呈现方式，关键在于课题的性质和特点。（6）一线教师指导中小学生做探究性小课题研究，要特别强调态度的严谨、方法的合理、过程的踏实。指导教师要自觉承担教育者的责任，必须让孩子们从小建立起对科学研究的实事求是之心，对研究中的真实性、客观性持有敬畏之心。如果从小就开始着力于将科学化为精神品性，科学就会成为人文的一部分，唯有在精神的层次上科学即是人文。在基础教育阶段，培养科学精神比获得科技成果更根本、更重要。课题评价具有强大的引领作用，评价制度和方式的改革要跟上。当然，话又要说回来，评价者主体毕竟不是机器人，评价者的境界和操守决定着"科学的"评价制度能起什么性质的作用。人心决定着行为，这就是人文的能量。

四

从理论体系上说，扎根中国文化特点，立足当今时代背景的"人文教育学"研究，还应该努力探索"教育评价/评估的人文性"和"家校合育的人文根源"等具有重大现实意义的理论问题。对于这两个问题，本人有长期的亲身实践和思考积累，甚至在一些场合还分别做过学术讲座，却由于问题本身的复杂性和本人精力、能力所限，没能在书稿中系统体现，就在这里说一说自己的一些思考。

教育评价对教育的影响极为重大，因为它起着教育导向作用。教育的人文性问题的解决终究取决于教育评价的人文性问题是否得到合理而有效的解决。从文化视角看，评价（evaluate）与评估（assess）在中西具有不同的发展侧重和发展顺序，所以在理解和处理二者关系的时候显示不同的思想积累和精神倾向。根据《韦伯大词典》记载，"assess"最早见于15世纪，"evaluate"首次使用则见于 1842 年，"evaluate"迟于"assess"300 多年才出现。我国的《辞海》，收录了"评价"一词，并引用宋代文章句子使用"评价"一词作为例证，却未收录"评估"一词。"评估"一词随着改革开放时代的到来，在 20 世纪 80 年代才开始用得比较多。有意思的是，日语有和汉语"评价"几乎一模一样的词语"評価"（"価"是汉字"價"的简化）。这表明日本在古代借鉴了汉语的"评价"思想，但日语没有类似于汉语"评估"一词的字样，日语用"アセスメント"表达"评估"含义，是近代从英语中借鉴 assessment 直接音译为"アセスメント"。可见，历史地看，中国人重"评价"（evaluate），"评估"晚出；而西方人重"评估"（assess），"评价"（evaluate）晚出。日本人试图博采众长，兼中西精髓，既吸收人文倾向的"评价"，又想以音译方式原汁原味地引进西方"评估"含义。

评价（evaluate）与评估（assess）确是大不相同，值得比较之后，再根据文化土壤和所评对象的特点去分析其关系。比较而言，（1）"评价"（evaluate）是主体的、个人的，偏质性、偏人文，往往要富有经验的"过来人"、长者才更具评价资格。"评估"（assess）是客观的、模式化的、偏量化、偏科学，往往由熟悉程序和指标的"专家"、评估师来实施。（2）评价（evaluate）更侧重整体效益，长远价值；评估（assess）更侧重总体效率，现实效果。（3）评价（evaluate）在事实基础上特别着重价值判断；评估（assess）在事实基础上满足于价格估量。（4）评价（evaluate）特别强调个人经验、智慧和情怀；评估（assess）主要依赖外在工具指标。（5）评价（evaluate）是浑然一体的、不可分割的；评估（assess）是条分缕析、条条框框的。理解评价与评估的区别固然重要，但更为重要的是如何处理二者的关系。解决二者的关系，根本上是通过现实世界中主体的人去处理，脱离生活世界中的人去抽象讨论评价与评估的关系，实际上是没有意义的。因为只有将两者关系变成四者关系——将人植入其中才有讨论的必要。评价、评估、主体的人、被评对象（包括人在其中的诸多因素）共同构成实践过程中的现实关系，已然成了"复杂科学"难题。这个"复杂科学"问题也许可以借助人工智能和大数据得到一定解决，但难题解决的最高境界依然是要依靠具有价值倾向、制度规定和时代特点的具体的人来提升。因此，评价这个看似"复杂科学"的难题实质上是一个更复杂的人文问题。

　　教育是复杂的人文之事。教师、学生、知识、教育目的及其四者的"会通"，这"4＋1"构成做好教育的五个方面，显然是复杂的。以复杂的评价工作去评价复杂的教育工作，那是复杂对复杂，这就会难上加难。认识到教育评价的复杂性才使我们对教育评价工作保持一份应有的敬畏之心和谦虚谨慎的态度。当我们评价一个复杂事物，既要评价者追求效率完成任务，又要承担评价责任，这样的评价工作就往往容易导向"评估化"。评教育，不仅需要评估工具和指标体系，尤其需要评价主体关于教育的思想境界和实践智慧。教育评价，对评价者主体的价值倾向、品性人格、专业能力和经验是要求很高的。——他必须懂得教育的"4＋1"方面，他必须做出价值判断和方向引领，他必须具有见微知著的敏锐洞察力，他必须具有把握关键的整体感知能力。因此，评价主体必须是德与业俱佳的精英。如果时代道德滑坡，精英失守价值底线，甚至行业或专业水准有名无实，时代就会缺失评价的可靠主体。而评价工作却毕竟是推动教育发展的不可替代之工具，在这样的情形下，评价工作主导者也就不得不更多求助于评估的硬性指标和技术，甚至试图委托给人工智能去完成评价工作，教育评价的人文性也就难以得到守正。教育评价当然需要具体指标，但不能满足于具体指标。理想状态应该是，评价引领评估，评估助力评价。

　　总之，只有认识到教育评价本质上是人文活动，我们才能超越技术主义的指标决定论，认识到评价者主体是本的深刻意蕴。什么人来评，决定评什么、怎么评以及评价结果会带来的影响，说到底，教育评价还得看教育培养出什么人来评价教育。

五

　　我出生在一个离县城40多公里的偏远小山村。我父亲是长子，兄弟姐妹共七人；我也是长子，兄弟姐妹共七人（其中一位弟弟夭折）。父亲不满 18 岁时，爷爷就不幸去世，长兄为父，长嫂如母，我父母亲承担起了大家庭当家人的责任。我上大学前就一直生活在这样一个有奶奶、有父母、有叔叔婶婶、有兄弟姐妹构成的大家庭里。叔叔婶婶结婚之后要跟大家庭生活一段时间才会"分家"的，记忆中，家里吃饭经常都要用两张桌子才够。随着一个个叔叔结婚成家到他们独立生活（分家），大家庭的房子按照事先规划，不断加建，直到我大学毕业，父辈建成了一座完整的客家围屋。我就是在这样一个完整的、原生态的客家文化中成长起来的。上了大学，在书中读到"礼失而求诸野"一句才点醒我，让我意识到自己从出生到考上大学期间在客家山村所受教育原来具有深厚的中国传统底蕴。与现代都市人的生活观念比较，客家人的生活观念和实践更具浓厚的儒道韵味。在深入学习中，意识到自己小时候在山村里的客家生活是传统文化的活标本。在自己走进都市、走进现代的历程中，我不断思考传统在现代中的意义何在，客家文化在都市生存—生活中意义何在等问题。这些思考集中在对传统"家文化"的现代意义上面。

中国传统把家看得极其重。然而，一百多年来，欧风美雨，从物质层面、制度层面到思想观念层面，中国社会深受西方影响，作为传统核心的"家文化"更是处于几乎被颠覆的境地。观今日中国社会，世人对"家"的理解变得多元、多样，甚至观念混乱而碎片化。有的人坚持中国传统"家文化"，有的人选择全盘西式"家文化"，大部分人的"家文化"则非中非西——或择中西观念优化会通、创造转化；或按功利、经验原则为我所用，将中西观念混乱搭配。总体来看，观念冲突和思想混乱构成了当代"家文化"比较普遍的情势，使人们的"家文化"迷失了方向。

在个人、家庭、社会三者中，主导西方文化的社会哲学、政治哲学和经济学，要么以个人本位立论，要么以社会本位立论，形成了"个人—社会"两级模式。家的视野，从古希腊开始就一直被普遍忽视乃至鄙视，"个人"作为西方文化重要基因是得到了很充分的思想论述和实践展开的。西方社会，处理家庭问题是按照社会规则来进行，即把家庭关系当成社会关系来处理。把家当社会，在家庭中，夫妻就成为家庭的主轴，父子母女为辅轴，私有财产权能清晰落实到家庭中的每位个人，这种家庭文化结构的特点是突出了婚姻家庭的爱情地位——所谓"没有爱情的婚姻是不道德的婚姻"。中国主流传统则以"家文化"为基因发展而成，家既非个人亦非社会。如果把社会的所有制分为个人所有制、家庭共有制和社会公有制的话，那么，中国传统社会最强调的是"家庭共有制"，家是中国人的生存根基、文化根基和精神归属。在以家为文化基因形成的个人，已经不是西方文化意义的"独立自我"，而是"心中有他人"的"关系自我"，——如果心中无他人——处理问题不为起码的亲人和朋友着想，就会被骂为"禽兽不如"。处理问题，处处要为他人着想，将心比心，这就是所谓"仁"。而"仁心"的养成，家教为要。儒家文化的基础在家，有家才有儒家。有家有儒，宛如身体有魂；无家有儒，犹如孤魂鬼影；有家无儒，就是传统丢失。中国传统以家为根基，由家而国而天下。所以，在精神文化上，中国人处理社会问题往往按照家庭原则来处理，把社会关系当成家庭关系来对待。"家"不仅是"价值论"之源，还是"方法论"之源。如果把社会当大家庭（所谓"国家"），教育注重培养和凸显"责任自我""精忠报国"精神在逻辑上就顺理成章。在中国传统家庭中，父子为家中主轴，夫妻则为辅轴，这种家庭文化结构的特点是突出了婚姻家庭的责任意识——注重养育下一代，注重未来延续和发展，把"生生不息"视为根本要务。"家文化"是中国优秀传统文化的核心，如果中国"家文化"全然接受欧风美雨，中国优秀传统就会从核心、从根部被解构。在全球化时代，我们面临的文化使命之一就是要以"家文化"为着力点将中西文化融合"会通"，以实现更高层次的创造转化，——既"超胜"中国传统，又"超胜"西方文化。正是在这个视野上，我们的教育学研究，务必自觉超越"个人社会"二元模式，而要形成"个人·家·社会"三元模式，将"家"视野，"家"概念纳入教育学原理之中，展现出既具有中华文化觉悟，又具有全球文化视野的教育学科新范式。

在传统文化形成中，家成为中国人"在世"的精神根基、信仰归属，从"上对得起列祖列宗，下对得起子孙万代""不为后人留下骂名""落叶归根"等普遍观念中都有所体现。家是中国文化人文特性的培根之地。传统中国的教育系统主要由"学堂—厅堂"二元结构构成，也就是今天我们说的"家校合育"的结构。儒家文化的"仁"，强调通过促进人与人的"关系"理解去培养人与人的"关心"能力。家中的父母与子女、夫妻、兄弟姐妹关系构成的"人文道场"促进着中国人学会从理解"关系"到懂得"关心"。毫无疑问，父母是"家文化"的导师，做父母者，对儿女的品性、习惯、礼貌的养成承担着不可推卸的责任，所谓"子不教，父之过"。尽这个责任，不仅在"言教"，更重要的是"身教"。总之，培养孩子有规矩、懂礼貌、会感恩、担责任等品性，首先是来自父母的教育。"学会做父母"是中国人的"人生必修课"。

西方文化为人的精神归属和信仰根基准备了宗教，道场在教堂。所以西方教育系统的二元结构是"学堂—教堂"，教堂及其牧师承担着信仰及其德性教化的使命，学校则主要以学习知识、培养能力为主导。中国文化被称为"德性文化"，强调道德教育，强调"学会做人"，教师在德性养育中的文化地位相当于西方教堂的牧师。所谓"天地君亲师"，就是指天地之道，为君之道，为亲之道，端赖为师之道。在传统文化的整体逻辑建构里，教师承载着巨大的文化和道德担当。强调师道尊严、尊师重道、为人师表，是中国文化得以繁衍发展的重要路径和基本特点，高度重视道德教化是中华传统文化极为显著的特色，这也是中国传统教育与西方教育的重大不同。中国教师的完整定义是既做"经师"又做"人师"。

从文化视角思考中国教育，中国教育应该是重视道德教育的教育，中国教师应该是注重为人师表的教师，这是中国传统文化的内在逻辑使然。讲道德养成，必须从家开始，从小开始，从为人父母和身为教师的自身开始。要"家校合育"，为学与做人合一，教学与教育合一。不仅把握得住学校教育，还要把握得住家庭教育，才能把握住中国文化的未来、中国社会的未来。文化自信源于文化自觉，文化自觉首先是要"回家"。人文教育只有落到了家中，才算深入到了社会的细胞之中。

六

人文教育及其研究讲究"学以成己、教以成人"。任何一位心智正常的人，无论平凡还是伟大，思想格局的扩大、精神境界的提升都是至关重要的，因为事关生命的质量。所以，人文教育不是精英的，而是大众的。如果能体会到孟子的"养浩然之气"、陆九渊的"吾心即宇宙，宇宙即吾心"、王阳明的"心即理"之意蕴，即便是一位普通人，他在日常生活的"彬彬有礼"中，也能活出有尊严的自由品质。

人文教育研究，不能全是书斋式研究，必须在书、人、事中涉入、对话、思考、体验、反省，从而形成思路、心路、思想和文字。在这个过程中，我与许多教育管理者、一线教师、教育研究者相识、相知、相交，他们对我研究工作的温暖支持和给予的思想激荡，都印在了我的心田，并一定程度上体现在了著作之中。受篇幅所限，无法一一列出他们的名字，再说，怎么列举，都难免挂一漏万。但我的心里，都有他们的存在。我真诚地感谢他们。

感谢专家们经过评审将我的著作纳入"深圳学派建设丛书"出版项目。"深圳学派建设"是深圳市委市政府对深圳学术发展的期许、支持和推动的具体行动，富有积极意义。但本人的这本书作，只源于教育的人文问题和人文的教育问题之激发。我对问题研究有所执着，对学派建设，则未曾想过。若读者诸君读了此书觉得能有所启发，有些意思，就合我初心了。

人文之事，永在路上。书房里，《生而平凡》的轻音乐在循环播放……

于深圳汇龙花园小书斋

2021 年 8 月 30 日